中国铁路加快向现代物流转型发展

铁路是国民经济大动脉、国家重要基础设施和大众化交通工具，在综合交通运输体系中处于骨干地位。2013年3月，按照党中央、国务院的部署，铁路实施政企分开管理体制改革，撤销铁道部，成立中国铁路总公司。新组建的铁路总公司把深入推进货运改革作为加快铁路走向市场、更好地服务经济社会发展的一项重要任务，以市场为导向，以创新为驱动，加快推动铁路传统货运向现代物流转型发展，努力将铁路发展成为国内领先、世界一流、最具市场竞争力的现代物流企业之一。

发展铁路现代物流，是铁路适应我国经济发展新常态的重要举措，也是充分发挥铁路在综合交通运输体系中骨干作用、降低社会物流成本的客观要求。实施货运组织改革近三年来，全路按照“全品类物流、全流程服务、全方位经营、全过程管理”的思路，深化货运改革，在实行了货运需求敞开受理直接办理、市场化“一口价”收费、“门到门”全程物流服务的基础上，铁路向现代物流转型发展取得重要进展。

一是构建了覆盖全路的货物快运体系。适应快速增长的零散货物运输需求，铁路恢复了停办多年的零担办理业务，组织开行了区域循环、跨区域直达快运列车，大力发展行包和高铁快运业务，有效拓展了高附加值货物运输市场，开辟了新的货运增长点。2015年1至7月，老百姓日用消费品装车同比增长43.7%。

二是进一步扩大了集装化运输规模。加快推进集装化运输，扩大煤炭、焦炭等入箱品类，开展上门装箱、拼箱、掏箱服务，推进铁水、公铁联运无缝衔接，促进了集装箱运量大幅增长。再经过三～五年，铁路集装箱总规模将达到100万只，集装量运量将达到货运总量的20%以上。

三是全面开展了物流总包业务。以降低企业库存和物流成本为目标，积极融入企业生产链、供应链、销售链，组织路企直通运输，开行大宗货物循环列车，有针对性地制定物流总包方案，满足企业需求，为大宗货物运输提供保障。

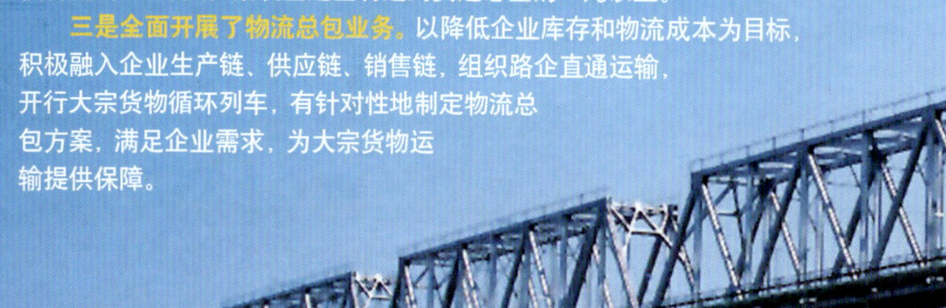

四是建成并运营了中国铁路95306网站。积极落实“互联网+”战略，今年4月中国铁路95306网站上线运行，具备网上营销、网上交易、信息交互、行业资讯等功能，实行店面费、技术服务费、交易费“三免”政策，已经吸引了12余万家企业网上注册交易，使之成为企业俱乐部、商品大展台、交易大市场。

同时，铁路总公司立足于服务我国对外开放大局，积极推进与周边国家铁路互联互通建设和国际联运合作，充分发挥铁路对“一带一路”战略的促进和支撑作用。在加快推进中老铁路、中泰铁路、俄罗斯莫斯科至喀山高铁等周边国家铁路项目的同时，积极构建通向欧洲、中亚的便捷铁路运输大通道，打造中欧、中亚班列国际联运品牌，促进了我国与丝路沿线国家间的经贸发展。2015年1至7月，全路共开行中欧班列328列，同比增长2.2倍，预计全年将超过500列以上。

www.95306.cn

沈阳铁路局

创新驱动　务实发展

太原铁路局

运通三晋　物畅九州

西安铁路局

物畅九州　通达天下

成都铁路局

货畅其流　合作共赢

兰州铁路局

敢于引领　争创一流　全面发展

郑州铁路局

据守天下之中　通达五洲之源

乌鲁木齐铁路局

为丝绸之路经济带建设提供运输服务保障

注：

所有路局（公司）排名不分先后，按中国铁路95306网货运电子商务各铁路局（公司）平台的登记顺序。个别路局（公司）按版位调整顺序。

哈尔滨铁路局——哈尔滨铁路局位于全国路网的东北端。管辖范围地理坐标北纬43°53′（斗沟子站外）至北纬52°58′（漠河县站，全路最北的车站），东经117°40′（满洲里站外国境线）至东经133°6′（前进镇站，全路最东端的车站）。全局管辖线路覆盖黑龙江省全境和内蒙古自治区呼伦贝尔市。营业里程6854公里。其中满洲里口岸和绥芬河口岸，分别与俄罗斯后贝加尔铁路、远东铁路接轨。

北京铁路局——北京铁路局是以铁路客货运输为主的特大型国有企业，所辖线路分布在北京、天津、河北"两市一省"及山东、河南、山西省的部分地区，是全国铁路网的重要枢纽，处于路网中枢位置。目前，全局线路营业里程已达到6246.4公里，其中时速200公里以上高速铁路1148.8公里，包括京津城际、石太客专、京沪高铁和京广高铁的部分区段。此外，还有京哈、京广、京沪、京九等多条铁路干线，共同构成以北京为中心，辅以天津、石家庄两个枢纽为支点的网状布局。

呼和浩特铁路局——呼和浩特铁路局地处祖国北部的少数民族边疆地区——内蒙古自治区中西部，承担着服务边疆草原、稳固祖国北部边疆的重要任务。管内大部分线路北傍阴山山脉，南沿黄河，是连接我国西北、华北、东北物资运输和我国通往蒙古国、俄罗斯以及东欧的重要陆路通道。目前，总营业里程4461.8公里（其中电气化铁路1604.8公里，复线铁路1283.4公里）。

武汉铁路局——武汉铁路局管辖湖北省全境和河南、安徽省的部分地区，与南昌、上海、郑州、西安、成都局和广铁集团六个铁路局相接，主要担负京广、京九、焦柳、汉丹、襄渝、武九、宜万、汉宜、宁西线和武广高铁、合武客专等铁路运输任务。营业里程4265.1公里，湖北铁路复线率和电化率达到81.3%和91.6%，分别高于全国平均水平34.9个和51.5个百分点，全局时速200公里以上的铁路延展里程达2392公里，占全国的13.7%。

济南铁路局——济南铁路局地处华东，东临黄海，西依中原。管辖京沪、京九干线中段，以及胶济线、胶新线、菏兖日线和烟大铁路轮渡（至旅顺西站）等干支线，形成三纵二横的铁路网络格局。全局营业里程3703.966km，年货运发送量2亿多吨，日装车能力9000车以上，是全国铁路货物运输的重要通道，也是保障国民经济发展的重要支柱行业。全局现有职工94967人，下设运输站段32个，管辖车站及线路所247个。全局配属动车组56标准组、机车753台、客车1488辆，管内运用货车日均40000车左右。

上海铁路局——上海铁路局管辖范围跨江浙沪皖三省一市，有主要运输单位71家、合资铁路公司24家。营业里程达7655.6公里，其中时速200公里及以上线路2359.5公里，有京沪、沪宁、沪杭、沿海、合宁、合武、合蚌等7条高速铁路。目前全局共配属动车组183组，配属新型大功率电力机车363台。另配属其他机车1701台，客车车辆4517辆。

南昌铁路局——南昌铁路局主要经营江西、福建两省全部和湖南、湖北省境内部分铁路运输及其相关产业，管辖京九、沪昆、武九、铜九、皖赣、鹰厦、峰福、赣龙、温福、福厦、昌九城际等干线和60余条支线。截至2011年年末，南昌铁路局总营业里程5022.6公里，其中运行时速200公里线路里程636.9公里，复线里程2075公里，电气化里程2740公里。营业车站386个，其中编组站3个（向塘西车站为路网性编组站、鹰潭车站为区域性编组站、来舟车站为地方性编组站）、区段站19个、中间站364个。

广铁（集团）公司——广州铁路（集团）公司前身是原广州铁路局。于1997年被列入国家120家试点企业集团和512家重点国有企业。主要管辖广东、湖南、海南三省铁路，总营业里程6519公里，其中高速铁路及城际铁路1449公里；日均开行动车组、客车420.5对，高峰期最高开行534对;客运营业站133个，日均发送旅客62万人，最高日发送旅客116.7万人；货运营业站248个，日均开行货车993列，日均发送货物29.4万吨，最高日发送货物35.1万吨。

南宁铁路局——南宁铁路局地处广西少数民族地区、边疆地区和革命老区，既沿边又沿海，是中国铁路面向东盟的重要枢纽、西部便捷的出海大通道、北部湾经济区的运输骨干力量。辖区内有湘桂、黔桂、焦柳、黎湛、南昆、河茂、洛湛7条国家铁路干线，铁路线跨越广西、广东、贵州、湖南4省区20个市（州）；现有营业里程3725公里（其中，国铁3237公里，控股合资铁路488公里），复线率14.6%，电气化率22.8%。

昆明铁路局——昆明铁路局地处中国西南边陲，位于云贵高原中部，地势北高南低，海拔高温差较大，立体气候特点显著，年温差小、日温差大，年平均气温14.5度。所辖线路跨云南、四川、贵州三省，管辖沪昆、成昆、南昆、盘西、威红5条准轨电气化铁路；广大、大丽、水红、玉蒙4条合资铁路和昆玉线地方铁路；羊场、东川、昆阳、东王、安宁5条准轨支线；昆河、蒙宝、草官、昆石、昆小5条米轨铁路。成昆线在四川省攀枝花站至迤资站区间K750+897处与成都局交界，沪昆线在且午站至凤凰山站区间K2370+000处与成都局交界，南昆线在贵州省品甸站至威舍站区间K491+129处与南宁局交界，昆河线在中越铁路大桥K464+444处与越南铁路衔接。

青藏铁路公司——青藏铁路公司截至2012年6月末，共有运输站段17个。管辖兰青铁路（海石湾至西宁），青藏铁路（西宁至拉萨）2条干线，茶卡、宁大、双湟3条支线和1条哈木合资铁路，营业里程2393公里。其中海拔4000米以上路段960余公里，穿越冻土地段550余公里，最高点海拔5072米，被誉为"世界屋脊上的钢铁大道"。

中铁特货运输有限责任公司——中铁特货运输有限责任公司组织结构以总、分为主，覆盖18个铁路局（公司）特货运输市场，设有沈阳、北京、上海、乌鲁木齐等13个分公司、直属营业部和中铁特货大件运输有限责任公司、中铁特货汽车物流有限公司2个全资子公司。公司拥有各类运输车11202辆，其中运输汽车专用车2720辆，运输汽车专用集装箱3160个，长大货车1472辆、机保车1910辆，B15E代棚车1940辆。公司主营业务为商品汽车运输、大件货物运输、冷藏货物运输。

中铁快运股份有限责任公司——中铁快运股份有限公是中国铁路总公司直属企业，国家 AAAAA 级物流企业。设有 18 个分公司、7 个子公司，在全国 722 个城市设有 3200 多个营业机构，"门到门"服务网络覆盖 2449 多个市、县。中铁快运始终专注于不断提升综合物流服务能力和服务品质，通过 ISO 9001 质量管理体系认证。

中铁集装箱运输有限责任公司——中铁集装箱运输有限责任公司主营国内、国际集装箱铁路运输、集装箱多式联运、国际铁路联运；仓储、装卸、包装、配送等物流服务；集装箱、集装箱专用车辆、集装箱专用设施、铁路篷布等经营和租赁业务。兼营国际、国内货运代理，以及与上述业务相关的经济、技术、信息咨询和服务业务。公司拥有北京东、杨浦、成都东、重庆东、大朗、昆明东6个集装箱办理站。

注：

所有路局（公司）排名不分先后，按中国铁路95306网货运电子商务各铁路局（公司）平台的登记顺序。个别路局（公司）按版位调整顺序。除广告内容外其他路局（公司）的内容均截选自中国铁路95306网货运电子商务平台。

太原铁路局

运通三晋 物畅九州

太原铁路局成立于2005年3月18日，共有职工11.6万人。管辖大西高铁、石太客专、南同蒲、北同蒲、大秦、侯月、侯西、石太、太中、韩原、太兴、瓦日、京原、京包、太焦、迁曹、京唐港17条干线，曹南、东港、介西、西山、忻河、宁岢、口泉、云岗、兰村、滦菱10条支线。线路总延长11065.04公里，其中营业里程4402.6公里，客运专线营业里程424.05公里。配属机车1309台，其中电力机车1003台、内燃机车306台；配属客车1845辆，其中空调车1543辆；配属动车组28组240辆，其中CRH380型12组、CRH2型10组、CRH5型6组。下设36个运输生产站段，8个运输辅助单位，11个直属非运输企业，13个工程建设指挥部及合资公司。路网纵贯三晋南北，横跨晋冀京津两省两市，主要担负着山西省的客货运输和冀、京、津、蒙、陕等省市区的部分货运任务，用户群辐射全国26个省市自治区、15个国家和地区。

太原铁路局坚持以市场需求为导向，积极推进现代物流转型发展，不断深化货运组织改革，建立了以路局为中枢、11大区域货运营销中心为支点、辐射168个货运营销网点的物流服务网络。打造“三晋快运”品牌，开行了覆盖9个区域中心、联通山西省8市29县、辐射全国的货物快运列车。开发了大宗稳定货物协议运输、零散货物快运、批量零散货物快运多种运输服务产品，形成了集运输、仓储、配送为一体的物流服务体系，为广大企业提供安全优质、绿色环保、便捷高效的“门到门”全程物流服务。

太原铁路局把“互联网+”作为支撑和发展现代物流的重要工具和平台，充分利用95306网站，将互联网、云计算、大数据、物联网高度融入铁路物流，为客户提供“我要发货”、运费查询、货物追踪等铁路货运电子商务服务。坚持抓大不放小，不仅为大宗货物提供在线交易和配套物流服务，并且具备小商品交易商品选购、在线支付、物流配送等功能。

砥砺奋进中的太原铁路局，逐步形成了长途整列与管内快运、整车直接挂运与零散集货配装、物流总包与仓储配送为一体的物流产业链，正在以坚实的步伐，向现代物流企业转型发展，将在区域经济和货运物流市场发展中，发挥更为积极的作用。

西安铁路局

西安铁路局成立于2005年3月18日，地处陇海铁路西端，线路覆盖陕西全省，辐射甘肃、宁夏、内蒙古、山西、河南、湖北、四川、重庆8个省区市，是物流运输进出西北、西南地区的咽喉要道，在全国铁路运输网中具有承东启西、连接南北的重要作用。铁路局管内共有陇海、宝成、襄渝、包西、宁西、宝中等24条营业线，营业总里程4687.1公里，总延展长度9339公里；管辖基层单位70个，其中运输站段42个，共有车站344个，职工8.5万人。西铁局依托覆盖全国铁路运输和信息优势，稳步开展仓储、运输、配送等基本货运业务，积极拓展铁路运输技术咨询、供应链物流集成、特种货物运输、货物快运等高端及特殊货运业务。2014年，全局完成货物发送量1.29亿吨、同比增长4.8%；换算周转量2112.4亿吨公里、同比增长4.2%；完成营业总收入297.72亿元，同比增长19.03%。

西铁局积极拓展物流服务辐射范围，依托“五定”班列、直达列车、三秦快运专列等铁路货运新产品，形成了辐射全国的铁路物流服务。特别是在2013年9月，习近平总书记提出“共同建设丝绸之路经济带”的战略构想之后，西铁局物流业发展迎来了历史上的春天。为做强“丝路经济带”桥头堡，西铁局以建成全路性、区域性和地区性物流节点为突破口，完成以西安、宝鸡、咸阳、渭南、延安等为中心的地级市货场功能布局，重点建设新筑、宝鸡等全路示范性综合货场，咸阳、渭南、杨陵、安康东、延安北等区域性综合货场以及宝鸡东等仓储、配送为重点的城市物流配送中心。当前已建成使用货场95个，零散快运货物办理站140个，集装箱办理站20个，专用线接轨车站112个341条，仓储面积达159万平方米。

物畅九州 通达天下

为提升物流市场竞争力，路局打破原有组织结构，成立货运营销中心，下设11个经营部和159个经营网点，业务受理从过去的“站到站”服务向“门到门”服务延伸，优化“前店”与“后厂”职能，实现“一票制、一口价”，简化承运程序；开行“三秦货运快运”列车，设置58个零散快运货运办理站，全面受理跨17个路局可达全国1208车站的货物快运业务，在管内开行3列循环列车并辅助4列行李车完全满足省内货物快运需要；开通“长安号”国际货运班列，从西安新筑出发，穿越新疆阿拉山口站，到达哈萨克斯坦阿拉木图，打通我国中东部地区通往中亚最便捷的货运通道，使西铁局业务范围呈现出网络化、国际化的发展格局。

“物畅九州，通达天下”，西铁局积极推进物流运输战略发展规划，立足西北、面向全国、通向世界，为把西铁局打造成具有铁路物流特色的5A级现代化物流企业而努力，经过近10年发展，西铁局已经站在陕西省物流运输业发展的前端，成为西北地区物流企业的一面旗帜。在全局干部职工的共同努力下，先后获得全国“安康杯”劳动竞赛优胜企业、全国质量管理优秀企业、全国设备管理先进单位、全国厂务公开民主管理示范单位等荣誉称号。

长风破浪终有时。铁路物流业的发展，西铁局走出了坚实的一步。未来的发展中，我们将继续坚持以市场需求为导向，加大货场升级改造和设备投资、更新改造力度，依托强大的货场资源、配送体系、路网系统打造安全、专业、一体化的物流服务。西铁人也将以与时俱进、不断创新的发展思路，永不停歇、追求卓越的奋斗精神，锐意进取、勇攀高峰，铸就西铁局物流发展新篇章。

WWW.95306.cn 客服电话：029-95306

成都铁路局

成都铁路局成立于1953年1月，是中国铁路总公司下属18个铁路局之一，国家5A级综合服务型物流企业。所辖范围跨四川、贵州和重庆“两省一市”及云南省（部分）、湖北省（部分）境内的宝成、成渝、襄渝、成昆、川黔、沪昆、黔桂、内六、渝怀、沪蓉（渭沱至成都东）、万凉11条国家铁路干线和10条国铁支线，以及贵广、达成、广巴、成灌等13条合资铁路。路局现有货运办理站282个，专用线502条，均可办理整车货物运输，其中28个车站、20条专用线办理集装箱货物运输。

自2013年6月全国铁路实施货运组织改革以来，成都铁路局加快向现代物流综合服务商转型步伐，着力建设伸入市场前端的营销管理体系，不断开发适合运输市场需求的货运新产品，打造全过程、全方位铁路现代物流新链条，提升满足客户需求的服务水平，取得一定成效。

随着铁路货改的不断深化，成都铁路局将在铁路总公司的领导下，坚持“全品类开发、全流程服务、全方位经营、全过程管理”的主体思路，大力优化快速货物班列、国际联运班列、铁水联运班列、定制直达列车、零散货物快运（西南货物快运）、批量零散货物快运、小件快运、高铁快运等铁路货运产品，逐步完善西南铁路现代化物流网络，形成布局合理、规模适宜、技术先进、绿色安全、专业高效、智能便捷的现代化铁路全程物流服务体系，全方位满足不同客户的运输需求，强化物流全过程管理，为助推国家“一路一带”和“长江经济带”战略、建设小康社会进程做出积极贡献！

货运产品简介

快速货物班列

快速货物班列是以构造速度120km/h的铁路专用货车为载体，按客车化方式运行的快捷货运产品。目前开行有成都、重庆、贵阳三地往返于北京、上海、广州、昆明、石家庄、武汉、乌鲁木齐、拉萨、沈阳、厦门、南昌、杭州等全国48个大中城市的快速货物班列，形成横跨东西，纵贯南北的快速物流运行网，以经济性和时效性服务零散、小件货物运输。是川、渝、黔两省一市与全国各大中城市间安全、方便、快捷的干线运输通道。

国际联运班列

国际联运班列是满足西南地区物资进出口需求，通往世界各地的全天候、大运量、快捷化货运产品。

目前开行有由成都和重庆始发、经阿拉山口国境站过轨、终到波兰罗兹和德国杜伊斯堡的中欧国际联运班列。

铁水联运班列

大力发展多式联运，打造贯通长江流域、上海自贸区和西南铁路路网的铁水联运通道，目前开行的主要有蓉万往返铁水联运集装箱班列，及泸州至昆明地区、乐山地区的铁水联运班列。

大宗直达列车

针对大客户个性化需求，为客户量身定制原材料和产品运输方案，打造点到点快速直达货运列车，融入西南两省一市大型企业产、运、销全程物流供应链管理，为矿石、煤炭等原材料和钢材产品外运提供专业运输保障。

零散货物快运

零散货物快运，是针对一批托运重量不足30吨且体积不足60立方米除散堆装、危货、阔货、易腐货物等特殊需求外的所有品类货物提供全程物流服务。其中我局管内开行川渝黔滇快线、成渝涪快线、成攀快线、成广快线等5环零散货物快运环线，统称为西南货物快运。

批量零散货物快运

该产品适用于一批重量在30吨或体积60立方米以上的152类白货品类货物(不含散堆装和危险品货物)。

小件快运

小件快运以铁路客车行李车为主要运输工具、辅以公路、航空和市内配送资源，向客户提供的小批量货物“门到门”运输服务。包括时限快运、标准快运产品，能够做到全国各城市间的次日达、三日达、四日达等不同时限等级的运输服务。原则上单件货物重量不超过50公斤。

高铁快运

高铁快递是中国铁路为客户提供的与高铁品牌形象和客运服务水准相匹配，具有时效快、品质优、标准高的"门到门"小件快递服务。至2014年年底全国已有151个城市开办高铁快递服务。

敢于引领 争创一流 全面发展

兰州铁路局始建于1956年，地处进疆入藏的关键咽喉位置，经济吸引区覆盖甘宁青三省区及新疆、内蒙古、西藏部分地区，是亚欧大陆桥的重要通道及丝绸之路经济带在我国境内的重要区段。管内有兰新高铁、陇海、兰新、兰青、包兰、宝中、干武7条干线和其他5条支线，以及受委托管理的太中线、定银线和敦煌合资铁路，连接着甘、宁、青、新、蒙、陕6省（区），是西北交通运输和经济建设的大动脉。目前，全局营业里程4195.4公里，仓储面积19.25万平方米，自有各种车辆127辆，整合社会车辆230辆。现已开行国际联运班列、铁水联运班列、快速货物班列、大宗直达列车、零散货物快运列车、批量零散货物快运列车、高铁快运列车，以及根据客户特殊运输需求的特需货物列车。于2015年起利用三年时间实现由传统运输向现代物流的根本转变，逐步建成物流揽货点120个，集装箱无轨站10个，快运作业站50个，集装箱办理站32个。

全品类物流

除法律法规明令禁止运输的货物外，对客户提出的所有运输需求，不区分货物品类、体积、重量、批次、运到时限、装载要求、运载工具，全部纳入铁路物流服务范围，敞开受理，直接办理。

全流程服务

根据客户提出的物流需求，为客户提供站到站、站到门、门到站、门到门运输，以及仓储、装卸、包装、流通加工和商贸交易物流增值服务，金融及物流综合物流服务。

全方位经营

以全程物流为方向，深入开展物流经营工作，从企业原材料的购买、运输、储存、供应到产品的储存、运输、销售进行全方位服务，积极开展原材料采购物流，产品全包物流和企业供应链内部物流总包。

全过程管理

实现运输组织管理向物流全程管理的拓展，统筹运力资源、调度指挥、设备设施、人力资源、运输价格、物流服务、成本支出、信息化建设等要素，实施以市场为指令的一体化管理。

济南铁路经营集团有限公司

济南铁路经营集团有限公司（以下简称集团）成立于1994年12月30日，注册资本75319万元，是济南铁路局投资成立的法人独资公司，职工2998人，其中专业技术人员476人。

集团以铁路物流服务为主体，开展物流配送、港铁、公铁、水铁、国际联运、信息服务和传统的货运代理、装卸、仓储、检斤业务。经营领域包括：钢材、矿石、煤炭、水泥、氧化铝等大宗物资的采购供应和物流配送，货物联运，兼营餐饮宾馆、汽车销售等。现有直属经营部3家、分公司10家、子公司11家，在山东各地市均设有物流经营网点，依托集团旗下山东济铁平原铁路物流园、山东济铁临沂物流园、山东济铁菏泽物流园等7个经营基地，形成了覆盖山东全省的全方位经营网络。

集团拥有5t、10t、60t等各种吨位的载重货车，基于铁路、铁路办公网的物流信息网络，完善的基础设施和强大的服务功能可以为客户提供全方位、“一站式”综合物流服务。集团公司与省内外20余家大型生产和流通企业建立起长期的物流服务关系，与石横特钢、莱芜钢铁、茌平信发等大客户签订物流外包协议，提供全方位的物流解决方案。

集团依托2014年9月首次开行的济南铁路局齐鲁货物快运列车，专门配备的各类运输车辆212辆，提供“门到门”、“门到站”等多种运输方式供客户灵活选择。目前运作以济南(济西站)为中心，每日东、西两条环线运行，覆盖全省17市，确保省内货物本环24小时、跨环48小时内到达。除12306电话热线和12306网站办理相关业务外，“齐鲁货物快运服务平台”正式上线运行，为物流网络的搭建以及区域经济的合作增添了新的方式。

在2015年，集团重点开发了集装箱接取送达服务，先期在烟台、日照、淄博开展试点，实现集装箱的公路铁路联运，进而在山东全省推开。同时在前期试点工作的基础上，集团拓展服务受理范围，零担、整车等各品类货物全面纳入，为客户提供方便、快捷、安全、高效的全程物流服务。

新的形势下，集团将结合铁路运输的成本优势、公路运输的便利快捷，为广大客户提供优质高效的服务，共建美好未来！

集团地址：济南市经一路车站街30号　邮编：250001

联系电话：0531-82421861

路远情长

青岛铁路经营集团有限公司

青岛铁路经营集团有限公司（以下简称集团公司）成立于 2006 年 8 月 17 日，主要从事物流服务、大宗商贸、物资供应、线路服务等行业，公司注册资本金 2.25 亿元。截至 2014 年 12 月底，资产总额 5.91 亿元，现有员工 1649 人（截至 2014 年 12 月底）。2014 年完成收入 30.8 亿元，利润总额 11718.06 万元。

集团公司下设青岛港口经营部、潍坊经营部、淄博经营部、青岛运贸分公司、即墨济铁物流园等 10 个子分公司，分布在青岛（黄岛）、烟台、淄博、潍坊、东营、滨州、济南等地区，业务范围辐射河北、山西、河南、江西、江苏、浙江、内蒙古等地。

集团公司成立以来，依托山东半岛港口的区位优势和铁路运输的比较优势，秉承“路有多远，情有多长”的企业经营理念，不断提升现代物流核心竞争力。大力推进物流基地建设和实业项目开发，相继建成了黄岛商品汽车、潍坊西工业盐等一批物流基地，形成了以基地为核心，以配送中心为重点，以经营部为节点的经营网络，已论证并即将开工建设黄岛保税仓库及海关监管区、即墨物流园等。并先后与青岛港集团、邯郸钢铁集团有限公司等十多家大中型企业建立了物流战略合作伙伴关系，取得了良好的经济效益和社会效益。集团公司提供运输方案咨询、编制物流配送方案、制定具体服务流程和服务标准、提供均衡运输方案、动态信息查询、通知货物到达、公路铁路运杂费预算、代垫和结清公路铁路运杂费、誊制运输单证、票据接转等多个业务环节上凸显服务，严格把关，各项服务内容已经得到客户的认可，及时、高效、便捷的服务，获得了客户的好评。

集团公司是中国物流与采购联合会常务理事单位、青岛市重点物流企业，并通过了 ISO 9001 质量管理体系和国家 5A 级综合型物流企业资格认证，是青岛市一等信誉企业，2013 年青岛市物流协会给我集团公司颁发了“突出贡献奖”。此外，被中国交通运输协会评为 2014 年度全国先进物流企业、中国物流百强企业第 47 位，集团公司“路远情长”品牌被青岛市政府认定为“青岛名牌”，进一步提升企业的软实力和市场竞争力，物流服务和企业管理得到了社会的认可和高度评价。

地址：山东省青岛市市南区朝城路 2 号
电话：0532-82979215　0532-82977393
网址：www.qdtljyjt.com

中国物流有限公司
CHINA LOGISTICS CO.,LTD.

CFLP
AAAAA
物流企业

山东盖氏邦晔物流园

Shandong Gaishi Bangye Logistics

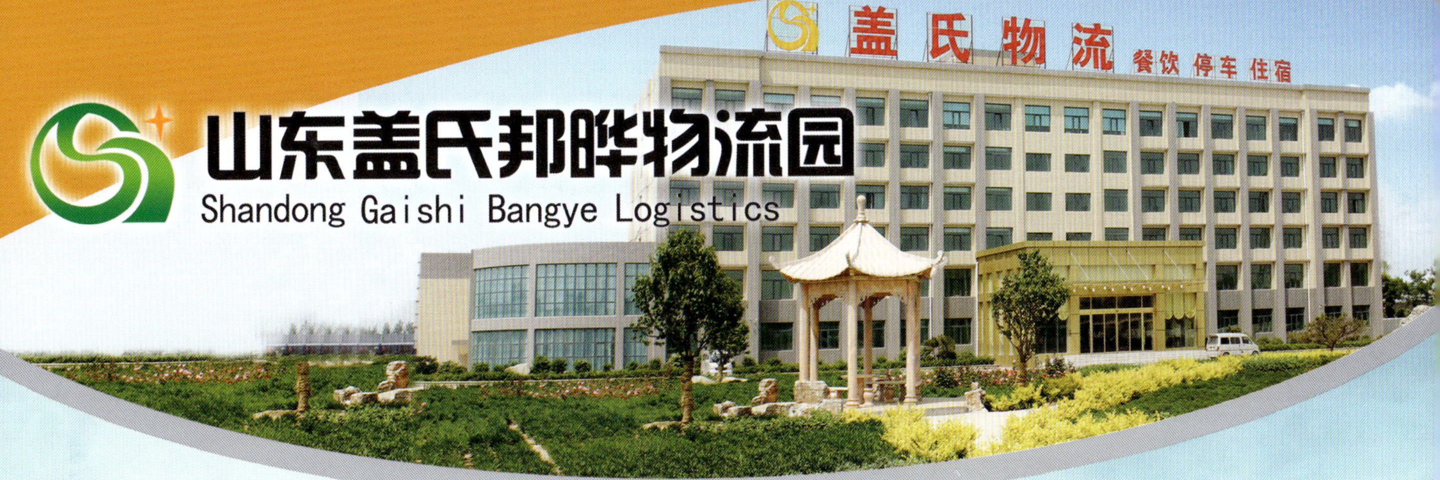

园区简介

盖氏邦晔物流园位于美丽的江北水城——山东省聊城市，由盖氏邦晔物流有限公司投资建设。公司成立于2010年4月，注册资金2亿元，项目总规划占地1200亩，总建筑面积80万平方米，总投资15亿元，定位于打造集仓储、运输、加工、配送、信息交易等功能于一体的现代化、生态化、信息化的物流园区。该项目被列为山东省重点建设项目、山东省服务业重点建设项目，聊城市、区级重点项目。公司现为中国物流与采购联合会常务理事单位、中物联物流园区专委会副主任单位、中物联应急物流专委会常务理事单位；2013年通过**ISO 9001**质量管理体系认证，被评为“中国五星级仓库”、“中国仓储服务金牌企业”、“仓储业转型升级示范企业”和山东省“Ⅲ级物流园区”；2014年被评为“中国5A级物流企业”、“中国优秀物流园区”和“中国物流产学研基地”；2015年被评为“山东省十佳物流园区”。

在各级政府和社会各界的大力支持帮助下，园区的建设运营工作进展顺利，现已建成仓储中心、货运周转中心、冷链物流中心、五金建材物流中心、综合服务中心、智能停车场等专业物流设施。目前已有800余家各类商户进驻，开通至全国各大中城市货运专线1000余条，带动当地就业5000余人，发挥出良好的经济效益和社会效益，成为聊城乃至山东省现代物流行业领军企业。

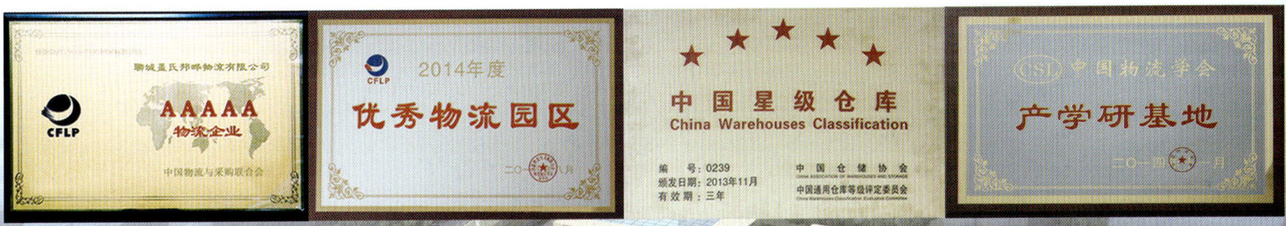

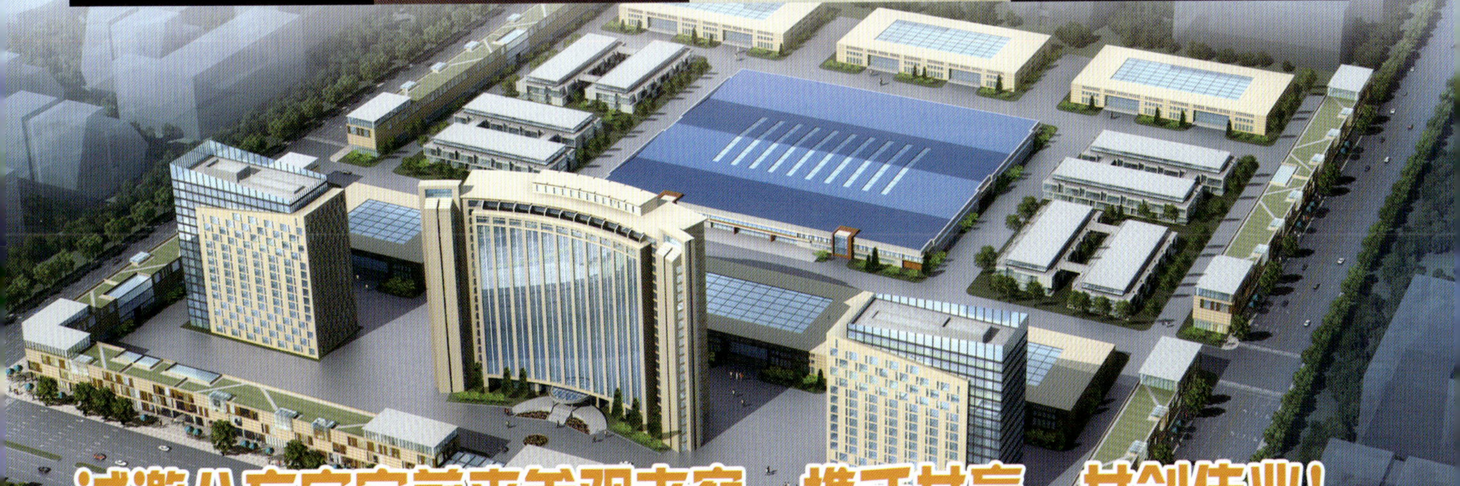

诚邀八方宾客前来参观考察、携手共赢、共创伟业！

☎ 0635-8808888/777
招商中心:山东省聊城经济开发区 昌润路东 北环路南
传真:0635-8808777 网址:www.gsby56.com

浩瀚物流圈 智慧康华园

湖北康华智慧物流园位于湖北省赤壁市经济开发区赤马港工业园1188号，总投资约1.05亿元，规划总用地面积161亩，总建筑面积约8万平方米，项目由湖北康华生物集团投资打造，是《湖北省现代物流业十二五发展规划》中的重点规划项目，被评为《2014中国物流园区50强》、《2014年咸宁市物流园创新奖》。

湖北康华生物集团有限公司创建于2004年，是赤壁市最大民营集团公司之一，固定资产3.5亿元，是集生物医药、物流电商、生态农业于一体的综合性集团公司。湖北康华智慧物流园发展有限公司是该集团公司旗下12家子公司之一。

园区按照现代综合物流园区标准建设，打造湖北康华智慧物流园，电商孵化产业园和农村三级物流配送中心的“两园一心”项目，以“立足赤壁、辐射咸宁、涉足湖北”为宗旨，是咸宁首屈一指的物流、电商、仓储配送、商业综合体，是具有标杆性的互联网+物流的赤壁市物流电商中心。

湖北康华智慧物流园集“物流中心、仓储中心、配送中心、电商中心、信息中心”五大功能于一体，主要提供物流集散、仓储、城乡三级配送、电子商务孵化、农特旅游产品展销等综合性服务。物流园积极整合赤壁市交通、供销、商务、邮政、金融等部门资源，建立赤壁城乡物流三级配送体系，解决农村物流“最后一公里”的双向流通问题。通过与知名电商企业战略合作，为电商企业提供大数据、云服务等一站式服务，形成智慧物流、城乡物流三级配送和“互联网+电商孵化”五大功能于一体的智慧物流园区，为“两园一心”可持续发展提供有利的保障。

湖北康华智慧物流园按照“统一规划，统一招商，统一管理”的模式对入驻企业提供全方位、一站式服务，力争将湖北康华智慧物流园打造成为华中地区县级城市发展“互联网+物流”的典范，为争创物流电商示范县市打下坚实的基础，为推动本地区经济建设作出贡献。

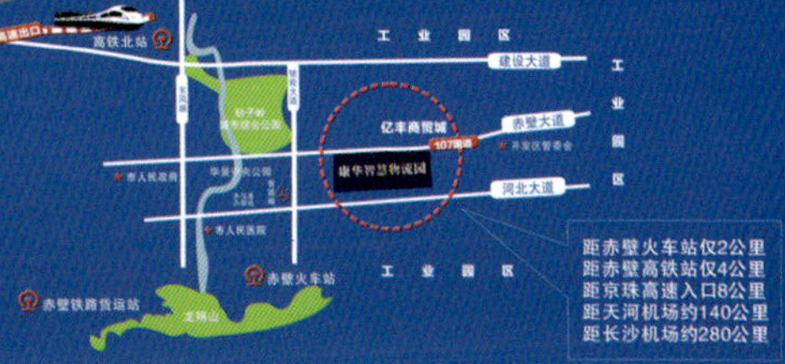

高铁北站
工业园区
建设大道
亿丰商贸城
赤壁大道
107国道
康华智慧物流园
河北大道
市人民政府
市人民医院
赤壁火车站
赤壁铁路货运站
工业园区

距赤壁火车站仅2公里
距赤壁高铁站仅4公里
距京珠高速入口8公里
距天河机场约140公里
距长沙机场约280公里

电话：0715-5368237
地址：湖北省赤壁市赤壁大道1188号

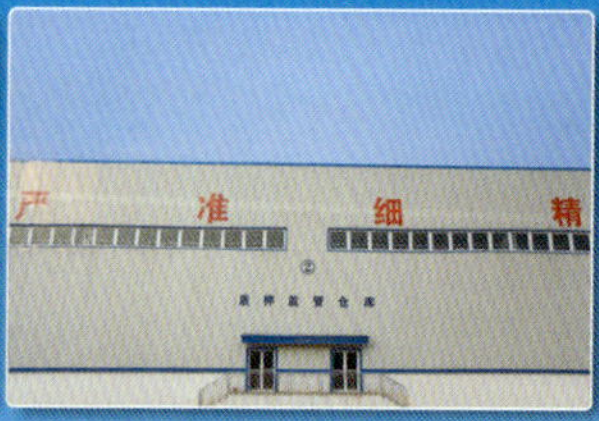

湖南现代物流职业技术学院

湖南现代物流职业技术学院是一所以现代物流为主导专业的公办全日制高等职业院校，是湖南省人民政府和中国物流与采购联合会共建院校、教育部高职高专人才培养工作水平评估“优秀”院校、湖南省示范性高等职业学院和国家物流职业教育人才培养基地，与国防科技大学共同承担建设“物联网感知技术与应用湖南省工程研究中心”。学院秉承“以人为本，崇技强能，质量立校，特色兴校”的办学理念和“对接产业、工学结合，提升质量，打造品牌”，用“现代物流理念培养现代物流人才”的办学思路，为我国现代物流业和湖南区域经济发展培养高素质、高技能人才。

学院于2008年牵头组建湖南现代物流职业教育集团。现有成员单位164家，校企共同参与制定湖南省物流产业发展规划，推进制造业与物流业联动，并为各地州市政府的物流发展规划和物流园区发展规划制定方案，有力推动湖南省物流产业发展，“助力行业、引领产业”的湖南现代物流职教集团模式得到同行认可。2011年6月，湖南现代物流职业教育集团被立项为 “省级示范性职业教育集团”， 2014年省级示范性职教集团项目成功通过省级验收。学院联合集团成员，推进湖南省物流公共信息平台的研发与建设，有效地提升了全省物流产业的信息化水平，对湖南乃至全国物流产业的振兴和发展起到了促进、提升和引领作用，得到了国家工信部和湖南省政府领导的高度肯定。

学院建设了以物流管理专业为龙头，以物流信息技术、物流工程技术、国际航运业务管理、物联网应用技术、电子商务、工程物流管理为重点的特色鲜明的现代物流专业群。学院拥有200多个实训基地，2014年申报立项了《物联网应用技术校企合作生产性实习实训基地项目》、《物流管理专业中高职衔接项目》。物流管理专业省级示范性特色专业建设项目，2014年圆满通过省级验收。

学院科研实力雄厚，先后承担了省科技厅重点科技项目——“基于SOA-BPM组合架构的智能敏捷的第三方物流管理信息技术的研究”、湖南省科技重大专项“超高频电子标签芯片研制与应用示范”、国家工业与信息化部的“物联网专项资金”项目——“物流物联网平台及其在物流金融的应用示范”的研究。至2014年年底，学院共承担了100多项省级科研课题和技术项目的研发工作，先后为一力物流、湾田集团等50多家企业提供了技术研发与管理咨询等服务，目前正逐步成为湖南省物流信息技术的研发中心和推广基地。

联系电话：0731-84083978、84083169
QQ：800091922
地址：湖南省长沙市远大二路泉塘　邮编：410131

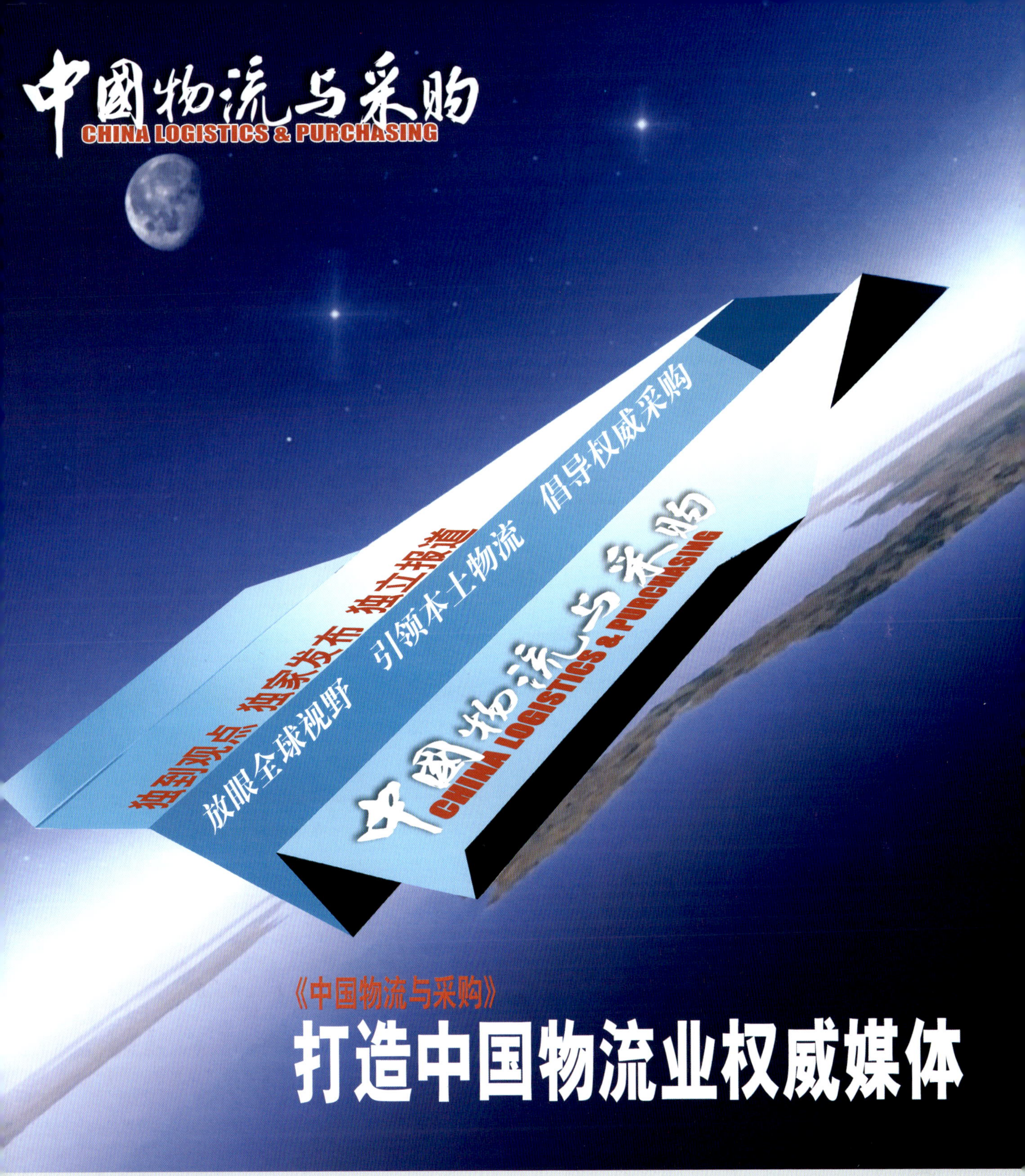

中国物流年鉴

2015（下册）

CHINA LOGISTICS YEARBOOK 2015

中国物流与采购联合会编

图书在版编目（CIP）数据

中国物流年鉴．2015：全2册/中国物流与采购联合会编．—北京：中国财富出版社，2015.10
ISBN 978-7-5047-5908-5

Ⅰ.①中…　Ⅱ.①中…　Ⅲ.①物流—中国—2015—年鉴　Ⅳ.①F259.22-54

中国版本图书馆CIP数据核字（2015）第239487号

策划编辑　张　茜　　**责任编辑**　沈兴龙　徐　宁　张　茜　禹　冰　孙妍峰
责任印制　何崇杭　　**责任校对**　杨小静　　**责任发行**　斯　琴

出版发行　中国财富出版社
社　　址　北京市丰台区南四环西路188号5区20楼　　**邮政编码**　100070
电　　话　010-52227568（发行部）　　010-52227588转307（总编室）
　　　　　010-68589540（读者服务部）　　010-52227588转305（质检部）
网　　址　http://www.cfpress.com.cn
经　　销　新华书店
印　　刷　北京荃玺印刷有限公司
书　　号　ISBN 978-7-5047-5908-5/F·2486
开　　本　880mm×1230mm　1/16　　**版　　次**　2015年10月第1版
印　　张　43.75　彩色　6.5　　**印　　次**　2015年10月第1次印刷
字　　数　1249千字　　**定　　价**　480.00元（全2册）

《中国物流年鉴》（2015）编委会

王旭东　北京物资学院院长
王拥军　安能物流董事长
王宗喜　解放军后勤指挥学院物流工程实验室主任、教授
王健利　毅德控股集团董事局主席
方红明　甘肃陆港实业股份有限公司董事长
尹国杰　湖南星沙物流投资有限公司董事长
艾启洪　广东物资集团公司副总经理
古堂生　广西玉柴物流集团有限公司董事长
冉　旭　平安银行现代物流金融事业部总裁
冯祖期　香港物流商会副会长、奥玛物流服务有限公司董事总经理
司芙蓉　中国通信服务股份有限公司总经理
刘占芳　中国国际货运代理协会副会长
刘秉镰　南开大学校长助理，经济与社会发展研究院院长、教授、博导
刘勋功　安得物流股份有限公司总经理
刘景福　中物华商集团股份有限公司董事长
孙　军　中国远洋物流有限公司总经理
孙日强　山东晟绮港储国际物流有限公司董事长
杨传德　普洛斯投资管理（中国）有限公司中国区总裁
李光甫　国药控股股份有限公司副总裁
李国伟　河南中原铁道物流有限公司副总经理
李国辉　澳门货运协会会长
李金平　广东林安物流集团董事长
李建忠　河北省物流产业集团有限公司董事长、党委书记
吴翠珑　郑州铁路局副局长
何　磊　成都市物流协会秘书长
何明珂　北京工商大学国际交流与合作处处长、博士、教授、博导
汪　鸣　国家发展和改革委员会综合运输研究所副所长、研究员
汪　洋　重庆长安民生物流股份有限公司总经理
沈绍基　中国仓储协会会长
宋远方　中国人民大学商学院副院长、教授、博导
宋修德　成都铁路局局长

宋耀征　国家统计局贸易外经统计司司长
张　历　玖隆钢铁物流有限公司总经理
张　毅　长沙金霞经济开发区管理委员会党工委书记
张千才　兰州金轮实业有限责任公司总会计师
张玉庆　荣庆物流供应链有限公司董事长
陈立生　威海国际物流园发展有限公司总经理
陈嘉良　联邦快递（中国）有限公司中国区总裁
金跃良　中铁物资集团有限公司党委书记、董事长
周建亚　武汉商贸职业学院物流学院名誉院长
郑会友　香港物流协会会长
郑松兴　华南城控股有限公司联席主席、执行董事
房新胜　青岛铁路经营集团有限公司董事长、总经理
赵希和　江西新华发行集团有限公司副总经理、江西蓝海物流科技有限公司总经理
胡铭超　中国西部现代物流港管理委员会党工委书记、管委会主任
钟荣钦　台湾物流协会秘书长
施文进　惠龙易通国际物流股份有限公司董事长
姜超峰　中国物资储运协会名誉会长
钱晓航　中国铁路物资柳州物流有限公司执行董事、党委书记、总经理
倪文栋　湖南现代物流职业技术学院党委书记
高艺林　广州百货企业集团有限公司副总经理、广州市商业储运公司总经理
郭戈平　中国连锁经营协会会长
郭旭东　陕西煤业化工物资集团有限公司执行董事、总经理
黄有方　上海海事大学校长、教授、博导
盖守岭　山东聊城盖氏邦晔物流有限公司董事长
盖忠琳　山东盖世国际物流集团有限公司党委书记、总经理
梁玉峰　中共信阳市浉河区委常委、区政府常务副区长
梁伟华　中国物流有限公司董事长、党委书记
董　晖　济南铁路经营集团有限公司董事长兼总经理
韩　松　西安市委常委、西安国际港务区党工委书记
蓝宝生　太古冷链物流（上海）有限公司董事总经理
赖展京　南光物流有限公司董事长

甄忠义 乌鲁木齐铁路局局长
廖志文 云南能投物流有限责任公司总经理
翟玉峰 武汉东西湖保税物流中心有限公司董事长
薄世久 北京长久物流股份有限公司董事长

特别支持单位

中国邮政速递物流股份有限公司

中国远洋物流有限公司 COSCO LOGISTICS

中国远洋物流有限公司

IVECO

依维柯（中国）商用车销售有限公司

中国平安 平安银行 PING AN BANK

平安银行现代物流金融事业部

西安国际港务区 XI'AN INTERNATIONAL TRADE & LOGISTICS PARK

西安国际港务区管理委员会

中国通信服务 CHINA COMSERVICE

中国通信服务股份有限公司

陕西煤业化工物资集团有限公司

长沙金霞经济开发区

Hydoo 毅德控股

毅德控股集团

Logistics FOTON 福田智科物流

北京福田智科物流有限公司

广州市商业储运公司

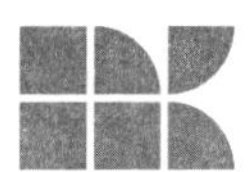

南光物流有限公司

联邦快递（中国）有限公司

华南城控股有限公司

传化公路港物流有限公司

惠龙e通 WELLONG ETOWN

惠龙易通国际物流股份有限公司

《中国物流年鉴》（2015）

主　　办　中国物流与采购联合会
承　　办　《中国物流与采购》杂志社
主　　编　何黎明
副 主 编　崔忠付　蔡　进　贺登才
编辑部主任　刘乃杰
编辑部副主任　徐小青
编　　辑　崔　冬　朱贝特　张睿东　常　俏　杜　林　贾　丽
发　　行　高　威
广告设计　阳光设计工作室

编 辑 部　010－68392774　010－68392214（兼传真）
邮　　箱　xxq6429@163.com　gwrshk@126.com
zgwlnj@126.com
发　　行　010－68391021　010－63738995　010－68392214
传　　真　010－83203997

《中国物流年鉴》（2015）供稿者

（按姓氏笔画排序）

万　莹　马增荣　王　涛　王文浩　王文博　王立平　王国清　王能民　王继祥　毛乔梅　文德华
孔茂华　田　征　付　斌　邝冬蓓　冯友波　冯祖期　冯耕中　司　莉　曲功志　朱冬蕾　朱勤奋
刘长庆　刘幼臻　刘伟华　刘学德　刘缨缨　闫　鸣　许青秀　孙　雨　孙　敏　杨思瞳　李　钊
李　捷　李红梅　吴和成　余栋梁　张　洁　张少凯　张彩霞　陈对对　武润泽　林炳禄　周庆特
赵　楠　施忆忆　姜　旭　姜正东　姜超峰　秦玉鸣　顾国祥　晏庆华　徐　勇　徐梦馨　徐蔡燎
高利军　桑昌营　曹　璐　龚卫锋　盖忠琳　蒋长兵　韩兆轩　韩福文　覃　拥　谢雨蓉　谢宝贵
谢满华　雷　震　廖继江　端红霞　樊一江　潘增友　穆宏宇　戴凯林

国家发展和改革委员会、国家统计局、国家发展和改革委员会综合运输研究所、内蒙古自治区发展改革委、内蒙古自治区统计局、吉林省发改委经贸处、江苏省经信委、福建省经信委、山东省经信委、宁夏回族自治区商务厅物流促进处、沈阳市发改委经济贸易处、哈尔滨市发改委、哈尔滨市统计局、南京市统计局、无锡市统计局、无锡市经信委、南通市统计局、南通市经信委、扬州市统计局、扬州市经信委、镇江市经信委、宁波市发改委、温州市统计局、台州市发改委、济南市经信委、银川市商务局、中国国际货运代理协会、中国粮食行业协会、中国木材与木制品流通协会、中国物资储运协会、工程机械工业协会工业车辆分会、河北省现代物流协会、内蒙古自治区物流协会、吉林省物流与采购联合会、广西物流与采购联合会、四川省现代物流协会、陕西省物流与采购联合会、无锡物流与采购联合会、台州市物流协会、深圳市物流协会、中国物流信息中心、中物联汽车物流分会、中物联冷链物流专业委员会、中物联电子商务物流与快递分会、中物联网络事业部、中物联教育培训部、中物联物流标准委员会、中国汽车技术研究中心、上海国际航运研究中心、西安市商用信息系统分析及应用工程实验室、西安交通大学、天津大学、天津师范大学、大连海事大学、解放军后勤学院、浙江工商大学、东方海外有限公司、兰格集团、中国邮政速递物流股份有限公司、中国通信服务股份有限公司、中捷通信有限公司、国药集团医药物流有限公司、中铁现代物流科技股份有限公司、中物动产信息服务股份有限公司、广东林安物流集团、西安国际陆港投资发展有限公司、山东盖世国际物流集团有限公司、宝湾物流控股有限公司、奥玛物流仓储联盟、荣庆物流供应链有限公司、山东聊城盖氏邦晔物流园、快递物流咨询网

《中国物流年鉴》（2015）
广告提供单位

上册

中国邮政速递物流股份有限公司
平安银行现代物流金融事业部
依维柯（中国）商用车销售有限公司
东风柳州汽车有限公司
西安国际港务区管理委员会
沈阳铁路局
陕西煤业化工物资集团有限公司
中铁现代物流科技股份有限公司
毅德控股集团
长沙金霞经济开发区管理委员会
荣庆物流供应链有限公司
北京福田智科物流有限公司
北京长久物流股份有限公司
广州市商业储运公司
重庆长安民生物流股份有限公司
云南能投物流有限责任公司
南光物流有限公司
上海安能聚创供应链管理有限公司
联邦快递（中国）有限公司
奥玛物流服务有限公司
湖南星沙物流投资有限公司
华南城控股有限公司
宝湾物流控股有限公司
河北港口集团有限公司
广东林安物流集团
普洛斯投资管理（中国）有限公司
中物华商集团股份有限公司
山东晟绮港储国际物流有限公司
中铁物资集团有限公司
中国西部现代物流港管理委员会
广东物资集团公司
鞍钢汽车运输有限责任公司
玖隆钢铁物流园
山东盖世国际物流集团有限公司
国药集团医药物流有限公司
中国铁路物资柳州物流有限公司
信阳金牛物流产业集聚区
惠龙易通国际物流股份有限公司
银联商务有限公司
安得物流股份有限公司
漳州漳龙物流园区开发有限公司
传化公路港物流有限公司
太古冷链物流（上海）有限公司
武威保税物流中心
威海国际物流园发展有限公司
河北省物流产业集团有限公司
上海快虎物流有限公司
广西玉柴物流集团有限公司
天津物产集团有限公司
我的法务网

下册

中国邮政速递物流股份有限公司
平安银行现代物流金融事业部
依维柯（中国）商用车销售有限公司
东风柳州汽车有限公司
中国通信服务股份有限公司
中国铁路总公司
铁路局专版
太原铁路局
西安铁路局
成都铁路局
兰州铁路局
郑州铁路局
乌鲁木齐铁路局
兰州金轮实业有限责任公司
济南铁路经营集团有限公司
河南中原铁道物流有限公司
青岛铁路经营集团有限公司
中国物流有限公司
聊城盖氏邦晔物流有限公司
江西蓝海物流科技有限公司
湖北康华智慧物流园发展有限公司
大冶有色物流有限公司
广东秦粤物流有限公司
湖南现代物流职业技术学院
《中国物流与采购》杂志
中国物流与采购联合会网
现代物流报
《物流》杂志
《中国储运》杂志
万联网
北京长久物流股份有限公司
中国邮政速递物流股份有限公司
中国远洋物流有限公司
北京福田智科物流有限公司
武汉东西湖保税物流中心有限公司
黑龙江农垦北大荒物流集团有限公司

编辑说明

一、《中国物流年鉴》（以下简称《年鉴》）是中国物流与采购联合会主办、《中国物流与采购》杂志社承办的大型文献性工具书。十多年来，《年鉴》的编纂质量不断提升，发行量和发行范围不断扩大，获得了业界广泛好评。《年鉴》的权威性、可读性和资料性，使其成为业界人士查询、引用、论证、存档不可或缺的“工具”。

二、2014 年我国物流运行总体趋稳，物流业发展亮点纷呈。需求结构深度调整，大宗生产资料物流需求增速进一步放缓，电商物流、冷链物流等消费品物流需求保持快速增长；电商物流、快递快运、物流地产、冷链物流等细分市场成为投资热点；物流企业纷纷“触网”，大数据平台发力；快递、电商、零担、医药、物流地产等细分物流市场品牌集中、企业集聚、市场集约的趋势进一步显现；园区基地平台、公路货运平台、电商物流平台、物流金融平台风起云涌，平台思维改变传统模式；产业联动融合走向深入，企业尝试跨界经营；公路货运领域、快递电商领域、仓储园区领域、合同物流领域和铁路货运领域，各种组织模式、管理模式和商业模式创新成为热点；跨境电商迎来爆发期，海外物流布局成为重点战略；京津冀、长江经济带、广东地区三大区域通关一体化改革全面实施，区域物流一体化加速；京津冀三地签署多项物流合作协议，推进物流业协同发展；长江经济带启动综合立体交通走廊建设，完善区域综合交通运输体系；广东、天津、福建再设三个自由贸易试验区，推动更高水平对外开放；郑州、武汉多地启动区域物流中心建设，完善物流基础条件和政策环境。物流业的巨大变化是社会经济发展的必然趋势，更是行业加快发展的真实写照。客观真实地记录这些变化是《年鉴》义不容辞的责任。

2015 年版《年鉴》在框架结构和主体内容上延续了 2014 年版的风格，并在力求真实反映行业发展变化的基础上，继续加大数据和图表内容，扩充地区物流篇幅，使《年鉴》更具可读性、资料性。

三、2015 年版《年鉴》的组稿、编纂工作得到了国家发改委、商务部、交通运输部、国家统计局等中央部委和部分省市自治区政府部门、物流行业社团，相关行业协会，中国物流信息中心、全国物流标准化技术委员会等机构，以及中国邮政速递物流股份有限公司、中国远洋物流有限公司、依维柯（中国）商用车销售有限公司、武汉钢铁集团物流有限公司、西安国际港务区管理委员会、毅德控股集团、普天物流技术有限公司、北京福田智科物流有限公司、南光物流有限公司、联邦快递（中国）有限公司、华南城控股有限公司、传化公路港物流有限公司、中铁现代物流科技股份有限公司等知名企业的大力支持，对此我们表示衷心的感谢。

四、对不符合《年鉴》编辑要求的来稿，编辑人员经过谨慎地删改后予以刊登。由于时间关系这部分稿件来不及请作者核校，望予见谅。

五、因编辑部人员水平有限，如有不妥之处，恳请批评指正。欢迎大家继续对2016年版《年鉴》的组稿和编辑工作给予支持！

《中国物流年鉴》编辑部

2015年8月28日

前　言

2014 年，我国国民经济运行进入“新常态”，物流运行呈现“市场增速适度放缓、运行质量有所提升”的基本特征。一方面，物流需求规模增速减缓但与国民经济相协调，物流企业盈利能力整体偏弱但有所改善；另一方面，物流市场结构不断优化，单位 GDP 的物流需求系数自 2008 年以来首次下降，每百元社会物流总额所需耗费的物流费用有所下降，在表现出物流运行质量提升的同时，也预示着传统的依靠“高物耗、高物流”的经济增长模式正在发生积极转变，经济结构调整的效应逐步显现。

总体看，2014 年我国物流业主动适应经济发展“新常态”，较好地发挥了基础性、战略性作用，主要体现在以下七个方面：

一是物流产业地位显著提升。2014 年 9 月 12 日国务院正式发布《物流业发展中长期规划》，这是继 2009 年国务院《物流业调整和振兴规划》出台以来，又一个指导物流业发展的纲领性文件。《物流业发展中长期规划》把物流业定位于支撑国民经济发展的基础性、战略性产业，是物流业产业地位进一步提升的重要标志，意义重大。

二是物流政策环境持续改善。全国现代物流工作部际联席会议加强政策协调，部门间统筹协调力度进一步加大；《促进物流业发展三年行动计划》正式出台；国家发改委支持冷链物流、粮食物流、公共信息平台和物流诚信建设，示范物流园区工程已完成前期设计；交通运输部重视物流通道建设，继续开展甩挂运输试点和城市配送便利通行工作，积极推进车型标准化；商务部继续开展城市共同配送示范试点，商贸物流标准化、电子商务与快递协同发展试点工作启动；工信部加强物流信息化引导，开展物流供应链推进工作；国家邮政局全面开放国内包裹快递市场，简化快递资质审批。各地政府部门也都制定了新的规划与政策，支持物流业发展。

三是物流业增长速度高位趋稳，质量提升。2014 年我国社会物流总额为 213.5 万亿元，按可比价格计算，同比增长 7.9%，增幅比上年回落 1.6 个百分点；社会物流总费用为 10.6 万亿元，同比增长 6.9%，社会物流总费用与 GDP 的比率为 16.6%，比上年下降 0.3 个百分点，物流业发展的质量和效益有所提升。中国物流景气指数全年处于55%上下区间，物流运行总体趋稳。

四是资本和技术双轮驱动，市场主体趋于集中。电商物流、快递快运、物流地产、冷链物流等细分市场成为投资热点。与此同时，市场集中度稳步提升，2014年度中国物流企业50强排名中，入围门槛比上年提高2.1亿元；快递、电商、零担、医药、物流地产等细分物流市场向优势品牌集中。

五是平台整合、产业融合，经营模式变革创新。平台思维改变传统模式，园区基地平台、公路货运平台、电商物流平台、物流金融平台等风起云涌。物流业与制造业、商贸业、金融业等“多业联动”，产业合作层次从运输、仓储、配送业务向集中采购、订单管理、流通加工、物流金融、售后维修、仓配一体化等高附加值增值业务，个性化创新服务拓展延伸。

六是企业网络布局加速。德邦物流已在全国开设直营网点5200余家；日日顺物流在全国2800多个县建立了物流配送站和17000多家服务商网点；顺丰速运启动快递下乡计划，业务覆盖的县级市或县区已超过2300个；阿里巴巴启动“千县万村”计划，拟投资建立1000个县级运营中心和10万个村级服务站；京东推出“先锋站”计划和“村民代理”模式。据统计，2014年农村新增快递网点近5万个，农村包裹超过20亿件。社区物流服务深入推进，解决“最后一公里”问题。

七是物流基础设施进一步优化。“一带一路”战略受到全球瞩目，基础设施互联互通取得成效。全年完成公路建设投资1.55万亿元，比上年增长12.9%；完成铁路固定资产投资8088亿元，其中铁路建设投资6623亿元，比上年增长12.6%。国家物流大通道建设开始起步，京津冀、长江经济带、广东地区三大区域通关一体化改革全面实施。物流园区、物流中心和自由贸易园区建设持续推进。

2014年我国物流业发展取得了不俗的成绩，但仍存在不少问题。如物流整体市场形势严峻、企业经营困难、诚信体系缺失，资金短缺、人才短缺，创新驱动的内生机制还没有建立、相关政策有待落实，物流企业审批多、收费高、行路难和税负重等问题还没有实质性改善，等等。要实现《物流业发展中长期规划》提出的“到2020年，基本建立布局合理、技术先进、便捷高效、绿色环保、安全有序的现代物流服务体系”的战略目标，我们必须加大结构调整力度，转换经营模式，加快产业升级和创新驱动，尽快实现物流企业规模化、集约化，物流基础设施一体化、网络化，物流营商环境法制化。我们是物流大国，但不是物流强国，要实现“强国梦”需要我们不懈努力。中国物流与采购联合会作为行业社团组织，将继续加强调查研究、积极反映企业诉求、协助政府推进政策落地，为加快物流业发展做出积极贡献。

《中国物流年鉴》是中国物流与采购联合会主办、《中国物流与采购》杂志社承办的大型文献性工具书。十几年来，《中国物流年鉴》坚持用数据和事实反映物流业发展变化的轨迹、记录我国物流业发展的历程，赢得了业界好评。面对我国物流业不断发展变化的新形势，《中国物流年鉴》将继续以求真务实、严谨负责的态度做好资料收录工作。同时，真诚地希望业界同人提出宝贵意见，使其越做越精、越做越好。

何黎明

二〇一五年八月三十日

目　录

上　册

第一部分　物流政策法规

第二部分　物流统计

第三部分　物流产业

第四部分　行业物流

下 册

第五部分 地区物流

第九部分 物流综合

第五部分

地区物流

2014 年河北省物流业发展情况

多年来，河北省服务业增加值占 GDP 的比重一直在 33% 左右徘徊，2014 年河北省第三产业增加值为 10953.5 亿元，比上年增长 9.7%，占河北省 GDP 的比重达到了 37.2%，服务业对经济增长的贡献率也首次超过 50%，这说明河北省的产业结构发生了积极变化。服务业占比和贡献率的同步提升，是 2014 年河北省产业结构调整中最大的亮点。作为第三产业中重要的生产性服务业，河北省物流业积极调整应对复杂多变的市场形势，加快转型升级步伐，主动适应经济发展“新常态”，较好地发挥了基础性、支柱性、战略性的作用。

一、物流业总体情况

（一）物流业运行情况

1. 物流运行效率有所提升

2014 年河北省物流运行效率有所提升，物流成本进入回落阶段，物流市场结构不断优化，物流企业效益有所改善，随着物流发展模式变革速度的加快，资源整合趋势明显。2014 年河北省社会物流总额为 85077 亿元，可比增长 9.5%，其中单位与居民物品物流总额和省外流入物品物流总额增长显著；物流业增加值超过 2427.8 亿元，可比增长 10.9%，处于中高速增长区间。物流业增加值占服务业增加值的比重为 22.3%，物流业增加值占 GDP 的比重为 8.3%，物流业是河北省服务业发展的重要增长点。2014 年河北省社会物流总额的详细情况见表 1。

2. 物流业发展的质量和效率有所提升

2014 年伴随着燃油价格的连续下降，河北省社会物流总费用增速小幅回落，社会物流总费用与 GDP 的比率为 19.1%，比上年同期下降 0.63 个百分点，但依然偏高。2014 年河北省社会物流总费用详见表 2。

表 1　2014 年河北省社会物流总额

指　标	总量（亿元）	比上年增长（%）
社会货物物流总额	85077.0	9.5

续 表

指　标	总量（亿元）	比上年增长（%）
农产品物流总额	4891.8	3.8
工业品物流总额	51466.4	4.9
进口货物物流总额	1484.7	0.8
单位与居民物品物流总额	56.1	33.1
省外流入物品物流总额	27084.1	20.4

表 2　　2014 年河北省社会物流总费用

指　标	总量（亿元）	比上年增长（%）
社会物流总费用	5629.6	3.6
运输费用	3923.4	5.6
保管费用	1277.4	1.3
管理费用	428.8	-6.6

2014 年河北省全社会铁路、道路和水运三种运输方式实现货运量 21.1 亿吨，实现货运周转量 12631.4 亿吨公里，其中水运货运量增长显著，铁路货运量下降明显。2014 年河北省全社会实现货运量和社会货运总量的具体情况详见表 3 和表 4。

表 3　　2014 年河北省社会货运量

指　标	总量（亿吨公里）	比上年增长（%）
全社会货运量	21.1	6.0
铁路货运量	2.1	-8.3
道路货运量	18.5	7.4
水运货运量	0.4	34.8

表 4　　2014 年河北省社会货运周转量

指　标	总量（亿吨公里）	比上年增长（%）
全社会货运周转量	12631.4	8.3
铁路货运周转量	4186.0	-1.3

续 表

指　标	总量（亿吨公里）	比上年增长（%）
道路货运周转量	7019.6	6.7
水运货运周转量	1403.2	71.6

（二）物流业发展情况

2014年随着国民经济进入“新常态”，河北省物流业发展也呈现“常态趋稳、动态调整”的基本特征，其发展具有以下特点。

1. 物流政策环境持续改善，物流产业地位进一步提升

2014年9月12日国务院正式发布了《物流业发展中长期规划》，把物流业定位于支撑国民经济发展的基础性、战略性产业，是物流业产业地位进一步提升的重要标志。12月9日河北省人民政府发布了《关于促进物流业加快发展的若干意见》，涉及税收、融资、土地等方面的一系列优惠政策出台。京津冀签署了多项物流合作协议，为三地物流业协同发展创造了巨大的空间。在此大背景下河北省物流业发展的政策环境进一步改善，行业发展动力强劲。

2. 运输业务快速发展，港口业务增长显著

2014年河北省营业性道路货运周转量达到7019.56亿吨公里，河北省营业性道路货运量和周转量分别居全国第五位和第二位，地方铁路货运量和周转量连续多年位居全国第一，营业性水路货运量和周转量同比分别比上年增长30.3%和62.7%。2014年河北省港口货物吞吐量共完成9.5亿吨，同比增长6.7%，稳居全国第五位，其中：唐山港货物吞吐量首次突破5亿吨，同比增长12.2%，居全国沿海规模以上港口第四位；河北港口集团秦皇岛港股份有限公司完成货物吞吐量3.82亿吨，同比增长4.69%，创历史新高。河北省港口集装箱吞吐量自2013年首次突破百万标准箱后，发展呈快速跃升趋势，2014年全年共完成集装箱吞吐量183.7万标准箱，同比增长36.5%，其中唐山港完成集装箱吞吐量110.9万标准箱，同比增长52.4%，成为河北省首个集装箱吞吐量突破百万标准箱的港口。

3. 交通建设投资加快，物流基础条件明显改善

2014年河北省交通建设步伐加快，京港澳高速公路改扩建工程提前通车，正定国际机场、邯郸机场改扩建工程投入使用。全年交通基础设施建设完成投资909.5亿元，新增通车里程269公里，河北省高速公路通车总里程达到5888公里，跃居全国第二位，仅次于广东省。港口建设投资共计完成171亿元，新增生产性泊位25个，共计达到183个；货物通过能力达到9.2亿吨，跃升为全国第二名，集装箱通过能力达到295万标准箱。

4. 网络电商物流需求保持了高速增长

近两年在电子商务快速发展的带动下，河北省电商物流进入了快速增长时期。2014年河北省快递业务总量完成3.4亿件，排名由全国第十位上升到第九位；河北省邮政业务收入达85.9亿元，同比增长17.8%。其中快递业务收入为41.1亿元，同比增长42.2%。石家庄、保定和廊坊市的快递业务量均进入全国城市前50名。未来一段时期河北省的网络购物特别是移动购物仍将保持高速增长，不仅将进一步加

大对物流服务的需求，而且还会对物流服务的规模和质量提出更高的要求。

5. 物流产业聚集区建设成为推动河北省物流业发展的重要抓手

2014 年经河北省政府批准设立的 32 个省级物流产业聚集区，已有 24 个批准了总体规划并进入建设运营阶段。获批的物流产业聚集区总规划面积为 326. 54 平方公里，正在建设中的起步规划面积为 72. 79 平方公里。这些物流产业聚集区已初显物流业服务支撑功能和带动辐射作用，对河北省的经济发展起到了明显的促进作用。

6. 重点物流企业运行良好

2014 年河北省物流业发展伴随着全省经济结构调整步伐的加快，逐步由传统物流阶段向一体化物流阶段过渡，物流企业主动适应经济发展“新常态”，通过模式创新、流程再造和服务延伸等方式深化体制改革，加快向现代物流企业转型，重点物流企业运行良好。

开滦集团不断拓展深化现代服务业，优化物流产业结构，创新商业运营模式，防范资金风险，大力发展非煤物流、实体物流和物流金融。通过明确发展定位，调整物流产业结构，加快物流重点项目建设，构建综合物流产业体系，形成了多种物流业态竞相发展的格局。2014 年开滦集团物流产业收入达 1318 亿元，利润为 2. 58 亿元，同比提高 11% ；实体物流规模同比提高 5. 32 个百分点；非煤物流比重达到 61. 48% ，同比提高 6. 24 个百分点。

河北港口集团依托港口主业，大力发展衍生产业，拓展和延伸产业链，在转型发展上稳中求进。近年来，河北港口集团物流事业部、秦皇岛海运煤炭市场、秦皇岛睿港煤炭物流公司、邯郸国际陆港物流园区等一批新兴物流链管理运行机构如雨后春笋般应运而生，物流建设成为港口集团转型发展的重要支撑。2014 年河北港口集团完成港口吞吐量 3. 82 亿吨，实现营业收入 145 亿元、利润总额 21. 6 亿元，总资产达到 570 亿元，均创历史最高水平。

冀中能源国际物流集团通过调整结构，大力开拓国际市场，推动了物流产业转型升级。其不断创新和创造多种物流商业模式，积极推进由追求“速度、规模”向“质量、效益”转变，大力推动物流产业调整结构、转变方式，加快转型升级，开辟绿色物流，闯出了独具特色的物流产业发展道路。

二、物流业发展的重点工作

物流业在稳增长、调结构、促转型、惠民生等方面发挥着重要作用。2014 年河北省社会物流总费用与 GDP 的比率为 19. 1% （全国的是 16. 6% ），如果这一比率降低到美国、日本等发达国家的水平，则可以节约一半的物流成本。河北省物流业要从规模的快速扩张转向质量和效益的提升，必须重点做好以下工作：

一是推进京津冀物流协同发展，形成区域经济新的增长极。立足京津冀发展全局，在物流重大项目建设、重点物流园区建设上，加强与京津合作。充分发挥河北腹地功能和比较优势，深化与北京的物流产业项目对接合作。加大京津冀物流协同发展的推进力度，推动京津冀协同发展、丝绸之路经济带和海上丝绸之路等一系列区域经济规划，推动产业梯度转移，发展跨区域大交通大物流，力争形成新的区域经济增长极。

二是落实政策和加强引导，切实减轻物流企业负担。推进省政府发布的《关于促进物流业加快发展的若干意见》的实施，落实税收、融资、土地等方面的优惠政策。简化审批手续、保障物流用地、加大资金投入力度、落实税费优惠政策、促进便利通行，切实减轻物流企业负担，进一步促进河北省物流业的发展。

三是加大企业兼并重组步伐，加快培育物流龙头企业。随着市场环境的持续改善，未来物流市场兼并重组仍将继续升温。通过兼并重组，优化配置，有利于企业迅速壮大规模、增强实力，形成一批具有行业引领作用、具有一定规模和国际竞争力的物流龙头企业。物流企业要注意防控和化解市场风险、技术风险、重组风险、资金风险、法律风险、信用风险，处理好增长与稳定的关系，通过改革创新推动整合优化、增进效率，有序推进物流行业转型升级。

四是重视科技创新，加快提升现代物流业发展水平。科技创新是企业提升发展的关键，随着劳动力的短缺和要素成本的上升，物流业须创新物流服务模式，通过技术改造、设备升级和大数据的应用，提升物流信息化、机械化、自动化水平。通过大数据、云计算、物联网、移动互联网和智慧物流等新一代信息技术，改造业务流程、组织架构和业务模式，提升运行效率，提高物流业务的自动化、可视化、可控化、智能化和网络化服务水平，进而提高资源利用效率。

五是加快大宗商品交易中心的建设，充分发挥市场调节功能。加大秦皇岛煤炭交易中心、河北省钢铁交易中心、河北省农副产品电子交易中心和华北大宗商品交易中心的政策支持力度，加快完善市场交易功能，扩大市场交易规模，提高服务水平，将其建设成在京津冀区域乃至在全国有影响的大型大宗商品交易中心，发挥市场的调控引领作用。

六是加快物流优势产业发展，提升产业聚集和发展水平。要抓住京津冀协同发展的机遇，进一步完善支持物流产业聚集区发展的各项政策措施，加大对外开放和招商引资力度，积极引进在国内外有影响力的跨国公司和央企落户聚集区，充分发挥产业聚集效能。进一步支持快递物流的发展，加强物流业信用体系建设。加强绿色物流、冷链物流、环保物流的政策支持力度，积极推广节能减排新技术、新产品、新能源，促使物流企业积极服务社会、回报社会、造福社会，着力塑造物流新形象，为河北省经济绿色崛起发挥作用。

（林炳禄　河北省现代物流协会秘书长
谢宝贵　河北省现代物流协会副秘书长）

2014年内蒙古自治区物流业发展情况

2014年，由于市场需求不足，受产能过剩及物流服务、部分工业品价格低迷、煤炭等大宗商品市场未见明显好转等因素影响，内蒙古自治区社会物流总额增速有所放缓，物流业呈稳定发展态势。

一、社会物流总额稳中有升

2014年，内蒙古自治区社会物流总额完成35974.47亿元，同比增长5.74%，主要特点是增幅呈逐步回升态势，增速比前三季度上升3.73个百分点。

从社会物流总额构成看，工业品物流总额仍占主导地位，工业品物流总额完成20276.06亿元，同比增长6.61%，占社会物流总额的56.36%；农产品物流总额保持平稳，农产品物流总额完成2780.00亿元，同比增长3.0%，占社会物流总额的7.73%；批发业物流总额增速略有下降，批发业物流总额完成8325.40亿元，同比增长10.6%，占社会物流总额的23.14%；进口货物物流总额增速保持增长，进口货物物流总额完成500.29亿元，同比增长3.3%，占社会物流总额的1.39%；邮政业务物流增长较快，受电子商务市场繁荣及网络购物的推动，内蒙古自治区邮政业务总量保持增长态势，邮政业务总量（单位与居民物品物流总额）完成19.47亿元，同比增长11.12%，占社会物流总额的0.05%。

二、物流业增加值平稳增长

2014年，内蒙古自治区第三产业增加值完成6922.55亿元，同比增长6.7%，占GDP的38.96%，与周边的山西省、甘肃省、宁夏回族自治区和陕西省相比，排位第一，如图1所示。

2014年，内蒙古自治区物流业增加值完成1218.05亿元，同比增长10.35%，占第三产业增加值比重的17.59%，占GDP的6.85%。

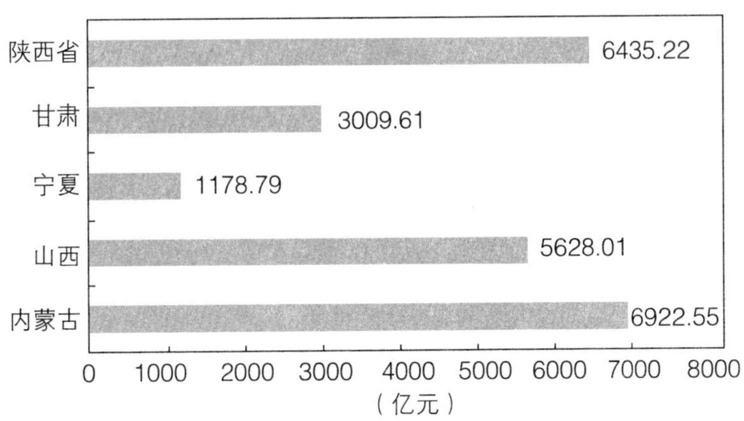

图1 内蒙古自治区第三产业增加值与周边4省对比情况

三、货运量、货运周转量小幅回升

2014年，内蒙古自治区完成货运量204304.76万吨，同比增长18.86%；完成货运周转量4550.29亿吨公里，同比增长3.13%，如图2、图3所示。

（一）铁路货运量上升

2014年，内蒙古自治区铁路货运量完成77593.2万吨，同比增长3.71%；铁路货运周转量完成2446.82亿吨/公里，同比下降3.65%。

（二）公路货运量增速略有下降

2014年，内蒙古自治区公路货运量完成126704万吨，同比增长30.54%；实现公路货运周转量2103.47亿吨/公里，同比增长12.32%。

（三）航空货运量完成7.56万吨，同比增长7.8%

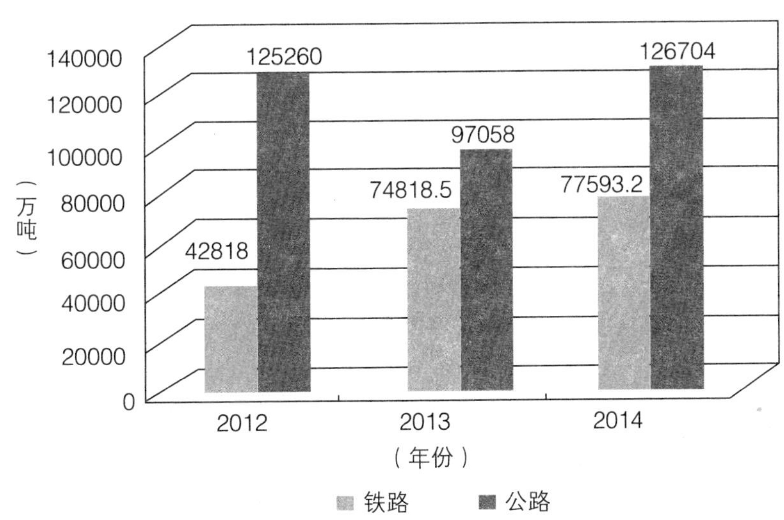

图2 2012—2014年内蒙古自治区铁路、公路货运量完成情况

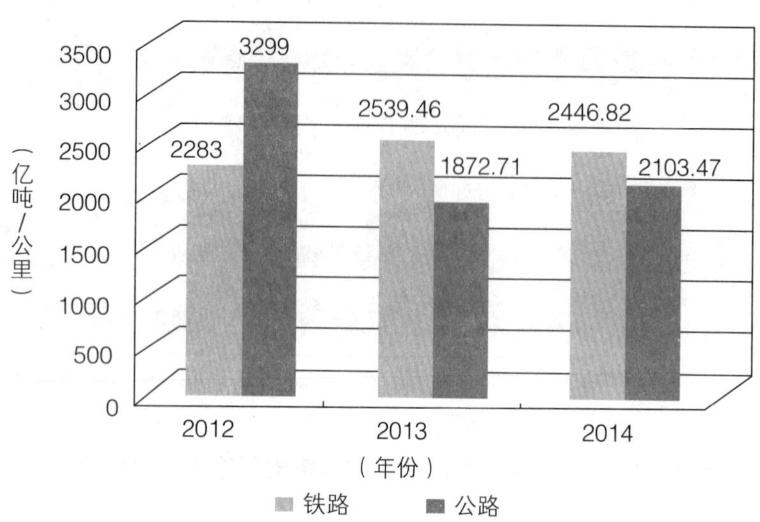

图3 2012—2014 年内蒙古自治区货物周转量完成情况

四、物流业固定资产投资保持增长

2014 年，内蒙古自治区物流相关行业固定资产投资额完成 1382. 66 亿元，同比增长 27. 1%，占第三产业投资完成情况比重的 25. 1%。

五、社会物流总费用与 GDP 的比率略高于国家同期水平

2014 年，内蒙古自治区社会物流总费用为 2973. 1 亿元，社会物流总费用与 GDP 的比率接近 17%。其中：运输费占比为 65. 5%，保管费占比为 26. 3%，管理费占比为 8. 2%。

（内蒙古发展改革委　内蒙古统计局　内蒙古物流协会）

2014 年吉林省物流业发展情况

2014 年，受国家宏观经济政策的影响和产业升级的制约，吉林省物流业呈现高开低走的态势，吉林省社会物流总需求呈现明显的下行趋势，社会物流总费用增速明显减慢，物流业增加值增速放缓。

一、物流业运行情况

（一）社会物流总需求下降趋势明显，并呈现前高后低的走势

2014 年吉林省社会物流总额为 35638.2 亿元，按同比价格计算，增长 7.5%，增速与上年同期相比回落 1.5 个百分点，连续两年呈下行趋势。季度统计数据分析显示，第一季度总需求增速明显高于二、三季度，呈前高后低的需求走势。

2014 年吉林省社会物流总需求构成情况如下：

工业品物流总额为 26566.4 亿元，与上年同期相比增长 8.0%，增速与上年同期相比回落 1.0 个百分点，占社会物流总额的比重为 74.5%，占比提高 0.3 个百分点；外省市及进口货物物流总额为 7852.8 亿元，与上年同期相比增长 5.9 个百分点，增速与上年同期相比下降 1.2 个百分点，占全社会物流总额的比重为 22.0%，占比下降 0.4 个百分点。其中，外省市流入物流总额为 6577.3 亿元，与上年同期相比增长 4.7%，增速与上年同期相比回落 4.6 个百分点；进口物品物流总额为 206.0 亿美元，同比增长 7.9 个百分点；农产品物流总额为 1135.5 亿元，同比增长 6.3%，增速与上年同期相比回落 0.4 个百分点，占全社会物流总额的比重为 3.2%；再生资源物流总额和单位与居民物品物流总额同比分别增长 9.0% 和 12.6%，具体情况如表 1 所示。

表 1　2014 年吉林省社会物流总额构成情况

社会物流总额构成	计量单位	绝对值	同比增长（%）
农产品物流总额	亿元	1135.5	6.3

续 表

社会物流总额构成	计量单位	绝对值	同比增长（%）
工业品物流总额	亿元	26566.4	8.0
外部流入物流总额	亿元	7852.8	5.9
再生资源物流总额	亿元	38.5	9.0
单位与居民物品物流总额	亿元	45.0	12.6
合　计	亿元	35638.2	7.5

（二）社会物流总费用增速明显减慢，物流运作成本持续降低

2014 年吉林省社会物流总费用为 2286.8 亿元，同比增长 6.1%，与上年同期相比回落 1.9 个百分点。社会物流总费用与 GDP 的比率为 16.57%，与上年同期相比降低 0.043 个百分点，已连续三年呈现下降走势。

在社会物流总费用中，运输费用为 1209.7 亿元，同比增长 3.9%，增速与上年同期相比回落 3.3 个百分点，占社会物流总费用的比重为 52.9%，同比降低 1.1 个百分点。在全部运输费用中，铁路货运量连续三年呈下降走势，下降均速为 8.1 个百分点。与上年同期相比铁路货运量、货运周转量分别下降 7.4% 和 11.4%，运输费用下降 11.4 个百分点；公路运量呈快速增长态势，与上年同期相比公路货运量、货运周转量分别增长 9.9% 和 8.3%，公路运输费用同比增长 9.3%。2014 年吉林省运输费用总构成情况如图 1 所示。

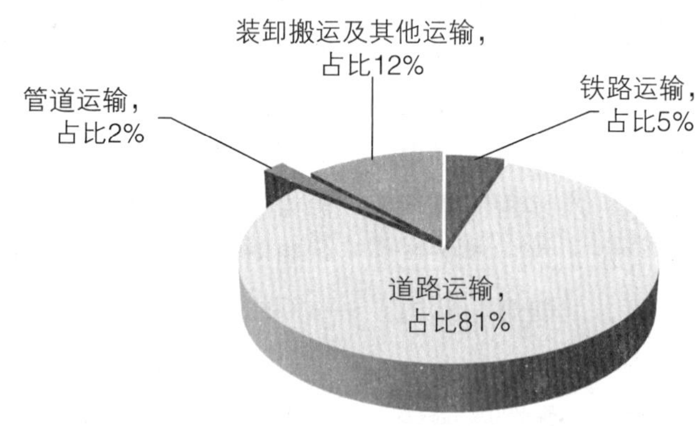

图 1　2014 年吉林省运输费用总构成情况

保管费用为 772.5 亿元，同比增长 7.8%，增速与上年同期相比回落 1.1 个百分点，占社会物流总费用的比重为 33.8 %，与上年同期相比上升 0.6 个百分点。2014 年吉林省保管费用总构成情况如图 2 所示。

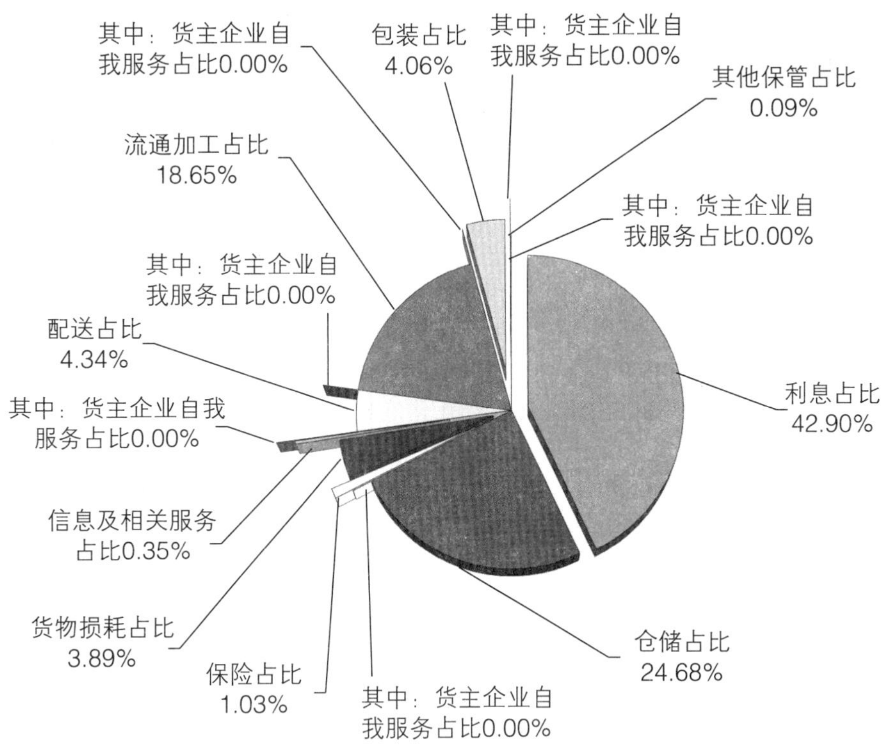

图2　2014 年吉林省保管费用总构成情况

管理费用为 304.6 亿元，同比增长 10.7%，增速与上年同期相比上升 1.7 个百分点，占社会物流总费用的比重为 13.3%，与上年同期相比上升 0.5 个百分点。

2014 年吉林省社会物流各种运输方式共计完成货物货运量 5.30 亿吨，与上年同期相比增长 7.07%，实现货物运输周转量 1861.54 亿吨公里，同比增长 1.0 个百分点。

（三）物流行业增加值增速放缓

2014 年，吉林省物流业增加值为 772.1 亿元，同比增长 6.0%，与上年同期相比增速回落 1.3 个百分点，已连续两年呈下降走势。物流业增加值占 GDP 的比重为 5.6%，占吉林省第三产业的比重为 15.8%，与上年相比基本持平。

其中：交通运输业增加值为 553.4 亿元，同比增长 9.7%，与上年同期相比上升 2.8 个百分点；贸易业增加值为 173.2 亿元，同比增长 5.5%，增速同比回落 2.6 个百分点；仓储业增加值为 31.9 亿元，同比增长 4.0%，增速同比回落 0.2 个百分点；邮政业增加值 13.6 亿元，同比增长 18.7%，增速同比上升 2.8 个百分点。

（四）物流相关行业固定资产投资增长较快，物流基础设施条件继续改善

2014 年吉林省物流相关行业固定资产投资总额为 1287.6 亿元，同比增长 47.5%。具体投资构成情况如下：交通运输业完成投资额为 597.2 亿元，同比增长 40.5%，占物流相关行业固定资产总投资的 46.4%；仓储业固定资产投资额为 209.3 亿元，同比增长 64.9%，占物流相关行业固定资产总投资的 16.3%；贸易业固定资产投资额为 475.0 亿元，同比增长 47.9%，占物流相关行业固定资产总投资的

36.9%；邮政业固定资产投资额为6.0亿元，同比增长7485.9%，占物流相关行业固定资产总投资的0.4%（见表2）。

表2　　2014年物流相关行业固定资产投资情况明细

物流相关行业固定资产投资	计量单位	绝对值	同比增速（%）
交通运输业	亿元	597.2	40.5
仓储业	亿元	209.3	64.9
贸易业	亿元	475.0	47.9
邮政业	亿元	6.0	7485.9
合　计	亿元	1287.6	47.5

二、"十二五"期间物流业发展情况

（一）发展情况

1. 物流业规模不断扩大

"十二五"时期吉林省社会物流需求不断增加，现代物流业发展水平稳步提升，发展规模不断扩大。"十二五"时期吉林省物流业发展规模如表3和图3所示。

"十二五"期间，吉林省社会物流三项指标的增长均呈现回落后增长的趋势，吉林省社会物流业增加值年均增长11.1%，保持较快的发展速度。到2015年，吉林省社会物流总额将达到38845.6亿元，同比增长9%，社会物流业增加值为834.6亿元，物流业对吉林省经济贡献较为稳定，经济地位较为重要。"十二五"期间，吉林省社会物流总费用年均增速11.4%，增速较"十一五"时期年均增速回落7.5%，物流业运行效率和质量较"十一五"时期有所提高。

表3　　"十二五"时期吉林省物流业发展规模

指　标	2011年	2012年	2013年	2014年	2015年	平均值
社会物流总额（亿元）	27364.7	30421.0	33151.8	35638.3	38845.6	33084.3
增长率（%）	20.9	11.2	9.0	7.5	9.0	11.5
社会物流总费用（亿元）	1779.6	1998.9	2159.2	2286.8	2481.2	2141.1
增长率（%）	21.9	12.3	8.0	6.1	8.5	11.4
物流业增加值（亿元）	595.9	678.8	728.4	772.1	834.6	722.0
增长率（%）	20.3	14.0	7.3	6.0	8.1	11.1

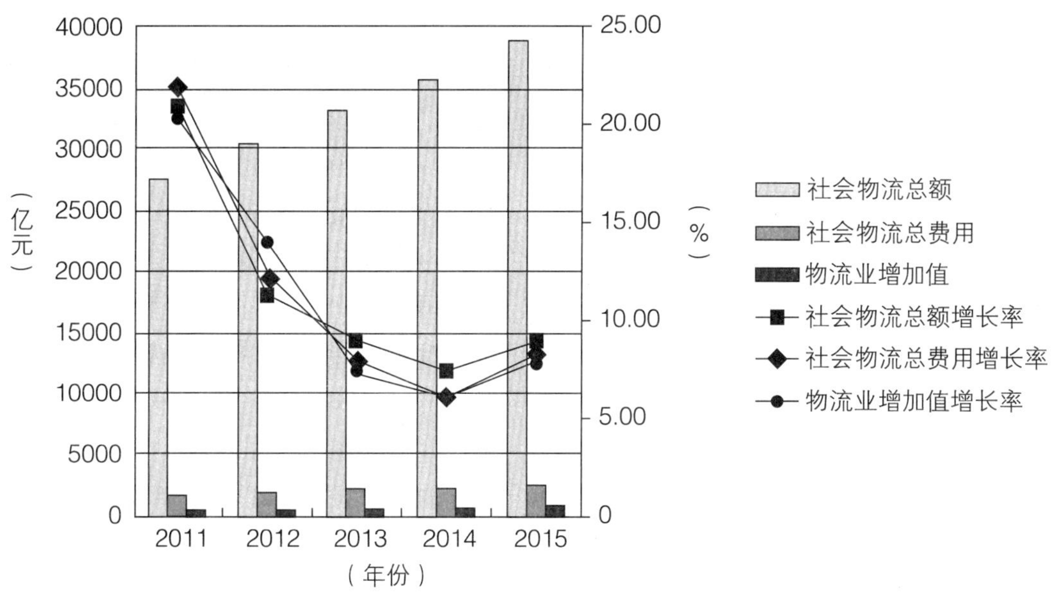

图3 “十二五”时期吉林省物流业发展规模

2. 物流基础设施逐步完善

经过多年建设，吉林省交通运输网络不断完善。截至 2014 年年底，吉林省铁路里程 4441 公里，公路通车里程 9.6 万公里，其中高速公路里程 2348 公里。随着 2013 年吉林省在建的高速公路全部通车运行，吉林省 9 个市（州）都分布有横线、纵线、环线，基本实现县县通高速，路网规模更加完善。在国家“一带一路”战略大背景下，吉林省规划建设“4 射 5 纵 3 横 6 环 8 联”高速公路网络，规划高速公路总里程达 5603 公里，其中：国家高速公路里程 4146 公里，地方高速里程 1457 公里。

航空建设方面，“一主多辅”机场格局初步形成，支线机场和通用机场建设继续推进，建成通化、白城机场，新建松原机场，启动龙嘉机场二期扩建、延吉机场迁建工程。目前，吉林省长吉图区域公路运输网络基本形成，铁路运输网络初具规模，物流干线基本畅通。

管道方面，“气化吉林”惠民工程进展顺利，县级以上城市管道覆盖率可达 100%。

物流园区方面，截至 2014 年年底，吉林省投资亿元以上的物流园区共 34 个，其中：已建成园区 9 个、在建运营园区 11 个、在建未运营园区 14 个，总占地面积 6034.9 万平方米；处于规划中的物流园区 64 个，总占地面积 8062.3 万平方米。各种运输方式组成更为畅通便利的运输网络，各类物流园区提供多种物流服务满足不同物流需求，为吉林省现代物流业发展奠定了良好的设施基础。

3. 物流企业实力不断提升

“十二五”时期，吉林省各类物流企业实力不断增强，已通过中国物流与采购联合会 A 级企业评估的企业共 53 家，其中：5A 级 6 家，分别为吉林省长久物流有限公司、吉化集团公司物流中心、一汽物流有限公司、长春一汽国际物流有限公司、长春欧亚集团股份有限公司和长春市亚奇物流有限公司；4A 级 27 家，3A 级 19 家，2A 级 1 家。吉林省物流骨干企业整体实力具有较大提升。吉化物流、长春亚奇物流、龙谷物流、长久物流等 9 家企业被评为物流实验、示范基地。一汽物流有限公司、双辽市江山物流有限公司、长春市亚奇物流有限公司3户运输企业先后列入国家级甩挂运输试点单位，另有6家企业纳入吉林省第一批公路甩挂运输试点项目。航天仓储、鑫源物流等企业组建的长春市第一个“物流企业运输联合体”已经吸收20余家中小物流企业，大大提升了物流企业整体竞争力。

4. 物流信息化与标准化建设初建成效

“十二五”时期，吉林省现代物流信息化和标准化得到初步发展。吉林省物流与采购联合会建立的吉林省物流行业联盟网——吉林省物流与采购门户网站发展初具规模，目前网站主要提供新闻实事、政策法规、物流标准、企业评估、培训认证和仓储评定等服务，并定期发布吉林省物流业发展相关数据，为行业发展现状、未来趋势预测、规划与研究等方面提供数据支持。此外，民营企业创建的物流信息网络使用较为广泛，通过简单的电子公告板方式发布信息。吉林省质量技术监督局联合吉林省发改委先后完成了10余项物流类标准，从运输、仓储、配送、快递、冷链物流等多个方面对物流服务质量、运作标准进行规范性指导，提高了物流行业运行效率。甩挂运输方面，吉林省第一批公路甩挂试点项目申请企业6家，目前完成建设4家，现有牵引车66辆、挂车107辆，初步完成公路甩挂试点基础设施、车辆设备和信息系统等方面的建设。

5. 政策环境不断优化

“十二五”时期，吉林省推出了物流相关政策文件以支持现代物流业的发展。2011年吉林省出台了《关于促进物流业健康发展政策措施的实施意见》，在该实施意见中，从融资渠道、物流资源、政策支持、税收优惠、农产品物流等几个方面给出相应政策措施。2013年，吉林省交通运输厅出台了《吉林省交通运输厅关于突出发展民营经济的实施意见》，政策共12条，为民营企业发展提出鼓励参与交通运输建设、扶持规模化发展、提供宣传服务和人才支持、提高优质服务等四个方面内容的优惠政策，为民营企业发展提供交通运输方面的支持。2014年12月吉林省印发了《吉林省物流园区发展规划》，按照物流需求规模以及在国家战略、省级战略和产业布局中的重要程度，将物流园区布局城市分为三级。一系列文件的出台进一步完善了吉林省物流业发展的政策环境，对于规范、鼓励和扶持吉林省物流业发展起到了重要的指导和推动作用。

（二）存在的问题和面临的机遇

虽然吉林省物流业对支持地区经济发展发挥了积极作用，但是行业整体实力仍显不足，还存在一些问题制约了行业的发展，具体表现为以下几点。

一是行业龙头企业少。吉林省现有各类物流企业1.76万多家，小、散、弱现象较为普遍。物流企业管理方法落后，导致经营运作效率较低，物流成本偏高、企业利润偏少，行业内缺少具有突出竞争力的标杆企业作为“龙头”引领和带动其他企业提升和发展，吉林省物流行业仍处于不断摸索与缓慢提升的状态，制约了行业的发展速度。

二是高水平信息化支撑乏力。尽管吉林省信息化已经起步，但仍存在资金投入不足、信息不对称、应用性不强、专业人才不多等问题，现行信息平台市场应用程度不高，各级管理机构和物流企业各自建设的网络平台之间信息共享少，无法发挥沟通联系整个行业的作用，目前吉林省仍然缺乏服务全省的自动化、一体化公共物流信息服务平台整合全省物流行业相关信息和资源。

三是物流园区利用率不高。吉林省物流园区建设缺乏统一的规划与管理，目前吉林省物流园区规划建设中存在为建物流园区而盲目跟风的现象，不能与当地经济发展现状、产业发展需求相结合，园区利用效率不高，使用面积有限，闲置空地较多，造成建材和土地资源的浪费，无法真正发挥物流园区的服务功能。

四是物流专业人才短缺。物流人才已成为国家紧缺的 12 种人才之一。吉林省现代物流业缺乏高素质的物流专业人才，物流行业从业人员物流专业知识技能有待提升，高校物流相关专业开设数量有限，专业素质人才不足，在校大学生实践经验较少，职业培训市场秩序混乱，高校毕业生较多外流到其他省份，国际物流人才缺乏，这些都制约着吉林省物流行业发展水平的完善与改进。

五是区域发展失衡。由于自然资源和地理、政治优势，吉林省中部地区物流业发展速度较快，发展规模与水平优于东部、西部和南部地区，而且中部地区在物流基础设施、物流技术和物流企业发展状况方面均处于优势地位。区域间物流发展不平衡，省内物流业务由于基础设施、技术等问题难以实现自然、流畅衔接，导致吉林省物流业整体发展水平偏低。

应该看到，吉林省物流业虽然面临一些问题，但同时也面临难得的发展机遇。目前吉林省按照省政府的整体部署全面深化改革，有利于破除长期制约吉林老工业基地的体制机制障碍，促进吉林省制造业发展，不断解放和发展社会生产力，扩大物流需求。此外，国家高度重视粮食安全问题，有利于吉林省发挥国家重要商品粮基地优势，提高农产品物流需求。

在党的“十八大”提出新型工业化、城镇化、信息化、农业现代化的“新四化”背景下，吉林省农产品、汽车、石化、医药、装备制造、建筑等支柱行业将会迎来快速发展，而这些行业都与物流行业高度相关，吉林省物流业将会随着经济发展和产业转型而进一步发展壮大。

在国家实施新一轮扩大对外开放、推进“一带一路”国家重大战略的背景下，长吉图开发开放先导区建设进程加快，长春兴隆综合保税区成功构建，并与中新吉林食品区和珲春国际合作示范区构成三大国际性开放平台；吉林省依托沿边近海区位不断融入中蒙俄经济走廊，对俄对朝合作取得实质性进展，所有这些不仅说明吉林省加快了对外开放的脚步，而且为吉林物流业发展提供了更多的发展机遇。

总之，机遇与挑战并存的环境将有利于吉林省物流企业冲破障碍快速向前发展。

（付斌　吉林省发改委经贸处　吉林省统计局　孔茂华　吉林省物流与采购联合会秘书长王利东　吉林省物流与采购联合会）

2014年江苏物流业发展情况

一、物流业运行情况

2014年江苏省物流业运行保持总体平稳态势，物流需求稳中有增，运行效率持续提高，为江苏省经济社会发展提供了重要保障。

（一）社会物流总额

2014年江苏省社会物流总额实现213747亿元，同比增长10.9%。其中：工业品物流总额占社会物流总额的比重为81.5%，进口物流总额占社会物流总额的比重为6.4%，农产品物流总额占社会物流总额的比重为1.2%，外省市商品购进额占社会物流总额的比重为10.5%，单位与居民物品物流总额占社会物流总额的比重为0.4%。

（二）社会物流总费用

2014年江苏省社会物流总费用为9835亿元，同比增长9.1%。其中：运输费用占社会物流总费用的比重为52.6%，保管费用占社会物流总费用的比重为31.7%，管理费用占社会物流总费用的比重为10.3%。社会物流总费用与GDP的比率为15.1%，比2013年年底下降0.1个百分点。

（三）物流业增加值

2014年江苏省物流业增加值实现4340亿元，按可比价格计算同比增长9.9%，占江苏省GDP的比重为6.7%，占江苏省服务业增加值的比重为14.3%。

（四）重点监测物流企业运营情况

2014年江苏省160家省重点物流企业平均物流业务收入为32361万元，同比增长11.3%；平均业务成本为27417万元，同比增长12.1%；平均业务利润额为1819万元，同比增长10.9%，利润率为6.6%；平均缴纳税金为227万元，同比下降3.6%。其中有9家企业出现亏损，亏损面为5.6%。2014年江苏省物流业景气指数（LPI）平均值为53.8%，反映出江苏省物流经营活动比较活跃，物流经济运行总体平稳。

二、物流业发展的主要特点

2014年江苏省物流业发展稳步趋好，呈现以下特点。

（一）基地集聚作用不断增强

2014年江苏省物流基地（园区）建设加

快推进，配套设施逐步完善，综合服务能力进一步提升，集聚效应进一步体现。截至2014年年底，江苏省有各种类型的省级重点物流基地（园区）78家，这些基地（园区）各具特色，辐射范围广、集聚效应强、配套能力优，已逐步成为现代物流体系的重要结点和物流产业规模化、集约化、专业化发展的重要平台。

（二）企业规模实力不断提升

江苏省已有省级重点物流企业243家，省认定物流企业技术中心67家，国家A级物流企业354家，其中4A级以上物流企业137家，数量居全国第一。江苏省省级重点物流企业普遍具有较强的市场竞争力、较高的市场占有率和较好的市场诚信度，在江苏省物流业发展中发挥了越来越重要的示范带动作用，带动了江苏省物流行业整体水平的提升。

（三）区域协作趋势不断深化

2014年长三角地区物流的交流与合作更加密切，联动发展不断深入。为积极响应国家建设丝绸之路经济带战略部署，江苏省牵头建立了丝绸之路经济带沿线地区物流联动发展合作联盟，有效促进了物流资源在更大范围内的优化整合。江苏省内各地区根据当地区位和产业特点，加快发展各具特色的综合性及专业化物流，为当地及区域经济的快速健康发展提供重要保障。

（四）新型业态模式不断涌现

2014年江苏省物流业转型升级步伐加快，传统的运输业、仓储业加速向服务网络化和管理现代化的现代物流业转型，物联网、云计算、跟踪追溯、自动分拣等现代信息技术和专用物流装备得到推广应用，供应链管理、电商物流、物流金融等方面的新型业态纷纷涌现，物流服务模式和手段不断创新，多业联动和专业化、社会化服务能力显著增强。

三、物流重点工作推进情况

2014年，江苏省物流主管部门在省政府的支持下物流重点工作得到有效推进。

（一）抓两业联动，促进融合互动发展

进一步完善了先进制造业和现代物流业两业联动机制，组织召开了两业联动对接会，扶持了6个两业联动重大项目，物流业与制造业、流通业以及金融业等行业的多业联动发展进一步深化，各类企业跨界竞合，促进了资源整合、产业融合和制造业转型升级。比如，海澜之家积极引入物流供应链管理理念，成功地从生产制造型企业转型为物流服务型企业。金陵交运集团与大型生产制造企业建立战略合作伙伴关系，不断优化物流服务，提高物流效率。

（二）抓平台建设，促进集聚高效发展

一是继续扶持江苏省省级重点物流基地（园区）运作载体平台建设。2014年新认定了10家省级重点物流基地，支持了5个重点物流载体项目，江苏省物流基地（园区）集聚企业超过了3万家。二是成功举办了第八届中国国际物流科技博览会，搭建了全球性物流供应链展示平台。本届展会展出面积2.4万平方米，设国际标准展位约1000个，参展企业300余家，专业观众3万余人，达成合作意向近10亿元，规模比上一届扩大一倍，内容更加丰富，关注度、认可度和影响力进一步提升。三是区域联动协作平台进一步扩大和深化。组织召开了第八次长三角地区现代物流联动发展大会，进一步加深了江浙沪两省一市物流界的交流和合作。响应国家建设丝绸之路经济带战略部署，牵头建立了丝绸之路经济带物流联动发展合作联盟，促进物流资源在更大范围内的优化

整合。四是积极推动信息平台建设。一些地区和企业充分利用物联网和新一代信息技术，加快信息平台建设，整合物流相关信息资源，努力实现物流资源共享、数据共用、信息互通。比如，惠龙易通国际在传统公用码头基础上开发了“惠龙 e 通电商平台”，全力打造国内最大的物流立体交易平台，实现平台交易、基地交割、集中配送、银行在线融资及资金收付的一体化服务；海安县的物流信息平台，已吸引会员近 5000 家；丹阳飓风物流中心开发了物流信息公共交互平台，向物流企业、货主、车主提供信息、管理、技术和交易等一体化综合服务。

（三）抓重点培育，促进物流品牌建设

2014 年，江苏省物流主管部门坚持把培育规模骨干企业作为发展物流业的既定方针，多措并举，综合施策，帮助物流企业做强做大。一方面，继续开展省级重点物流企业、省级物流企业技术中心认定工作，引导扶持一批综合能力较强、行业影响较大的第三方物流企业上规模、上水平，全年新认定省级重点物流企业 27 家、省级物流企业技术中心 12 家、支持了 11 个重点物流企业运作模式创新项目；另一方面，积极发挥引领带动作用，着力打造江苏物流知名品牌。组织举办了首届物流企业品牌建设高级培训班，促进企业进一步树立质量意识和品牌意识，着力打造江苏物流知名品牌。

（四）强化基础工作，促进发展环境优化

一是组织召开了江苏省现代物流工作联席会议成员单位会议，进一步加强了部门间的沟通配合，合力推动全省物流业发展；二是及时完成统计核算、指数研究等基础性工作，强化物流运行监测分析，协助建立市级物流统计核算体系，被评为江苏省首批统计规范化建设示范点；三是进一步加强江苏省物流职教联盟体系建设。组织举办了第二届物流技能大赛和物流人才供需对接会，密切校企合作，加快培养社会急需的物流技能型人才；四是开展关于物流园区与产业联动重点课题研究，研究探索建立适应工业强省发展战略需要的物流支撑体系。

（江苏省经信委交通与物流处）

2014 年浙江省物流业发展情况

2014 年，在一系列促进物流业发展的政策措施推动下，浙江省物流业发展继续呈现平稳增长态势。随着社会经济与科技的不断发展，物流业在提高生产效率、降低流通成本、满足人民群众日常生活需要等方面发挥着日益重要的作用。

一、现代交通物流网概况

2014 年，浙江省生产总值为 40154 亿元，比上年增长 7.6%。其中：第一产业增加值 1779 亿元，比上年增长 1.4%；第二产业增加值 19153 亿元，比上年增长 7.1%；第三产业增加值 19222 亿元，比上年增长 8.7%。在经济发展持续向好的推动下，浙江省交通基础设施功能不断完善，一个水陆空齐头并进的现代交通物流网日益形成，为浙江省经济发展发挥了重要的支撑作用。

（一）公路

截至 2014 年年底，浙江省公路总里程为 11.6 万公里，比上年增长 0.7%；其中国道 4325 公里，省道 6364 公里，县道 2.9 万公里，乡道 1.9 万公里，专用道 669 公里，村道 5.7 万公里；高速公路 3884 公里，一级公路 5679 公里，二级公路 9819 公里，三级公路 7976 公里，四级公路 5.9 公里，准四级公路 2.8 万公里，等外路 2636 公里。此外，浙江省乡镇公路通达通畅率均为 100%；行政村公路通达率为 99.66%、通畅率为 99.66%。

（二）水路

2014 年，浙江省内河航道总里程为 9762 公里，居全国第五，其中 500 吨级及以上高等级航道里程 1432 公里，占总里程的 14.7%（占比略高于全国平均水平 13%）。浙江省现有杭州港、宁波内河港、嘉兴内河港、湖州港、绍兴港、兰溪港、青田港 7 个内河港口，其中杭州港、嘉兴内河港、湖州港为全国内河主要港口，拥有 500 吨级以上泊位 804 个（总泊位数 3596 个）。

至 2014 年年底，浙江省运力规模达到 2397 万载重吨，其中海运运力为 2042 万载重吨，居全国各省市首位。运力结构进一步优化，万吨级和特种船舶达到 1845 万载重吨，占运力总规模的 77%。浙江省内河运输船舶 1.4 万艘，运力规模达 355 万载重吨。

2014 年浙江省以宁波港为节点，依托江海、海公、海铁、海河、海管等复合型多式联运方式，不断拓展与长江经济带以及丝绸之路经济带、沪昆线经济合作带、沿海经济带、21世纪海上丝绸之路经济带的联系，构建无缝对接的大交通集疏运网络。

（三）铁路

2014 年，浙江省铁路营业里程为 2310 公里，比上年增长 13.7%；其中复线里程 1744 公里，比上年增长 20.0%，占总里程的 75.5%，比上年提升 3.9 个百分点；电气化线路里程 1608 公里，比上年增长 19.5%，占总里程的 69.6%，比上年提升 3.4 个百分点。

（四）机场

2014 年浙江省机场运输全面提速。截至 2014 年年底，浙江省已有萧山国际机场、栎社国际机场、永强机场、普陀山机场、义乌机场、路桥机场和衢州机场共 7 个机场正式运营。2014 年，七个机场共完成旅客吞吐量 3226813 人，同比增长 14.3%；共完成货邮吞吐量 53208 吨，同比增长 9%；共完成起降架次 29410 次，同比增长 8%。其中：栎社国际机场完成货邮吞吐量同比增长达 22.6%，普陀山机场完成货邮吞吐量同比增长 8.8%，萧国际山机场和永强机场完成货邮吞吐量同比均增长 7.6%。

二、物流业发展情况

2014 年，浙江省继续加大交通大物流建设工作，发展港口物流，加快“交通物流公共信息平台”的建设和推广，推进城乡物流一体化，推进物流园区建设、快递业发展，一个以物流园区为基础、物流信息平台为支撑的现代交通物流体系正日益走向成熟。

（一）物流规模平稳增长，增长速度稳中趋缓

2014 年，在一系列促进物流业发展政策措施推动下，浙江省物流业发展继续呈现平稳增长态势。

1. 总量规模继续保持平稳发展

2014 年，浙江省社会物流总额为 12.79 万亿元，可比增长 7.7%；物流业增加值为 3930 亿元，可比增长 8.1%，占浙江省 GDP 比重 9.8%，占三产比重 20.4%，与上年基本持平。2009—2014 年浙江省物流总额及增长变化情况如图 1 所示。

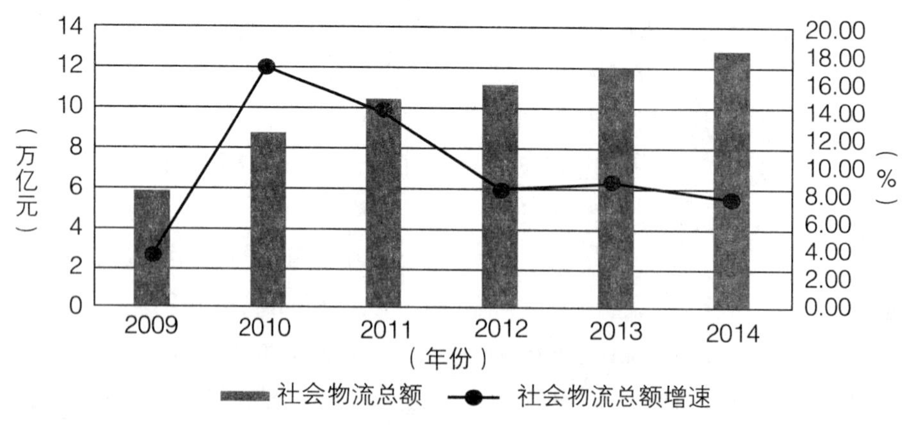

图 1　2009—2014 年浙江省物流总额及增长变化情况

2. 货运量及货物周转量指标稳定

2014 年浙江省完成货物运输量 19.34 亿吨，比上年增长 3%。其中：公路货运量 11.71 亿吨，比上年增长 9.2%；水路货运量 7.4 亿吨，比上年下降 3.1%；铁路货运量 3548 万吨，比上年下降 12.1%；航空货运量 33.37 万吨。浙江省完成货物周转量 9539.6 亿吨公里，比上年增长 6.59%。其中：公路货物周转量 1419.4 亿吨公里，比上年增长 7.35%；水路货物周转量为 7906 亿吨公里，比上年增长 7.5%；铁路货物周转量 223 亿吨公里，比上年下降 17.5。2014 年浙江省物流行业货物运输量、周转量构成及增长情况如下表所示。民航运输全面提速，机场旅客吞吐量、货邮吞吐量、航班起降架次同比分别增长 12.6%、11.2% 和 10.5%，增幅均高于全国平均水平。

2014 年浙江省物流行业货物运输量、周转量构成及增长情况统计表

	货运量	比上年增长（%）	货物周转量（亿吨公里）	比上年增长（%）
全省合计	19.34 亿吨	3	9539.6	6.59
公路运输	11.71 亿吨	9.2	1419.4	7.35
水路运输	7.4 亿吨	-3.1	7906	7.5
铁路运输	3548 万吨	-12.1	223	-17.5

注：航空运输货运量为货邮发送量。

（二）电商快递高速增长，物流业务链式整合

2014 年在网购、信息消费等新业态的持续拉动下，浙江省电商快递物流继续高速增长。伴随产业结构转型升级步伐加快，物流业务呈现链条式整合提升。

1. 电商快递物流保持高速发展

2014 年浙江省快递服务企业实现业务量 24.6 亿件，比上年增长 73.1%，居全国各省市区第二位；实现快递业务收入 274.4 亿元，比上年增长 52.7%，居全国各省市区第三位。快递企业积极布局农村电商发展，开展“村邮网购”项目及“农村淘宝”网点建设。

2. 物流供应链一体化服务能力不断增强

随着物流市场细分和专业化发展水平不断提升，供应链一体化综合服务不断推广应用，已形成八方物流的橡胶供应链、华瑞物流的纺织化纤供应链、物产物流的钢铁供应链、绍兴集亚的危化供应链、余慈物流的小家电供应链等一批成功实践案例。

2014 年受益于电商和快递业带动，浙江省货邮吞吐量同比增长 11%，达到 55.9 万吨；其中杭州机场增长 8.3%，达到近 40 万吨；宁波机场增长 21.4%，为 7.8 万吨。

（三）港口物流发展平稳，多式联运能力增强

2014 年浙江省依托宁波—舟山大港优势，积极发展多式多样的复合型多式联运服务，构建以港口为核心的国际海陆物流联动格局，港口物流优势进一步凸显。

2014 年浙江省完成港口货物吞吐量 13.9 亿吨，比上年增长 0.7%，其中：沿海港口完成货物吞吐量 10.8 亿吨，比上年增长 7.5%；内河港口完成货物吞吐量 3.1 亿吨，比上年下降 17.5%。内河完成水路货运量 2.1 亿吨。全年完成港口集装箱吞吐量 2164 万标准箱，比上年增长 11.9%。2014 年浙江省内河港口完成集装箱吞吐量 28 万标准箱，同比增长 21.3%。

2014 年宁波—舟山港货物吞吐量 8.73 亿吨，比上年增长 7.9%，连续六年居世界第一；集装箱吞吐量达 1945 万标准箱，比上年增长 12.1%，跃居世界第五位。其中海铁联运集装箱量 13.5 万标准箱，比上年增长 25%。宁波—舟山港货物吞吐量连续六年雄踞世界各海港首位，集装箱吞吐量世界位次由上年的第 6 位提升至第 5 位。

2014 年宁波—舟山港六横港区完成货物吞吐量 6070.3 万吨，突破 6000 万吨大关，同比增加 23.8%，再创历史新高。

2014 年嘉兴内河港累计完成港口货物吞吐量 10140 万吨，比上年下降约 9%；完成集装箱吞吐量约 14.7 万标准箱，比上年增长 3.2%，完成集装箱中转量 15.7 万标准箱，同比增长 3.8%。

（四）园区建设加快推进，集聚示范效应显现

2014 年，在全国物流示范园区建设总体部署安排下，浙江省物流园区建设加快推进，逐步成为浙江省物流体系的重要节点和物流产业发展的集聚地。

1. 重点物流园区建设加快推进

截至 2014 年年底，浙江省列入省物流业“十二五”规划的 20 个重点物流园区，已有 17 个投入运营，全年完成投资合计超 165 亿元。宁波梅山保税港区物流园区、瑞安江南物流园区、舟山衢山港大宗商品综合物流园区等重点园区年度完成投资均在 16 亿元以上。

2. 园区示范效应进一步显现

浙江传化物流基地有限公司、长兴综合物流园区、嘉兴现代物流园、义乌内陆口岸站场 4 家物流园区荣膺“2014 年度全国优秀物流园区”称号，宁波（镇海）大宗货物海铁联运物流枢纽港、绍兴港现代物流园、德清临杭物流园区等 8 家物流园区被认定为首批省级示范物流园区，示范带动效应明显。浙江省重点物流园区集聚各类企业近万家，园区年营业收入超 45 亿元的物流园区有 6 个。杭州、宁波、义乌、嘉兴等重点物流园区内集聚了一批国内外知名企业，成为物流业规模化、集约化、专业发展的主平台。

（五）重点项目带动明显，投资热点不断涌现

2014 年，浙江省重点物流项目继续稳步推进，社会资本投资热点不断涌现。

1. 重大项目进展基本顺利

列入省物流业“十二五”发展规划的重点物流项目进展顺利，总开工率超过 85%。列入 2014 年省服务业重大项目计划的 53 个现代物流项目完成年度投资 61 亿元。其中 25 个项目完成年度投资，其中 22 个项目超额完成年度投资，中通物流嘉兴分拨中心、永康市核电关联产业中央仓储物流供应中心的投资计划完成率分别达 935%、770%。

2. 物流新兴投资热点不断吸引民间资本

围绕“互联网 +”新发展模式，浙江省物流业信息化、智慧化建设进程不断加快，城乡协同配送、跨境电商物流、海外仓保税物流、智慧冷链物流等领域成为投资热点。2014 年浙江省各市现代物流项目投资进度情况如图 2 所示。

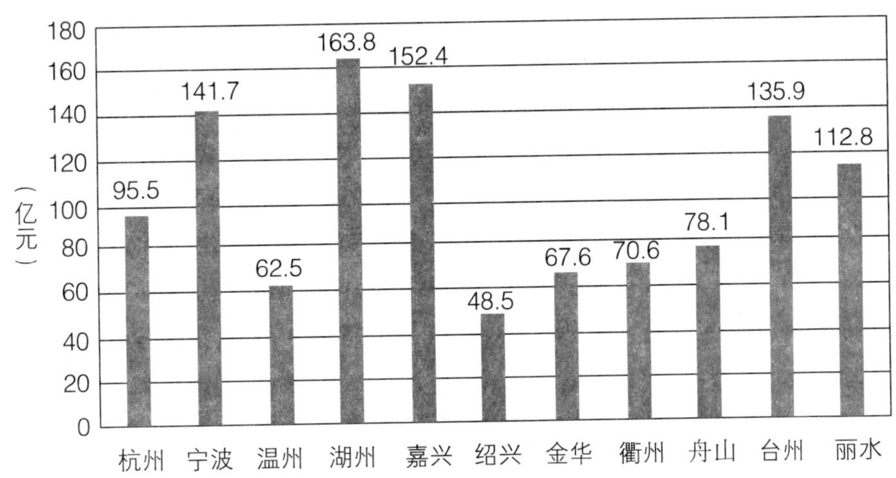

图2　2014年浙江省各市现代物流项目投资进度情况

3. 交通物流投资力度加大

2014年浙江省交通物流投资呈现出稳中向好、稳中有进的趋势，全年完成交通投资920亿元，实现年度计划的139%，有力地推动了港航、公路网和大航空的全面建设。

完成水运投资130亿元，超过年度计划的13%。投资高位运行带动港口运输结构调整，海河联运建设稳步推进，继续引导发展内河集装箱运输，首批海河联运船舶实现首航。

完成道路建设投资638亿元，完成年度计划的129.8%，比上年同期增加43.8亿元、增长7.4%。其中：国省道及县道完成投资398.3亿元，完成年度计划的160.1%，比上年同期增加32.2亿元、增长8.8%；农村联网公路完成投资18.1亿元，完成年度计划的197.8%。投资高位运行有力推动了高速公路、干线公路、农村公路3个层次相互衔接，形成了层次分明、功能完善的路网系统。

完成建设投资29.8亿元，为年度计划的198.7%，同比增长81.7%。其中，杭州机场顺丰快件转运枢纽项目东货运区机坪工程已完工，完成投资3.4亿元；宁波机场三期扩建工程初设获批，同时启动政策处理工作，开工建设公务机候机楼和交通中心，完成投资17.9亿元；温州机场飞行区改扩建工程通过行业验收并投入使用，新建航站楼工程及新建航站楼附属工程进入全面施工阶段，新建航站区配套工程分期开工建设，共完成投资7.2亿元；义乌机场国际航站楼工程正式投入使用，航空口岸开放配套设施工程基本建成，完成投资0.8亿元；东阳横店通用机场工程综合楼和生活服务楼已结顶。

（六）物流企业发展迅速，规模企业带动增强

2014年浙江省规模物流企业做大做强趋势明显，物流企业间协作力度不断加大。

1. 物流企业集聚发展

杭州、宁波、金华成为物流企业高度集聚发展区域，三地市集聚了浙江省60%以上的物流企业。

2. 企业规模持续扩大

2014年浙江省A级以上物流企业80家，占全国总数的10.43%，3A级以上物流企业51家；规模企业服务功能和服务水平不断提升，杭州传化物流“公路港”、宁波港物流金融等新模式在全国推广示范。

3. 物流企业加速整合发展

立足车源、货源信息整合，提升企业运作效率，浙江省中小物流企业网络联盟应运而生，台州玉环陆通物流等企业已积极开展相关实践，探索物流企业整合创新发展新路径。2014 年年底浙江省各市物流企业数量占比情况，如图 3 所示。

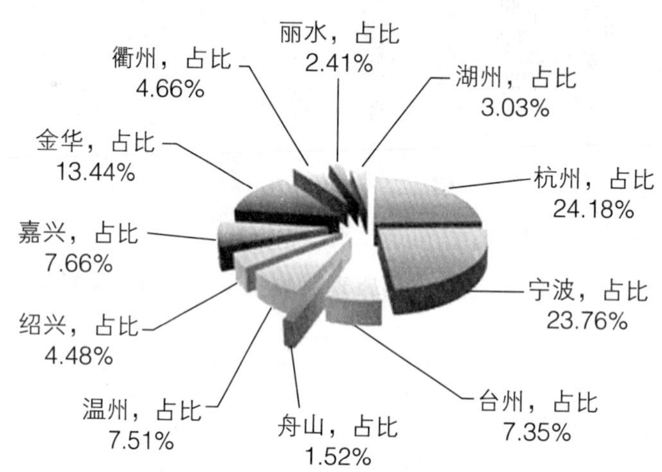

图 3　2014 年浙江省各市物流企业数量占比情况

（七）标准化和信息化建设步伐加快发展，物流发展效率提升

2014 年，浙江省物流业加快标准化和信息化建设，推动浙江省物流业能级提升、实现跨越发展。

1. 物流标准化建设步伐进一步加快

2014 年，浙江省主导制定《基于 ebXML 的物流信息报文仓储入库指令和通知》国家标准，发布《道路货物运输业务信息交换规范》（DB33/T 924—2014）两项地方标准，开展《浙江省“公路港”管理与服务规范》起草工作；新增义乌跨境电子商务公共海外仓服务标准化试点、内河港智慧生态物流服务标准化试点 2 个省级试点，进一步推进物流园区和企业建立健全物流标准体系，规范和提升物流园区和企业的发展。

2. 信息技术提升物流效率

充分利用物联网和新一代信息技术，进一步发挥“国家交通运输物流公共信息平台”作用，以传化公路港物流全国网络运营系统建设为引领，通过“园区通”“易配货”等终端应用整合公路物流的配货、仓储、运货等物流信息，提供大数据服务，提高物流运行效率。

3. 智慧物流星火燎原

以杭州、宁波等区域中心城市为重点，浙江省智慧物流发展加速推进。杭州推进“智慧物流公路港”“智慧物流信息港”两港先行，全力建设“全国智慧物流中心”“全国电子商务与物流快递协同发展试点城市”。宁波以港口智慧物流标准化建设为重点，加快物联网技术应用，促进宁波物流业全面、健康、智慧化发展。

（冯友波　许青秀　司莉　周庆特　施忆忆　蒋长兵　浙江工商大学）

2014 年安徽省物流业发展情况

一、物流业运行情况

2014 年安徽省实现物流业增加值 1150 亿元，占服务业比重的 15.8%，比“十二五”初提高 1.2 个百分点；安徽省社会物流总费用为 3700 亿元，占安徽省 GDP 比重的 17.7%，比“十二五”初下降 0.9 个百分点。

二、物流业发展情况

（一）交通基础建设不断改善

近几年，安徽省物流业的快速发展主要得益于交通基础设施的不断改善。截至 2014 年年底，安徽省公路总里程达 18 万公里，铁路通车里程达 3586 公里，内河航道总里程达 6525 公里。经过多年的发展建设，安徽省已初步形成公路、水路、铁路、民航有效衔接的综合交通运输体系。

2014 年，安徽省完成铁路建设投资 238 亿元（含城市轨道交通 28.6 亿元），同比增长 6.3%；建成合肥铁路枢纽南环线及南客站，新增铁路运营里程 40 公里；新开工杭黄客专，庐铜铁路、商合杭铁路芜湖长江公铁大桥，淮北—萧县客运专线，符夹铁路扩能改造，合芜、青阜铁路电气化改造。截至 2014 年年底，安徽省在建合福、郑徐客运专线，宁安城际，合肥地铁 1 号线、2 号线，宁西铁路复线等 15 个项目，新线里程 962 公里（其中快速客运铁路 814 公里，地铁 53 公里）。

（二）物流市场主体培育成效显著

近几年，安徽省在夯实现代服务业发展基础的同时，加快了对物流市场主体培育和物流园区规划建设的工作。截至 2014 年年底，安徽省已有规模以上物流企业 2000 多家，其中 4A 级以上的物流企业 89 家，居中部地区首位。安得物流、淮矿物流等 10 家企业被商务部确定为全国第一批重点物流企业。铜冠物流、皖新物流等一批省属国企显示出强有力的拉动效应，朝阳物流、永春物流等一批民营物流企业同时具有良好发展势头。截至 2014 年年底，安徽省省物流从业人员超过 180 万，成为吸纳社会就业的重要产业之一。

（三）物流园区建设稳步推进

截至 2014 年年底，安徽省已建成各类物流园区近 70 个，在建的近 100 个。合肥被确定为国家一级物流园区布局城市，安庆、阜阳、马鞍山、芜湖被确定为国家二级物流园区布局城市。

2014 年安徽省服务业集聚区中共有现代物流园 20 个，如合肥港物流园、芜湖市三山物流园等。其中蚌埠市商贸物流园、阜阳汽贸物流园、阜阳华源医药产业物流园、六安市城南物流中心等营业收入达到 50 亿元以上规模。

（张青）

2014 年福建省物流业发展情况

一、物流业发展情况

（一）物流市场高位平稳发展

2014 年福建省物流业发展呈高位平稳态势，全省实现物流业增加值 1647 亿元，比上年增长 10.2%，高于 GDP 增速 0.3 个百分点，高于全国物流业增加值增速 0.7 个百分点；物流业增加值占 GDP 的比重为 6.8%，占服务业增加值的比重为 17.3%；物流业业务收入为 3485 亿元，比上年增长 12.1%，高于全国物流业业务收入增速 5.2 个百分点；完成固定资产投资额 2402 亿元，比上年增长 21.5%。2014 年福建省物流业景气指数均保持在 53% 以上，平均值为 55.1%，其中业务总量指数、新订单指数和业务活动预期指数分别保持在 55%、52% 和 55% 以上，显示出福建省物流市场总体保持高位平稳发展态势。

（二）货物运输量持续增长

2014 年福建省各种运输方式完成货物运输量 111770.03 万吨，货物周转量 4783.48 亿吨公里；沿海港口吞吐能力达到 4.22 亿吨，完成货物吞吐量 4.92 亿吨、集装箱吞吐量 1270.71 万标准箱；快递业务量（含 EMS）完成 6.6 亿件。

（三）物流企业实力增强

截至 2014 年年底，福建省共有 A 级物流企业 186 家。其中 2014 年新入评企业 19 家，升级企业 8 家。在 186 家 A 级物流企业中，有 5A 级企业 9 家、4A 企业 47 家、3A 企业 117 家、2A 级企业 12 家、1A 级企业 1 家，覆盖福建省九大区市。

2014 年福建省物流企业中，有 25 家企业获评 2014 年度中国先进物流企业，数量居全国第三位，有国家级、省级甩挂运输试点企业 18 家，试点企业数量全国领先；福建省海运集团有限责任公司整合 40 多家企业的资源，组成了福建省船种最全、运力规模最大的海运企业；厦门象屿集团、福建交通集团分别位列 2014 年全国物流企业 50 强第 7 位和第 12 位。

二、物流业基础设施建设情况

2014 年福建省物流业基础设施建设工作成效显著，主要体现在以下几方面。

（一）交通运输能力不断加大

截至2014年年底，福建省公路通车里程达10.1万公里，比上年增长10.1%；货物营运车辆27.74万辆、193.9万吨位，分别比上年增长8.3%和17.4%。福建省拥有港口生产性泊位493个，其中2014年新增16个，在生产性泊位中，万吨级以上泊位152个，其中2014年新增7个，福建省的港口已具备了靠泊15万吨级集装箱船、30万吨级油轮、30万吨级矿石货船、14万吨邮轮及2万吨滚装船的能力，基本形成煤、油、矿石、集装箱等重要货物运输系统。福建省有运营机场5个，开通了国内、国际航线207条；营业铁路合计2878公里，向莆铁路湄洲湾东吴支线货运常态化试运行，南昌铁路局开通“赣闽货物快运”列车。

福州港江阴港区通过海铁联运方式实现了闽赣两地双向适箱货源对接，正式启动了集装箱内外贸同船运输业务，并开通了第10条内贸航线。泉州港口开通了经台湾高雄过驳中转后货轮直运泉州石湖港区的“准直航”美国远洋货运航线。

（二）口岸地位日益凸显

福州市列入全国电子商务与物流快递协同发展试点城市，厦门市入选全国城市共同配送试点城市，继福州、厦门之后，泉州、莆田成为国家电子商务示范城市。莆田港口岸入选第一批进境粮食指定口岸，平潭设立了国际邮件互换局兼交换站，并获批为独立船籍港；平潭综合实验区正式封关运作，成为全国区域最大、政策最优的特殊监管区域。

（三）物流信息技术应用广泛

2014年福建省物流企业信息技术改造加快推进，福建省大中型物流企业广泛使用仓储管理系统、车辆调度系统等信息管理系统，电子单证管理率和运单跟踪率超过了95%，并已全面应用GPS全球定位系统，强化对货运车辆的监控、调度和管理；福建电子口岸业务系统建设不断强化，福建省交通物流公共信息平台加快推广应用，车联网与智能交通信息服务平台已基本建成；福建省危货运输安全监管信息系统正式启用；菜鸟网络、传化公路港等知名物流信息平台纷纷布局福建省。

三、物流软环境建设情况

2014年福建省物流软环境建设工作扎实推进，对促进地区物流业发展发挥了积极作用。软环境建设主要体现在以下几个方面。

（一）政策环境

2014年福建省政府相继出台了《加快港口发展行动纲要（2014—2018年）》《关于进一步深化港口体制机制改革的若干意见》《加快推进交通运输现代化的意见》《关于促进大中型物流企业发展若干措施》《关于江阴汽车整车进口口岸加快发展五条措施》《关于促进福建省道路运输行业集约发展的实施意见》《关于提升交通服务八条措施》《关于提升水路运输服务的实施意见》《福建平潭与台湾地区间道路货物运输暂行管理办法》《福建省促进快递行业发展办法》。福州、泉州、龙岩、宁德、厦门市海沧区等地也相继提出了一系列支持物流业发展的扶持政策，福建省物流业发展的政策环境持续改善。

（二）物流基础工作日臻完善

一是福建省物流基础工作厦门东南国际航运研究中心和东南国际航运人才培养基地正式揭牌，福建省经信委继续依托省物流协会组织物流运作管理赴台湾学习培训，省物流协会与福州市升大培训学校合作开展全省物流师和高级物流师国家职业资格认证培训，漳州市举办了首期中级物流师资格认证培训班，龙岩市举办了2014年度物流培训学习班。二是福建省经信委建成全省物流业景气情况调查系统，按月发布物流业景气情况数据；福建省经信委联合省统计局、省物流协会向社会公布了福建省2013年度和2014年各季度物流业运行情况。福建省物流协会启动物流企业质押监管评估工作。此外，厦门市成立了现代物流业商会，石狮市成立了物流行业协会，行业管理逐步规范。

（三）口岸物流创新

一是福建省所有口岸全面实施通关单无纸化，平潭综合实验区关检合作“三个一”通关模式正式实施，三明海关启动陆地港出口转关货物电子运抵报告通关模式。二是厦门获批为大陆首个获准经营两岸海运快件业务的城市，平潭综合实验区获批开展海运业务试点。三是平潭实验区管理委员会、福建交通运输集团和台湾港务股份有限公司签署《合作备忘录》；由上海航运交易所和厦门航运交易所联合编制发布的台湾海峡两岸间集装箱运价指数（简称“TWFI”）试运行。四是“两岸食品冷链物流标准化工作组”在厦门成立。五是依托厦门市两岸冷链物流合作试点，已签署11个两岸合作项目，其中6个项目完成建设并投入运营，3个项目评为示范项目，项目建设投资近6亿元，引入台湾资金约1.3亿元。

（四）对外交流合作

2014年，福建省物流行业继续加大对外交流合作的力度，福建省民建联合福建省经信委、厦门市政府举办了“2014年海峡物流节暨第七届海峡物流论坛、第六届海峡两岸物流与供应链博览会”；中国物流与采购联合会联合美国驻华使馆农业贸易处、全球冷链联盟、厦门市人民政府在厦门举办了“2014国际冷链物流峰会暨第六届中美冷链物流会议”，两个大型的交流活动对推动福建省物流业发展产生了积极的作用。

（福建省经信委）

2014 年山东省物流业发展情况

2013 年 11 月习近平总书记在山东考察物流业时指出："物流业一头连着生产，一头连着消费，在市场经济中的地位越来越凸显。要加快物流标准化信息化建设，提高流通效率，推动物流业健康发展。"2014 年山东省围绕习总书记的指示精神，不断推动物流业转型升级，物流业发展取得良好效果。

2014 年山东省物流业发展平稳趋好，呈现以下特点。

一、物流企业快速成长

截至 2014 年年底，山东省物流企业达到 22000 多家，其中骨干物流企业 836 家。有 6 家企业被评为全国物流行业先进集体，64 个物流品牌被评为"山东服务名牌"。截至目前山东省已运营的物流园区达 339 个，山东省已形成了由多种所有制、不同经营规模和多种服务模式构成的具有鲜明行业特色的物流产业集群，物流企业核心群体逐步形成，物流企业实力进一步壮大，拉动了社会就业，带动了区域经济的发展。

二、物流基础设施不断完善

经过多年发展，山东省境内已经形成四通八达的铁路、公路、海港、内河水运、航空和管道输送等物流基础设施网络，2014 年山东省公路通车里程达 25.95 万公里，其中高速公路 5108 公里；沿海港口生产性泊位 540 个，年吞吐量达 12.86 亿吨；铁路运营里程 5110 公里，铁路专用线 431 条；民航机场 8 个，航线 368 条，其中国际、地区航线 41 条，国内航线 327 条；输油气管道长度 10281 公里，年输送天然气达 92.4 亿立方米、原油 5000 万吨、成品油 880 万吨。2014 年山东省各种运输方式货物发送量完成 26.48 亿吨，为经济平稳较快发展发挥了重要的支撑保障作用。

三、制造业与物流业联动发展效果明显

山东省是制造业大省，工业物流占山东省社会物流总额的 78% 左右。近几年来，山东省扶持了 185 个制造业与物流业联动发展示范项

目，带动和影响山东省85%以上的规模企业采取多种方式分离外包物流服务，形成了多种两业联动发展模式。

四、商贸农业物流规模不断扩大

截至2014年年底，山东省规模以上批发零售企业有1.68万个、连锁总店139个、连锁门店1.1万余家，规模以上企业建设大型配送中心148个。山东省以邮政、供销社物流为骨干依托，在全省范围内建立了三农服务站2.6万家、各类门店10万余家。青岛、潍坊、烟台、临沂、聊城等地根据各自优势发展水产品、蔬菜、果品、肉类、农产品等冷链专业物流，形成了特色。

五、快递行业和电商物流发展较快

2014年，山东省具备经营快递业务资格的企业及分支机构达到1600家，快递企业业务量达4.47亿件，比上年增长42.42%；业务收入67.01亿元，比上年增长22.96%。电子商务交易额达到1.3万亿元，增速超过25%。规模以上工业企业中55%以上通过电子商务进行采购和营销。“好品山东”网络平台，上线企业达到15671家，带动企业完成交易额509亿元。

六、物流信息化和标准化稳步推进

2014年山东省物流行业积极引入应用物联网、云计算等现代信息技术，大多数物流企业建立了信息管理系统，物流信息平台建设快速推进。山东省物流行业的标准化建设工作不断完善，先后制定实施物流地方标准49项，设定44家省级物流标准试点单位。山东省物流行业积极开展省级物流企业及园区评估认证工作，规范物流市场的管理，已认证星级物流企业及园区120家，促进了山东省物流标准化的推广和龙头物流园区、企业的培育。

（山东省经信委物流处）

2014 年广西壮族自治区物流业发展情况

2014 年，在经济发展“新常态”下，广西壮族自治区物流业发展态势总体平稳向好，物流规模继续扩大，物流费用上升趋缓，物流业增加值平稳增长，物流基础设施不断完善，合作领域不断拓展，服务水平逐步提高，有效支撑了全区经济运行、城乡发展和居民生活对物流服务的需求，有力促进了经济社会的和谐、绿色、持续较快发展。

一、物流业总体运行情况

（一）社会物流规模继续增大

2014 年，广西壮族自治区社会物流总额为 35810 亿元，同比增长 9.6%。从构成上看，农产品物流总额为 2760.2 亿元，同比增长 5%；工业品物流总额为 19505.8 亿元，同比增长 4.5%；外部流入物流总额为 13372.8 亿元，同比增长 10.3%；再生资源与居民物品物流总额为 135 亿元，同比增长 92.8%；单位与居民物品物流总额为 36.2 亿元，同比增长 37.1%。数据表明，在“新常态”下，资金、土地、资源、环境、动力等因素对物流业的制约日益凸显，物流业发展已开始由速度型向集约型转变。

（二）物流业增加值平稳增长

2014 年，广西壮族自治区物流业实现增加值 1168.0 亿元，同比增长 8.3%。其中，交通运输业 644 亿元，同比增长 8.1%；仓储业 53.9 亿元，同比增长 10.9%；贸易业 453.6 亿元，同比增长 8%；邮政业 16.5 亿元，同比增长 39.8%。物流业增加值占第三产业增加值比重为 19.7%，占广西壮族自治区 GDP 比重的 7.5%。

（三）物流费用上升趋缓

2014 年，广西壮族自治区社会物流总费用为 2553.6 亿元，同比增长 6.2%。其中，运输费用为 1671.8 亿元，同比增长 5.3%，占社会物流总费用 65.5%；保管费用 649.8 亿元，同比增长 9.5%，占社会物流总费用 25.5%；管理费用 232 亿元，同比增长 6.6%，占社会物流总费用 9.0%。物流总费用占广西壮族自治区 GDP 比重的 16.3%。

二、推进物流业发展的主要工作

2014 年广西壮族自治区主要从以下五个方面加大推进物流业发展：

（一）全面贯彻落实国家物流扶持政策

近年来，国家不断加大对物流业的支持力度，继国家《物流业调整和振兴规划》《物流业园区发展规划》之后，又出台了《物流业中长期发展规划》，明确了今后一段时期物流业发展任务、目标、重点和途径，是今后一段时期内指导物流业发展的纲领性文件。为进一步贯彻落实国家的物流业发展战略，广西壮族自治区各部门、各地区也相继出台了一系列政策措施，对综合交通运输体系建设、城市配送体系建设、电子商务物流、跨进电子商务、物流标准化和信息化、工业与物流业联动发展、农村和农业物流、农产品冷链物流、粮食物流、物流园区建设、社区物流等给予大力支持。这些政策措施的落实，有效促进了广西壮族自治区物流业结构调整和重点行业及重点领域的加快发展。

（二）加强物流基础设施建设

2014 年广西壮族自治区物流及相关行业固定资产投资达 2202.5 亿元，比上年增长 18.3%，比广西壮族自治区同期全社会固定资产投资高 1.6 个百分点，比第三产业投资高 2.8 个百分点。其中交通运输固定资产投资为 1274.1 亿元，比上年增长 16.1 %。在持续大力投资的推动下，广西壮族自治区物流基础设施建设不断强化，铁路、公路、水路、空港运输能力不断增强，全年实现货物运输周转量 4240.7 亿吨公里，比上年增长 5.6 %，实现货物运输总量 16.71 亿吨，比上年增长 7.6 %。在各种运输方式中，铁路货物运输量 1.08 亿吨，比上年增长 -3.2%；公路货物运输量为 13.43 亿吨，比上年增长 7.7 %；水路货物运输量为 2.2 亿吨，比上年增长 12.6 %。

（三）加大重点物流项目建设的推进力度

2014 年广西壮族自治区加大了重点物流项目建设的推进力度，一批相关重点物流建设项目进展顺利。一是物流园区建设步伐加快，在国家物流园区规划指导下，中国—东盟农产品交易中心、桂林市城北现代物流配送中心、南宁公路枢纽牛湾物流园区等一批布局合理、功能清晰、建设规范的物流园区正在加快建设，物流组织化程度和聚散能力在逐步提高。二是广西物流公共信息平台、玉洞交通物流中心、防城港保税物流中心、广西万生隆国际商贸中心、广西嘉进电子商务物流项目、柳州国家公路运输枢纽柳东物流项目、岑溪泽仁现代商贸物流城、中越边境中草药商贸物流中心等一批重大物流项目进展顺利，为促进生产性服务业加快发展提供了有力支撑，增强了广西物流业发展后劲。

（四）推动企业升级上档

2014 年广西壮族自治区继续实施物流品牌发展战略，积极培育北部湾集团、广西西江集团、广西物资集团、广西外运、玉柴物流、五菱物流、桂中海迅、万通物流等一批知名企业，围绕广西汽车、钢铁、工程机械、石化、煤炭、食糖、鲜活农产品等产业做大做强，创新物流服务模式，不断提高市场影响力和竞争力，推动物流企业评级上档。截至 2014 年年底广西壮族自治区已有 A 级企业 20 家，其中 5A 级以上物流企业 2 家、4A 级以上物流企业 7 家、3A 级以上物流企业 8 家、2A 级以上物流企业 3 家。其中，南宁铁路局 2014 年通过全国 5A 级物流企业评级。

（五）扩大物流区域合作

2014 年随着国家“一带一路”战略的实施，泛珠三角区域、大湄公河次区域、两廊一圈及桂港、桂台等区域经贸合作进一步加强。以道路和信息为重点的中国—东盟互联互通不断深化，中国凭祥—越南同登、中国东兴—越南芒街跨境经济合作区稳步推进，中国—马来西亚钦州产业园取得积极进展。广西与周边省区和东盟国家在文化、农业、旅游、工业等领域合作不断加强，国际物流和保税物流合作空间进一步扩大，企业“走出去”日趋成熟，呈现了良好的发展势头。

三、物流运行存在问题及对策建议

2014 年，广西物流业总体上实现了平稳较快增长，但在运行和发展中仍存在需要解决的问题，突出问题有以下三点。一是物流市场有效需求减弱。受物流总体运行放缓、增幅回落的影响，2014 年广西货运量同比增幅回落 3.9 个百分点，铁路货运量及周转量均继续下滑，分别出现 3.2% 和 4.9% 的负增长。这与经济下行压力加大，大宗货物长途运输需求减少，铁路运输设施设备相对落后，企业市场竞争力较弱有直接关系。二是企业负担沉重。主要是“营改增”后，不少企业税负不但没减轻反而更重，据有关调查显示，受物流纳入“营改增”影响，2014 年企业税收平均增加 37.5%，物流成本上升，利润走低，企业经营困难，生存发展压力大。三是“行路难”问题突出。特别是城市配送难度大，受“重客轻货”思想影响，目前尚无有效解决办法。过去单纯以堵为主的管制措施，不利于保障城市经济社会正常运行和民生改善，亟待改变。

广西壮族自治区物流业要加快发展，必须强化以下工作，从根本上解决上述问题。

（一）研究制定广西物流业发展政策措施

一是结合国家《物流业中长期发展规划》，尽快研究出台《广西物流业中长期发展规划》《广西物流业园区发展规划》和《广西示范物流园区认定管理办法》等相关政策，引导广西物流业健康发展。二是加紧研究解决“营改增”配套政策措施，解决好“营改增”后企业实际税负加重问题，切实减轻企业负担。三是落实国家城市配送政策，加紧研究解决城市物流配送问题，特别是解决好配送车辆通行、停靠、装卸的科学化、便利化问题，化解城市交通与城市繁荣的矛盾 。四是加强物流企业认定工作。进一步细化物流企业认定条件，完善企业认定工作的内容、标准和程序，提高物流企业认定工作的权威性和时效性。

（二）强化物流联席会议的协调功能

用好广西现代物流发展工作联席会议制度的平台，强化联席会议综合协调能力。根据全年物流工作重点，明确各职能部门的目标任务。充分发挥联席会议的统筹协调功能和各成员单位的职能作用，共同研究制定物流业发展促进措施，共同推进广西物流业发展。

（三）继续加强物流基础设施建设

一是加强综合交通运输体系建设，提高运输资源综合利用和物流运行效率，降低物流运输费用。二是加快物流园区规划建设。依托物流节点城市、综合交通枢纽、产业集聚区，建设一批功能齐备的物流园区，提升物流集约发展能力。三是推进物流信息平台建设。加强政府资金引导，鼓励社会资金和企业资金加大对物流信息系统的投入，提高物流业信息化水平。

（四）加强完善物流统计工作

社会物流统计工作是国家发展改革委、国

家统计局及中物联共同推进的一项重要工作。要做好加强物流统计系统建设，加强物流统计人员培训和统计制度建设，充分发挥现有物流统计机制的作用，进一步扩大和完善物流运行监控系统，做好经理人采购指数项目前期工作，加强物流运行分析，为政府部门决策和物流企业发展提供可靠的依据。

（五）加大对行业协会支持力度

按照党的十八届三中全会精神，推进政府向社会购买服务的改革，支持社会组织通过财政购买渠道承担更多的社会公共服务，更好地发挥社会组织为政府、企业提供服务和参与社会治理的作用。

（李捷　戴凯林　广西物流与采购联合会）

2014 年四川省物流业发展情况

2014 年是在新起点上全面深化改革的开局之年，是实施“十二五”规划的关键之年。面对世界经济缓慢复苏、国内经济由高速比上年增长转向中高速比上年增长“新常态”的宏观环境，在党中央、国务院的坚强领导下，四川省委、省政府带领四川省各族人民深入贯彻党的十八届三中、四中全会精神，牢牢把握“稳中求进”工作总基调，深入实施“三大发展战略”，积极采取一系列“稳增长、促发展”的政策措施，使得四川省经济保持平稳较快发展，物流业稳定增长，调结构步伐加快。

一、国民经济稳步发展

2014 年，四川省实现地区生产总值（GDP）28536.7 亿元，按可比价格计算，比上年增长 8.5%。其中：第一产业增加值 3531.1 亿元，比上年增长 3.8%；第二产业增加值 14519.4 亿元，比上年增长 9.3%；第三产业增加值 10486.2 亿元，比上年增长 8.8%。三次产业对经济比上年增长的贡献率分别为 5.0%、59.7% 和 35.3%，人均地区生产总值 35128 元，比上年增长 8.1%；三次产业结构由上年的 12.8: 51.3: 35.9 调整为 12.4: 50.9: 36.7。

2014 年四川省粮食总产量为 3374.9 万吨，比上年下降 0.4%。全年生猪出栏 7445.0 万头，比上年增长 1.8%；牛出栏 278.7 万头，比上年增长 5.3%；羊出栏 1632.7 万只，比上年增长 3.1%。全年四川省实现工业增加值 12409.0 亿元，比上年增长 9.4%，对经济增长的贡献率为 52.5%；全年规模以上工业增加值比上年增长 9.6%。全年社会消费品零售总额为 11665.8 亿元，比上年增长 12.7%。全年实际利用外资 106.5 亿美元，比上年增长 0.7%。新批外商直接投资企业 280 家，累计批准 10472 家，外商投资实际到位资金 102.9 亿美元。

二、物流业运行平稳，物流效率有所提升

2014 年四川省社会物流总额保持稳定增长，结构调整进一步加快；社会物流总费用上升趋缓，物流业保持平稳较快发展态势。

（一）社会物流总额同比增长

2014 年，四川省社会物流总额达 54804.7

亿元，按可比价格计算（下同），同比增长7.9%，增幅比上年低0.9个百分点。从构成情况看，工业品物流总额为39184.5亿元，同比增长8.1%，增幅比上年低1个百分点，占四川省社会物流总额的比重为71.5%，在社会物流总额中的比重较上年提高0.4个百分点；农产品物流总额为5446.7亿元，同比增长2.1%，增幅比上年低3.3个百分点，占四川省社会物流总额的比重为9.9%，占社会物流总额中的比重比上年低0.4个百分点；进口（包括外省流入）物流总额为8574.3亿元，同比增长12.6%，增幅比上年提高2.3个百分点，占四川省社会物流总额的比重为15.7%，占社会物流总额的比重与上年持平；再生资源物流总额为1220.5亿元，同比增长11%，增幅比上年提高3个百分点，占四川省社会物流总额的比重为2.2%，占比提高0.1个百分点；单位与居民物品物流总额为378.7亿元，同比增长20%，增幅比上年提高9.3个百分点，占四川省社会物流总额的比重为0.7%，占比提高0.1个百分点。

（二）社会物流总费用与GDP的比率降低

2014年，四川省社会物流总费用为5327.3亿元，比上年增长7.2%，增幅比上年回落1.9个百分点。其中，运输费用为3269.7亿元，比上年增长3.4%，增幅比上年回落3.2个百分点，占社会物流总费用的61.4%，在社会物流总费用中的比重较上年下降2.2个百分点；保管费用为1571.2亿元，比上年增长16.0%，增幅比上年提高2.5个百分点，占社会物流总费用的29.5%，占社会物流总费用的比重较上年提高2.2个百分点；管理费用为486.4亿元，比上年增长6.9%，增幅比上年回落7.4个百分点，占社会物流总费用的9.1%，占社会物流总费用的比重与上年持平。

2014年，四川省社会物流总费用与GDP的比率为18.7%，同比降低0.2个百分点，经济运行中的物流效率有所提升，但物流成本依然较高。全年公路、铁路、航空和水路等运输方式完成货物周转量2474.4亿吨公里，比上年增长9.5%；完成旅客周转量1584.0亿人公里，比上年增长8.9%。铁路营运里程达3958公里，高速公路通车里程达5506公里，内河港口全年完成集装箱吞吐量44.1万标准箱。四川省全年邮电业务总量达1027.1亿元，比上年增长33.4%。其中邮政业务总量达117.4亿元，比上年增长40.9%。2014年四川省各种运输方式完成运输量情况如下表所示。

2014年四川省各种运输方式完成运输量统计

指　标	单　位	绝对数	比上年增长（%）
货物周转量	亿吨公里	2474.4	9.5
公路	亿吨公里	1510.5	18.6
铁路	亿吨公里	800.9	-2.3
民航	亿吨公里	8.8	9.6
水路	亿吨公里	154.2	-2.9

2014 年，四川省物流业实现增加值 1586.79 亿元，按可比价格计算，同比增长 8.3%，增幅比上年低 1.3 个百分点。物流业增加值占四川省 GDP 的比重为 5.6%，占四川省服务业增加值比重为 15.1 %。

截至 2014 年年底，四川省共有 A 级物流企业 126 家，占全国 A 级物流企业总数的 3.9%，其中：5A 级 2 家，4A 级 25 家，3A 级 51 家，2A 级 46 家，1A 级 2 家。

三、推动物流业发展的思路和重点工作

2014 年四川省物流业的平稳发展，得益于政府部门的支持推动，得益于物流企业的开拓创新。

（一）明确发展思路和目标

2014 年年初，四川省物流办提出了发展思路和发展目标，对推动四川省物流工作起到了积极作用。

发展思路是：以组建四川省政府口岸与物流办为新起点，以改善投资环境和提高物流效率为目标，以专业化、信息化、标准化、国际化为重点，以全域物流资源整合为抓手，主动响应“一路一带”国家战略，进一步畅通物流通道，着力构建以成都为中心，连接四川省内主要城市、服务西部、辐射全国、影响全球的物流服务体系，全力支撑四川省实施“三大发展战略”，全面提升四川参与国际分工能力和区域经济综合竞争力。

发展目标是：到 2017 年，四川省物流业增加值年均增速保持在 10% 以上；社会物流总费用占 GDP 的比重逐年递减 0.3 个百分点以上；培育壮大主营业务收入 5 亿元以上的物流企业 20 家，到 2020 年，四川省社会物流总费用占 GDP 的比重下降到 16% 左右。建成一批西部物流企业集聚度最高的物流园区；培育壮大主营业务收入超过 5 亿元的物流企业达 30 家以上，超过 10 亿元的达 15 家以上；引进知名船公司 10 ~ 20 家；引进国际国内大型知名物流企业超过 100 家。建成中国第四大国际航空客货运枢纽，西部最大的国际铁路物流枢纽，西部最大的公路物流枢纽，西部服务最优的口岸服务体系，实现对欧美、日韩、中国香港、东盟等传统市场以及中亚、南亚、拉美、非洲等新兴市场物流服务的全面覆盖。

（二）全力开展重点工作

按照发展思路和发展目标，四川省政府物流主管部门在 2014 年有计划、有步骤地开展了以下重点工作，确保四川省物流业发展稳步进行。

1. 进一步畅通物流通道

一是建设国内第四大国际航空客货运枢纽。建设干支结合、布局合理、分工明确的民用机场布局体系；加快推进成都新机场规划建设工作，尽快实现双机场运行；巩固东亚、东南亚、南亚等成熟市场，突破北美、西欧等重点市场，拓展中东、澳洲、俄罗斯等新兴市场，建设以蓉欧为核心、蓉加美、蓉亚为支撑的枢纽航空系统，实现成都与全球主要经济体的直通互联。

二是建设西部最大的国际铁路物流枢纽。依托成都铁路集装箱中心站和对外铁路主通道，“巩固东向、强化西向、打通南向”，加密完善铁路货运班列网络；推进“蓉欧快铁”“中亚货运列车”双向稳定运行，做好“泛亚铁路”开行调研工作，打通以蓉沪欧为核心、蓉深欧、蓉桂亚为支撑的铁海联运国际通道。

三是建设西部最大的公路物流枢纽。积极推进干线联网畅通工程，加强中转、转运设施

建设，实现各种物流通道的无缝衔接，发展公铁联运、公水联运、铁水联运、空地联运、多式联运；依托公路货运集散中心，整合货运资源，优化运输组织，引导建设公路货运班车总站，鼓励推广开行公路货运班车，形成覆盖全国各大中城市的公路货运班车网络，打通蓉桂、蓉沪陆海联运国际通道以及蓉滇国际陆运通道。

四是建设长江上游港航物流中心。务实推进“四江六港”战略，合理开发港口岸线资源，全面培育港航物流市场；积极推进南充港、广元港、广安港与下游大港构建转运关系；协调推动乐山港、宜宾港、泸州港在货源组织、运力结构等方面错位发展，共同打造川南水运枢纽。

五是建设网络化的管道运输体系。加快推进管道运输网络体系建设，积极布局天然气联络线和调峰设施，形成点线互联的供配管网；加强数字管道工程、LNG 低温储罐工程、城市燃气工程等项目技术攻关，促进管道运输进步，确保管道运输安全。

六是建设西部服务最优的口岸服务体系。加快推进“一区四中心”等海关特殊监管场所建设；加快申报空港、铁路、水运保税物流中心（B 型）；加快申报成都青白江铁路口岸为国家开放口岸，积极争取水果、肉类进境指定口岸和汽车整车进口口岸等专项口岸政策。

2. 着力构建多点多极物流节点体系

一是巩固和强化成都物流主枢纽地位。加快推进成都“四园区、四中心”建设，建设连接全国和世界主要城市的重要物流枢纽和国际物流分拨中心，将成都建成现代物流业与商贸业、金融业联动发展的示范区，打造西部物流企业聚集度最高的物流集中发展区。

二是打造泸（州）宜（宾）物流比上年增长极。利用地处长江黄金水道和川滇黔渝结合部的区位优势，发挥成贵铁路、成自泸赤高速、泸州机场、宜宾机场和长江港口群的交通优势，依托机械化工制造基地、酒业集中发展区，推进港区联动，建设四川省水运国际物流功能区，打造辐射川滇黔渝、联结南亚和东南亚的区域性物流比上年增长极。

三是打造达（州）南（充）广（安）物流比上年增长极。利用地处川陕鄂渝结合部的区位优势，发挥成达铁路、襄渝铁路、兰渝铁路、广巴铁路、沪蓉高速、包茂高速、南充机场、达州机场以及南充港、广安港的交通优势，依托油气化工制造基地、新能源建材生产基地、川渝合作示范区，建设辐射川陕鄂渝的区域性物流比上年增长极。同时将广安建成川渝合作物流发展示范区。

四是打造攀（枝花）西（昌）物流比上年增长极。利用地处川滇结合部的区位优势，发挥成昆铁路、京昆高速、西昌机场、攀枝花机场和金沙江的交通优势，依托攀西战略资源创新开发试验区，建设辐射川滇周边区域、联结南亚和东南亚的区域性物流比上年增长极。同时将雅安建成四川省的重要农产品集散地、应急物流中心和现代物流业与农业融合发展示范区。

五是打造绵（阳）广（元）物流比上年增长极。利用绵、广联结性节点优势，发挥宝成铁路、兰渝铁路、京昆高速、广甘高速、广巴高速、绵阳机场、广元机场、广元港的交通优势，发展进出四川省能源物流，建设大宗商品物流集聚地。将绵阳建设成现代物流业与制造业融合发展示范区，将广元建设成现代物流与商贸业融合发展示范区。

六是打造内（江）资（阳）遂（宁）物流比上年增长极。利用内（江）、资（阳）、遂（宁）成渝经济区中心地带区位优势，发挥成渝铁路、内昆铁路、沪蓉高速、成渝高速、遂渝高速、成安渝高速、遂资眉高速、隆纳高速以及成都新机场的交通优势，发展成渝配套产业中转物流，将遂宁建成现代物流业与商贸业融合发展示范区。

（文德华　四川省现代物流协会）

2014年陕西省物流业发展情况

2014年，陕西省以产业结构调整与增强自主创新为重心，积极培育新的增长点，陕西省经济呈现“总体平稳、稳中向好、结构向优”的良好态势，快速发展的物流业在陕西省经济建设中发挥着重要支撑作用。

一、经济及物流业运行概况

（一）经济运行基本情况

2014年，陕西省完成生产总值1.77万亿元，比上年增长9.7%。其中：第一产业增加值1564.94亿元，比上年增长5.1%；第二产业9689.78亿元，比上年增长11.2%；第三产业6435.22亿元，比上年增长8.4%。陕西省地方财政收入为1890亿元，比上年增长13.6%。陕西省固定资产投资为18358.01亿元，比上年增长17.8%。其中：第一产业比上年增长28.1%，第二产业比上年增长4.4%，第三产业比上年增长25.2%。陕西省民间投资为8433.18亿元，比上年增长21.1%，占固定资产投资的45.9%。陕西省进出口总额为1683.53亿元，比上年增长35%。其中：出口855.54亿元，比上年增长34.9%；进口827.99亿元，比上年增长35%。

（二）交通货运基本情况

2014年，陕西省物流货运总量完成132403.3万吨，同比增加2.3%。其中：铁路货运量为12855.3万吨，占总货运量的9.71%，同比增长4.87%；公路货运量为119343万吨，占总货运量的90.14%，同比增加13.01%，公路周转量累计完成19174518万吨公里，同比增长13.8%；民航货运量为19万吨，占总货运量的0.014%，同比增加4.35%；水运货运量完成186万吨，占总货运量的0.14%，同比减少23.77%；水运货物周转量累计完成6215万吨公里，同比减少26.29%。

（三）公路交通建设基本情况

2014年，陕西省高速公路总里程为4473公里，通达陕西省93个县（市、区）。陕西省已经形成以西安为中心的“2637”（两环、六辐射、三纵七横）高速公路干线网。以西安为起点的高速公路，基本上连通了陕西省内所有市县及工农业基地、商品集散地、高新开发区和物流园区。截至2014年年底陕西省高速公路已累计建成ETC车道381条，其中当年新增ETC车道144条。目前，陕西省物流货运基本实现当日往返，省外周边中心城市的物流货运已经实现当日到达。

2014 年，陕西省新改建干线公路 2000 公里。其中：建成通车 G108 渭南至汉村和 S205 清涧至辛关等续建项目约 200 公里；沿黄公路榆林段、延安段、渭南段等续建项目 900 公里；新建 S107 厚镇至草堂等项目约 900 公里。2014 年陕西省安排专项资金 8.7 亿元，建设省内 28 个县城的过境公路约 225 公里。

二、物流业发展情况

（一）物流业运行情况

2014 年，在我国经济运行进入“新常态”的形势下，陕西省物流运行呈现出需求增速放缓、运行质量提升的基本特征。其中西安市 2014 年物流业对 GDP 贡献率为 9.5%，成为陕西省经济发展的重要增长点。

2014 年陕西省物流景气指数为 54.2%，较上年上升 2.72 个百分点。物流服务价格指数为 47.7%（位于 50% 的临界值以下），较上年上升 2.02 个百分点。主营业务成本指数 59.12%，较上年上升 5.23 个百分点。主营业务利润指数为 58.44%，较上年上升 3.37 个百分点。从业人员指数为 58.25%，较上年上升 3.59 个百分点。设备利用率指数为 51.6%，较上年上升 2.99 个百分点。新订单指数为 37.71%，较上年上升 4.18 个百分点。固定资产投资完成额指数为 63.13%，较上年上升 5.04 个百分点。业务活动预期指数为 81.21%，较上年上升回升 8.07 个百分点。

上述数据反映出，2014 年陕西省物流市场仍处于供大于求的格局。虽然物流业务规模扩大，但是物流服务价格仍处于收缩区间。物流业整体上，仍处于低价格、低利润、高成本的运行状态。新订单指数和业务活动预期指数上升，反映出 2015 年陕西省物流活动将呈现逐步增长态势。

（二）物流业发展情况

1. 行业发展规模逐步扩大

2014 年，陕西省物流业进入快速转型升级的发展阶段，服务模式和业态创新有力地推动了行业发展规模逐步扩大。陕西省物流业已经形成由中央企业、地方企业、民营企业、外资企业共同参与竞争的市场格局。截至 2014 年年底，陕西省物流业从业人员超过 60 万人，在工商管理部门登记注册的物流企业数量为 13800 多户，注册资金 1 亿元以上的企业有 30 户，登记注册的公路货物运输车辆 1.6 万余台。陕西省已有国家 A 级物流企业 57 家，其中：5A 级物流企业 4 家，4A 级物流企业 15 家，3A 级物流企业 23 家，2A 级物流企业 12 家，1A 级物流企业 3 家。在陕西省 57 家 A 级物流企业中，运输型企业有 13 家，仓储配送型企业有 11 家，综合服务型企业有 33 家。

2014 年，陕西省电子商务市场快速发展，已经登记注册的电商企业超过 15 万户。当年陕西省电商交易额和线上零售规模分别为 2160 亿元和 400 亿元以上，比上年分别增长 20% 和 19.4%。截至 2014 年年底，陕西省已有 3 个省级电子商务示范园区、2 个电子商务示范县和 20 家电子商务示范企业，并成功引进京东、苏宁、阿里巴巴等大型电商企业入驻电子商务示范园区。

2. 已经形成以西安等 7 个物流节点城市为中心的物流网络体系

截至 2014 年年底，陕西省已经形成了以西安市为中心的连通南北、直贯东西的陕西省物流网络，与榆林、宝鸡、渭南、商洛、汉中、安康 6 个物流节点城市，形成了陕西省内人流、物流、信息流、资金流的现代服务业体系。西安内陆港建设，形成了丝绸之路经济带上重要的国际物流枢纽平台。营运中的西安铁路集装箱中心站、西安综合保税区、西安新筑铁路货运站，以及正在建设中的西咸空港保税物流中心、西安国际陆港电商产业园、西安港现代铁路综合物流园区、西安公路物流港、西安大宗生产资料交易市场、跨境电子商务物流配送中心、西安临潼现代物流园，将推动陕西省物流业的聚集发展，成为丝绸之路经济带的重要物流节点。目前西安海关拥有5个海关特殊监管区，已实现内部的互联互通。

3. 物流业与制造、商贸等产业联动发展稳步推进

2014年，陕西省物流业与制造、商贸等产业联动发展势头良好，专业化、一体化的产业供应链初步形成。如榆林市以石油、煤炭及煤化产品等资源为基础，加快推动产品的储存、配送、运输等供应链管理；西安市、咸阳市以专业批发市场为依托，建立了产品加工、存储、配送的供应链系统；汉中市、渭南市、宝鸡市进行工农商贸企业资源整合，引导物流企业进入工业、农业、商贸服务业，并与金融机构合作，形成专业化、一体化的产业供应链。在这些地区，由物流企业进入生产企业管理库存的有88家、由金融机构参与产业供应链业务的有17家、由物流企业进入生产企业进行分销配送的有56家。物流业与制造、商贸等产业联动发展的模式正在陕西省得到广泛推广运用。

4. 物流业基础设施建设取得突破进展

2014年陕西省物流业基础设施建设步伐加快，物流企业在仓储、运输、财务、客户、行政办公管理等方面应用互联网信息技术的普及率进一步提高。在陕西省229个重点物流园区中，有93%以上的园区建立了内部局域网，使用了物流仓储管理系统。在陕西省公路物流运输企业中；有87%以上的园区建立了企业内部管理系统、客户对接系统、业务流程供应链管理（SCM）软件系统；有96%的企业把RFID、GPS等物联网技术，应用在车辆监管、物品定位管理、自动识别分拣、配载配送和路径优化技术等方面。陕西省公路货运车辆载货平均吨位上升到6.2吨位，货运专用车辆所占比重达到17%。与上年相比，陕西省货运车辆的单位运输碳排放量下降了13%，货运车辆的单位运输周转量能耗下降了11%。在陕西省229个重点物流园区里，企业机械化作业率达69.4%，叉车、吊车、堆垛机、分拣设备、自动化立体库巷道式、防火报警系统、报警系统、托盘等设备的自有率达89%。陕西商储物流市场、招商局物流西安分公司、陕西黄马甲物流配送公司、西安爱菊集团生产基地、华润万家、利安集团等一批机械化、标准化作业水平较高的企业，成为市场竞争的主力。

5. 第三方物流快速发展

2014年陕西省第三方物流企业快速发展，制造业、商贸服务业加快剥离物流业务环节，促进物流企业进入产业供应链一体化运作。目前，陕西省80%以上的制造企业、95%以上的商业超市与第三方物流企业合作，对企业生产过程进行流程再造，在仓储、运输和配送等多个环节实行物流业务剥离、合作和服务外包。不仅企业效益明显提高，而且降低社会物流成本。比亚迪、陕煤化集团等制造、商贸流通企业，实行产业主辅分离、供应链一体化管理后，企业物流成本显著下降。咸阳空港新城物流园、西安铁路物流集散中心、西安港、西安市贝斯特物流园、陕西红太阳物流仓储市场等企业为电商提供供应链管理一体化服务，实现零公里配送模式。

6. 物流业信息化和电子商务快速发展

2014年，陕西省物流业信息化和电子商务

发展加快，物流企业在业务中应用先进信息技术成为趋势。截至2014年年底，陕西省规模以上的物流企业已经程度不同地将物品信息条码、无线射频识别（RFID）、电子数据交换（EDI）等技术应用到物流业务的全过程。仓库管理系统（WMS）、运输管理系统（TMS），联合管理库存（JMI）、协同式供应链库存管理（CPFR）等物流信息管理技术，正在被物流园区和企业所逐步应用。2014年，陕西省交通物流信息公共服务平台完成初步设计评审，建成后的交通物流信息公共服务平台将提升我省物流业整体运营水平。国内电商和快递企业，在陕西省建立了网络化分拨中心、海外仓，促进了陕西省物流基础设施网络化发展。2014年，陕西省政府出台《进一步加快电子商务发展的若干意见》，召开了全省电子商务发展促进大会、首届农村电子商务大会和陕西省电子商务大会，引导陕西省物流业应用互联网技术和创新服务模式，建立了省市县电子物流商务示范园区。

7. 物流业发展环境不断改善

2014年陕西省政府部门进一步转变职能，提升公共服务水平，为加快物流业发展营造宽松环境。陕西省商务厅把发展绿色物流作为全省物流业发展的方向，大力推进陕西省城市共同配送和商贸物流标准化，鼓励物流企业发展第三方物流配送和快速消费品配送，支持物流企业实行物流配送流程和托盘循环使用，扶持具有国际竞争力的现代物流企业。同时，陕西省商务厅积极解决陕西省中小商贸流通企业面临的突出问题，对中小商贸流通企业采取四项政策措施给予支持：健全服务体系，加快建设中小商贸流通企业公共服务平台；落实国家对中小企业发展专项资金支持的政策，推动已经明确的减免税收、降低费用等政策的加快落实；支持融资机构开发符合商贸流通行业特点的融资产品，支持物流企业规范开展担保存货管理业务；抓紧组织编制中小商贸流通企业发展专项规划，为中小商贸流通企业创造法制化营商环境。同时，陕西省发改委研究制定政策，从土地、财税等方面，加大对物流企业发展的支持力度，协调解决企业运营中存在的具体问题。陕西省发改委开展了陕西省物流业发展中长期规划编制工作，要求陕西省各市（区）结合当地区位、综合交通、产业发展实际，提出本地到2020年的发展思路、总体目标、重点物流领域、主要任务等，并谋划一批支撑和服务经济社会及其他重点产业发展的重大物流项目。

8. 行业教育和培训等基础建设工作成效显著，从业人员学历和技能大幅提高

截至2014年年底，陕西省有8所本科院校、14所职业学校开设物流管理和相关专业，在校生近1万名，报考物流专业的生源呈现增加的态势。各院校在物流和相关专业课程设置上改革创新，与物流企业合作建立教学实训基地，开展案例式、体验式、访谈式等教学活动。一些物流企业与院校建立委托生合作，学校依据企业需求培养毕业生。陕西省物流师职业资格认证培训工作正在向规模化和专业化方向发展，一些大专院校在开设物流专业的基础上，为学生提供物流师职业资格认证培训。2014年陕西省有1700多人参加了物流师职业资格认证培训，其中1200多人取得物流师职业资格认证证书。在物流企业高管积极参加各类再教育学习培训的同时，越来越多的物流企业聘请各类院校和企业管理咨询公司，对企业员工进行职业和岗位技能培训，并使之常态化。

（闫鸣　陕西省物流与采购联合会）

2014年甘肃省物流业发展情况

2014年，甘肃省物流业在国民经济中的地位日益显现，对经济和社会发展的基础性、服务性作用进一步增强。2014年甘肃省社会物流总额增速有所减缓，物流转型升级加快，物流运行的质量虽有所改善，但社会物流总费用和社会物流成本依然偏高，物流企业成本压力和经营难度依然较大，效益偏低现象没有明显改观。

一、社会物流总额增幅减缓

2014年，甘肃省社会物流总额完成15468.5亿元，比上年增长10.0%，增幅比上年同期回落3.3个百分点。在社会物流总额增速减缓的同时，物流转型升级加快，专业服务能力增强，快递速运、物流平台、一体化物流等成为新的增长点。

在社会物流总额构成中，工业品物流仍占主导地位。2014年，甘肃省工业品物流总额完成8363.7亿元，占甘肃省社会物流总额的54.1%，比上年增长5.8%。

外省流入货物物流总额稳中趋升。2014年，甘肃省外省流入货物物流总额完成5253.8亿元，占甘肃省社会物流总额的34.0%，比上年增长22.7%。

农产品物流平稳增长。2014年，甘肃省农产品物流总额完成1618.8亿元，比上年增长6.7%。

进口贸易大幅下降。2014年，甘肃省进口货物物流总额完成202.5亿元，比上年下降40.7%。

再生资源物流总额快速增长。2014年，甘肃省再生资源物流总额完成16.2亿元，比上年增长57.8%。

单位与居民物品物流较快增长。受电子商务市场繁荣及网络购物的推动，甘肃省单位与居民物品物流量保持平稳增长态势。2014年，甘肃省单位与居民物品物流总额完成13.5亿元，比上年增长18.7%。

2014年甘肃社会物流总额构成情况如图1所示。

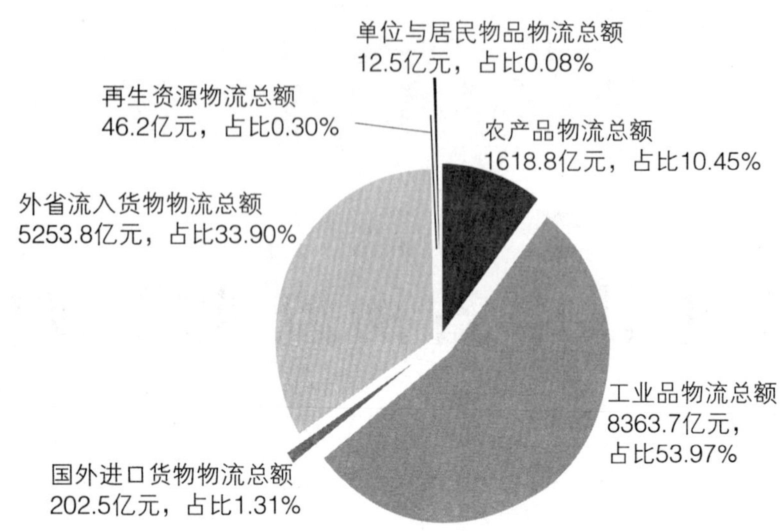

图1 2014年甘肃省社会物流总额构成情况

二、物流业增加值平稳增长

2014年，甘肃省物流相关行业实现增加值599.6亿元，比上年增长9.4%，占甘肃省地区生产总值的8.8%，占第三产业增加值的19.9%，物流业对国民经济增长的贡献逐步增强。在物流业增加值构成中，交通运输业完成498.2亿元，比上年增长9.2%，占比为83%；仓储业完成23.3亿元，比上年增长10.5%，占比为4%；邮政业完成6.14亿元，比上年增长11.6%，占比为1%；贸易业完成72.0亿元，比上年增长11.8%，占比为12%。2014年甘肃省物流相关行业增加值构成情况如图2所示。

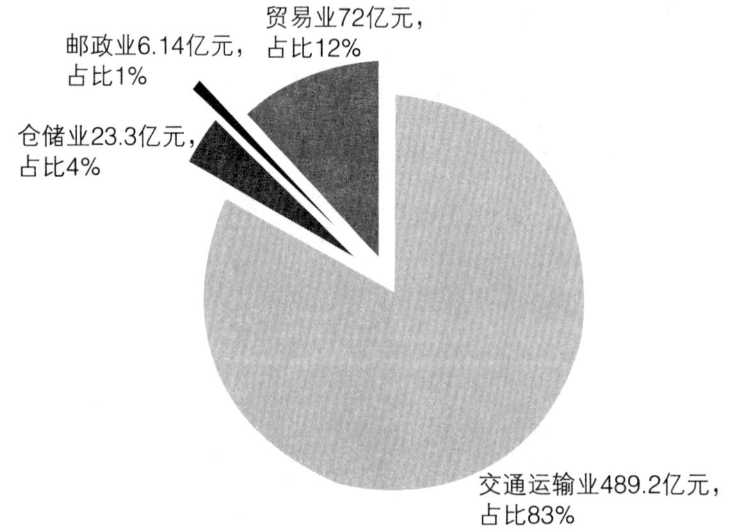

图2 2014年甘肃省物流相关行业增加值构成情况

三、货运及货运周转量保持增长

2014年，甘肃省铁路、公路、航空、管道完成货运量64765.2万吨，比上年增长13.7%。其中：铁路货运量完成6450.3万吨，占甘肃省货运量的9.95%，比上年增长0.9%；公路货运量完成50780.0万吨，占甘肃省货运量的78.41%，比上年增长12.7%；航空货邮运量完成6.0万吨，比上年增长8.0%；油气管道货运量完成7528.9万吨，占甘肃省货运量的11.62%，比上年增长36.5%（见图3）。

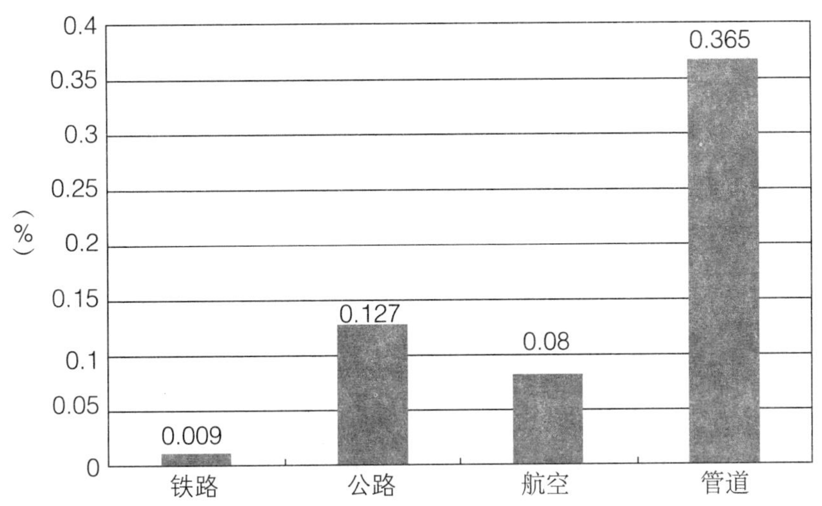

图3 2014年甘肃省各种运输方式货运量增长情况

2014年，甘肃省各种运输方式完成货运周转量3140.8亿吨公里，比上年增长8.4%。其中：铁路货运周转量比上年下降2.8%，公路货运周转量比上年增长22.4%，航空货运周转量比上年下降16.8%，油气管道货运周转量比上年增长20.7%。

四、物流相关行业固定资产投资快速增长

2014年，甘肃省物流相关行业固定资产投资额完成1070.0亿元，比上年增长75.4%。其中：交通运输、仓储业、邮政业投资额完成787.5亿元，比上年增长102.1%；批发零售业投资额完成282.5亿元，比上年增长28.2%。2014年甘肃省物流相关行业固定资产投资额构成情况如图4所示。

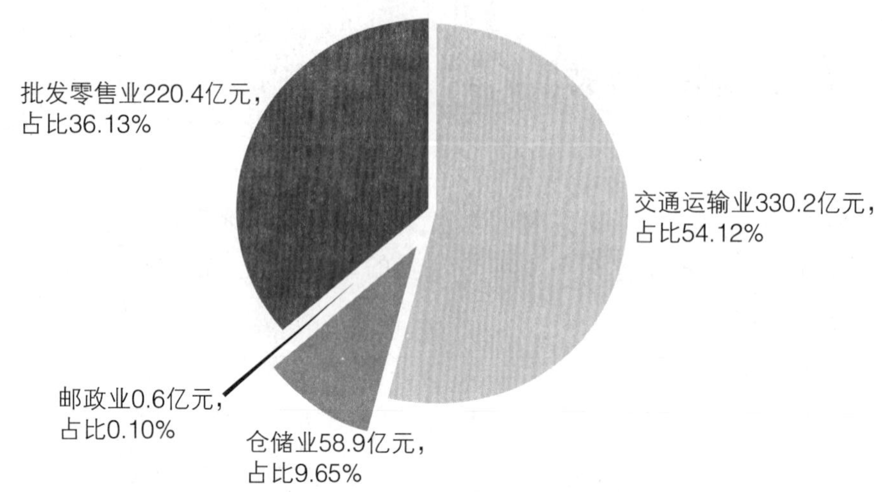

图4　2014 年甘肃省物流相关行业固定资产投资额构成情况

五、社会物流总费用依然较高

2014 年，甘肃省社会物流总费用为 1322. 0 亿元，比上年增长 8. 4% 。社会物流总费用与生产总值的比率为 19. 3% ，比上年下降 0. 1 个百分点，高于全国平均水平 2. 5 个百分点。在社会物流总费用中，运输费用为 941. 0 亿元，比上年增长 8. 9% ；保管费用为 280. 0 亿元，比上年增长 7. 3% ，管理费用为 101. 0 亿元，比上年增长 8. 6% 。数据显示，甘肃省经济运行中的物流成本特别是运输费用依然较高。

（甘肃省工业和信息化委员会）

2014 年宁夏回族自治区物流业发展情况

一、物流业发展总体情况

(一) 物流业运行情况

2014 年，面对复杂多变的国内外经济环境，宁夏回族自治区经济呈现“总体平稳、稳中有进、稳中向好”的运行态势。宁夏回族自治区社会物流总额和物流业运行指标均保持小幅增长。

2014 年，宁夏回族自治区物流业共完成社会物流总额 5902 亿元，同比增长 4.9%，增速比上年回落 7.4 个百分点，较全国增速低 3.1 个百分点；宁夏回族自治区共实现物流业增加值 336.5 亿元，同比增长 1.9%，较全国增速低 7.1 个百分点；完成货运量 42446 万吨，同比微增 0.8%。

从社会物流构成看：2014 年，宁夏回族自治区工业品物流总额完成 3544 亿元，同比增长 3.6%，增幅比上年回落 10.4 个百分点，占宁夏回族自治区社会物流总量的比重也由上年的 71% 下降到 60%，贡献率由上年的 79.6% 降至 44.7%。其中：批发业物流总额完成 1886 亿元，同比增长 5.4%，增速比上年回落 3.5 个百分点，占宁夏回族自治区社会物流总额的 32%，拉动宁夏回族自治区社会物流总额增长 1.7 个百分点，贡献率为 35.3%，比上年增加 18.7 个百分点；进口货物物流总额完成 70.84 亿元，同比增长 70.3%；农产品物流总额完成 390 亿元，同比增长 5.4%。2014 年受电子商务和网络购物的带动，宁夏回族自治区邮政、快递、配送等业务量保持增长态势，邮政、快递、配送等全年共完成物流总额 10.74 亿元，比上年增长 1.3 倍。2014 年宁夏回族自治区社会物流构成情况如图 1 所示。

从运输方式看：受市场需求不足，尤其是煤炭市场需求不足等因素影响，2014 年宁夏回族自治区铁路货运量完成 6990 万吨，同比下降 17.2%，其中国家铁路货运量完成 3499 万吨，同比下降 24%。铁路货运量下降的主要原因是占国家铁路货运量 74.5% 的煤炭运量大幅减少，仅完成了 2606 万吨，同比下降 24.8%。宁夏回族自治区公路货运量完成 34300 万吨，同比增长 5.6%；航空货运量完成 1.19 万吨，同比增长 23.4%；管道运输完成 1137 万吨，同比下降 1.7%。2014 年宁夏回族自治区货运量同比增长情况如图 2 所示。

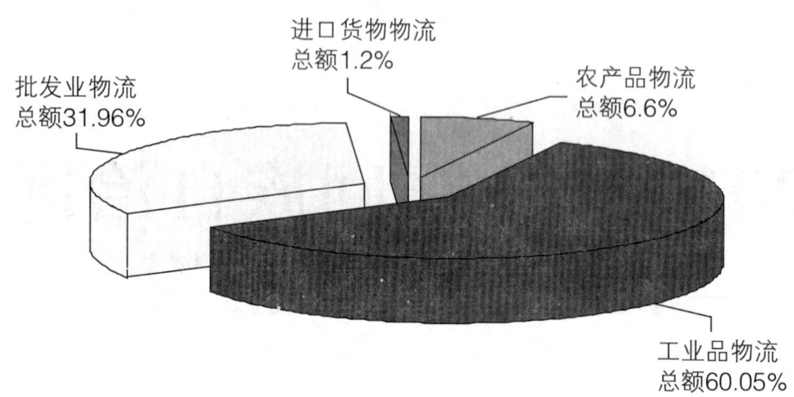

图 1　2014 年宁夏回族自治区社会物流总额构成情况

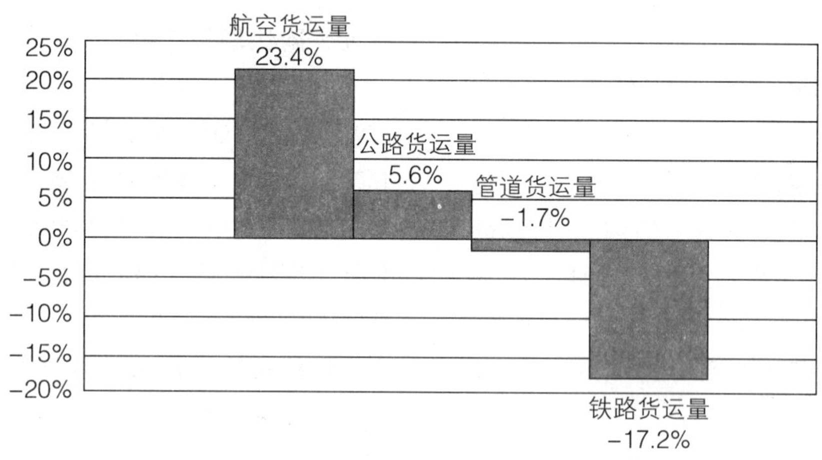

图 2　2014 年宁夏回族自治区货运量同比增长情况

从固定资产投资看：宁夏回族自治区物流相关行业固定资产投资额完成 270.26 亿元，同比增长 31.7%。其中：交通运输、仓储、邮政业固定资产投资额完成 217.18 亿元，同比增长 40.9%；批发零售业投资额完成 53.08 亿元，同比增长 3.8%。

受产业结构不合理、进出货量不平衡、物流装备落后、劳动力成本增加等因素的影响，2014 年宁夏回族自治区社会物流总费用 670 亿元，同比增长 6.5%，虽较全国 8% 的增速稍低，但社会物流总费用占 GDP 比率为 24.4%，远高于全国 17% 的平均水平。其中运输费、保管费和管理费分别增长 6.8%、6.1% 和 4.7%。与物流费用持续上升相对的是，宁夏回族自治区考核的 43 户样本物流企业物流业务收入为 25.73 亿元，同比下降 25.9%；实现物流业务利润额 2.34 亿元，同比下降 45.6%。

（二）物流业发展特点

宁夏回族自治区商贸厅通过对近三年全区物流业运行的数据分析整理，发现宁夏回族自治区物流业发展呈现出以下特点。

第一，宁夏回族自治区物流业受工业发展情况影响较大。近年来的数据显示，宁夏回族自治区工业品物流是拉动物流业增长的主要动力，工业品物流总额增速基本略高于社会物流总额增速。但2014年以来，随着经济形势日益严峻，工业品物流占社会物流总额的比重逐年降低，增速也低于社会物流总额的增速，对物流业发展的拉动力明显减弱。

第二，批发业物流总额的增速受经济下行压力的影响，近三年增速波动较大，但在渡过了2013年调整适应期后，逐渐成为拉动物流业增长的积极因素，增速在2014年始终高于社会物流总额增速。

第三，农产品物流与工业品、批发业物流总额急剧下滑不同，它受经济环境影响不大，一直保持着5%左右的稳定增长。

第四，邮政快递业物流总额增长较快。近几年，电商异军突起，在淘宝“双十一”活动的刺激下，2012年第四季度全国快递业物流总额突增2倍，2014年实现了成倍快速增长，且2014年快递进出港业务量的比例由2013年的8:1提升至3:1。但因占社会物流总额的比重太小，对整体行业的拉动作用还很有限。

第五，公路、铁路运输量占比逐渐拉大。虽然铁路运输有着一次性运距长、倒短费用低、可提供门到门服务等优势，在大宗商品和远距离运输上有较强竞争力，但受2013年2月开始铁路运价连续上涨，三年累计提高4.5分每吨公里的影响，仍然导致部分货源流失到了公路运输。自2013年开始，宁夏回族自治区货运量中，公路占比与铁路占比的差距逐年加大。2012—2014年宁夏回族自治区公路与铁路货运量占比情况如图3所示。

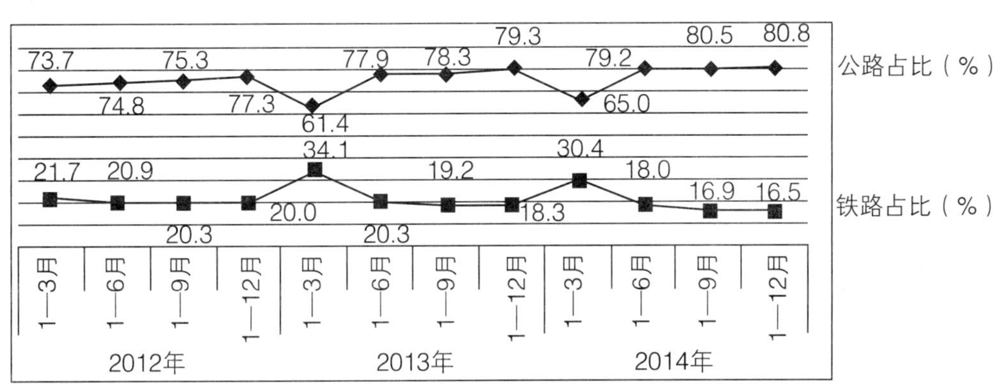

图3　2012—2014年宁夏回族自治区公路和铁路货运量占比走势

二、物流业发展的总体思路

总体看现阶段宁夏回族自治区物流业发展还存在一些问题，主要有以下四点。

第一，宁夏促进物流业发展的管理体系和组织体系还未理顺。虽然早在2012年，宁夏回族自治区政府就下发文件，明确“宁夏回族自治区物流行业管理职责由宁夏回族自治区商务厅负责”，宁夏回族自治区商务厅增加“负责物流行业管理，牵头拟订宁夏回族自治区物流业发展的中长期规划、年度计划及相关政策，负责培育物流市场，推进物流园区、物流信息化、标准化建设”职能。但在实际工作中，由于现有的组织架构在客观上对物流行业的管理仍然处于多头管理、政出多门的状态，导致条块分割的管理机制仍是物流业发展的瓶颈。而市县一级对物流行业管理的职能划分有的在商务部门、有的在交通部门、有的直接划由物流园区管理部门负责，使得物流相关工作在由上至下的推进往往因体制原因，导致出现政策贯彻落实不到位的问题。总体看，宁夏回族自治区物流业现有的管理体系和组织体系严重制约了行业发展，整合资源、理顺体制、凝聚合力还需要假以时日。

第二，个别地方政府对物流行业发展的统筹规划指导不尽合理，对规划落实不到位。随着国家和宁夏回族自治区政府对物流业发展的高度重视，加上物流项目又属于国家鼓励类项目，全区很多地方政府和企业都投入了极大的热情，大批物流项目集中上马，一时间物流园区、物流中心如雨后春笋般蜂拥而建，短短几年的时间里，宁夏回族自治区新建的“物流园区”“物流中心”达到了四五十个，占地面积也是一个比一个大。据不完全统计，截至2014年年底，宁夏回族自治区占地300亩以上的重点物流项目规划建设用地超过3万亩。但因实际物流需求量较小，大多集中在汽配城、建材城、钢材市场、装饰材料市场、小商品城、农副产品交易中心、农资城等专业批发交易市场项目多以商业地产开发为主，项目收益主要以房产和物业收入为主，项目定位尚处于物流的初级业态。尽管宁夏回族自治区出台了“促进物流业发展的‘十二五’规划”，但其属于行业规划和部门规划，尚未纳入城市的总体规划，规划项目大多是已开工建设项目，具有滞后性，再加上土地供给的主体在县区，项目招商、立项和建设以县区为主，县区地方政府为完成招商引资任务，在审批物流项目时无视行业发展和布局规划，盲目上马各类物流园区、物流中心建设项目，造成物流项目低水平重复建设和同质化竞争现象严重，导致宁夏回族自治区相关部门制定的行业发展规划如同一纸空文。

第三，宁夏回族自治区物流业仍处于初级发展阶段。虽然近年来，宁夏回族自治区物流业在自治区党委、政府的高度重视下，在商务厅、交通运输厅等部门的大力支持下，在物流企业自身努力，获得了一定的发展，如2009—2013年，宁夏回族自治区社会物流总额年均增长26.21%，物流业增加值年均增长17.21%，货运量年均增长13.9%，物流领域固定资产投资年均增长24.65%。但同时也要看到，宁夏回族自治区的物流业长期以来始终停留在提供基本的运输、仓储服务的初级阶段，物流成本高，企业赢利能力低。宁夏回族自治区社会物流总费用与GDP的比例五年来一直保持在20%以上，远远高于18%的全国平均水平，有近1/3的物流企业处于亏损状态，物流行业的年利润率不足10%。

第四，宁夏交通基础设施总量不足，综合交通网络水平低，对外通道出口少。宁夏回族自治区铁路整体技术标准低，在建项目少，复线率仅为8.3%，没有定点货运班列，运力较低，宁夏回族自治区每年铁路货运缺口超过2000万吨；同时，银川市是除拉萨以外全国唯一不通高铁的省会城市；公路网密度仅为43公里/百平方公里，低于全国平均水平；公路等级低、结构不合理、省际出口通道不足，使得宁夏公路网整体运输效率不高，造成物流成本高、效率低、能力小等问题。在五种主要交通运输方式中，水运在宁夏境内可以直接依托的水系仅有黄河，而黄河航道目前仍处于自然状态，还不具有开发利用价值。交通基础薄弱成为制约宁夏物流业发展的瓶颈。

针对以上问题，宁夏回族自治区必须要理清发展思路，明确发展方向，切实做好以下两项重点工作。

一是要以现代物流业撬动生产性服务业发展。优化物流网络布局，充分整合全区物流需求和物流资源，结合各地产业结构特点，合理规划物流园区、中心。提升物流专业化水平，重点发展大宗商品物流、农产品冷链物流、电子商务物流；提高物流行业标准化设施、设备应用水平；建设自治区级物流公共信息服务平台和结算平台。完善物流配送体系，构建城乡共同配送网络，支持银川市做好城市共同配送试点，打通物流“微循环”，做好“最后一公里”的服务，提高连锁企业的集中配送率。打造物流服务供应链，积极引进国内外大型物流企业，支持生产流通企业剥离非核心物流业务，大力发展第三方物流，有效组织商流、物流、资金流、信息流“四流”融合，撬动金融、信息、节能环保、电子商务等生产性服务业发展。

二是要以航空物流带动物流行业整体发展。加快推进建设区域性国际航空物流中心。首先积极配合口岸办争取东航、南航、海航、国航等在银川设立分公司、基地公司或组建宁夏航空公司；积极与阿联酋、卡塔尔、沙特等航空公司联系，筹划合资组建航空公司；开通到迪拜等中东阿拉伯国家和中亚、北非穆斯林地区的客货运航班、包机。其次积极配合银川综保区，发挥和利用承接东部产业转移政策，用好“飞地”概念，联系发达地区优势产业向宁夏回族自治区聚集，出台完善吸引境内外物流企业来宁夏回族自治区注册经营的相关政策；在土地使用、税收减免、政府补贴、机场服务、场地使用、仓库租赁等方面出台优惠政策，最大限度减少企业物流成本；配合口岸办，积极联系国家民航局尽快解决银川机场空域资源紧张问题。再次积极配合口岸办加快航空物流体系基础设施建设，尽快解决银川机场国际旅检通道、货运场所、查验场地、保税仓库等保障条件简陋问题；解决保税区与银川机场货运通道不畅问题；整合资源，加快信息化、物流网络、电子口岸建设，为向企业提供一站式服务创造条件。最后以银川综合保税区和银川河东国际机场三期建设为依托，打造航空国际物流园，通过构建航空、铁路、公路三位一体的现代物流多式联运网络，使宁夏回族自治区逐步成为带动宁夏回族自治区、辐射周边、连接全国、面向全球、突出中亚西亚的区域性国际物流中心。

（宁夏商务厅　物流促进处）

2014年晋中市物流业发展情况

2014年面对持续加大的经济下行压力和严峻复杂的形势，晋中市坚持稳增长、促改革、调结构、惠民生的举措，经济和社会发展平稳健康，物流产业保持了稳定、均衡发展。

一、经济发展情况

（一）经济平稳健康发展，产业结构优化

2014年，晋中市委、市政府坚持稳中求进工作总基调，围绕建设山西省“四化”率先发展区总目标，紧紧抓住转型综改试验和同城化建设两大机遇，坚持开放引领、项目支撑、同城发展、综改推动“四化一体”发展路径，全力推进各项工作扎实进行，全年全市经济运行呈现健康平稳态势。2014年晋中市生产总值为1041.3亿元，比上年增长6.8％，高出山西省平均水平，显示出晋中市经济发展具有的巨大潜力和动能。

晋中市2013年和2014年的第一、第三产业占比合计分别为47.5%和52.5%，2014年比2013年提升了5个百分点，反映出晋中市在产业转型升级政策的推动下经济转型开始加速，产业结构进一步优化。

（二）产业转型升级稳步推进，创建多元格局

2014年，晋中市规模以上工业企业原煤产量达到8979万吨，比上年增长6.6%。传统行业转型稳步升级，煤炭资源整合重组效果继续释放。在传统支柱产业不断优化的同时，新兴产业快速发展。晋中市的专业设备制造、医药制造业、食品工业等新兴产业增速持续加快。集约、低碳、循环、多元正成为晋中市经济发展的新亮点。

（三）投资迈向新台阶，总量规模扩大

2014年，山西省综改试验区建设全面开展，加之“项目推进年”的落实，晋中市投资总量创历史水平，投资结构进一步优化。全年晋中市社会固定资产投资完成1106亿元，同比增长16.9%。第一产业投资82.3亿元，同比增长12.1%；第二产业投资505.7亿元，同比增长11.3%；第三产业投资518亿元，同比增长23.8%。传统产业（煤炭、焦炭、冶金、电力）投资合计186.2亿元，同比下降13.6%，非传统产业投资合计316.3亿元，同比增长35%。投资结构不断优化，进一步夯实了晋中市经济转型的基础。

（四）消费、出口保持稳定，发展动力持续

2014 年，在积极扩大消费、推进城乡流通体系建设等一系列稳增长政策措施作用下，晋中市消费市场呈现平稳增长态势，消费升级步伐加快。全年实现社会消费品零售总额 484.3 亿元，同比增长 12.8%。在外部经济需求不振的情况下，2014 年晋中市进出口总值达到 35963 万美元。

二、物流业发展情况

（一）物流产业稳定增长，运行平稳

2014 年晋中市现代物流业稳定发展，初步核算，2014 年晋中市物流产业增加值约为 16.0 亿元，比上年增长 6.9%（同比三经普修定后增加值），占晋中市 GDP 的 16.0%。交通运输、仓储业和邮政业增加值占物流产业增加值总量的 55.4%，批发零售业占增加值 44.6%（见表 1）。其中，交通运输和仓储业的增加值增长突出。

（二）物流项目建设稳定推进

物流相关行业投资额直接反映物流产业发展潜力的主要指标。2014 年，晋中市物流相关行业固定资产投资完成额为 67.2 亿元，比上年同期增长 12.4%。其中，交通运输、仓储业和邮政业投资额为 54.0 亿元，占比达 80.3%。与 2013 年各行业投资相比，零售和批发业投资完成额同比下降（见表 2）。

表 1　　2014 年晋中市物流产业增加值

指标名称	绝对额（亿元）	绝对额比上年增长（%）	构成（%）	占比与上年相比增减
合　计	166.2	6.9	100.0	—
交通运输、仓储业和邮政业	92.1	12.1	55.4	2.6
批发和零售业	74.1	1.1	44.6	-2.6

注：交通运输业包括铁路和道路货运业。表中未包含包装服务业、装卸搬运和其他运输服务业。

表 2　　2014 年晋中市物流业固定资产投资情况

指标名称	绝对额（亿元）	绝对额比上年增长（%）	构成（%）	占比与上年相比增减
合　计	67.2	12.4	100.0	—
交通运输、仓储业和邮政业	54.0	16.8	80.3	3.0
批发和零售业	13.2	-2.4	19.7	-3.0

注：由于缺乏测算资料，本表分别以交通运输业中铁路运输业、道路运输业（均包含旅客运输和相应的辅助活动）代替铁路货运业、公路货运业。投资以当年有工作量的项目计算合计。

三、物流业发展的特点

晋中市发展现代物流业具有得天独厚的优势。

（一）地理区位优势突出

晋中市地处山西中部，东邻河北、西靠吕梁、延则通达陕甘，北接省会城市太原，伸则可达大同、内蒙古，南濒临汾、长治，版图平面轮廓西南狭长，东北见方，呈“钥匙”形，是连接华北、西北、中原诸省的重要通道。具有天然的“浅内陆、近沿海”区位优势，紧邻武宿机场和鸣李铁路集装箱货场，是山西省城太原市的南大门。太旧、太长、大运三条高速公路和 108、307、榆邢、榆盂、榆长五条干线公路以及同蒲、太焦、石太三条铁路由此汇交，太中银、大西两条高铁过境，道路交通条件十分便利，是山西省的地理性交通枢纽，具有发展现代物流得天独厚的区位优势。依托优越的自然条件，晋中市正努力建成服务晋中、太原，辐射晋东、晋南，融入环渤海经济圈的区域物流中心。

（二）交通基础设施雄厚

随着物流行业固定资产投资力度的不断加大，晋中市物流基础设施日益完善。晋中市境内有铁路专线 70 余条，包括石太客运专线、石太线、南同蒲线、太焦线、阳涉线、介西线 6 条铁路干支线 560 余公里，地方铁路墨左线 25 公里，还有 30 余条企业专用线 160 余公里，加上新建成的太中银铁路 22 公里，大西客运专线 132 公里，总里程近 900 公里。因此，晋中市是山西省非常重要的一个铁路交通枢纽。晋中市至太原的城际铁路将于 2018 年建成。此外，晋中市拥有铁路货运站场 27 个，其中大型铁路货场年吞吐量达 1230 万吨。

截至 2014 年年底，晋中市的公路通车里程达 15839 公里，比上年增加 274 公里、增长 1.8%；其中：高速公路 562 公里，比上年年末减少 10 公里；一级公路 516 公里，比上年年末增加 67 公里；二级公路 2213 公里，比上年年末减少 29 公里。贯穿晋中市境内的交通网络将与京、津、冀、豫、陕、蒙、甘的交通网络以及环渤海经济带连成一片，晋中市作为区域性交通枢纽已渐具雏形。

（三）物流业规模不断壮大

2014 年，晋中市有物流业企业法人单位 3915 家。其中：铁路运输业 2 家、道路运输业 439 家、装卸搬运和运输代理业 59 家、仓储业 52 家、邮政业 20 家、批发和零售业 3343 家，从业人员达 77702 人。

目前，晋中市城乡商业网点密布，大中城市内新型商业经营业态不断出现，2014 年晋中市限额以上批发和零售法人达 270 家；零售营业面积达 152 万平方米，从业人员 2 万余人。批发和零售业的迅速发展，带动了各种配送机构的蓬勃兴起。

（四）多种产业资源丰富发展迅速

晋中市是山西省的产煤大市，有丰富的煤炭资源优势，煤焦运输是支撑全市物流业的重要行业之一。近年来，晋中市的纺织机械、汽车零部件、医药化工等工业发展迅速，加上部分工业发展在山西省甚至全国居于领先地位，使得内外贸产品流通和交换的总量和频度不断加大，促使物流行业迅速成长。

（五）政府引导政策支持提供保障

物流“国八条”的出台，山西省物流发展规划研究的实施，以及晋中市市政府的大力支持和引导，将现代物流发展规划定为晋中市重点规划项目之一。不仅为物流业发展指明了方向，更为物流业的发展提供了保障，物流企业家的信心逐渐增强。规划提出，要遵循现代物流业发展规律，结合产业布局和城镇化发展，依托重大交通基础设施，充分发挥区域比较优势，重点打造中部、北部、南部三大现代物流业密集区，并在太原市和晋中市集中布局保税物流、商贸物流、制造业物流、农产品物流、电子商务物流、应急物流等业态，打造产业集聚、品牌汇集、业态丰富、功能完善的现代物流业核心区，成为具有全国影响力的区域性物流枢纽。

早在2008年，晋中市市委、市政府就提出"积极发展现代物流产业，规划建设综合物流园区，把晋中市城区建成山西省物流核心枢纽"的战略部署。近几年晋中市转化交通、区位、产业等天然优势，为发展新兴物流产业服务。一方面，晋中市加大新兴物流产业服务政策和资金扶持力度，加大用地支持，加快人才引进和培养，全面改造、提升、整合现有各类商品市场，集中规划建设一批有规模、有特色、有辐射力的专业市场、物流中心、物流基地；另一方面，根据市场需求，在大型居住区、商业区、校区、机关企事业单位综合办公区等人员密集、交通繁忙、管理各异、个性化服务需求旺盛的区域，建设一批高标准、规范化的配送分拨中心和城市末端配送网点。此外，晋中市还积极建设农村物流末端网点，大力支持"快递下乡"，引导邮政、快递等物流企业融合发展，力争达到"县县有分拨、乡乡有网点、村村通快递"。通过整合资源，建立共同配送网络，提高"最后一公里"的服务能力，形成覆盖晋中市的物流配送体系。

（六）太原晋中同城化发展促进居民收入提高

城际轨道交通的发展拉近了太原和晋中两市的距离，加快了太原晋中同城化发展。大太原经济圈建设不仅促进了晋中市经济发展，也推动了晋中市物流业的发展。在晋中市经济社会发展带动下，2014年城镇居民人均可支配收入25652元比上年增长8.7%，农村居民人均纯收入10100元，比上年增长11.0%。居民消费的持续稳定增长成为晋中市现代物流业发展的内在条件。

（七）现代物流园区建设强劲

围绕三晋综合保税物流港成型建设发展，晋中市努力打造山西省乃至全国一流的现代综合物流港。"1+7"大型现代化内陆物流港，即建成1个核心功能区，7个涵盖煤机、商贸、粮食、农产品、图书、机电、建材的专业物流园区。三晋综合保税物流港建设是晋中市立足优越的区位优势，抓住大太原经济圈建设重要机遇，按照山西省转型发展、跨越发展的战略要求，重点谋划的山西省产业转型的标志性工程。其标志性项目太原枢纽（北六堡）物流中心项目在晋中市正式开工建设，总投资22亿元，建设工期18个月，包括中鼎铁路港、中鼎保税港、中鼎零担快运港、中鼎仓储港、中鼎汽贸港和中鼎商务港六大区域。太原枢纽（北六堡）物流中心建设以多式联运为切入点，构建集仓储运输、信息服务、汽修汽配、公共服务、城市工业配送等功能为一体的公铁联运、综合性、现代化物流园。目前该区域已汇集各类企业上千家，初步形成了机械装备制造、能源化工、农副产品加工、电器、金属材料制品和高新技术等产业集群，具备了发展"铁（路）公（路）机（场）"立体化大型现代物流得天独厚的基础。太原枢纽（北六堡）物流中心项目全部建成后，将极大促进山西中部经济转型发展，有力推动山西科技创新城建设升级，有效降低社会物流总成本，形成涵盖太原都市圈，辐射全省及陕北、蒙西的重要物流枢纽，对山西省经济转型发展和创新发展将起到重要推动作用。

除现代物流产业园区外，晋中市还积极规划建设新能源汽车产业园区、先进装备制造产业园区、现代农业产业园区、文化旅游产业园区、绿色能源产业园区等十大产业园区，以及苏宁云商山西地区管理总部及配送中心项目、普洛斯晋中现代物流产业园和平安晋中金融电商综合物流产业园等。

（八）大型物流企业规模大、辐射能力强

近几年，晋中市在煤炭物流、医药物流、烟草物流、图书物流等专业细分领域涌现出一批实力比较雄厚、市场占有率较高、综合竞争力较强的物流企业。晋中晋煤煤炭销售有限公司、晋中市开发区宝丰隆物贸有限公司、太原铁路分局集装箱货运、中铁快运有限公司铁运物流配送项目、家家利物流配送、山西金利恒钢材市场、顺源通物流仓储中转基地和信息中心项目和山西新华图书物流中心、三晋国际商贸物流城、烟草物流配送中心等都是上规模、有特色、辐射力强的现代物流专业市场、物流中心和物流基地。

晋中晋煤煤炭销售有限公司是一家晋中区域煤炭销售企业，对通过公路运输出省、出县的原煤、煤炭制品及其副产品进行统一销售和物流配送。2014 年该公司完成销售 195 亿元，成为晋中市现代化大型煤炭物流旗舰企业，该公司将全力逐步构建现代煤炭大物流体系。

山西新华物流中心拥有全国 570 家出版社的货源，配送网络已经辐射全国。物流区达 4.3 万平方米，已入选全国出版发行行业 10 大物流基地。依托这样现代化的物流中心，山西省 110 个县市的新华书店已实现网上配货，5 万多种图书经过数字化和自动化的拣选、配送、打包及发运，顷刻间就可实现。山西新华现代出版物连锁有限责任公司 2014 年完成销售 3 亿元。

（九）第三方物流蓬勃发展

随着我国电子商务的不断发展，特别是网络购物的兴起，有效地推动了第三方物流的快速发展，尤其是快递业蓬勃发展。截至 2014 年晋中市快递物流企业达 19 家，以汇通、申通、捷达、顺达、韵达、优速等为代表的快递公司惠及城区每一个角落，较好地推动了晋中市电子商务的快速发展。

四、物流业发展中存在的问题

（一）经济总量不大，增加值占 GDP 比重偏低

2014 年，晋中市第三产业增加值占 GDP 总量的 42.6%，但低于第二产业增加值在 GDP 中 47.5% 的比重，三产规模有待提高，经济结构仍需优化。第三产业成为加快推进产业结构调整增加就业的重要途径，作为占三产增加值 37.4% 的物流业，仅占全社会 GDP 的 16.0%，比重偏低，距离 2015 年物流业增加值将占服务业增加值比重的 60%、占 GDP 比重的 30% 的目标仍有一定差距。

（二）物流固定资产投资占比较小

2014 年，晋中市完成固定资产投资额 1106 亿元，比上年增长 16.9%。第三产业完成固定资产投资额占全社会投资的 46.8%。物流相关行业投资完成额为 67.2 亿元，占三产投资额比重为 13.0%。由此可见，晋中市物流固定资产投资比例偏低，发展物流需要继续扩大相应投资。

（三）物流经营模式单一，新型物流形态较少

现阶段晋中市大多数物流企业只从事单一功能的运输、仓储和配送，很少能提供物流策划、组织及深入到企业生产领域进行供应链全过程的管理，绝大部分企业缺乏现代增值服务，现代物流服务方式与水平还难以满足经济发展的需求。物流设备装备不足，仍处在低水平运作阶段，在工作流程管理上还停留在手工制单、人工搬运状态，造成物流信息化推广困难，制约了其进一步的发展。

（四）第三方物流管理服务尚不规范

近年来，竞争实力较大的电子商务企业，如淘宝、京东、天猫、拉手、当当等网购商都开始把自营物流体系平台作为企业的战略重心，第三方物流企业的总体服务水平参差不齐、信息化程度低、管理不规范、无法满足电子商务企业的需求。客户从网上购买的各类物品都是从外地发货后进入晋中市，晋中市快递行业尚无统一收费标准，市场管理比较散乱，亟待进行行业规范和管理。

（五）复杂经济环境影响下行压力大

面对复杂的国内外经济环境和较大的下行压力，晋中市物流业也受到了不小的冲击。物流市场需求萎缩，尤其是煤炭及制品类市场，运输和仓储等收费价格及利润大幅度下跌，一大批中小物流企业经营出现困难，提供运输、仓储等单一服务的传统物流企业受到严重冲击。整体来看，经济下行不但造成物流产业自身发展的波动，而且对其他产业的物流服务供给也产生了不利影响。

五、加快发展物流业的对策

现代物流业对区域经济发展和社会和谐都起着重要的作用。为加快晋中市现代化物流业的快速成型，相关部门应遵循现代物流业发展规律，结合产业布局和城镇化发展，依托重大交通基础设施，充分发挥区域比较优势，重点打造适合晋中市发展的现代物流业。建议相关部门在以下方面给予必要的关注和支持推动。

（一）建立综合协调机制深化流通领域改革

现代物流业是一项与经济和社会发展各个方面密切相关的系统工程，涉及发改委、经贸、财政、规划、环保、建设、交通和公安等若干部门。促进物流业发展必须突破条块分割管理体制。建议加强领导，整体协调，形成各部门密切配合、市区县共同推进的工作机制。政府部门应建立物流业发展的综合组织协调机制，负责统一编制、协调各部门、各区域的物流发展规划和物流行动计划。建立包括政商学界人员、民间组织机构参加的专门机构，配置专门人员，承担规划、协调、监督等职能，负责研究解决晋中市现代物流业发展中的有关重大事项。

（二）规划和引导物流建设，加强物流体系建设

支持重大物流工程建设、培育大型物流企业、引导物流资源整合和传统物流改造提升、扶持农产品批发市场建设。关注支持涉及民生的物流领域，如农产品物流、食品物流、医药物流等，设立现代物流业发展专项资金，采取财政贴息或补助方式用于物流发展。规划引导制造业、贸易业与第三方物流企业搭建一体化合作平台。引导和扶持第三方物流企业瞄准大型制造业、贸易业企业设立营业中转站，通过互联网建立网上交易物流服务平台，扩大辐射范围，提供从原材料采购、运输、仓储、装卸、搬运、包装，到流通加工、配送等物流一条龙综合配套服务。

统筹做好顶层设计、科学规划和合理发展工业园区、经济开发区、高新技术产业园区等制造业集聚区的物流服务体系建设，积极引导工业园区内企业将物流服务外包，加大物流需求，促进功能区域内物流基础设施和信息平台的融合式发展，借此来推动现代物流企业实现又好又快发展。

（三）鼓励传统物流企业升级改造培育核心竞争力

鼓励整合物流设施资源。支持大型优势物流企业通过兼并重组等方式，对分散的物流设施资源进行整合；鼓励中小物流企业加强联盟合作，创新合作方式和服务模式，优化资源配置，提高服务水平，积极推进物流业发展方式转变。

随着需求层次提升，一体化、精益化、智能化的供应链服务需求继续扩大；专业化、个性化、柔性化的共同配送需求快速增长；电子商务和居民消费等对物流配送和快递服务的要求越来越高。传统运输及物流服务企业应根据现有资源利用先进的信息技术对企业进行改造升级，开展采购代理、加工配送、储运分拨等现代物流业务，逐步实现向现代物流的转变。

对中小物流企业进行兼并重组，促进传统物流业转型升级，大力扶持有一定基础的企业向现代物流企业转型，鼓励其向集团化、规模化发展。引导交通运输、仓储、货物代理、装卸搬运、快递等中小微型物流企业整合功能、集聚发展，加快由传统单一型物流企业向现代复合型物流企业转型升级。

（四）大力推进新技术应用提升流通信息化水平

积极推进物流新技术的应用以及物流信息化建设，包括物联网、云计算、互联网+、多层仓库、自动分拣、托盘共用系统等新的设备和技术。大力发展第三方物流，以满足生产经营企业集中精力搞好主业、把相关物流活动以合同方式委托给专业物流服务企业的需求，同时，通过信息系统与物流企业保持密切联系，以达到对物流全程管理控制的一种物流运作与管理方式。

（五）鼓励本地电子商务发展

电子商务的特点就是利用网络进行交易活动，包括订单签订、支付、物流配送等环节，因此，电子商务的快速发展，不仅创造了消费新需求，引发了投资新热潮，为大众创业、万众创新提供了新空间，带动金融网络支付，特别是物流快递即物流配送服务业等相关产业的发展。

当前晋中正处于转型综改试验和同城化建设关键时期，全市上下围绕目标，加快发展方式转变，推进产业的优化与升级。通过积极发展物流业，应对新常态，着力新发展，适应新趋势，推动全市经济稳步发展。

（张彩霞　晋中市统计局）

2014年沈阳市物流业发展情况

2014年，面对严峻复杂的宏观经济形势和不断增大的经济下行压力，沈阳市上下深入贯彻党的十八届三中全会、中央经济工作会议精神和市委、市政府的决策部署，坚持稳中求进的工作总基调，以创建国家电子商务示范城市为契机，加快重大物流项目和物流基础设施建设，推动制造业与物流业联动发展，优化物流业发展环境，物流业保持平稳健康发展态势，为促进全市经济稳增长、推进新一轮振兴东北老工业基地提供了有力支撑。

一、物流业发展的总体情况

2014年，面对复杂多变的外部经济环境，沈阳市物流业仍呈现总体平稳的运行态势，物流企业信息化水平进一步提升，与网络信息技术相关的新业态加快发展。特别是沈阳市获批成为国家电子商务示范城市和中央实施新一轮振兴东北战略，为沈阳市现代物流业的发展注入了新的动力。

（一）物流规模稳步扩大

2014年，沈阳市物流业增加值实现321.3亿元，同比增长5.7%。沈阳市铁路、公路、航空货运总量达到2.3亿吨，同比增长9.2%，继续保持较快增长势头。其中：铁路货运量实现544.3万吨，同比增长0.7%；公路货运量实现22940万吨，同比增长9.5%；民航货运量实现4.29万吨，同比略减少3%。哈尔滨市货物周转量达到5715958.5万吨公里，同比增长2.2%。

（二）物流集中发展区建设步伐加快

2014年，沈阳市物流业固定资产投资增长较快，投资总额已累计实现321.5亿元。7大物流集中发展区不断完善服务功能，加大建设力度。沈阳国际物流港建设加快推进，沈阳润恒农产品冷链物流园项目部分投入运营，深国际现代物流园已开工建设，传化公路港环评已获批，中铁集装箱中心站项目选址和预可研工作已经完成，正在进行能评、环评等要件的准备工作；临空现代物流港建设步伐加快，中储物流中心一期、国药物流中心、百利威现代仓储物流中心一期已竣工；近海保税物流中心升级为沈阳综合保税区A区后，进一步完善园区布局，并在积极争取国家跨境电子商务试点。

（三）重点物流项目建设有序推进

2014年，沈阳市百利威现代仓储物流中

心、诚通现代物流园、鼎鼎信息化仓储物流中心、海特曼中国陶瓷谷商贸物流园、安博浑南国际物流园等一批重点项目部分建成或投入运营；润恒（一期）、恒丰源、海吉星（二期）、清宇鹅业等冷链物流项目加快建设，广泛应用专业化、技术水平高的鲜活农产品预冷、初加工、储存保鲜和低温运输等冷链物流核心技术，助推产业结构优化升级。

（四）电子商务物流蓬勃发展

2014 年，沈阳市电子商务物流呈快速发展趋势，一方面，物流业加快应用电子商务，宝供、中外运、九州通医药、毅都冷链等物流企业加快信息化系统升级改造，实现网络化运营管理模式，EMS、顺丰速运等快递企业加快组建专业化、规模化配送站点，提供全天候包裹快件的收寄服务，提高物流“最后一公里”的送达效率；另一方面，卓越亚马逊、京东商城、苏宁易购、丰树、嘉民等知名电子商务企业相继落户沈阳，加快建设东北地区物流中心，构建辐射辽沈乃至东北地区的区域物流服务体系。

二、物流业发展中的主要问题和对策措施

2014 年，沈阳市物流业实现平稳较快发展，但依然存在一些亟待解决的问题，其中最突出的有两点：一是物流成本高居不下。一方面，人力成本持续攀升，过路过桥费高居不下，物流业用地及仓库租金不断上涨，要素成本上涨趋势难以逆转，物流市场经营成本加大，物流企业生存空间进一步压缩；另一方面，综合性物流公司数量较少，物流能力不足和运力过剩长期共存，货物仓储、货物运输、货物配送等作业环节不均衡、不协调、不衔接的问题依然存在，造成物流环节上的浪费，物流成本加大。二是物流企业融资难。物流基础设施建设投入大、回报期长、风险较高，物流企业资金需求量大，沈阳市部分中小物流企业自筹资金缺口大、后续资金不足。而金融部门贷款门槛较高，信贷过程中倾向于“短、平、快”项目，融资费用较高，贷款抵押率较低，通过资本市场或者金融机构筹集资金存在重重障碍，导致物流企业融资成本过高，物流企业通过金融机构融资额度较低。

为解决沈阳市物流业发展面临的突出问题，沈阳市积极发挥政府的鼓励、引导和调控作用，通过优化物流业发展布局、加快物流信息化建设、推动城市物流配送体系建设、推进物流统计体系及标准化建设、培育物流龙头企业和促进制造业与物流业联动发展，营造推动现代物流业发展的良好氛围，发挥企业在物流市场中的主导地位，鼓励企业，尤其是大型龙头物流企业在市场竞争中提升自主创新能力，提高物流服务质量，增强企业核心竞争力。沈阳市物流主管部门采取了以下对策措施。

一是强化组织领导，健全工作机制。会同沈阳市服务业委、交通局、邮政局等部门，着手研究建立沈阳市物流联席会议制度，建立健全市、区（县）互动联动工作机制，及时沟通情况，形成联动效应。

二是完善扶持政策，推动项目建设。认真研究国家物流业发展中长期规划等有关政策文件精神，准确把握扶持方向、条件和重点。同时，建立重点物流项目库，实时跟踪解决项目建设过程中出现的困难和问题，并结合实际，建立物流集中发展区、物流中心和配送中心项目储备库，避免重复和交叉建设，提高整体运力水平。

三是加大资金投入，拓宽融资渠道。充分

发挥政府的引导和扶持作用，多方式、多渠道加大对物流领域投入。其一，积极推荐有发展潜力的重点物流项目列入中央预算内投资项目计划；其二，推动省、市有关部门各项与物流业有关的扶持资金向现代物流项目倾斜；其三，鼓励中小企业信用担保机构放大担保额度帮扶中小物流企业发展；其四，加强银行、企业间的合作，鼓励金融机构在独立审贷的基础上，增加物流企业和物流项目的贷款。鼓励符合条件的物流企业进入资本市场融资。

四是培育市场体系，优化发展环境。加大物流市场监管力度，建立开放、规范、高效、便捷的物流市场体系。其一，加快完善中心城区货运通行政策，着力解决货运车辆停靠、装卸作业难等问题；其二，建立物流运输车辆的“绿色通道”，改善通道环境，对本地运出农产品、工业产品及外地运入城区的原材料和建材等物资的车辆要给予全力支持；其三，推动建立信用体系、信用机制，加强全市现代物流业诚信宣传和建设。

五是加强对外联络，拓宽合作领域。优化物流资源配置，加快开放对外合作平台。其一，努力培育和引进一批带动性强、辐射力大、关联度高、效益好的专业化第三方物流企业，着力提升市场竞争力和对外合作空间；其二，加快物流通道研究。抓住国务院新一轮振兴东北的有利时机，充分发挥我市区位和产业优势，扩大物流产业的集聚辐射范围，加快国际物流通道研究，促进沈阳市同周边国家贸易的发展。

（沈阳市发改委经济贸易处）

2014年哈尔滨市物流业发展情况

2014年，哈尔滨市物流业运行平稳，具体呈现如下特点。

一、社会物流总额平稳增长

2014年，哈尔滨市社会物流总额为14815.38亿元，比上年增长6.8%。其中：工业品物流总额为8165.96亿元，比上年增长3.6%；外埠流入货物总额为5753.61亿元，比上年增长11.6%，其中进口货物物流总额为206.67亿元，比上年下降7.2%；农产品物流总额为857.62亿元，比上年增长7.3%；再生资源物流总额为28.22亿元，比上年增长2.8%；单位与居民物品物流总额为9.96亿元，比上年增长26.7%。

二、社会物流总费用增长较快

2014年，哈尔滨市社会物流总费用为986.34亿元，比上年增长10.1%。其中：运输费用为564.36亿元，比上年增长8.8%；保管费用为283.42亿元，比上年增长13.1%；管理费用为138.56亿元，比上年增长9.7%。

三、物流业增加值稳定增长

2014年，哈尔滨市物流业增加值为373.36亿元，比上年增长8.0%，增幅高于哈尔滨市地区生产总值1.1个百分点。其中：交通运输业为269.12亿元，比上年增长7.1%；仓储邮政业为23.66亿元，比上年增长8.2%；其他行业为80.58亿元，比上年增长11.2%。

四、物流业固定资产投资快速增长

2014年，哈尔滨市社会固定资产投资总额为4175.98亿元，比上年增长12.2%。其中：物流业固定资产投资额为417.01亿元，比上年增长16.9%，高于全社会固定资产投资平均增速4.7个百分点。物流业中，交通运输业固定资产投资额为80.03亿元，比上年下降14.9%；仓储邮政业固定资产投资额为86.71亿元，比上年增长2.6倍；其他行业固定资产投资额为250.27亿元，比上年增长4.8%。

2014 年哈尔滨市物流业运行主要指标

指 标	绝对值（亿元）	比上年增长（%）
一、社会物流总额	14815.38	6.8
1. 农产品	857.62	7.3
2. 工业品	8165.96	3.6
3. 外埠流入货物	5753.61	11.6
其中：进口货物	206.67	-7.2
4. 再生资源	28.22	2.8
5. 单位与居民物品	9.96	26.7
二、社会物流总费用	986.34	10.1
1. 运输费用	564.36	8.8
2. 保管费用	283.42	13.1
3. 管理费用	138.56	9.7
三、物流增加值	373.36	8.0
1. 交通运输业	269.12	7.1
2. 仓储邮政业	23.66	8.2
3. 其他行业	80.58	11.2
四、全社会固定资产投资额	4175.98	12.2
其中：物流业	417.01	16.9
1. 交通运输业	80.03	-14.9
2. 仓储邮政业	86.71	260.6
3. 其他行业	250.27	4.8

（哈尔滨市统计局　哈尔滨市发展和改革委员会）

2014 年南京市物流业发展情况

2014 年南京市物流业发展呈现良好的态势，有力地支撑了南京市经济区域经济的快速发展。随着物流业的不断发展，物流功能的强弱已成为地区综合竞争力的重要标志，物流业发展的已成为监测经济发展的“晴雨表”。

一、物流业运行情况

（一）社会物流总额

2014 年南京市社会物流总额为 25738.60 亿元，比上年增长 9.8%。其中：工业品物流总额为 14552.79 亿元，比上年增长 5.0%，占社会物流总额的 56.5%；进口物流总额为 1510.70 亿元，比上年增长 3.7%，占社会物流总额的 5.9%；农产品物流总额为 184.06 亿元，比上年增长 9.2%，占社会物流总额的 0.7%；外省市商品购进额为 9381.20 亿元，比上年增长 18.6%，占社会物流总额的 36.4%。

2014 年南京市社会物流总额由 2008 年的 11248.26 亿元上升到 25738.60 亿元，6 年增长了一倍多，平均增长速度为 14.8%（见图 1）。

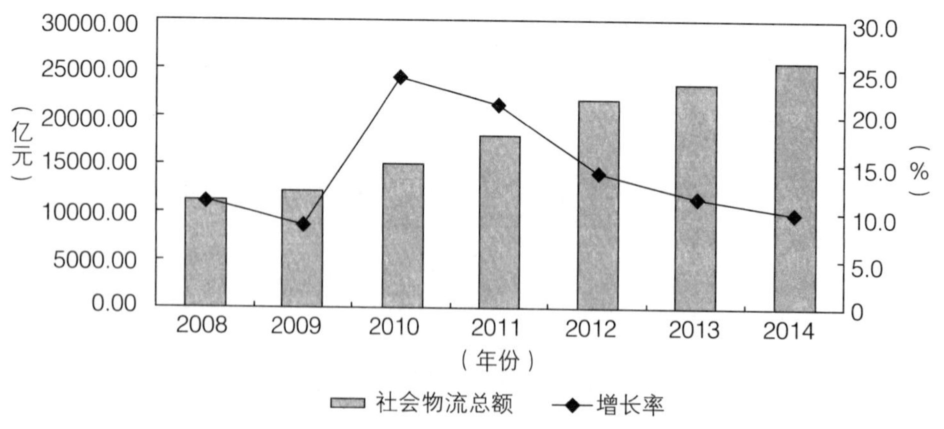

图 1 2008—2014 年南京市社会物流总额及增长趋势

（二）社会物流总费用

2014 年南京市社会物流总费用为 1331. 88 亿元，比上年增长 9. 2% 。南京市社会物流总费用与 GDP 的比率为 15. 1% ，比上年下降 0. 1 个百分点。物流总费用的构成为：运输费用为 656. 84 亿元，比上年增长 7. 2% ，占社会物流总费用的 49. 3% ；保管费用为 501. 81 亿元，比上年增长 11. 7% ，占社会物流总费用的 37. 7% ；管理费用为 173. 24 亿元，比上年增长 9. 6% ，占社会物流总费用的 13. 0% 。

2014 年南京市社会物流总费用较 2008 年翻了一番，以 13% 的平均增长速度增长，占 GDP 比重稳中有降（见表 1）。在社会物流费用中，运输费用所占比例最大。在运输费用中，水运占比约为 50% ，公路占比约为 30% ，铁路占比约为 5% ，航空占比仅在 2% 左右。其中保管费用占总费用的比例约为 35% ，而信息及相关服务费用占保管费用的比例不到 1% 。

表 1　2008—2014 年南京市社会物流总费用、增长率及占 GDP 比重的情况

年　份	2008	2009	2010	2011	2012	2013	2014
社会物流总费用（亿元）	608. 18	674. 45	788. 43	965. 09	1126. 2	1219. 8	1331. 88
比上年增长（%）	11. 3	10. 9	16. 9	19. 47	13. 2	10. 2	9. 2
占 GDP 比重（%）	16. 1	15. 9	15. 7	15. 7	15. 6	15. 2	15. 1

（三）物流业增加值

2014 年南京市物流业增加值为 604. 8 亿元，按可比价比上年增长 10. 2% ，比 2008 年增长了 1. 29 倍，年均增长 13. 4% ，物流业增加值占全市服务业增加值的比重为 12. 3% 。2008—2014 年南京市物流业增加值即可比价增长走势如图 2 所示。

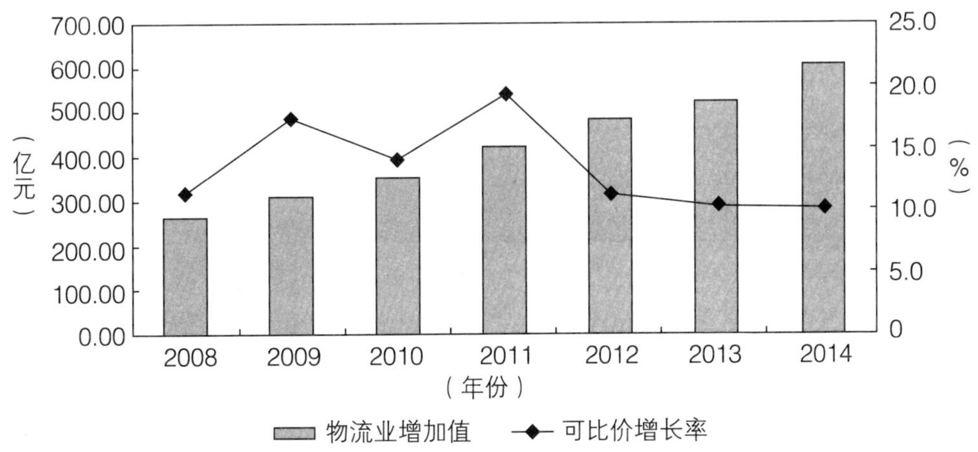

图 2　2008—2014 年南京市物流业增加值及可比价增长走势

二、物流业发展情况

物流业发展涉及社会的方方面面，经济发展状况、交通运输业发展状况、基础设施建设情况、信息基础设施、政府调控政策等多种因素都会影响物流业的发展。

（一）地区经济发展情况

1. 地区生产总值

自2008年以来，南京地区生产总值一直保持了年均增速11.6%的较快增长水平，2014年南京地区生产总值为8820.75亿元（见表2），比上年增长10.1%。其中第二产业增加值以年均11.0%的速度增长。

表2 2008—2014年南京地区生产总值及增长率

年　份	2008	2009	2010	2011	2012	2013	2014
南京地区生产总值（亿元）	3775.00	4230.26	5010.36	6145.52	7201.57	8011.78	8820.75
可比价增长率（%）	12.1	11.5	13.1	12.0	11.7	11.0	10.1

2008—2014年，南京市经济保持持续增长。从物流业的构成上看，第二产业是物流业发展的主要动力，第二产业的快速发展促进物流业增加值以年均13.4%的速度增长。从而也促进了第三产业的发展，2014年南京第三产业增加值为4925.34亿元（见表3），比2008年增长了2.5倍多。

表3 2008—2014年南京地区生产总值分布

年份 产业类型	2008	2009	2010	2011	2012	2013	2014
第一产业（亿元）	119.40	129.18	142.28	164.27	185.06	204.64	223.96
第二产业（亿元）	1771.28	1930.66	2327.86	2760.84	3170.78	3450.58	3671.45
第三产业（亿元）	1923.94	2170.41	2542.5	3220.41	3845.73	4356.56	4925.34

2014年南京市规模以上企业工业总产值为13239.73亿元，比上年增长5.3%。2008—2014年，年均发展速度高达113.4%。南京市工业的快速增长，在一定程度上推动了货物运输总量的快速增长。

2. 货运量、货运周转量、港口及集装箱吞吐量

在南京市的各种运输方式中，公路和水路运输总量占了大头。2014年，南京市货运总量中公路运输量占总量的38.1%，水路运输量占总量的47.2%，管道运输量占总量的9.9%，

铁路运输量占总量的 4. 8% ，民航运输量占总量的 0. 02% （见表 4）。

2014 年南京市货物运输周转量为 5537. 41 亿吨公里，比上年增长 9. 6% ，较 2008 年增长了两倍多（见表 5）。

表 4　　2008—2014 年南京市货运量分布情况

年　份	2008	2009	2010	2011	2012	2013	2014
公路运输（万吨）	13650	14983	34224. 67	39544. 10	41998. 52	44052. 08	31879. 93
水路运输（万吨）	6165	9561	17683	19820. 00	22020	23738	12143
铁路运输（万吨）	964. 23	1449. 56	11292	14090. 00	15090	15556	15056
民航运输（万吨）	4. 68	4. 44	1593. 55	1820. 49	1805. 83	1701. 55	1522. 56
管道运输（万吨）	—	—	13. 12	6. 08	6. 69	6. 67	7. 1
货物运输总量（万吨）	20783. 91	25998	3643	3807. 53	3076	3049. 86	3151. 27
公路运输量占比（%）	65. 7	57. 6	51. 7	50. 1	52. 4	53. 9	38. 1
水路运输量占比（%）	29. 7	36. 8	33. 0	35. 7	35. 9	35. 3	47. 2
铁路运输量占比（%）	4. 6	5. 6	4. 7	4. 6	4. 3	3. 9	4. 8
民航运输量占比（%）	0. 02	0. 02	0. 04	0. 02	0. 02	0. 02	0. 02

注：2014 年年报起交通运输部门对公路运输统计口径进行了调整。

表 5　　2008—2014 年南京货物运输周转量情况

年　份	2008	2009	2010	2011	2012	2013	2014
货物运输周转量（亿吨公里）	1838. 15	2820. 36	3467. 17	3947. 37	4624. 72	5080. 46	5537. 41
增长率（%）	2. 90	52. 40	21. 90	13. 90	17. 20	9. 90	9. 60

注：2014 年年报起交通运输部门对公路运输统计口径进行了调整。

2008 年以来，南京市港口货物及集装箱吞吐量稳步上升。港口货物吞吐量从 2008 年的 11125. 43 上升到 2014 年的 21001. 00 万吨，年平均增长率为 11. 2% 。集装箱吞吐量从 2008 年的 129. 21 万标箱上升到 2014 年的 276. 50 万标准箱，年平均增长率为 13. 5% （见表 6）。

3. 进出口贸易总额

随着南京市全方位、宽领域对外开放格局基本形成，对外贸易范围的拓展，对外贸易得到了长足的发展。2014 年南京市完成进出口总额 572. 21 亿美元，比上年增长 2. 6% 。其中，出口总额 326. 28 亿美元，比上年增长 1. 1% 。

表 6　　2008—2014 年南京港口货物及集装箱吞吐量情况

年　份	2008	2009	2010	2011	2012	2013	2014
港口货物吞吐量（万吨）	11125.43	12146.00	15825.54	18936.00	19197.00	20201.19	21001.00
集装箱吞吐量（万标准箱）	129.21	121.00	145.32	184.24	230.00	266.92	276.50

4. 社会消费品零售总额

2014 年南京市社会消费品零售总额达到 4167.19 亿元，比上年增长 13%。

（二）交通基础设施建设

南京市是华东地区重要的交通枢纽，已建立起全方位、立体化、大运量的交通运输网络。南京市的公路四通八达，铁路有我国最繁忙的沪宁线，水路有长江黄金航道，航空有我国重要的干线机场——禄口国际机场。

1. 铁路

南京市铁路客货运直接服务苏、皖、赣三省，通过上海辐射至西北、东北、华北、华中、西南各地区。2011 年投入使用的南京南站为京沪高速铁路五大始发站之一，是华东地区最大的交通枢纽，并为京沪高速铁路、沪汉蓉高速铁路、沿江高速铁路、宁杭城际铁路、宁通高铁、宁安城际铁路、宁合城际铁路、宁启城际铁路的客运枢纽站，是亚洲第一大火车站和亚洲第一大高铁站。南京市地铁、公交、出租、社会车辆与铁路站实现了无缝对接零换乘。

2. 公路

“十二五”以来南京市加大了交通基础建设投资，“三大枢纽、四大网络”综合运输体系框架形成，进一步巩固了南京枢纽和门户城市地位，顺利完成交通税费改革、全市二级公路收费站撤站。2014 年年末，南京市公路总里程达到 11309 公里，比 2013 年末增加了 132 公里，是 2004 年的 1.32 倍。其中：高速公路 568 公里，一级公路 1001 公里，二级公路 1453 公里，三级公路 1147 公路，四级公路 6186 公里。二级及以上优质公路总计 3022 公里，占南京市公路里程的 26.7%。

配合“拥江发展”战略，“十二五”将建设完工两条过江通道，开工建设一条过江通道，到“十二五”末，南京市公路过江通道将达到 6 条，绕越高速公路闭合成环工程形成，高速公路通车总里程将超过 600 公里，基本实现高速公路“双环跨江、镇镇通达、城际贯通”。

3. 水运

2014 年年末，南京市内河航道总里程为 630.06 公里，等级航道以上航道为 262081 公里。港口生产用码头泊位达到 308 个，其中万吨级泊位 58 个，非生产用码头泊位 17 个；码头泊位长度达到 33538 米，其中生产用码头泊位 32426 米，非生产用码头泊位 1112 米。

4. 航空

“十二五”期间南京市航空运输迅猛发展，航空货邮运输快速增长。南京禄口国际机场规模居华东第三，是我国重要的干线机场，是华东地区的主要货运机场，与上海虹桥机场、浦东机场互为备降机场，位列全国千万级大型机场行列。在华东地区大中型机场中，货邮吞吐量和旅客吞吐量增幅分列第一位和第二位，是国家大型枢纽机场、中国航空货物中心和快件集散中心，国家区域交通枢纽。目前禄口机场已开通通往60个国内主要城市、20个国际和港澳台地区的130多条航线。2014年禄口机场完成飞行保障14.42万架次，货邮吞吐量30.42万吨，旅客吞吐量1628.17万人次。

（三）完善的物流设施条件

近几年，南京市以“一场两带四区十七点”建设为重点，形成了“以物流园区为骨干、以物流中心为支撑、以农村物流站点为补充”的三级物流基地体系；依托江海转运主枢纽港，重点建设龙潭国际综合物流集聚区、下关长江国际航运物流集聚区及西坝、七坝、滨江三大港口物流枢纽。

1. 南京龙潭物流园区

南京龙潭物流园区是以南京港龙潭集装箱港区为依托，以集装箱多式联运为载体，发挥水、公、铁便捷转换优势，融储运、中转、分拨、配送、增值服务等物流运作及临港加工为一体的综合性国际物流平台和临港工业基地。园区依托石化、电子、钢铁等制造业和发达的批发零售业作支撑，具有良好的发展前景。

龙潭物流园以“国际物流平台、临港产业基地”为建设目标，全力推进临港产业和现代物流业发展。园区先后引进了招商局物流、欧萨斯能源设备制造、新实力粮油加工等项目，从引进项目提升到引进产业链，从项目集聚向产业集聚转变。

2. 禄口空港物流基地

南京禄口空港物流基地以机场为主体，形成区域空港物流服务区和区域空港物流辐射区；依托机场航线网络及航空运输优势，以信息技术及相关高新技术为支撑，向社会提供航空货运地面服务、物流配送业务和第三方物流服务。目前已累计引进了普洛斯置业、中邮航速递、万通物流、宝湾国际物流、宝供仓储等近20家企业，累计投入建设资金50多亿元，已建成30多万平方米仓库。

在物流信息平台方面，总投资达1000万元的南京禄口国际机场空港国际物流中心公共信息平台建设已经启动，该项目有望成为全国乃至世界先进的国际空港物流信息平台。

3. 南京长江航运物流中心

南京长江航运物流中心是国际性江海转运枢纽、国家航空物流集散枢纽和长三角地区公路铁路运输枢纽，面向国际、服务全国、辐射长江流域，具有国际资源配置能力。长江国际航运物流中心预计2015年建成，2020年可实现港口货物吞吐量5亿吨、集装箱吞吐量1000万标准箱、水路货运量3.2亿吨。

4. 江北化工物流基地

江北化工物流基地在“十一五”期间已建成8座3万~5万吨的码头、储罐总容量达100万立方米。截至2014年，园区内密布的管廊总长度已有70公里，连接着物流基地和生产基地，园区内企业80%的原料和产品的输送都靠管廊完成。随着南京化工交易所的启用，化工园区的现代物流体系也将因此从“生产型”延伸到“贸易型”。

三、南京市物流业发展存在的问题及对策

（一）存在的问题

伴随着南京市物流业的快速发展，一些深层次的问题日益显现。

（1）区位优势遭遇尴尬，区域物流市场尚

未真形成。尽管南京的地理位置优越，但与上海接近，南京空运与深水港航线的开拓受到一定的限制，使得物流渠道得不到及时拓展。“南京都市圈”的各城市发展水平参差不齐，加上行政分割区域经济的关联度和一体化程度还比较低，都市圈物流市场面临如何消除行政壁垒、实现资源共享、市场开放、产业合作的种种难题。

（2）交通方式失衡，信息等物流基础平台发展不完善。南京虽然铁路、公路、水路、航空和管道五种运输方式齐全，但各种运输方式所占比重严重不均，公路和水运占运输总量的80%以上，而铁路和航空运输占4.8%左右，且港口、铁路、航空难以取得相互中转的资质，致使多式联运网络至今仍未建立。

物流业信息化和网络化程度较低，物流企业对信息的获取、处理、运用能力不强，不同的信息系统之间缺少资源共享的措施和技术支持。由于缺少EDI平台，海关不能与内地建立数据转换，致使异地商检缺乏可能性，从而增加了通关时间；物流信息缺乏标准化，加大数据交换的难度，降低了物流信息平台的利用效率，造成资源浪费和信息失真；大部分运输企业尚未应用计算机管理系统、自动识别和条码技术、GPS全球定位系统等先进的信息技术，因此所提供的物流服务在及时性、准确性、可靠性以及多样性等方面都处在较低水平。

（3）多头管理，政策、法规不够统一。我国目前尚无物流行业管理和调整物流行业业务当事人之间的关系的单独法律。全国人大通过批准的法律性文件，如合同法、民事法中规定了一些与物流有关的内容。国务院颁布批准的一些有关行政法规，国务院各有关主管部门也制定了众多的规章。这些法律、法规和规章共同构成了我国物流行业管理法律依据，但内容不够统一，形成多头管理。物流企业在从事物流具体业务时，无统一法律可依，不仅要遵守与物流有关的法律，而且要遵循公路、水路、铁路、航空、邮政、联运方面的规章、法规，到相关部门去办理相关手续。在出现物流争议、纠纷时不能用专门的法律进行解决。这成为影响物流业发展的一大因素。

（4）物流规模较小，物流成本高。南京物流企业规模较小，大中型物流企业仅占物流企业的2.4%。根据规模经济理论，在一定限度内，随着企业规模的扩大，其单位经营成本呈下降趋势。物流企业的规模较小主要由于物流市场需求小。戴维斯和诺斯认为：“企业的最有效的规模和在行业中的企业数当然是技术和相应的市场规模的函数。”市场需求不足制约了企业寻找最经济的规模，使物流企业服务设施闲置，规模越大也就意味着损失越大。企业只能在缩小规模和提高服务价格的选择中维持生存。南京物流需求的制约来自于传统商业文化对第三方物流的怀疑，以及现有企业放弃自有流通渠道转向物流外包的高退出壁垒。随着经济全球化的不断发展，大型的跨国公司成为大多数生产经营企业发展的方向。生产经营的国际化要求物流代理商拥有全球化的运作网络为其提供物流支持。如果第三方物流供应商的规模不足以满足其国际化经营的目标，那么，自营物流就成为跨国公司考虑的方式。一方面，物流企业的发展依赖于市场需求的扩大；另一方面，市场需求的扩大又取决于物流企业规模的扩张，市场自身陷入了一个恶性循环。

（5）物流从业人员专业素质较低，物流人才稀缺。在信息社会，不但物化劳动会达到空前高的水平，而且由于人才资源将成为新的战略资源必然会对物流人才提出更高的要求。不少国家的物流从业人员必须接受职业教育获得从业资格后，才能从事物流方面的工作。反观我国物流方面的教育则相对落后，经过系统的物流知识学习的并不多，从事国内物流的人员大多学习的是管理专业、工程专业或计算机专业。从事国际物流的人员大多是从国际贸易、国际货运公司转行的。南京虽然高校众多，但开设物流专业和课程的高校不多，相关的协会和部门每年虽都进行物流人才培训和考证，但根本不能满足物流业的需要，与企业的需求形成了巨大的反差，使物流公司的服务水平不能提高，制约了物流产业的发展。

（二）解决的对策

上述问题已成为阻碍物流业发展的因素，南京市物流业要发展就要按照“规划先行、政府指导、制度保障、资源配置、产业支撑、信息共享”的原则，科学定位、资源配置、创新突破；南京市物流业要在以上海为龙头的长三角经济区内立足并跨越发展，就必须创新突破、彰显特色，通过差异化的建设思路，“弯道超越”的技术和胆识，经过不断的努力，打造具有区位竞争力的物流南京中心和南京智慧物流，具体对策如下。

1. 科学定位，打造物流“南京中心”

首先，要结合实际，准确定位。长三角经济区各地均对物流业发展进行了规划，但趋同性较高。南京如何结合自身的区域优势，在长三角经济圈内，打造具有特色的南京物流中心。对于南京物流业的持续发展和竞争力的培育具有重要意义。在江苏省社会经济发展“十三五”规划的宏观背景下，以区别辅助上海建设经济、金融、贸易和航运中心为基础，结合南京都市圈社会经济发展总体思路，以交通、产业发展为契机，充分认识南京物流业发展经济、社会、地理等环境，科学、系统地规划南京物流业的发展蓝图，整合长江水运、铁路、公路和航空的系统优势，而非强调个体力量，由此来展示和提升其核心竞争力，将南京的“长三角国际物流副中心、长江流域区域物流转换中心、南京都市圈物流配送中心”的定位提升为“南京中心”。

其次，要差异发展，优化绩效。由于长三角沿江经济的整体水平较高，不同地区的发展定位无疑对其他地区物流业的发展产生影响。上海的中心位置及其发展的中心地位，长三角其他地区无一可比，但其他地区各自优势，在其定位中将出现“多中心”的情形，从而长三角地区物流业的系统绩效将难以最优。因此，南京在其物流业的发展定位中，应注意这些因素。

最后，要有效渗透，增加份额。航空港方面，应不断开辟国际、国内市场，形成与周边航运市场差异化的优势，产生苏北、安徽部分地区的南京集聚效应；水运方面，应在保持南京水运份额的基础上，通过水陆联动、水空联动，构建物流南京长江航运中心。

2. 制度突破，保障南京现代物流业发展

南京市物流业的发展需要制度创新突破，要从建设南京大物流的理念出发，将南京市物流业的发展嵌入南京市社会经济发展和长三角区域经济发展的系统中。制度突破包括以下几点。

（1）要规范物流企业注册审批流程和收费管理。在行政许可法的框架下，简化程序、完善服务；取消国家法律法规规定外的其他各种企业登记前置性审批，提升后续监督和管理职能。应全面清理向货运车辆、船只等运输工具收取的各种行政事业性收费、政府性集资、政府性基金和罚款项目，取消不符合国家规定的各种收费项目。严禁向物流企业乱检查、乱收费、乱摊派、乱罚款、乱评比。适当降低营业性大吨位车辆、集装箱、厢式车辆、专用车辆的养路费。

（2）要运用税收政策支持企业发展。对于符合国家减免税政策的物流企业，需引进国外先进设备，给予免征进口设备关税和进口环节增值税；物流企业技改项目符合国家产业政策，经审批同意后使用国产设备享受国产设备投资抵免企业所得税的政策。

（3）要规范物流市场秩序。统一市场准入标准，打破地区封锁、行业垄断、市场分割；允许不同所有制企业从事物流服务业务；规范物流企业的经营行为，形成公平竞争的市场机制；加大监管和执法力度，逐步构建物流市场信用体系。政府职能部门，多服务，少干预、为维护健康有序的物流市场保驾护航。

（4）要积极拓宽融资渠道。金融机构对具备较高信用等级资质的物流企业应给予重点支持；支持物流企业利用境内外资本市场融资或募集资金；鼓励上市公司以资产重组的方式进入物流业；支持民间资本参与物流项目建设。

（5）要加强财政扶持。南京市财政在每年安排的流通业贴息资金中，应明确其中一部分专项用于重点物流企业发展和重点物流项目、公共物流信息系统、物流标准化、物流统计体系建设；每年预算一定数量的科研资金，用于现代物流理论和技术开发研究；鼓励物流企业不断技术创新。

3. 构建物流创新系统，保证南京物流业持续发展

构建物流业发展创新系统是推进物流业发展的重要保证。在物流业发展创新系统中，物流企业、政府部门、金融机构、高等院校、研究机构和中介服务机构等要素缺一不可，共同作用决定着物流业发展的水平。创新系统内各要素的功能表现为：政府负责政策制定、引导和管理，金融机构则为企业融资以及贸易提供金融服务，同时也为企业发展提供金融支持，院校则承担物流业人才培养，研究机构则为物流企业发展提供创新技术等，中介服务机构则为物流企业与其他要素之间的关联提供服务。当然，产业发展是物流业发展的基础及前提。

南京都市圈经济发展了，产业繁荣才能根本上推动物流业的快速发展。因此，南京都市圈在产业转型升级提档之际，要系统优化产业结构，将视野拓展到国际产业链上，将南京都市圈打造成绿色制造、生态制造和智慧制造基地；要积极主动面对新兴产业需求，在若干领域依靠新兴产业提升南京都市圈产业层次；要充分利用南京人力资本、信息产业等优势，主动对接国际先进技术，创建南京智慧产业基地。

4. 运用现代技术，打造南京“智慧物流”

“智慧物流”包括以下内容。

（1）着力建设南京“智慧物流”。信息化物流网是现代物流业发展的基础。南京物流业的发展应充分依托南京软件产业优势，利用互联网技术，构建高效、便捷的物流信息平台。当今，处于信息链外的物流企业的发展将越来越多地受到链上企业的挤压。南京物流企业应积极主动参与物流网络信息化的建设，通过不断完善现代物流基础设施网络，构建现代化的物流信息平台；通过便捷、快速、大容量的数字化通道将南京都市圈的各物流中心与广大腹地联系起来，发展长三角一体化的物流网络。按市场优先、政府指导、制度保障的原则，逐步建立连接海关、检验检疫、港口、运输公司、外贸、工商企业、银行、交易市场等关联单位的南京都市圈的现代物流中心公共电子信息平台。进行电子数据交换、电子商务和信息服务，逐步形成以电子商务为基础的新型物流

中心，发展数字化物流，拓展物流空间，形成覆盖南京都市圈的物流信息网络和物流信息中心。

(2) 大力推广信息技术在物流企业的应用，促进信息的整合与优化配置。培育一批智能化水平高、示范带动作用强的智慧物流示范企业，同时将一批优秀示范企业转化为第三方物流服务，带动同行业其他企业发展，部分有能力的企业可以与国外物流企业或外资企业合作；引进先进的技术与理念，引进相关专业人才，使得南京的物流更加国际化、专业化；因时而变优化调整产业结构，促使传统运输业和仓储业向现代物流转型。

(3) 打造若干智慧园区。将技术创新、行业洞察、客户服务、基础架构等有机地整合在一起，聚集创新智慧，让其释放出更大能量。结合南京物流产业优势和市场需求，集聚行业相关企业，打造若干智慧物流的载体和服务平台；加大技术研发推广，提升物流业的内涵和功能，引导实现全球技术本土集成、全球人才本土化。

(4) 推进智慧长江港口建设。构成电子商务信息化服务的硬件基础平台，实现信息流、商务流和资金流的交换，实现智慧港口的感知智慧。进一步规范港口企业各个管理环节、层次和管理流程，实现数据共享。推进港口现代物流信息系统建设，实现从企业内部到社会物流的货物运输信息发布、业务洽谈、交易合同、货物运输、跟踪监控和配送服务等全过程的信息化管理，从而实现系统智慧。

(5) 完善融合电子商务的第四方物流市场。发展和完善信息化的第四方物流，打破物流资源难以整合的“不利局面”。目前，南京第四方物流市场仍是一个雏形，需各部门不断进行理论研究与创新，加强区域联动，要以整合物流各个环节和从事单一环节物流中小企业为突破口，促进其向现代物流业升级发展，并推动网络市场从信息交换向市场服务交易转变来完善和发展第四方物流市场。建设地区的智慧物流网络体系，在区域内实现多式联运。“江铁联运”通过区域运输信息的共享，实现火车和集装箱运输的无缝衔接，通过长江航运进入国际市场。通过智慧物流建设使物流业与其他行业对接；通过智慧物流的建设推动其他行业的发展。

5. 有效配置资源，打造标杆物流企业

具体要进一步整合资源，通过发展第三方物流，使不同类型企业从事专业化的生产经营。通过剥离制造企业的物流业务，形成专业化、规模化的物流企业，以提高南京物流企业的竞争力。本着调整局部利益，获取整体收益的最大化原则，用3～5年的时间，通过剥离、重组、收购等途径，组建在国内有一定影响的大型物流企业。通过物流基地园区，吸引有竞争力的省内外、甚至国际上的物流企业入驻，为物流南京中心夯实基础。

(南京市统计局“南京物流业发展研究”课题组　成员：顾国祥　吴和成　端红霞　执笔统稿：顾国祥)

2014年无锡市物流业运行情况

2014年无锡市物流需求平稳，物流业运行态势良好。

一、社会物流总额保持平稳态势

2014年，无锡市社会物流总额为21241.13亿元，比上年增长1.2%，保持了平稳的态势。

从社会物流总额的构成情况看，工业品物流总额为16442.79亿元，比上年增长1.1%，占社会物流总额的77.4%；进口物流总额为1838.25亿元，比上年减少8.9%，占社会物流总额的8.6%，占比比上年略有减少；农产品物流总额为91.35亿元，比上年增长4.9%，占社会物流总额的0.4%；再生资源物流总额为15.78亿元，比上年增长11.3%，占社会物流总额的0.1%；单位与居民物品物流总额为9.09亿元，比上年增长10.1%，占社会物流总额的0.04%；外省市商品购进额为2843.86亿元，比上年增长8.1%，占社会物流总额的13.4%。

二、社会物流总费用与GDP的比率稳中有降

2014年，无锡市社会物流总费用为1226.92亿元，比上年增加13.91亿元，比上年增长1.1%，社会物流总费用与GDP的比率为14.9%，比上年略有减少。

从社会物流总费用的构成看：

运输费用为633.85亿元，比上年增长1.1%，占社会物流总费用的51.7%。其中：铁路运输费用0.91亿元，比上年下降5.5%，占运输费用的0.1%；道路运输费用418.1亿元，比上年增长0.6%，占运输费用的34.1%；水上运输费用124.31亿元，比上年增长2.8%，占运输费用的10.1%；航空运输费用5.82亿元，比上年增长3.1%，占运输费用的0.5%；管道运输费用1.19亿元，与上年持平，占运输费用的0.1%；装卸搬运及其运输费用为83.51亿元，比上年增长0.8%，占运输费用的6.8%。

保管费用为444.67亿元，比上年增长1.2%，占社会物流总费用的36.2%。其中：

利息费用159.06亿元，比上年增长1.2%，占保管费用的35.8%；仓储费用101.96亿元，比上年增长1.2%，占保管费用的22.9%；保险费用5.93亿元，比上年增长1.3%，占保管费用的1.3%；货物损耗费用22.41亿元，比上年增长1.2%，占保管费用的5%；信息及相关服务费用1.62亿元，比上年增长2.6%，占保管费用的0.4%；配送费用35.64亿元，比上年增长1.8%，占保管费用的0.4%；流通加工费用为101.7亿元，比上年增长1.2%，占保管费用的22.9%；包装费用为15.93亿元，比上年增长1.2%，占保管费用的3.6%。

管理费用为148.4亿元，比上年增长4.6%，占社会物流总费用的33.4%。

（无锡市经济和信息化委员会　无锡市统计局　无锡物流与采购联合会）

2014 年南通市物流业运行情况

2014 年，南通市经济运行保持平稳发展态势，总体处于稳健运行的合理区间，经济结构转型升级稳中有进，但经济运行下行压力有所加大。

一、物流业运行情况

2014 年，南通市物流经济运行态势总体良好，物流效率有所提高，物流业增加值保持较快增长。

（一）社会物流总额

2014 年，南通市社会物流总额为 18194.9 亿元，同比增长 10%，占江苏省社会物流总额的 8.5%。物流总额与地区生产总值相比的物流需求系数为 3.2，即南通市每单位 GDP 产出需要 3.2 个单位的物流额来支持。

从社会物流总额的构成看，工业品物流总额为 14455.3 亿元，比上年增长 8.5%，占社会物流总额的 79.5%；进口物流总额为 562.9 亿元，比上年增长 4.9%，占社会物流总额的 3.1%；市外商品购进额为 2700 亿元，比上年增长 12.5%，占社会物流总额的 14.8%。

（二）社会物流总费用

2014 年，南通市社会物流总费用为 853.6 亿元，比上年增长 11.4%，占江苏省物流总费用的 8.7%。社会物流总费用与 GDP 比率为 15.1%，比上年下降 0.1 个百分点，与江苏省持平。物流总费用构成的情况是：运输费用 455.5 亿元，比上年增长 12.1%，占社会物流总费用的 53.4%；保管费用 300.9 亿元，比上年增长 11%，占社会物流总费用的 35.3%；管理费用 97.2 亿元，比上年增长 9.5%，占社会物流总费用的 11.4%。

（三）物流业增加值

2014 年，南通市物流业实现增加值 362.15 亿元，按可比价计算增长 10.5%。物流业增加值占南通市服务业增加值的比重为 14.48%。

二、物流业发展情况

（一）生产性服务业发展加快

2014 年，南通市现代物流、商务服务、科技服务等生产性服务业加快发展，应税销售分别增长 43.6%、47.8% 和 57.7%；全市 50 家市级以上服务业集聚区完成营业收入 2746.2

亿元，实现税收 62 亿元，分别增长 23.9% 和 19.8%。

2014 年，南通市完成固定资产投资 3896.4 亿元，比上年增长 18.1%，比上年回落 2.7 个百分点。其中完成服务业投资 1839.7 亿元，比上年增长 27.6%，增速快于固定资产投资 9.5 个百分点，高于工业投资 17.3 个百分点。

（二）交通物流基础设施不断改善

2014 年，南通市交通运输体系不断完善，为现代物流业发展提供了有力保障。

交通运输平稳增长。2014 年南通市完成货物运输量 18408 万吨，比上年增长 7.7%，比上年回落 5.5 个百分点，其中兴东机场快速扩张，航空货邮和旅客运输量较快增长，分别比上年增长 29.8% 和 38%。南通港实现吞吐量 2.2 亿吨，比上年增长 7.4%，同比回落 3.2 个百分点，其中集装箱吞吐量为 71.1 万标准箱，比上年增长 18.4%。

交通基础设施建设取得新进展。2014 年，南通市交通物流重点项目建设持续推进：沪通长江大桥开工建设、通洋高速一期即将通车、宁启铁路复线电气化改造主体工程完成、海洋铁路开通运营、江海河联运工程超额完成年度计划，重点项目建设为现代物流业发展提供了重要基础。

（南通市经济和信息化委员会　南通市统计局）

2014年扬州市物流业运行情况

2014年，扬州市物流需求平稳增长，速度趋缓，总体运行态势良好，为扬州市社会经济较快发展提供了重要保障。

一、社会物流总额

2014年扬州市社会物流总额为10982.67亿元，同比增长11.27%。其中：工业品物流总额为8644.69亿元，同比增长9.14%，占社会物流总额的78.71%；进口货物物流总额为144.30亿元，同比增长19.06%，占社会物流总额的1.31%；农产品物流总额为198.72亿元，同比增长6.93%，占社会物流总额的1.81%；外省市商品购进额为1589.42亿元，同比增长17.50%，占社会物流总额的14.47%，再生资源、商品批发和单位与居民物品物流总额为405.54亿元，同比增长39.83%，占社会物流总额的3.69%。

二、社会物流总费用

2014年扬州市社会物流总费用为562.54亿元，同比增长10.82%。社会物流总费用与GDP的比率为15.21%，与上年相比下降0.4个百分点。物流总费用的构成为：运输费用311.51亿元，同比增长9.93%，占社会物流总费用的55.38%；保管费用196.01亿元，同比增长12.77%，占社会物流总费用的34.84%；管理费用55.02亿元，同比增长9.09%，占社会物流总费用的9.78%。

三、物流业增加值

2014年扬州市物流业增加值为231.48亿元，按可比价计算同比增长11.84%。

（扬州市经济和信息化委员会　扬州市统计局）

2014年镇江市物流业发展情况

2014年，镇江市物流业运行保持总体平稳态势，物流需求不断增长，物流运行效率继续提高。

一、社会物流总额

2014年，镇江市社会物流总额为9209.9亿元，同比增长12.9%。其中：工业品物流总额为8734.4亿元，同比增长13.4%，占社会物流总额的94.8%；进口货物物流总额为227.9亿元，同比下降1.3%，占社会物流总额的2.5%；农产品物流总额为85.6亿元，同比增长9.2%，占社会物流总额的0.9%；外省市商品购进额为115.0亿元，同比增长7.8%，占社会物流总额的1.2%。

二、社会物流总费用

2014年，镇江市社会物流总费用为508.6亿元，同比增长9.8%。社会物流总费用与GDP的比率为15.6%，同比下降0.2个百分点。镇江市社会物流总费用的构成情况是：运输费用为279.6亿元，同比增长7.2%，占社会物流总费用的55.0%；保管费用为171.9亿元，同比增长13.1%，占社会物流总费用的33.8%；管理费用为57.1亿元，同比增长13.7%，占社会物流总费用的11.2%。

三、物流业增加值

2014年镇江市物流业增加值为213.5亿元，同比增长11.9%。

（镇江市经济和信息化委员会）

2014 年宁波市物流业发展情况

2014 年，宁波市面对复杂多变的国际国内市场形势，积极调整应对，加快转型升级，主动适应经济发展“新常态”，以港口物流为主导的物流产业持续快速发展，有力地支撑全市经济的稳定增长。

一、物流业发展的总体情况

2014 年宁波市物流业持续快速发展，取得显著成效。

（一）总体持续高位运行，产业地位进一步凸显

“十二五”以来，宁波市物流业总体规模保持快速增长趋势。2014 年，宁波市社会物流总额达到 19393 亿元，同比增长 10.2%，增幅较上年增加 6.6 个百分点（见图 1）。

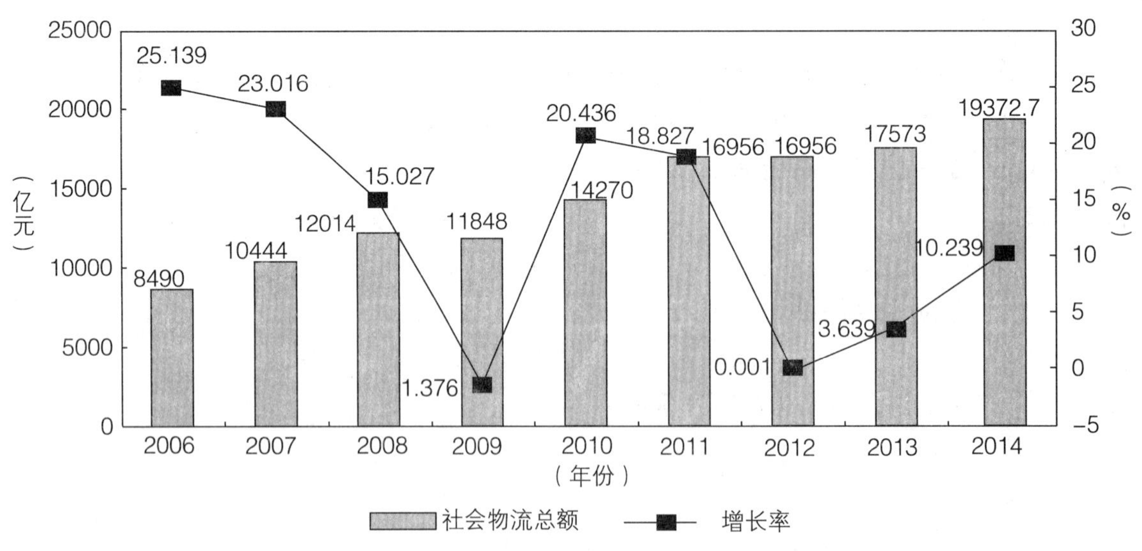

图 1　2006—2014 年宁波市社会物流总额及其增长率变化走势

2014 年，宁波市物流业增加值为 802.5 亿元，同比增长 9.9%，增幅较上年增加了 2.08 个百分点（见图 2）。

2014 年，宁波市物流业增加值占 GDP 的比重为 10.6%，同比增加 0.5 个百分点；占服务业增加值的比重为 23.7%，同比增加 0.6 个百分点（见图 3）。

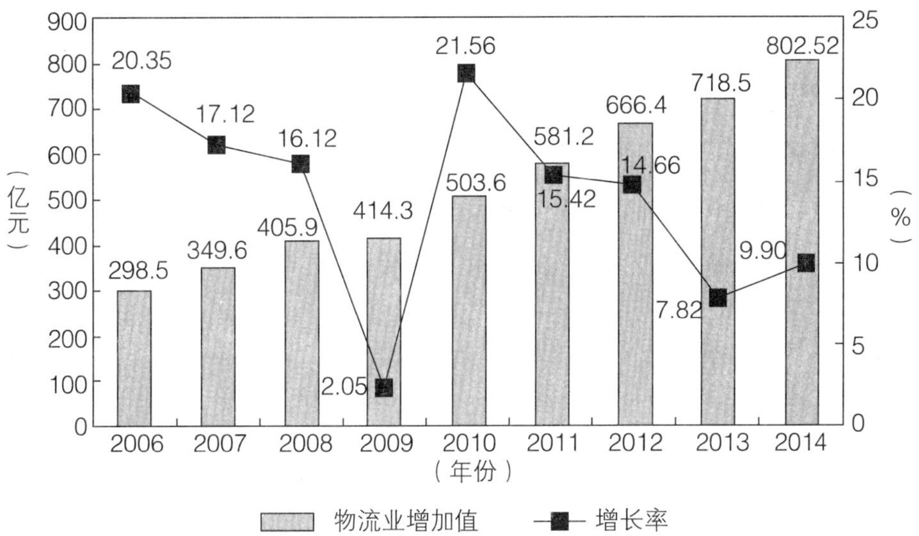

图 2　2006—2014 年宁波市物流业增加值及增长率变化走势

图 3　2006—2014 年宁波市物流业增加值占 GDP、服务业增加值比重变化走势

“十二五”期间，宁波市社会物流总额与物流业增加值两项指标增速均处于中高速增长区间，在国家宏观经济下行环境中进一步凸显了物流产业地位。

（二）基础建设全面推进，物流设施体系日趋完善

2014 年，宁波市交通运输行业完成基础设施投资 183 亿元，连续十年居浙江省第一。全年实施重大公路项目 35 个，改造提升国省道 46 公里，新增农村联网公路 162 公里，其中三门湾大桥及接线工程（宁波段）实现开工；推进万吨级码头项目 5 个，新增货物吞吐能力 400 万吨；新增铁路里程 29 公里，其中货运北站建成投用，货运北环线实现开通，铁路“南客北货”格局基本形成；快速路网建设扎实推进，南、北环快速路地面工程全部建成，恢复通车。物流基地建设逐步完善，宁波市建成了一批功能集成、特色鲜明的物流园区和物流基地。截至 2014 年年底，宁波市累计建成投用或在建、拟建的物流园区（基地、中心）36 个，其中：省级物流业集聚示范区 3 家，市级物流产业基地 6 家。

（三）着力构建港航体系，港口物流服务水平不断提升

2014 年，宁波港口货物吞吐量首破 5 亿吨，达 5.26 亿吨；集装箱吞吐量首破 1800 万标准箱，达 1870 万标准箱，排名世界第 5 位、全国第 3 位。大宗商品物流发展势头强劲，2014 年宁波市主要大宗商品交易市场（平台）交易额超过 6000 亿元。其中：甬商所完成交易额 4481.75 亿元；镇海区各大宗商品交易平台实体总交易额达 877 亿元；余姚中国塑料城市场交易额突破 1000 亿元，占全国塑料原料消费市场交易额的 10% 左右，其中现货市场交易额 550 亿元、网上市场交易额 512.57 亿元，均比上年增长 8% 。

（四）智慧物流建设有序推进，物流信息化水平持续提升

2014 年，宁波智慧物流公共基础平台一期项目建设内容全部完成，已实现物流行业资讯、本地资讯、物流政务信息的采集和发布。智慧物流基础平台数据中心已初具规模，特别是在物流跟踪数据、物流节点联网方面效果显著。四方物流市场服务范围进一步覆盖全省和扩展全国，物流交易业务涵盖海运集装箱运输、海运干散货运输、陆运集装箱运输、陆运专线运输、航空货运、仓储等各类物流业务种类。宁波电子口岸已基本建成了强大的电子数据交换中心，数据交换服务不仅涵盖了海关、国检、海事、港口等各种政务类型报文百余种，还不断扩充新类型报文传输功能和服务，使电子口岸的数据交换业务从以往侧重政府间的报文传输到现在逐步为企业提供更多的数据交换业务服务。智慧物流云平台打造的“云配通”“云商通”“云店通”“交接宝”等产品已经开发完成，平台上所有产品全都通过“云”方式提供服务。“世贸通”外贸服务平台、宁波航交所订舱通平台、金辉物流“船货网”平台等智慧物流平台已在业内具备一定影响力。

（五）模式创新取得突破，物流组织化水平逐步提升

2014 年，宁波市大力推动以甩挂运输、海铁联运、无水港、双重运输等新型物流组织方式促进多种运输方式的互联互通，已开通海铁联运城市 17 个，正常运行班列线路数 13 条，建成无水港 10 个。在公路货运领域，首创“万联供应链联盟”联盟模式，建立无车经营的运作机制，设立专线的经营模式，打造产品增值的发展模式，创新特色产品的经营模式。在仓储园区领域，仓储物流企业在产业上向横向、纵向积极扩张，形成了多元化、差异化的经营模式。在快递电商领域，“E 邮站（E 邮柜）”的投入使用破解了城市物流终端配送“最后 100 米”的难题；宁海货运公交实行类似客运公交的“五统一”运作模式（即定线路、定班次、定首末时间、定价格、定站点），实现了货物托运、货物投递、仓储保管、信息发布、便民服务等综合性功能；村邮站的网购平台依托邮政“邮乐网”，实现自主的电子商务服务模式。在合同物流领域，阿里巴巴旗下专门经营海外商品的天猫国际与宁波保税区跨境贸易（进口业务）电子商务试点综合服务平台“保税通”开展战略合作。

二、物流业发展中的问题和对策

（一）存在的问题

2014年，宁波物流业发展取得了显著成效，但是与长三角区域物流中心城市和全国性物流节点城市的要求相比，还有一定差距，总的表现是物流成本居高不下，物流发展不平衡，物流社会化、组织化水平低。

1. 物流发展不平衡

以港口物流为代表的生产性物流发展迅速，服务水平得到显著提升，但是城乡配送、电商物流等生活性物流发展滞后，与市场需求存在较大差距。

2. 物流社会化程度低

2014年，宁波市社会物流总费用达1402.02亿元，占GDP的比率已达18.4%，高于国内平均水平（16.6%）约1.8个百分点，高于沿海城市平均水平（15%）约3.4个百分点，近乎发达国家的2倍，高于全球平均水平约6.9个百分点。

3. 物流集约化程度低

2014年宁波市智慧物流试点工作虽然得到大力推进，但是基本仍处于顶层设计阶段，智慧物流的整合效用尚未释放出来。物流企业“小、散、弱、差”的局面没有得到根本改观。多数企业在高成本、低收益、微利润状态下运行，缺乏发展后劲。

4. 相关政策有待完善

现行管理体制和政策思路与物流业运作模式不相适应的矛盾还比较突出。如物流运作环节税率不统一，税负偏高；城市交通管理与物流业发展的矛盾等问题。

（二）解决的对策

针对宁波市物流业存在的种种问题，要继续保持全市物流业平稳健康发展的态势，还需要政府相关部门密切配合，通力合作，不断加大对物流业的统筹激励和扶持。

1. 加强多式联运设施建设

以宁波港为节点，以江海、海公、海铁、海河、海管等复合型多式联运为依托，不断拓展宁波与长江经济带以及丝绸之路经济带、沪昆线经济合作带、沿海经济带、21世纪海上丝绸之路经济带的联系，形成四条多式联运走廊，构建宁波“路连亚欧大陆、海通世界主要港口”双轮驱动的国际海陆联动物流枢纽。大力拓展对外通道建设，建设从浙江到南昌、武汉、重庆、成都、西安、甘肃乃至新疆的若干“无水港”。完善宁波与各经济带节点城市的铁路骨干网、支线网和场站网，形成无缝对接的交通集疏运网络。

2. 科学合理布局物流园区

根据物流需求规模和区域发展战略等因素，确定物流园区布局点；按照城乡规划、综合交通体系规划和产业发展规划等，合理确定城市物流园区建设数量、规划布局和用地规模；研究制定物流园区详细规划，因地制宜、合理确定物流园区的发展定位、功能布局、建设分期、配套要求等。打破地区和行业界限，整合需求不足和同质化竞争明显的物流园区、整合依托交通枢纽建设的物流园区、整合分散的物流设施资源，提高设施、土地等资源利用效率。

3. 加快冷链物流企业发展

加快推进宁波港冷链物流中心、太古冷链物流项目、金字美食屋冷链物流、宁波医药物流中心等冷链及医药仓储项目建设，完善恒温仓库、冷藏仓库、普通库等冷链储藏功能，拓展商品展示、交易、分拨、配送等物流增值服务。明确冷藏保温车辆准入门槛，制定或贯彻冷链运输服务规范、冷链运输温度记录与装备监控技术标准，推进冷链运输全程监管。引导专业化、厢式化冷链运输车辆发展。

4. 加大物流企业投融资支持

加大对物流企业的投融资支持，积极配合实施人民币国际化国家战略，推动跨境人民币业务创新，依托跨境电子商务和港口优势，重点筹建跨境人民币支付结算平台。加强金融基础设施建设的跨境合作，促进跨境贸易投资便利化。构建基金投融资体系，创新融资模式，鼓励民间投资，支持民间资本进入物流业重点领域和物流基础设施领域，如快递、城市配送（含冷链）、医药物流、再生资源物流、汽车及家电物流、特种货物运输、大宗物资物流、多式联运、集装箱、危化品物流、供应链管理、国际物流和保税物流等重点物流领域，培育多层次资本市场。

5. 强化规划落实与评估

建立健全规划考核体系，明确责任主体和进度要求，加强规划实施评估。加强开展规划实施中期评估、期末评估，找出规划实施中存在的问题，提出解决问题的对策措施，并对规划建设项目实行滚动管理，及时充实调整相关建设项目。完善物流业统计监测工作制度，加强物流统计信息的分析预测，及时研判物流业发展与运行状况。

6. 加大物流标准实施力度

努力提升物流服务、物流枢纽、物流设施设备的标准化运作水平。调动企业在标准制修订工作中的积极性，推进重点物流企业参与专业领域物流技术标准和管理标准的制定和标准化试点工作。加强物流标准的培训宣传和推广应用。

（朱勤奋　宁波市发展和改革委员会）

2014年温州市物流业发展情况

2014年，面对经济下行压力，温州市市委、市政府按照党的十八大精神着力抓改革促发展，改革开放多点突破成效显著，实现地区生产总值4303亿元，同比增长7.2%，经济运行稳中向好。在经济发展的带动下，温州市物流需求上升，物流业发展步伐加快。

一、物流业发展情况

2014年，温州市政府出台了《温州市现代物流业发展规划（2014—2016）》和《温州市现代物流业发展三年行动计划（2014—2016年）》，两个纲领性文件明确提出把物流业作为新兴十大战略产业之一，为推动温州市物流业发展创造了良好的政策环境。

2014年在温州市政府的支持推动下，温州市物流业发展步伐加快。温州市物流业实现增加值358.12亿元，同比增长6.5%，比整个服务业快0.3个百分点；占GDP比重8.3%，比上年提高0.3个百分点；占服务业比重16.7%，比上年提高0.5个百分点。

（一）物流产业规模逐步壮大

2014年，温州市铁路、公路、水路、航空货物运输总量为1.28亿吨，比上年增长8.9%，增幅比上年回升5.1个百分点。其中：公路货物运输量为7681万吨，增长4.2%；公路、水路、铁路货运量增幅分别比上年提高4.6个、2.5个和13.1个百分点。公路、水路、铁路货物运输量分别占温州市货物运输总量的60.1%、34.2%和5.6%。2014年温州港实现货物吞吐量7901万吨，比上年增长7.1%；集装箱吞吐量为60.38万标准箱，比上年增长5.9%。2014年温州机场完成航空货邮吞吐量6.88万吨，比上年增长15.1%。2014年温州市各种运输方式完成货物运输情况详见下表。

2014年温州市各种运输方式完成货物运输情况统计表

指标	实绩	比上年增长（%）
货物运输量（万吨）	12782.12	8.9

续 表

指 标	实 绩	比上年增长（%）
铁路（万吨）	720.04	12.3
公路（营运）（万吨）	7681	4.2
水运（万吨）	4377	17.4
航空出港货物（万吨）	4.08	14.4
港口货物吞吐量（万吨）	7901	7.1
集装箱吞吐量（万标准箱）	60.38	5.9

（二）物流业企业营业收入较快增长

2014 年，温州市规模以上各类货运和辅助活动、邮政快递业企业实现营业收入 72.2 亿元，同比增长 11.4%；期末从业人员 2.3 万人，同比增长 8.2%。从主要货运方式来看，2014 年规模以上道路货运及辅助活动企业营业收入同比增长 15.2%，规模以上水上货运及辅助活动企业营业收入同比增长 3.8%，规模以上快递业企业营业收入同比增长 28.8%，邮政快递业保持高速发展。2014 年，温州市邮政企业和规模以上快递服务企业业务收入 32.62 亿元，比上年增长 21.7%。从业务总量看，温州市实现快递业务总量 2.17 亿件，同比增长 58.4%，居全国各大城市第 13 位，在浙江省内仅低于杭州市和金华市。

（三）物流相关行业上缴税收高于平均水平

2014 年，温州市物流相关行业（不含批零业）上缴税收收入（包括国税和地税）5.25 亿元，同比增长 13.2%，增幅比各类税收收入高 3.7 个百分点。其中，铁路货运及辅助活动行业提供的税收收入同比增长 48.4%，道路货运及辅助活动行业提供的税收收入同比下降 0.3%，水路货运及辅助活动行业提供的税收收入同比增长 45.6%。

（四）物流业重大项目投资取得积极进展

2014 年，温州市有 21 个现代物流项目列入温州市服务业重大项目计划，占项目总数的 16.5%。2014 年全年，温州市实际完成固定资产投资额 14.28 亿元，计划完成率达 90.1%。在相关部门的支持下，温州市瓯江口物流园区建设有序推进，温州市食盐仓储配送中心项目、温州保税物流中心（B 型）项目、粮食物流暨温州面粉公司迁扩建工程已累计完成总投资 72%、70%、61%；潘桥物流园区 2014 年获得交通部物流基地建设补助资金 3500 万元，其中占地 185 亩总建筑面积 10.8 万平米的当家物流园顺利投入运营，入驻企业 20 家；总投资 20 亿元的传化公路港项目已签订合作框架协议；瑞安江南物流园区仓储中心建设项目基本完工，预计 2015 年投产运营。

二、物流业发展存在的问题

（一）物流骨干企业缺乏

温州市物流企业“低、小、散”特征明显，绝大部分仍是建立在原来的运输、仓储、货代等企业基础上，所经营的仍是物流业中的某一项或几项作业，以传统的装卸、储存、转运、运输等服务居多，现代的配送、拆装箱、包装、流通加工等增值服务不足，不易形成区域竞争优势。2014 年温州市规模以上交通运输、仓储和邮政业企业户均拥有期末资产 1.26 亿元，仅是浙江省平均水平 75.3%；全年户均实现的营业收入 0.40 亿元，仅是浙江省平均水平 71.5%。截至 2014 年年底，温州市共有 A 级物流企业 17 家（其中 4A 级 6 家、3A 级 10 家、2A 级 1 家），约占浙江省的 4.3%，在浙江省的 11 个城市中明显偏少。

（二）物流企业信息化水平较低

截至 2014 年年底，温州市尚未建立统一的公共物流信息平台，物流企业现代化经营水平落后，现代物流意识不强。根据对温州市本地 53 家物流企业信息化水平调查分析，只有不到 20% 的企业能同时完成网络系统、查询系统、单证管理、货物跟踪系统建设，综合竞争力远远不及德邦、顺衡等物流信息化程度较高的外来企业。

（三）物流产业专业人才短缺

一是物流从业人员总体素质不高，据统计，温州市物流行业专科以上学历人员不足 40%，物流专业毕业人员更是少之又少；二是物流相关教育和培训滞后，温州市物流专业教育总体规模偏小，每年大中专院校毕业生人数为 350 人左右，远远落后于上海、杭州等城市；三是物流专业人才引进难度大，同时又面临专业人员严重的流失的情况，企业人才流失率均在 30% 以上。

三、加快温州现代物流业发展的对策建议

（一）加快推进物流园区和货运站场建设，完善物流节点工程

物流园区是货运的枢纽，货运站场是物流的重要节点，两者在现代物流业发展中具有重要的地位。一方面，要按照《温州市现代物流业发展规划（2014—2020 年）》提出的工作进程，落实好政策，加大土地、资金等要素整合力度，充分发挥物流园区投资主体的积极性，加快推进物流园区建设，尽早形成物流业发展强有力的支撑平台；另一方面，要加快推动铁路、公路、水路、民航站场枢纽等物流节点建设，要研究制订具体支持物流节点建设的政策措施，积极推进公路与港口、铁路货运枢纽、机场、大型物流园区的衔接。

（二）加快温州港深水码头建设，打造全天候综合型港口

温州市可依托温州港的优势，建设以港口物流为龙头的现代物流体系。一是加快建设深水泊位。要把温州港建设成浙南闽北地区及腹地地区的物流中心，温州港必须具有满足国际大型集装箱船舶全天候进出要求的泊位。因此，要加快对乐清湾、洞头岛屿深水泊位的建设，加大对现有泊位的改造和升级。二是积极推进港口集疏运网络的建设。港口集疏运能力及对货源的吸引力，很大程度上取决于集疏港运输网络。三是建设先进的港口公共仓储设施。目前温州港仓储功能单一，还是单纯的、被动的存放物资的库场，与综合的、能动的加工、配送、分拨物资的先进公共仓储存在不小的差距，无法提供增值服务。

（三）重视物流人才的培养和使用，构建合理的物流产业人才结构

物流人才的培养及使用是发展物流产业的关键。目前温州市的物流信息化、中高级物流管理专业人才紧缺，其中包括交通运输管理、仓储管理、物流配送等专业人才。因此，需要采取积极有效的措施吸引人才，留住人才。一是制订灵活的用人制度和薪酬制度，吸引高素

质的物流专业人才。二是加快建设物流园区配套设施，为物流从业人员提供舒适的工作生活环境。三是加快物流专业技术人才和管理人才的培养，造就一人批熟悉物流运作规律，并有开拓精神的人才队伍。鼓励在温高校开设物流管理专业，引导物流企业与高等院校合作培养高素质的物流人才，在人才培养上走产学研相结合的路子。

（温州市统计局）

2014年台州市物流业发展情况

近年来台州市大力发展物流业，物流业已逐步成为台州市经济的支柱产业。

一、物流业发展概况

（一）发展现状

1. 物流规模不断扩大，产业地位明显提升

2014年台州市物流业增加值为382.56亿元，按可比价格计算，比上年同期增长9.0%，占台州市GDP比重的11.3%，占服务业增加值比重的24.2%，占浙江省物流业增加值的9.7%。物流业已成为服务业的主导产业和台州市经济的支柱产业。

2014年，台州市完成货物周转量1471.78亿吨公里，其中完成公路货物运输量9628万吨、货物周转量157.71亿吨公里（见图1）；完成水路货物运输量10565万吨、货物周转量1308.04亿吨公里。台州港完成货物吞吐量6049万吨，民航货邮吞吐量7140吨。

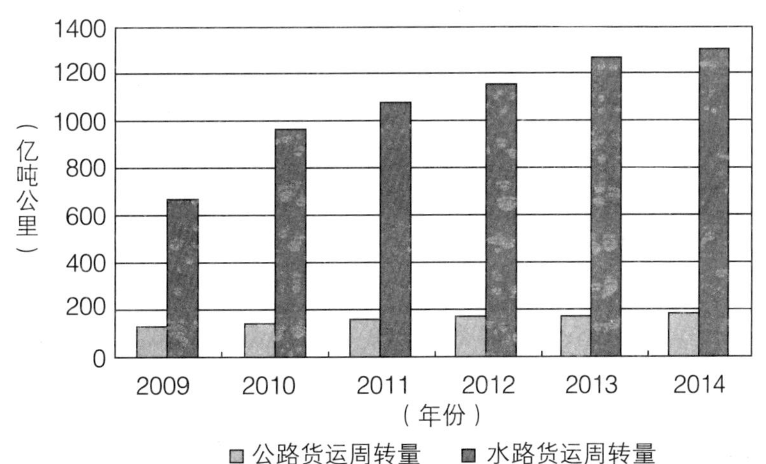

图1 2009—2014年台州市公路、水路货物运输周转量

2. 交通网络日趋完善，装备水平大幅提高

2014年台州市公路物流全面升级。截至2014年年底，台州市公路总里程（含村道）12283公里，随着甬台温高速公路复线建设的加快推进，台州市结构合理、便捷高效的现代化公路交通网络将进一步得到完善。

2014年台州市港口航运支撑作用日益明显。截至2014年年底，台州龙门港共有生产性泊位180个，其中万吨级以上泊位8个。随着头门港建设的加快，台州将形成以一港六区为主体，小型港点为补充的港口体系。

2014年台州市航空物流加快发展，台州路桥机场已开通国内航线17条，通航城市17个。目前台州新机场正在规划之中。

2014年台州市铁路运输起步发展。金台铁路和头门港支线项目的建设助推台州加速融入浙江省以及全国铁路运输体系。

台州市海陆空管立体网络体系的不断完善，促进了物流装备水平提高。2014年台州市公路运输车辆朝着重型化发展，拥有重型货车13536辆、挂车4243辆。港口货运船舶年轻化、大型化趋势明显，船舶运输运力稳步增长（见图2），2014年平均吨位达6608吨，列浙江省第二位；平均船龄5.9年，列浙江省第一位。

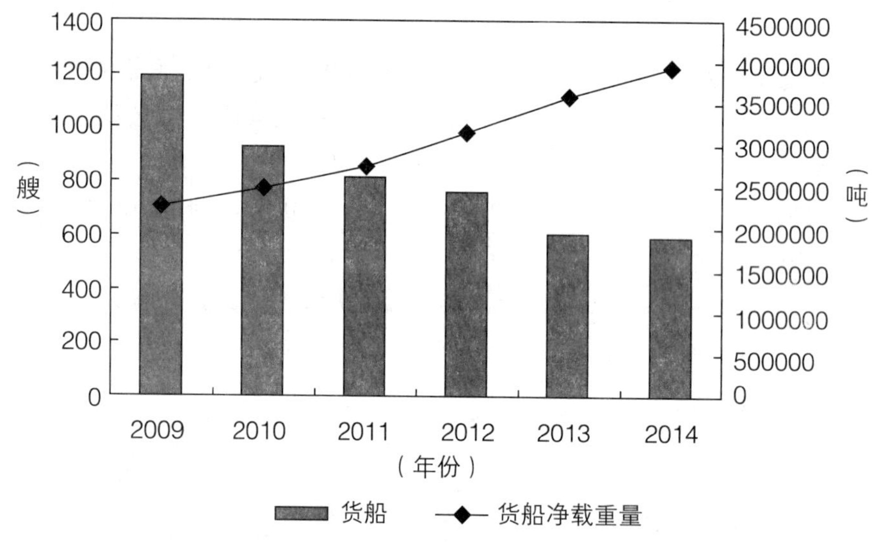

图2 2009—2014年台州市货船数及净载重量吨位

3. 物流企业发展迅猛，服务能力显著增强

台州市物流企业经过资源整合和转型发展，形成了一批所有制多元化、服务网络化和管理现代化的物流企业。传统运输业、仓储业加速向现代物流业转型，现代物流服务体系初步建立。截至2014年年底，台州市有31家物流企业分别进入浙江省和台州市服务业重点企业，有24家物流企业被评审为国家A级企业。

同时，台州市物流业品牌建设的步伐不断加快。浙江山鹰物流集团有限公司等5家企业获“浙江服务名牌”，浙江五星物流有限公司等4家企业获“台州市服务名牌”。物流服务能力不断增强，多项行业地方标准规范由各公司起草并发布。

4. 物流基地初具规模，载体支撑得到强化

为了实现物流产业集群化、规模化发展，充分发挥台州市区域优势，更好地服务台州市制造企业和重点工业园区，“十二五”期间，台州市合理规划建设物流园区和专业物流中心，已初见成效。大麦屿和葭沚物流园区已初具规模，台州物流园区加快推进，头门港物流园区已启动建设，四个物流园区建成后将成为台州市物流业发展布局的核心架构。

专业性物流中心形成地域互补态势。山鹰物流中心、天天物流中心、农资物流配送中心、江南物流中心、泰和塑料原料及制品物流中心、兴旺水产冷链物流中心（一期）、元珑钢材物流配送中心、九州通浙东南现代医药物流中心等项目已建成。

5. 配套政策相继出台，发展环境不断优化

2004 年，台州市物流业规划政策环境持续改善。一是出台《关于加快现代物流业发展的若干意见》，完善健全现代物流发展联席会议制度，支持物流行业协会发展，引导行业自律，加强行业管理。二是开展《台州市“十三五”物流业发展战略研究》，提出“五路五带八核八中心”大物流发展战略，构建“水陆一体、设施完备、多业联动、错位发展”的台州市物流业发展新格局，努力使物流业成为台州市“十三五”经济发展的支柱产业和重要驱动力。

（二）发展亮点

2014 年商业模式创新、物流联盟、协会运作及省级生产性集聚平台（物流）试点是台州市现代物流业发展的最大亮点，推动着台州市物流业实现转型发展和大跨越发展。

1. 物流企业商业模式创新硕果累累

在万众创新的社会背景下，台州物流企业着力增强企业创新驱动发展新动力，构建现代物流产业发展新体系。目前，陆通物流、台州农资、美顺达石化、宏星物流、天天快递、百世云 6 家物流企业分别被评为台州市首批和第二批服务业商业模式创新十佳企业。

同时，更多的物流企业也加快商业模式的创新，以便在市场竞争中抢占先机。比如，台州市兴旺水产有限公司打造新型的海上冷链物流体系，创新全产业链发展模式。浙江世通物流有限公司建设浙江世通商贸物流园，实现电子商务和物流配送的无缝对接，争取发展成为台州市电商物流的集聚区和分拨中心。

2. 物流企业联盟建设加快推进

（1）陆通物流创新资源整合模式。为增强企业竞争力，陆通物流先后三次进行整合重组，实行了“统一业务专线，统一运营流程，统一配置资源”，企业数从 39 家发展到 130 余家，业务覆盖华北、华中、华南、华东、华西和国际货代六大板块，形成 40 余条从玉环始发全国各地的黄金货运专线，巩固了在市场中的地位。

（2）台州市物流发展股份有限公司有序推进。台州市拟吸收全市物流龙头企业作为股东和会员公司，以政府引导、协会推动、企业参与的市场化运作方式，组建台州市物流发展股份有限公司，以有序推进市级公共信息共享平台、物流大厦、物流联盟基地的建设，整合物流专线等，力争实现企业上市和国家 5A 级物流企业零的突破。目前，联盟公司筹备工作小组成立，联盟协议已签订，同时公司五年发展规划也初步完成。

3. 台州市物流协会创新发展

台州市物流协会创新协会工作思路，亮点纷呈，已获 5A 级社会组织。2014 年重点做了以下四点工作。一是开展换届工作，首次实行会长轮执制，成立规划政策、行业自律、产业

发展、培训咨询四个专业委员会及台州市物流行业发展专家指导委员会。二是举办首届台州市物流行业发展论坛，同行交流，取长补短，效果很好。三是在成功举办台州市物流论坛的基础上，编印了《物流十年—台州物流转型之路》一书。四是倡导并有序推进物流企业联盟相关工作。

4. 推进省级生产性集聚平台（物流）试点

台州市积极推进省级生产性集聚平台（物流）的建设，建成专业化生产性服务业体系，培育一批具有较强核心竞争力的品牌企业、建成一批具有较强辐射带动能力的物流项目，并努力形成一批可复制、可推广的经验，为全省生产性服务业发展提供示范。目前，台州市洲锽物流中心、物流发展交易中心、农副产品集配中心、国际物流信息交易中心、台州湾循环产业物流中心项目、浙江畅丰物流中心等项目已列入平台计划中。

二、物流重点领域发展情况

（一）制造业物流发展情况

1. 制造业与物流业融合度不断加强

随着“互联网+”概念的日益成熟，工业化与信息化、制造业与服务业深度融合，制造业与物流业联动态势日益明显。台州市物流企业以深化与制造业的“双轮驱动”为目标，通过流程优化、效率提升和模式创新，建立新型的产业联动战略合作关系，延伸供应链物流，打造一体化竞争新优势。例如，山鹰物流与星星、吉利、海正、伟星等台州知名制造业企业建立长期合作关系，派出专业团队长期驻扎在企业，为其量身打造个性化物流方案。

2. 回收物流发展日益壮大

台州市是国内最早发展再生资源利用产业的城市之一，已发展形成一定规模的回收物流。目前，台州市拥有44家专业回收企业和147家专业拆解企业从事回收物流业务，其中大部分入驻台州市金属资源再生产业基地。该基地是全国最大的金属资源回收利用基地，集聚了全市废旧金属回收利用总量的93.8%，为台州市相关制造业提供了生产所需的80%左右的金属原料，带动形成路桥汽摩配、玉环阀门、温岭水泵、椒江缝纫机等以废旧金属深加工为主的区域特色产业。回收物流在台州市经济发展发挥越来越重要的作用。

（二）商贸物流发展情况

1. 商贸物流规模不断扩大

首先，商贸物流需求量不断扩大。2009年以来，台州市社会消费品零售总额以年均11.98%速度增长，2014年达到1646.32亿元。其次，台州市商品市场体系日趋完善，专业批发市场稳步发展。截至2014年年底，台州市共有商品市场533个，共实现年成交额1512.8亿元，年均增长10.8%。路桥中国日用品商城、温岭松门水产品批发市场等5个市场被评为“中国商品市场百强”。最后，流通领域投资主体更加多元化，超市、便利店、购物中心、仓储式商城等一系列业态发展较快，麦德龙、万达广场、银泰百货等国内外知名企业相继落户，深刻地影响着台州的商贸物流格局。

2. 商贸物流中心建设成效明显

商贸物流中心是商贸物流业发展的重要载体。为加速构建与新型工业化相配套、与城市化进程相吻合、与居民需求相适应的现代商贸物流体系，台州市一批标准高、辐射带动效果好的商贸物流中心正在迅速崛起。其中，台州供销华联仓储中心、泰和塑料原料物流中心、宝利经贸物流配送中心、兴旺水产冷链物流中心、台州农资物流配送中心等一批商贸物流中心已建设投运。

3. 商贸物流信息建设日益重视

台州市商贸物流业积极应用先进信息网络技术，通过信息化带动传统物流行业转型升级，提高行业整体竞争力。例如，台州市鸿都百货自行研发直接面向商贸物流行业的软件系统，其拥有OA管理、销售管理、移动管理系统、库存管理、费用管理、应收管理、报表管理、定向开发八大符合行业特点的功能。供销华联仓储引进江苏百年WMS仓储管理信息化系统，实现入库、库存、出货管理及统计分析等实时数据管理功能。百世云基于云仓储和云计算，发展云物流，以及时连接线上商流和线下物流。

4. 保税物流有待发展

2014年台州市实现外贸进出口总额220.79亿美元，居浙江省第6位，与台州市建立进出口贸易关系的国家和地区达212个，拥有进出口实绩的企业4923余家，繁荣的外贸经商环境为保税物流的发展提供了良好的市场基础。但是，目前台州市仅有中石油九条坑公用型保税仓库、浙江陆通公用型保税仓库等4家公共型保税仓库，还没有设立综合保税区、保税物流园区、出口监管仓等，保税物流体系尚未形成。

（三）港航物流发展情况

1. 港区建设加快推进

台州市是海洋资源大市，大陆海岸线630.87公里，占浙江省的28%，且有980公里内河航道网，可江海通达。台州市委市政府把握良好的区域条件，致力于打造“一港六区”为主体，小型港点为补充的港口体系，推动港航物流业实现跨越式发展。头门港于2014年年底正式开港。玉环大麦屿港区于2014年被评为国家第三批试行更开放管理措施对台小额贸易点。乐清湾航道正式通航10万吨级海船，成为浙江省第二条定线制航道。健跳港区加快建设国家规划装机容量750万千瓦的核电基地及浙能台州第二发电厂，将成为未来的能源大港和“华东电力城”的配套港口。

2. 港航物流企业快速发展

截至2014年年底，台州市共有水运企业87家。其中运力规模5万～10万吨的21家、10万～20万吨的6家、20万～30万吨1家、30万吨以上1家，沿海水运运力突破393万载重吨，创台州水运运力规模历史新高。其中，浙江台州湾港务有限公司主要经营外沙作业区，以内外贸集装箱和外贸散杂货为主，2014年完成吞吐量154万吨。台州海门港埠总公司主要经营海门港一号、三号码头作业区，主要以外贸散货和内贸煤炭为主，2014年完成吞吐量109万吨。五星物流等民营港埠企业经营三山及葭沚作业区，以内贸煤炭，钢材为主，2014年完成吞吐量570万吨。

3. 政策扶持力度不断加大

为促进港航物流的发展，台州市相继颁布了一系列的扶持政策。一是出台《关于进一步促进航运业健康平稳发展的通知》，要求加大对航运业融资政策的支持力度，落实相关财政补助。二是出台了《集装箱运输发展补助办法》，对新开辟集装箱航线的船公司以及经营台州“弃陆走水”出口集装箱装卸业务的港口企业，按规定给予补助。这些政策的出台，进一步加大了对航运业的政策扶持，促进台州港辖区航运业健康平稳发展。

（四）城乡配送物流发展情况

1. 电子商务物流发展前景巨大

台州市电子商务发展潜力巨大，《2014中国城市电子商务示范城市发展指数报告》显示台州市电子商务发展指数位列全国地级以上城市第20位。2014年台州市快递服务企业业务量累计完成18553.1万件，跃居全国大中城市第15位，在浙江省内排行第五。目前，台州市已登记的网上市场9家、年交易额为4.25亿元，拥有22个获得经营许可的快递品牌，18个快递企业分拨中心，100个快递法人企业，8000余名快递从业人员。

2. 城乡配送物流企业创新能力逐步增强

经过多年的发展，台州市涌现出一批商业模式创新、供应链整合能力强的城乡配送物流企业，以逐步打通物流覆盖最后一公里，其中美顺达石化、天天快递、百世云电子商务等被评为市级服务业商业模式创新企业。百世云电子商务采用数字化仓储管理技术和整套物流增值服务，为电子商务企业提供专业第三方精细化仓配一体化服务全程解决方案。顺丰速运以快递物流为核心，经营管理网购服务社区店——“嘿客”，采用线上线下O2O模式，为居民提供线下社区服务体验，实现线上线下零距离互动。

3. 城乡配送服务水平不断提升

台州市加快构建以城市物流中心为主轴、县级配送中心为支撑、农村货运站点为补充的城乡物流服务体系，提升生产资料、生活用品的城乡配送物流服务水平。美顺达率先启动建设城乡物流配送网络，为仙居县提供高效的城乡物流配送，实现大部分村村口收寄快递。邮政及供销合作社充分发挥网络和服务优势，加强农村邮政网点、村邮站、“三农”服务站等邮政终端设施建设，促进农村商品的双向流通。小件快运公交化已经覆盖全市9个县市区，实现至省内11个地级城市及大部分县级城市的快件当天受理、当天送达。

（五）农产品物流发展情况

1. 农产品物流联结机制初见成效

近年来，台州市农产品龙头企业“产学研一体化”步伐明显加快，如兴旺水产、海味鲜等龙头企业不断加强科技在生产经营中的主导地位，企业发展后劲日益凸显。此外，利益联结机制不断完善。“龙头企业+农户”“企业+合作社+农户”“企业+专业市场+农户”等多种利益联结方式不断完善，通过产销订单、股份合作等多种途径，使企业与农户之间的利益联结更加体现出互惠和双赢。由此可见，台州市依托科技创新优势，巧妙运用利益联结方式，提高了农业现代化水平，带动了农产品物流的发展。

2. 农产品物流企业发展多元化

台州市农产品物流企业呈现多元化格局，主要有国有企业、供销社、私营企业、股份制企业等，同时农村生产经营大户、专业协会、农民经纪人、专业合作社等经济组织等也得到了较快发展，这些企业在发展农产品物流方面起到了积极作用。浙江三特生态渔业发展有限公司打造“海八鲜”厨房工程——“从基地到厨房，一个电话送货到家”的经营思路，创新新型流通业态。台州兴旺水产有限公司发展远洋捕捞、海上冷链物流、陆地精深加工的农产品全产业链的发展模式。

3. 农产品物流配送中心建设日益完善

基于国家和政府政策扶持力度的加大，台州市农产品物流设施建设如火如荼，物流配送中心日益完善。三特农产品冷链物流中心、黄岩粮食储备配送中心粮库、黄岩宏源农副产品物流配送中心（一期）等目前已投入使用；台州市椒江粮食储备中心、台州农资物流配送中心工程基本完工；绿速农产品配送中心、黄岩宏源农副产品物流配送中心（二期）、路桥农产品物流中心、开发区农副产品物流配送中心等项目正在加快建设。

三、台州市综合物流园区发展情况

（一）大麦屿港物流集聚区

大麦屿港物流集聚区东接玉城街道和大麦屿街道，西临乐清湾，北起芦浦分水山，南至坎门黄门岛。规划总用地19.5平方公里，总投资250亿元。大麦屿港为一类开放口岸，被国家交通运输部列入对台直航港口，与台湾交流发展日益紧密。

园区划分成四大作业区，分别为大麦屿作业区、连屿作业区、普竹作业区、大岩头作业区。规划打造成为以货物中转运输服务为核心，以集装箱拆装箱服务、外贸物资、大型能源区域集散中转服务以及大宗物资的分拨运输为主要服务内容的港口依托型综合物流中心，对台往来的台贸港。大麦屿港物流集聚区是省级重点扶持物流基地。

截至2014年年底，物流集聚区已完成投资200亿元，引进16家企业。项目建设步伐加快，煤炭交易市场目前正在进行前期、海峡两岸商品交易物流中心综合服务区（旅检大厅）已土建完工；对台直航客货滚装码头工程、76省道复线南延玉环楚门至大麦屿疏港公路工程已完成主体施工；海峡两岸商品交易物流中心物流加工区、一关三检港航信息中心已完成控规编制。

（二）葭沚现代物流功能集聚区

葭沚现代物流功能集聚区位于台州市椒江区葭沚街道，永宁河以西，三山以东，82省道以北，椒江南岸以南，园区总占地面积1800亩，项目总投资20亿元，远期园区集疏运物流量将达到1800万吨/年。集聚区紧邻海门港，沿线建有较为完善的码头设施，已初步形成现代化的货运港口，区域水陆交通便捷。

集聚区总体布局分为北、中、南三大功能区域，北部区域规划为依赖于水运进行集疏运的散货加工及仓储区；中部区主要规划为依赖于公路进行集疏运的工业区；南部区域规划了新商住区、物流管理及商贸服务区等功能区块，计划打造成为面向浙江中东部、辐射华东地区的沿海重要物流园区。

截至2014年年底，园区累计完成投资15.5亿元，引进38家企业入驻，从业人员约3000多人。园区内物流企业运营状况良好，“四通一达”（圆通、中通、申通、汇通、韵达）等快递业龙头企业进驻园区。

（三）台州市物流园区

台州市物流园区位于台州市区西南侧，横跨台州市路桥区螺洋街道和桐屿街道，规划总面积3255亩，计划到2020年全部建成并投入运作。园区拥有甬台温铁路、金台铁路及甬台温高速公路的通道优势，集疏运条件良好，拥有周边区域庞大的经济流量。

园区按照“五个中心、一个平台”进行规划布局，包括“台州市粮食储备配送中心”“台州市国际物流中心”“台州市物流商务中心”“台州市公路货运中心”“台州市生产资料物流中心”。规划打造成台州市物流产业发展高地和生产性服务业聚集服务平台、铁路物流产业园区。园区是浙江省省级12个重点扶持物流基地之一，列入浙江省“411”重大项目。

台州市物流园区管理委员会于2010年正式成立。截至2014年年底，已累计完成投资17.47亿元，引进了6家企业入驻。粮食储备配送中心配送用房主体、仓储区1号、2号平房仓已结顶，交易区已基本完工，加工区正在启动中；路桥货运站已完成供地，三家物流企业建筑设计方案已通过会审，填碴已全部完成，大地物流公司已开始桩基施工；物流发展交易中心已完成供地及土地招拍挂，基本完成建筑方案设计；国际物流中心一期建筑设计方案已批复，项目完成桩基检测、静压。

（四）台州头门港物流园区

头门港物流园区位于临海头门港区及北洋区块，规划占地总面积为1200亩，总投资18亿元。港区水深条件良好，拥有28.7公里可供建港的深水岸线和不断完善的集疏运网络，为园区物流业的发展奠定了良好的基础。

园区规划打造成为以市场信息为基础、产品配送为主业、现代仓储为配套、多式联运为手段、商品交易为依托的综合型物流园区，积极谋划综合保税区建设，建设大型公、铁、水多式联运货运枢纽、国际集装箱货物拆装中转物流中心、大宗物资的展示交易平台、分拨运输物流中心等，为港区、临港工业区、医药化工提供现代化的第三方物流服务。

四、物流业重点项目建设情况

截至2014年年底，台州市服务业重大项目计划中物流类的项目达18个，总投资额727209万元。目前，已完成投资279117万元，其中“台州市物流发展交易中心”“玉环县经济开发区综合物流园区一期建设项目”2个项目列入省“411”重大项目，“台州市农副产品集配中心”“台州市洲锽物流中心”“浙江世通商贸物流园”等5个项目已被列入浙江省服务业重大项目。

五、推进台州市物流业发展的对策建议

在经济发展“新常态”的背景下，市委市政府需高屋建瓴，在新阶段，积极探索发展思路，上下一体，统筹发力，依托全市物流资源优势，加快推进地区现代物流业的创新发展、跨越发展。

（一）提升物流企业服务能力

一是拓展企业产业链。积极拓展物流产业链，鼓励以仓储、流通加工、运输等功能为主的传统物流企业向上、下游延伸服务；借助现代信息技术，加快物流业与工农商贸流通等行业联动，降低物流成本，加快打造“一体化”的物流服务体系。二是创新企业产品服务类型。构建物流产品细分市场，增加自身服务层次；通过网站设计、购物平台、售后服务等，提供产异化、柔性化的购物体验。此外，实施多品牌战略，提高相关企业集聚互联程度，共享集聚效益。三是提升企业管理水平。完善企业各类管理制度，提高企业运行规范性；优化企业结构，构建扁平化组织体系，提高企业运作效率；引进现代化物流管理系统，提高企业在订单、仓储、发货等方面的自动化程度，提高企业服务能力和水平。

（二）推进实施“主辅分离”

一是突出重点，有序推进。以汽摩配、医药化工、塑料模具、缝制设备等产业主辅分离为突破口，培育壮大物流龙头企业，积极发展第三方、第四方物流；鼓励有条件的企业分离组建专业化、市场化的技术服务企业，积极开展先行试点，做到分离一家、发展一家、成熟一家。二是优化服务，协同推进。建立健全主辅分离工作的决策机制和协同落实机制。由政府牵头、相关职能部门参与，组成主辅分离工作领导机构；明确各街道、乡镇（办）、各职能部门在企业分离以及新设立企业资质认定、项目审批、市场准入、优惠共享等方面的服务职能和工作职责。

（三）积极开展多式联运

一是完善集疏运体系。完善物流基础设施建设，推进甬台温高速复线、台金铁路等工程建设，加快杭绍台城际铁路的前期研究，加快“四纵三横”的高速公路网框架和“六纵七横四疏港”的干线公路布局。二是积极推进多式联运。继续建成大麦屿、龙门、健跳港口集疏运快捷通道，与区域内公路相互贯通成网，加快构筑区域“123”时效圈和中心城“1530”时效圈；促进多种运输方式顺畅衔接和高效中转，提升物流体系综合能力，提升陆海衔接、公铁联运、海铁联运等配套服务能力。

（四）积极打造“智慧物流”

一是建设市级物流公共信息平台。整合政府、企业等各方资源，坚持“政府推动、市场运作”理念，打造全市性、行业性的物流公共信息平台，形成集物流信息发布、数据交换、在线交易、智能分析等功能为一体的物流信息服务中心，并实现与国家交通运输物流信息共享平台对接。二是提升物流企业物流信息化水平。鼓励企业积极开发内部的物流信息管理网络，采用智能化、自动化的物流设备，提高RFID、EDI及GPS等技术应用水平；并以龙头企业、物流园区为载体，打造物流信息技术创新和应用等试点工程，不断提高企业信息化水平。

（五）扶持物流企业发展

一是引导企业加快资源整合。鼓励各类传统物流企业延伸产业链，推进物流业与其他产业互动融合，协同发展；鼓励物流企业通过参股控股、兼并重组、协作联盟等方式做大做强，形成一批大型现代物流企业和物流企业联盟，推进企业规模化、集约化发展。二是学习借鉴先进物流模式。通过物流发展论坛、培训等形式，积极与国内和国际知名度较高，具备特色商业模式和先进服务理念的物流企业进行沟通交流，学习其先进的管理模式和成功经验，提升本地物流企业服务水平。三是完善政府扶持政策。加大对全市物流企业财税等扶持力度；鼓励金融机构产品创新，为企业发展提供更多的资金支持；加大土地等政策支持力度，保障重点物流企业发展的用地要求；加强行业高端人才培育和引进，提高物流企业人员素质和经营管理水平。

（六）积极开展跨境物流

一是完善基础平台建设。依托台州头门港物流园区，大麦屿港物流集聚区，构筑“三位一体”港航物流服务战略体系，加速温台沿海产业带物流联动水平；加快形成包括海关查验、口岸直通、保税仓储、出口监管、国际货代和商务信息服务等功能的国际物流平台。二是推进口岸“大通关”建设。推广“属地报关、口岸验放”通关模式，推动海关、检验检疫等相关机构与上海港、宁波港等口岸联动，实现货物“一次申报、一次查验、一次放行”通关模式。加大通关服务和海关监管设施建设，推进区域通关服务一体化服务水平。三是提升国际物流增值服务水平。鼓励物流领域大企业积极采用“一站式”服务方式为客户提供完善的产品服务，小企业在保持自身货物运输优势的基础上，适当的提高其他增值业务服务，加强企业与客户的沟通，做到物流实时信息准确、共享，提升国际物流服务增值水平。

（台州市发展和改革委员会　台州市现代服务业管理工作办公室　台州市物流协会　台州市经济建设规划院）

2014 年济南市物流业发展情况

2014 年，济南市牢牢把握稳中求进的工作总基调，着力提升治理能力和治理体系建设，把创新贯穿于物流业发展各个方面，以信息化为手段，以供应链整合为总抓手，深入开展“物流管理年”活动，在实现“总量增加，位次前移”的基础上，努力实现了“两业联动，效益提升”的全面启动。

一、物流业运行情况

2014 年济南市物流业运行质量平稳向好，全年实现社会物流总额 17319.6 亿元，同比增长 22%，增幅位居山东省第一位；实现物流业增加值 400 亿元，同比增长 12.9%，总量居山东省第二位。社会物流总额由 2012 年山东省排名第七位，提升到 2014 年的第四位。物流相关行业累计完成投资 228 亿元，同比增长 42%，各项主要经济指标逐年提高。

截至 2014 年年底，济南市各类物流企业共有 10373 家，从业人员 35 万人。

2014 年济南市入选国家级流通节点城市和全国一级物流园区布局城市。

二、物流业发展情况

（一）政策引导推动物流业快速发展

2014 年，济南市市直有关部门联合出台《济南市物流产业集聚发展的指导意见》《济南市关于加快制造业与物流业联动发展的实施意见》《加快推进济南市物流行业诚信体系建设的实施意见》等文件，对明确物流产业集聚区功能定位，加快推进物流集聚园区的建设与发展；加快推动制造业与物流业融合联动发展，促进产业升级和经济发展方式转变；提高物流业的诚信意识和信用水平，规范市场竞争秩序，保护消费者正当合法权益起到了积极的推动作用。

（二）重点项目引领物流业态取得新突破

济南市是山东省省会城市、区域中心城市和全国 21 个物流节点城市之一。截至 2014 年年底，济南市公路通车里程达 11611.4 公里，公路密度达到每百平方公里 145.16 公里，有高速公路 343.2 公里，“一环八射”的高速公路网格局基本形成。

2014 年济南市凭借发展现代物流业的独特

区位优势，物流重点项目快速推进。一批重点项目的推进，引领物流业态取得新突破。以山东时时顺为代表的城乡共同配送物流模式已在山东全省320个乡镇布点，建立起配送网络体系；以传化泉胜为代表的物流公路港模式，一期项目用地980亩，全面进入规划建设阶段；以路通宇为代表的甩挂运输模式，济南—广州专线全面运营；以普洛斯、巴夫洛为代表的现代物流地产模式正式开工建设；以瑞康医药为代表的高端医药物流配送模式，实现当年建设，当年投产，当年发挥效益；以零点为代表的总部基地物流模式，初现成效；以北延仓储为代表的危化品专业物流园区模式一期工程投入运营；以顺丰为代表的O2O电商物流模式，逐步成为居民一种新的消费模式；以佳怡物流为代表的仓单质押物流金融模式，成为各商业银行为供应链企业解决融资的新途径；物流业态呈现出向高端、高质方向发展的态势。

（三）区域协同发展不断深化

1. 济莱协作区物流一体化建设全面推进

根据山东省委、省政府关于加快省会城市群经济圈、推进济莱协作区建设的战略部署，按照两市关于推进济莱协作的一系列会议和要求，济南市经信委、莱芜市经信委本着“优势互补、错位发展、互惠互利、实现双赢”的原则，签署济莱协作区一体化建设的合作框架协议，重点推进“五个一”工程，即制定物流发展规划、建设都市圈物流公共信息平台、发起一支物流发展产业基金、开办一个物流专业银行、成立一所物流研究院。战略合作协议的签署将深入推进两市物流产业协作发展，建立起区域物流一体化发展新模式。

2. 山东省省会城市群都市圈物流公共信息平台上线

2014年12月12日，由济南市经信委牵头、山东鹊华集团研发的山东省省会城市群都市圈物流公共信息平台启动上线。该平台是各联盟城市物流主管部门的政策发布宣传平台和对外招商平台，同时也是重点物流园区资源对接、物流企业信息共享的平台。该平台的上线开通，有助于进一步促进各联盟城市间的沟通交流，促进联盟城市区域内商流、物流、资金流、信息流高度融合，推动都市圈工业经济平稳健康发展。

3. 济南物流产业发展基金成立

为落实山东省省会城区群经济圈发展规划，济南市确定了以怡然投资、华科资本及专业物流产业研究与管理团队管理层三方为主要股东，发起成立了山东省第一支都市圈物流产业发展基金——济南物流产业发展基金。都市圈物流产业发展基金定位于汇聚区域优秀物流资源，创新区域物流产业与资本结合的发展新模式，助推区域物流产业的发展与提升，为济南都市圈物流产业构建一个安全可靠、稳定收益的投融资平台，扶持区域物流产业做大做强。

（四）对全市快递行业进行全面检查督导

为促进快递业规范健康快速发展，济南邮政管理局联合市经信委、有关专家教授组成四个调研组，对全市84家快递企业进行了全面检查督导，针对快递行业存在的热点、难点及共性问题与快递企业负责人进行座谈，形成了济南市快递行业调研报告和建设我市快递专业园区的方案报送市政府。

（五）创办《济南物流报》

2014年由济南时报与济南五六俱乐部联合主办的《济南时报·济南物流报》诞生，该报是我国省会级城市第一份物流专业报纸，在济南市范围内的党政机关、物流园区和物流企业定向发行。《济南时报·济南物流报》以搭建大物流沟通与交流的桥梁为宗旨，为济南乃至山东物流行业的发展营造良好交流和传播氛围，对推动济南市物流业转型升级、实现物流园区和重点物流企业的集聚整合发展具有积极作用。

（六）社会认可度不断提升

多年来，济南市政府为加快地区物流业发展做了大量的支持推动工作，取得了显著的成绩。在济南市政府的支持下，重点物流企业发展迅猛，一批有理想、敢担当、勇于创新、敢于负责的企业家不断涌现，他们用自己的实绩赢得了社会的认可。

1. 济南市荣获物流业大奖

2014 年，全国第十一届物流节组委会授予济南市 2014 年中国城市物流杰出成就奖、2014 年中国物流城市联盟先进单位，授予济南市经信委 2014 年中国城市物流管理创新奖。

2. 重点物流企业、企业家荣获殊荣

2014 年第五届中国货运年会授予济南市山东高速物流集团、山东奔腾物流有限公司“2014 年中国货运企业开拓创新奖”；授予中国重汽集团“中国货运技术与装备奖”；授予济南路通宇物流有限公司李昌伟董事长“中国货运业变革十大风云人物奖”。第六届中国城市物流发展会议授予山东盖世物流集团“2014 年度优秀物流园区”，授予山东高速物流集团“中国城市物流配送标杆企业”。中国仓储协会授予山东盖世国际物流集团“2014 年第二批全国仓储业升级示范企业”；中国物流采购联合会授予山东佳怡物流有限公司孙倩董事长“2014 中国物流十大年度人物”；授予山东佳怡物流有限公司“2014 年中国物流社会责任贡献奖”。第十一届中国国际物流节授予济南零点物流港“2014 中国物流园区 50 强”；授予山东宇佳物流有限公司、山东百通物流有限公司“2014 物流百强企业”。

三、未来发展

根据《济南市物流业转型升级指导意见》（后简称《意见》），到 2020 年，济南市将新增国家或省 3A 级以上企业 20 家，形成功能完备的 8 大物流集聚区，培植 20 家两业联动示范企业，大型制造业企业基本实现主辅剥离，实现物流服务的社会化。基本建成布局合理、技术先进、便捷高效、绿色环保、安全有序的现代物流服务体系。此外，以转型升级推动物流业的发展。到 2020 年济南市社会物流总额达到 2 万亿元以上，年均增长 9% 左右，物流业增加值保持山东省领先地位，年均增长 8% 左右。社会物流总费用与 GDP 的比率下降两个百分点。

未来几年，济南市将按照《济南市物流产业集聚发展指导意见》，依据城市规划和产业布局，重点调整物流业布局。第一，鼓励制造业物流业务外包，同时提升物流业服务制造业的能力。围绕着新材料产业园、高新区工业园区、济南创新谷、济南综合保税区、明水国家经济技术开发区、济南经济开发区等产业聚集区建设配套物流园区。第二，建设服务济南市区商贸业的专业物流园区，提升商贸物流企业和园区的水平，建设城市配送体系。加快电商物流和快递企业的发展，构建末端服务网络，推进社区配送服务体系建设，有效解决城市配送“最后一公里”问题。

（济南市经信委）

2014 年黄石市物流业发展情况

一、物流业发展情况

（一）物流业运行情况

近年来，黄石市物流业发展迅速。2013 年黄石市社会物流总额达到 1805.30 亿元，物流业增加值达到 42.37 亿元，物流业增加值占国内生产总值的比重为 4.1%，占服务业增加值的比重为 12%，黄石市物流业总收入为 61.80 亿元，同比增长 22%。

（二）物流业发展情况

1. 物流企业发展情况

截至 2014 年，黄石市已注册登记的各类具有物流服务业务的企业共 2887 家。从服务类型来看，货物运输型企业 2515 家，占比达 87%；仓储服务型企业 106 家，占比为 3.67%；综合服务型企业 266 家，占比为 9.21%。总体上看，传统的单一型企业居多，综合型企业较少。从分布情况来看，黄石市区有 2765 家、大冶市有 94 家、阳新县有 28 家。

2. 物流园区（中心）建设情况

截至 2014 年 5 月底，黄石市有在建物流项目 17 个，共计完成投资 38673.4 万元，其中交通物流项目 4 个、完成投资 13509.4 万元，为年度计划目标的 115%；社会物流项目 13 个、完成投资 25164 万元。已有花湖物流中心、昌龙物流、有色物流、众联物流、罗桥物流园 5 个项目部分建成投入使用。2014 年 11 月 20 日，黄石棋盘洲保税物流中心顺利通过国家验收。由此，黄石成为省内第一家拥有（物流）保税区的地级市。5 月 30 日黄石花湖物流中心开园运营；罗桥物流园一期工程投入运营，二期工程已经启动；阳新县物流中心项目正在进行土地征用、工可报告编制等前期工作。农村综合服务站建设已向省局申报阳新县枫林和排市 2 个项目。

3. 农村物流发展情况

“十二五”期间黄石市规划建设农村物流节点 33 个，截至 2013 年年底，已经建成金牛、太子等 8 个农村综合物流服务站并投入使用。

4. 快递业发展情况

2014 年，黄石市共有快递企业 44 家，257 个营业网点覆盖市区、大冶、阳新以及 80% 以上的乡镇。截至 2014 年 10 月，黄石市快递行业从业人员为 709 人，较上年新增就业 156 人，同比增长 22%。

2014 年，黄石市快递行业地位逐步提升，业务量持续快速增长。受电子商务、网购消费等因素拉动，2014 年黄石市快递业务量累计完成 2139.37 万件，同比增长 60.18%；业务收入达 10123.47 万元，同比增长 63.58%，快递收入首次跨过亿元大关，在行业中地位逐步凸显。

2014 年，黄石市民营快递企业业务量累计完成 1603.37 万件，在黄石市快递业务总量中占比达 74.95%；业务收入累计完成 5565.01 万元，在快递业务收入中占比达 54.97%。民营快递企业发展优势明显，后劲十足。

2014 年，黄石市快递业务量排名前五位的快递品牌依次是邮政 EMS、申通、圆通、中通、顺丰，其快递品牌业务量占黄石市快递业务总量的 80.93%；快递业务收入排名前五位的快递品牌依次是邮政 EMS、顺丰、圆通、中通、申通，其快递品牌业务收入占黄石市快递业务总收入的 85.28%。

（三）发展现代物流业的主要优势

1. 区位优势明显

黄石市东连沪宁，西通汉渝，京广、京九两条铁路大动脉与京港澳、沪渝、大广、杭瑞四条高速公路及长江黄金水道在黄交汇，沪蓉高速、106 国道、316 国道穿城而过，是长江经济带的中心区域和武汉城市圈的核心层，也是全国主要港口城市和交通枢纽城市之一，区位优势明显。

2. 物流资源丰富

黄石拥有得天独厚的港口资源和丰富的公、铁路资源。其中，黄石港上至武汉 143 公里、下抵上海 982 公里，是全国 53 个、内河 28 个主要港口和国家一类开放口岸，岸线有 70 多公里的长江黄金水道，正在建设的棋盘洲码头建成后总吞吐量可达 5000 万吨；黄石市区公路有 13 条干线；铁路有五九铁路、山南铁路，大型厂矿企业都有铁路直达厂区。

3. 市场潜力较大

一是产业有发展需求。近年来，黄石作为武汉城市圈副中心城市，工业生产、固定资产投资和进出口贸易高速增长，对周边地区的辐射和带动作用不断增强。一方面，新冶钢、有色等一批工业支柱企业，产生了强大的生产性物流需求；另一方面，随着苏宁电器、万达广场等一批大型商贸服务项目落户黄石，必将带来更大的社会物流需求。二是企业有发展需要。社会物流需求的增长，刺激了一些基础较好的物流企业不断增强物流服务意识，拓展和延伸物流服务壮大规模，并由此产生了快递、电子商务等一批新型物流业态，促进了黄石市传统物流业向现代物流业的转型。三是居民购买力不断增强。截至 2014 年年底，黄石市社会消费品零售总额达到 519.7 亿元，同比增长 13.3%，城镇居民人均可支配收入 25208 元，同比增长 9.8%；农民人均纯收入 10957 元，同比增长 12%。农民人均收入增速快于城镇居民。2014 年“双十一”，黄石网民消费达 9135 万元，比 2013 年“双十一”网购额增长 49.4%。

二、物流业发展存在的主要差距和造成的影响

虽然近年来黄石市物流业发展速度加快，产业实力明显提升，但无论从组织结构、运作方式还是从经济效益和社会效益上看，既与徐州、临沂、武汉等物流业发达的城市存在较大差距，也与宜昌、襄阳等同类城市存在一定差距。下表分别是临沂、武汉与黄石，以及宜昌、襄阳与黄石市物流业发展的 5 项主要指标进行对比的情况，如表 1、表 2 所示：

表 1　　2013 年临沂市、武汉市与黄石市主要物流指标对比

指　标	地　区		
	临沂	武汉	黄石
物流总额（亿元）	19244. 7	21077. 02	1805. 30
增加值（亿元）	380. 2	805. 1	42. 37
GDP 占比（%）	12. 6	9. 6	4. 1
服务业增加值占比（%）	30. 2	18. 7	12
专业物流企业数（家）	492	700	162

表 2　　2013 年宜昌市、襄阳市与黄石市主要物流指标对比

指　标	地　区		
	宜昌	襄阳	黄石
物流总额（亿元）	2088. 92	9300	1805. 30
增加值（亿元）	175. 99	290	42. 37
GDP 占比（%）	7	10	4. 1
服务业增加值占比（%）	22	36	12
专业物流企业数（家）	334	910	162

通过上表可以看出，黄石市物流业发展滞后与黄石市经济发展的要求，与周边城市差距较大。物流业的滞后对黄石市经济社会发展带来了较大影响。

1. 三次产业结构失衡，经济发展后劲不足

物流业是现代服务业的重要组成部分，而根据收集到的数据 2013 年黄石市社会物流增加值为 42. 37 亿元，占临沂 380. 2 亿元的 11. 14%，占襄阳 290 亿元的 14. 61%；GDP 占比 4. 1%，分别低于临沂和襄阳 8. 5 个、5. 9 个百分点；第三产业占比 12%，分别低于临沂市和宜昌市 8. 5 个、3 个百分点。物流产业效率低下，物流总额增量不足，导致第三产业总量下降，造成三次产业结构失衡。黄石市 2013 年第三产业增加值占 GDP 的比例只有 30. 44%，分别低于全国、湖北省平均水平 15. 66 个和 7. 67 个百分点。

2. 行业发展水平低，影响国民经济总量增长

物流业发展滞后，导致黄石市社会流通缓慢，运营效率低，影响各类产业发展和国民经济总量增长。2013 年黄石市物流业总收入 61. 80 亿元，分别低于临沂市和宜昌市的 1500 亿元、710 亿元；专业物流企业数分别低于临沂市和宜昌市的 492、334 家。

3. 物流成本较高，物流业务量大量流失

由于黄石市大多数物流企业处于传统物流阶段，无法形成规模效应，只能提供单一运输和仓

储服务，产业附加值低，物流运行成本高，导致钢铁、水泥等工业主导产业出口失去竞争力。据了解，2013 年黄石市的物流费用占到了生产总值的31%，而全国物流费用平均占比为 18.0%，其中武汉市的占比为 14.1%；宜昌市的占比为17%。为了降低成本，提高产品流通效率，黄石市东贝、美岛、劲酒等企业均选择武汉、鄂州等外地大型第三方物流公司开展出口业务。

三、黄石市物流业发展中存在的问题

1. 体制不完善

物流业是一个复合型产业，行业管理涉及市发改委、市工商局、市商务委、市邮政管理局、市经信委等多个部门，由于没有建立黄石市统一的协调指导和综合管理机构，行业管理多元分散，条块分割、部门分割现象严重。同时，各部门和行业之间没有科学合理分工，职能存在交叉重复，导致管理缺位、越位和错位，物流业发展中的横向联系被纵向管理体制隔断。虽然 2009 年黄石市成立了“市交通物流发展局”，但其属于市交通局二级单位，遇到综合性问题，没有权限协调调度各相关部门，解决起来难度大。

2. 缺乏统筹规划

一是产业规划滞后。物流业长期处于先发展，后规划的无序状态，一些已建成的物流中心、物流园区由于在选址和建设时没有经过科学系统的规划论证，建成后与城市总体功能布局脱节。如新建成的市物流中心由于地处花湖，距离商贸业繁荣的中心城区较远，很多物流企业不愿入驻其中。同时，随意变更已规划的物流用地也严重影响了物流业发展。如：西塞山区上窑小商品批发城的业主反映，该批发商城在最初规划时曾预留了配套的仓储建设用地，但因种种原因被相关部门更换用途。二是资源分布不均衡。区域发展不平衡、城乡发展不平衡的现象严重，呈现中心城区物流资源多，分布相对集中，边远城区及农村物流资源少的格局。三是供需结构不平衡。一方面，黄石市大部分物流产品的运输和调配都由企业自身完成，本应剥离出来交给第三方经营的物流服务资源仍滞留在企业内部，致使专业化、社会化的物流市场需求不足；另一方面，现有的物流企业规模小，实力弱，功能单一，服务质量和效率难以满足社会化物流需要。

3. 产业要素不全

一是缺乏制度规范。没有根据快速发展的物流市场需要，及时调整和完善配套行业标准及管理制度，行业标准不统一，准入门槛低，检查和收费项目多，无序竞争激烈。二是缺乏政策扶持。对物流业发展投入有限，金融、税收、土地等方面扶持政策少，宣传不到位，多数业主表示对现行的优惠政策不知情。同时反映，由于金融机构对物流企业贷款申请要求高，船舶、车辆等动产又不能抵押，贷款难、融资难的问题依然严重。此外，大部分企业反映营业税改增值税后，由于人工费、过桥费、过路费和保险费未被纳入抵扣范围，小规模纳税人无资格进项抵税等各种因素，企业税负不减反增。三是缺乏龙头企业带动。由于没有与工业、商贸、涉农等产业和区域有效对接，形成功能完善的物流配送系统，因此难以培育和壮大本地龙头企业，也难以引进大型龙头企业来黄发展，多数物流企业处于零散、量小、无序状态，服务功能单调，技术力量和综合化程度低，缺乏辐射带动力。统计显示，黄石市 2887 家从事物流的企业中，专业的只有 162 家，注册资本达到 1000 万元的不足 16 家。

4. 产业基础薄弱

一是交通运输设施建设滞后。对外：港口建设速度缓慢，内外贸集装箱业务发展滞后，没有形成水运、公路、铁路相互辐射、运转高效的立体交通运输体系。黄石市年拥有货运集装箱20万标准箱，而黄石港口实际承载的吞吐量只有2万标准箱，货源流失严重。对内：欠缺区域性货物公共集散和配发中心，企业自用配送点多，运输线路重叠，容易引发交通拥堵，配送车辆“进城难、停靠难、装卸难”。由于没有货物公共集散中心，一些快递员当街分拣货物。二是信息化建设水平低。没有建成黄石市统一的物流公共信息平台，缺乏电子商务总体规划和系统的支持政策，企业内部物流信息管理和技术手段落后。三是园区建设进展缓慢。受规划、土地等因素影响，项目建设进展缓慢，目前尚无按照规划完全建成的项目。其中：新兴际华现代钢铁物流园、黄石棋盘洲物流园等项目已开工建设3年之久，现在还未建成。四是设备设施严重老化。一些与集装箱、公路快运相配套的公路货运场站和物流中心、物流园区、专业批发市场、仓储等设施设备严重老化，机械化程度不高，仓库站场储存能力有限。

5. 缺乏专业人才

一是从业人员素质偏低。根据市物流协会统计，黄石市162家专业物流企业从业人员中，获得专业资质的只有170人。二是人才结构不合理。企业普遍反映单一型人才多，复合型人才少，具体操作型多，管理创新型少，尤其缺乏精通现代物流经营管理经验和科学技能的专业人才。三是缺乏人才培养和引进计划。没有制订人才培养中长期发展规划，社会物流培训机构整体实力弱，虽然培训项目品种多，但效果不明显。

四、发展黄石市现代物流业的建议

（一）理顺体制机制，积极构建现代物流共建体系

1. 加强协调指导和综合管理

目前，湖北省内外一些物流业相对发达的城市和地区，均通过设立由主要领导牵头、部门单位参与的协调指导机构和专职综合管理部门进一步明确和细化权职范围，理顺发展体制机制。因此提出以下建议：黄石市政府尽快组建由市长任组长，分管副市长为副组长，市发改委、市商务委、市交通局、市规划局、市国土局、市财政局等部门主要负责人为成员的“现代物流业发展领导小组”，加强对黄石市现代物流业发展的协调指导和统筹规划，进一步明确和细化不同主体的责任范围；“现代物流业发展领导小组”下设立办公室，办公室设在市物流发展局，研究制定黄石市现代物流产业发展的主要政策，审定重大项目和规划；协调解决黄石市物流发展中的重大问题并作出决策，努力消除各部门、行业之间各自办物流和多头管理、政出多门的现象，形成黄石市上下齐抓共管、协调一致的新局面。此外，应将“市交通物流发展局”升级为“市物流发展局”，作为日常综合管理部门，承担物流业发展规划的起草和实施，推动物流业重大项目和支持性政策措施的落实，强化物流市场监管、物流技术推广和物流人才培育等职责。

2. 搭建联动平台

徐州、襄阳等一些城市积极创新和完善现有的物流业管理模式，探索建立了“物流产业联席会议制度”“专家会审制度”等配套制度，搭建了行业重大事项会商、咨询和协调的公共服务平台，取得了较好成效。因此提出以下建

议：黄石市政府及相关部门可以结合黄石市物流业发展的实际情况，探索组建“现代物流产业联席会议”等制度，搭建部门之间的联动平台，促进现代物流业发展。

3. 调动各种积极因素

围绕建设鄂东南物流中心的目标，积极引导和鼓励自然人、企业和物流行业协会等社会组织参与共建，促进现代物流业先进技术和先进理念的传播推广。

（二）科学统筹规划，积极构建现代物流社会体系

1. 坚持物流先行，高标准编制产业规划

按照“整体规划、适度超前、分步推进”的原则，科学编制《“十三五”黄石现代物流业发展规划》，及时编制《黄石市农村物流发展规划》《黄石市物流园区发展规划》等各类配套规划。统筹考虑黄石市产业结构布局、环境保护，投资来源、运营组织以及建成后经营效率和效益等因素，注重与城市发展规划、农业发展规划等各项社会规划之间的有机衔接，科学制定指导方针、总体思路和发展目标。

2. 加强三个“一体化”建设，构建“大物流”格局

一是积极推进产业一体化，通盘考虑物流业与工业、商贸、农业等产业和行业之间的相互影响和渗透作用，加快推进大型超市、商场配送中心与物流园区、物流中心相对接，促进商贸物流发展；二是积极推进城乡一体化，大力推广“农超对接”工程，建立农产品进城快捷通道，形成生产超市化、经营连锁化、加工链条化的农产品物流配送系统；三是积极推进区域一体化，促进区域物流和中心城区专业物流的协调发展，加强区域间的沟通与合作，实现互补共赢，全面提升物流发展对经济社会的辐射带动作用。

3. 坚持“规范化”理念，加强规划执行

为了确保物流规划的有效实施，建议将物流规划纳入黄石市重要产业规划，由市政府颁布并组织实施。同时，加快制订配套实施方案和具体意见措施，做到物流规划与其他各项规划的有效对接，并强化规划控管措施，明确规定不得随意更改和变动已制订通过的规划，确保物流规划顺利实施。

（三）加强基础建设，积极构建现代物流网络体系

1. 加快建设综合交通运输网络

对外：按照适度超前的原则，进一步优化交通运输规划，以港口建设为突破点，充分发挥黄石市“一类口岸”和“主要港口”的特色优势，积极探索港口多元化投资和一元化经营的体制机制，吸纳各方资源与力量，加快棋盘洲港区建设运营步伐。同时，大力发展对外水上贸易，盘活港口物流，将黄石港口建设成为区域性物流中心及长江中游外贸中转枢纽港；以高速公路建设为基础，建立城市外环高速公路；以铁路为骨干，加快山南铁路改造工程建设，形成水运、公路和铁路相互辐射、相互呼应的城市大型综合交通物流网络。对内：加大资金投入力度，规划建设一批城市公用型配送、集散中心和货运站场，缓解城市物流配送压力；加快推进城市道路交通和物流管道建设，形成高效便捷的城市交通运输网络。

2. 全力打造现代物流信息网络

利用现代信息技术，搭建物流信息公共平台，逐步建立现代物流公共信息查询系统、物流电子政务信息系统和物流电子商务信息系统，形成信息采集、处理和服务的交换共享机制，有效整合物流资源，提高企业运营效率。

3. 加速建设园区企业集成网络

在大力推进棋盘洲综合物流园区、大冶罗

桥物流园、阳新物流园等物流园区建设的同时，强化园区集成功能，积极引进商贸、货运、仓储等不同行业、不同特点的物流企业进入园区发展，打造一批集市场信息、仓储、配送、多式联运及展示、交易等功能于一体的现代物流基地，实现物流企业集聚发展，提升规模效应。

（四）强化各项措施，积极构建现代物流保障体系

1. 强化政策扶持

应加大财政扶持力度。建议市级财政在安排黄石市特色产业发展资金支出时，将现代物流业发展专项纳入其中，通过财政资金支持重大物流工程建设、培育大型物流企业、引导物流资源整合和传统物流改造提升。同时，在土地、财税、金融等方面给予政策优惠和支持，吸引和鼓励多种经济成分、外地知名物流企业参与黄石市物流业的发展。其中，市政府及有关部门要积极探索开展多层次、多形式的政银企对接活动，引导金融机构进一步加大对物流企业的贷款授信，及时跟踪签约项目贷款到位情况，加强物流政策与信贷政策的有效对接；市规划部门要严格按照黄石市现代物流业发展规划，优先预留物流园区、物流中心建设用地，保障合理的用地需求，不得轻易变更规划用地，对因公众利益不得不更改用途的物流用地，要及时置换，合理补偿；市税务管理部门要合理确定物流企业税收计征基数，在国家税法许可范围内尽量向物流企业倾斜；市土地部门要按照工业用地的价格对物流用地企业进行出让。

2. 加强人才培育和引进

制订物流人才引进计划，在人才落户、子女入学、奖励等方面给予优惠政策；借鉴外地经验，引导大专院校、科研机构与物流企业合作，加强物流“产学研”基地建设，培养理论结合实际的物流人才，为现代物流业发展提供智力支持和人才储备；大力开展物流人才教育和培训工作，通过不同方式和各种渠道，组织开展符合物流企业实际用人需要的职业资格培训认证工作，进一步加大对从业人员的培训力度和服务质量的跟踪管理。

（五）坚持市场导向，积极构建现代物流服务体系

1. 加强标准化建设

尽快淘汰一批落后产能和不适应市场需求的技术标准，根据不同的行业性质，及时健全和完善适应市场需求的行业标准和价格机制，推进物流成本核算的标准化，提高物流运行效率，提升服务水平。

2. 大力培育和引进龙头企业

按照“突出重点、集中配置”的原则，鼓励黄石市传统的钢铁、服装、化工等优势产业尽快剥离出物流企业，重点培育一批服务水平高、竞争实力强的大型现代物流企业。同时，按照行业发展功能定位与产业布局进行重点招商、订制招商和定向招商，大力引进大型物流龙头企业来黄发展，全面提升物流产业集中度和整体竞争力，促进物流服务提档升级。

3. 规范市场管理

按照现代物流发展的要求，及时清理、废除各类不适应现代物流发展要求的部门规章或地方性规章，加强物流市场整治和规范管理，建立公开、平等、规范的市场监管制度，坚决遏制对物流企业的乱罚款、乱收费行为，减轻企业负担，形成统一开放、公平竞争、规范有序的现代物流市场环境。

（黄石市人大财经委　黄石市人大常委会预算工委　黄石市人大财经与预算专业代表小组）

2014 年深圳市物流业发展情况

2014 年伴随着深圳市经济发展质量的提升，深圳物流业出现辐射范围持续扩大、物流货值不断增加等新特征。总体看，深圳市物流产业规模、运行效率持续向好，深圳市物流业处于平稳发展期。

一、物流业运行情况

2014 年深圳市物流业增加值为 1614.18 亿元，比 2013 年增长 9.69%，提前超额完成“十二五”规划确定的 1500 亿元的预期目标；物流业增加值占深圳市 GDP 的比重为 10.09%，首次突破 10% 大关，物流产业支柱地位进一步巩固。

2014 年深圳市社会物流总费用为 2268.15 亿元，同比增长 9.61%，占同期 GDP 的比率为 14.17%，较 2013 年下降 0.10 个百分点，低于全国约 3 个百分点，物流效率继续提升。

2014 年深圳市物流业景气指数平均值为 54.13%，比 2013 年微幅回落 0.65 个百分点，说明全年社会物流需求较为旺盛，显示出深圳物流业处于平稳发展期。

二、物流业发展情况

（一）电子商务物流快速发展

2014 年，深圳市政府办公厅正式印发了《关于促进深圳电子商务物流业发展的若干措施》和《深圳市发展快递业管理规定》，其中《关于促进深圳电子商务物流业发展的若干措施》是全国首个规范和促进电商物流业发展的政策性文件，使深圳市发展电商物流再次领跑全国。两个政策的出台，为深圳市电子商务物流的快速发展创造了良好的政策环境。

2014 年在深圳市政府的大力推动下深圳市电子商务物流发展迅猛，自 2009 年深圳创建国家电子商务示范市以来，深圳市电子商务的交易额的增长速度一直保持 50% 左右，2014 年深圳市电子商务的交易额已达到 15070 亿元，同比增长 58.43%。

从网购规模来看，深圳市网络购物规模达到了 944.12 亿元，同比增长 6.14%，相当于全市社会零售商品销售总额的 19.5%，达到了电子商务发展国家的水平。

从交易结构来看，B2B 仍是深圳电子商务市场的主体结构。在深圳市电子商务市场中，B2B 的交易额占总体交易额的比重为 92.58%，B2C 交易额占总体交易额的比重为 7.4%，C2C 交易额占总体交易额的比重为 0.02%。

从电子商务交易主体类型来看，应用型企业交易占比为 65.73%，服务型企业交易比重占比为 34.27%。从电子商务交易类型上来看，商品类交易额占比为 82.63%，服务类交易额占比为 17.37%。

2014 年深圳市移动电子商务总体市场规模达到 530 亿元，占深圳市电子商务总体交易额的 3.52%，占全国移动电子商务交易额 2780 亿元的 19.1%。整个产业在未来几年会与全国同步保持爆发式增长。

2014 年，深圳市跨境电子商务总体交易额达 170.4 亿美元，比上年增长 27.3%，占全市电子商务整体交易额的比重为 7%，占深圳外贸进出口总额的 3.5%。其中，在海关“9610”和“1210”监管代码下的跨境电商零售进出口额达 3641.47 万美元，跨境电商正成为深圳外贸进出口重要的新型业态。

（二）物流企业实力明显提升

2014 年深圳市物流企业积极创新加快发展，取得了显著的成绩。顺丰速运营业额突破 400 亿元，保持了国内最大快递企业的地位。怡亚通努力构建新的流通生态圈，用电商的方式帮助千千万万的商业终端融入互联网的大潮，彰显了供应链行业的领航者的作用。

截至 2014 年年底，深圳市在有效期内的重点物流企业已有 71 家。其中 42 家企业是 2014 年被深圳市新认定的重点物流企业，深圳市物流企业竞争实力明显提升。

（三）行业竞争力凸显

在深圳市经济发展质量提升的带动下，深圳市物流业出现了辐射范围持续扩大趋势，供应链管理作为深圳市物流业近年孕育的一个新型业态发展迅猛。深圳市前海“亚太供应链管理中心”的定位不断吸引众多巨头纷纷在深圳前海布局，影响更多的供应链类型企业入驻，2014 年全国已有八成以上供应链管理企业总部聚集在深圳市。截至 2014 年年底，入驻前海的现代物流企业已达到 3005 家，这些企业将在更广的范围参与全球资源整合，为生产企业、渠道商等提供一体化供应链服务，在更大的范围、更深的层次参与全球价值链竞争，抢占全球价值链的高端环节，并带动传统加工贸易企业的转型升级。前海已经成为深圳未来发展的热点。

2014 年深圳港已形成盐田、蛇口、赤湾、大铲湾等多个港区，拥有众多万吨及百万吨级泊位。深圳港挂靠航线连续多年保持增长态势，2014 年年底深圳港挂靠航线达到 235 条，是 2009 年的 1.26 倍。如今深圳港形成了远近洋、干支线、内外贸相结合的全球性航运网络体系，随着国际集装箱班轮航线覆盖率的不断提升，深圳港腹地的范围也不断拓展，部分东南亚的货物也开始经由深圳转运北美、南美等地。

2014 年深圳机场航空货邮吞吐量实现 96.4 万吨，是 2009 年的 1.6 倍。2009—2014 年深圳机场航空货邮吞吐量年均增长率约为 9.76%。

2014 年深圳市物流行业在多个方面保持国内领先地位。深圳港全年完成集装箱吞吐量 2403.7 万标准箱，同比增长 3.26%，继续位居全球第三；深圳市快递业务收入完成 168.67 亿元，同比增长 33.3%，占全国业务收入的 8.28%，全年人均发出快件 90 件。

（四）政策创新和扶持力度持续升温

2014 年深圳市政府陆续出台支持物流业发

展的政策性文件，为物流业发展创造良好的氛围，同时，深圳市政府还在项目推动和资金支持方面支持物流业发展。政府的政策创新和扶持力度持续升温成为深圳物流业持续发展的重要推手。

2014 年深圳市政府相关部门同时完成第一批全市性物流公共信息服务平台项目认定，2 个项目被认定为全市性物流公共信息服务平台。

2014 年深圳市共发放现代物流业物流子项产业资助资金 11635.6 万元，助力深圳市物流企业的发展，政府“看得见的手”成为物流产业发展的主导力量之一，为深圳市物流业的快速发展起到了重要的推动作用。

三、持续发展

2015 年深圳市政府部门将启动深圳市现代物流业“十三五”规划编制工作，统筹快递业发展规划，编制完成深圳城市配送体系规划及实施方案。2015 年深圳市将力争实现物流业增加值 1750 亿元，同比增长 10%，占全市 GDP10% 以上；实现快递业务量 13.8 亿件，快递业务收入 225 亿元，同比增长 35%。此外，深圳市交通主管部门计划抓紧船舶大型化机遇，完善港口基础设施，推进铜鼓航道拓宽至 270 米宽、17.5 米深，令其可满足 20 万吨级集装箱船舶通航要求，推动港口增开至东南亚、中东、欧洲地区航线，力争 2015 年实现深圳港国际集装箱中转业务比例达到 15%。

（深圳市物流协会）

2014年银川市物流业发展情况

近年来，银川市委、市政府高度重视现代物流业发展，通过科学规划、政策支持、项目带动，银川市物流业发展呈现出规模快速扩张、效益日趋显著，为银川市经济和社会发展做出了积极贡献。

一、发展现状

（一）物流规模进一步扩大

近年来，银川市围绕增强区域中心城市聚集辐射功能，积极构建以银川为中心的宁蒙陕甘毗邻地区现代物流体系，物流业已经逐步成为带动银川市经济发展的新增长极。2014年，银川市物流相关行业增加值完成116.99亿元，占银川市服务业增加值的20.2%，占银川市GDP的比重为8.4%。2010—2014年银川市社会物流总额年均增长27%，物流相关行业增加值年均增长8.25%，各种运输方式完成货运量年均增长11.8%，物流相关行业固定资产投资额年均增长30.2%。

（二）物流基础设施建设加快

截至2014年年底，银川市基本上形成了以公路、铁路为骨干，民航和管道运输为辅助，辐射全区及毗邻地市的对外综合交通体系。目前，全长78.7公里的绕城高速公路已全线通车，包兰铁路、太中银铁路、宝中铁路与全国铁路网相连；银川已经成为国内第九个获得第五航权的城市，也是国内继海口后第二个同时获得第三、第四、第五航权的城市，是我国重要的航空干线，不断完善的物流基础设施为现代物流业发展提供了有力支撑。

（三）物流骨干园区、企业培育成效显著

目前，银川市大物流格局逐步显现，从园区来看，银川市共有150亩以上的物流园区（中心）31家，占宁夏回族自治区的52%，初步形成以银川综合保税区为主的外向型物流、以西夏国际公铁物流城为主的公铁联运物流、以宁夏润恒农副产品（冷链）物流产业园为主的农产品物流、以西北现代供应链科技园区为主的商贸物流的物流发展格局。从企业来看，目前，银川市从事仓储、运输、装卸、包装、流通加工、配送、快递、冷链、物流信息服务等业务的物流企业达到1300多家。截至2014年年底，银川市2A级以上物流企业达到23家，占宁夏回族自治区区的63.9%。其中，4A物流企业有4家、3A物流企业有13家、2A物

流企业有6家。

（四）物流投资环境和发展环境进一步优化

近年来，银川市委、市政府高度重视发展现代物流业，不断优化物流业投资和发展环境，继2009年《加快培育物流配送骨干企业发展的若干政策》之后，又编制了《关于银川市委银川市人民政府加快促进区域性物流中心建设发展的若干政策》（以下简称《政策》），截至目前，《政策》已上报市政府待常务会议研究审定。该《政策》有针对性地对银川市物流基础设施投资、物流骨干企业的培育、物流公共信息平台建设、物流业与制造业联动发展等方面进行相关的优惠扶持，进一步优化了银川市物流业发展环境。

（五）物流信息化建设步伐加快

一是支持新百连超、东桥电器等企业建立企业物流信息管理系统，并应用条码识别、无线射频识别（RFID）等电子信息技术。二是推动交通国际物流港建设北斗卫星货车动态监控管理公共信息服务平台项目、宁夏望远现代金属物流园物流信息管理平台项目应用物联网等新技术，实现网络可视化、货物实时跟踪、仓储智能化管理、“一卡通”式服务。三是ETC系统推广得到发展，基本覆盖银川市主要的高速公路进出口，进一步缓解高速公路拥堵，减少高速公路道口停留时间。

（六）新型物流业态方兴未艾

一是支持宁夏羿鑫科技北上数字科技有限公司、宁夏易民互联科技发展有限公司在银川市安装投放智能快递柜，有效解决城市共同配送体系中“最后100米”的问题。截至目前，共安装调试智能快递柜200台，累计使用量达到50万次。二是鼓励与推动金融仓储服务。支持宁夏亿博丰金融物流管理有限公司、宁夏嘉宝信金融仓储有限公司开拓业务，为中小企业提供动产存储、交易、抵质押仓储融资于一体的标准仓单服务及投融资担保服务和动产管理服务等，可有效缓解中小企业融资难问题。

（七）城市物流配送体系逐步完善

近年来，随着银川市现代物流技术应用和共同配送综合试点工作的有序开展，城市物流配送体系逐步完善。一是以现代物流技术应用和共同配送试点城市为依托和基础，培育银川同城社区配送、东桥电器、领鲜物流等5家商贸流通企业开展消费品、生鲜食品、家电等民生商品的共同配送。二是新百连超、华润万家、双宝等连锁超市企业新建50000平方米的商贸物流分拣、配送中心，提高了商品配送率。三是新百便利店率先在西部地区开展快递包裹代收服务。四是进一步整合51890家政信息平台，推出城市货的叫车服务。

（八）现代物流人才队伍建设成果显著

一是培训物流中高级技能人员283人次；大力推进物流师执业资格的认证工作，银川市新增中高级物流师226人。截至目前，银川市中高级物流师共873人。二是邀请国内业界专家进行物流及相关领域的专题讲座，年累计参会约500余人次。

二、存在问题

（一）“社会物流成本偏高”与“物流企业赢利能力偏低”并存

2014年，银川市社会物流总费用与GDP的比率为24.9%，高于全国18%的平均水平。同时，监测的29家物流企业物流业务营业收入虽小幅增长（同比增长约1.2%），但物流企业整体赢利能力偏弱。

（二）产业主体发展水平不高，缺乏竞争力

虽然银川市已经引入中外运、国药控股股

份有限公司、江苏润恒集团等大型物流企业入驻，但进入的大企业少，且进入的时间短，尚未形成对整个物流行业发展的带动力。截至目前，银川市还没有一家5A级物流企业，物流企业成长与物流量增长不协调。

（三）制造业与物流业的联动发展亟待推进，生产性物流业发展有待提高

截至目前银川市物流业专业化服务能力与专业化服务需求均处于相对初期的阶段，企业发展对于物流的支持要求有待发掘，物流业与制造业的联动发展亟待推进，物流产业集中度与专业化、社会化程度偏低，生产性物流业发展水平有待提高，致使产业联动性发展不足、流通成本较高、综合服务水平偏低等问题得不到根本解决。

（四）物流园区综合服务功能有待提升，缺乏市场化的运作机制和赢利模式

银川多数物流园区虽然具备了运输、装卸、仓储配送和信息服务等功能，但与物流发展的市场需求相比，仍然存在着专业程度不高、设施装备配套性差、综合服务能力不强、信息联通不畅等问题，多式联运、冷链物流服务、信息管理、流程优化、一站式服务等功能亟待完善和提高，物流长期处于较低水平的运营阶段，园区服务和可持续发展能力不足。

（五）物流业功能定位不明确、布局有待调整且同质化经营现象较严重

目前，银川市物流业缺乏明确的功能定位和清晰的主导发展方向，没能用好当前优越的发展条件和难得的发展机遇。虽然各县（市）区建设物流园区以及招商引资的积极性很高，但布局欠合理，没有充分考虑到西北、宁夏及银川未来经济发展的需要。同时，现有和拟建的各物流园区之间缺乏合理分工和协调，功能雷同、互补性差，甚至多个园区为同一产业服务，存在同质化、无序竞争倾向，不但造成了资源浪费，同时也制约了区域经济与产业的发展。

（六）企业技术装备与信息化水平偏低

银川市绝大多数的物流企业的信息传递方式落后，互联网技术没有得到广泛应用和推广；尚没有本地的公共物流信息平台，不利于整合社会资源，降低物流成本，为用户提供优质物流服务。

（七）人才严重不足，难以满足企业发展需求

目前银川市80%以上的物流企业，特别是2A以上物流企业普遍缺少中高层次的管理人才，更缺少大量的技术和业务骨干，难以满足企业发展需求。

（八）企业项目融资贷款较难

目前，银川市部分物流重点项目缺乏贷款担保抵押物，融资贷款困难，制约物流项目建设。如贺兰德胜工业园正在建设的宁夏电商物流产业示范园，苏宁云商、京东、顺丰、圆通、韵达等物流快递企业均已签约入驻，但是受银行贷款未到位影响，该示范园二期项目迟迟无法开工建设。

三、发展目标

（一）降低物流成本，提高物流效率

银川市政府为推进物流业发展，在“十二五”期间物流业发展的基础上，制订了转型升级目标（详见下表），其中明确力争到2020年全市社会物流总额达到5325.2亿元，年均增长11%；物流业增加值201.8亿元，年均增长7%；货运量达到32867万吨，年均增长11%；物流相关行业固定资产投资139.46亿元，年均增长11%；社会物流总费用与GDP的比重下降到16%。

银川市物流业转型升级目标表

指　标	2015 年目标	2016 年目标	2017 年目标	2020 年目标
社会物流总额及增速（亿元/%）	3161. 4/12%	3540. 8/12%	4000. 9/13%	5325. 2/11%
物流业增加值及增速（亿元/%）	139. 9/8%	152. 5/9%	164. 7/8%	201. 8/7%
货运量及增速（万吨/%）	18821/12%	21268/13%	24032/13%	32867/11%
物流相关行业固定资产投资及增速（亿元/%）	79. 86/12%	90. 24/13%	101. 97/13%	139. 46/11%
社会物流总费用与 GDP 的比重（%）	22%	20%	18%	16%

（二）狠抓骨干物流项目建设

提升银川综合保税区、银川陆港物流中心、银古物流中心、众一物流园、西北供应链科技园区的综合服务功能，完成宁夏交通物流园、宁东能源化工基地物流园区、西夏国际公铁物流城、银川润恒农副产品冷链物流园二期等重点物流园区的建设并投入运营，形成以物流园区为支撑、物流中心和配送中心互相衔接的综合物流节点体系。

（三）培育壮大现代物流企业

预计到 2020 年，银川市力争培育发展年营业额亿元以上的第三方物流企业 12 家；年营业额 2000 万元以上的商贸物流骨干企业 35 家。

（四）加快物流业信息化进程

加强北斗导航、物联网、云计算、大数据、移动互联等先进信息技术在物流领域的应用。加快企业物流信息系统建设，发挥核心物流企业整合能力，打通物流信息链，支持市场主体开发建设银川物流公共信息平台、园区信息公共平台，完善宁夏电子口岸综合服务功能。到 2020 年，建成并完善银川公共物流信息平台，推进全社会物流信息资源的开发利用，支持运输配载、跟踪追溯、库存监控等有实际需求、具备可持续发展前景的物流信息平台，鼓励各类平台创新运营服务模式。

（五）推动物流人才培训

支持物流相关职业资格认证培训和其他物流业相关培训，通过举办物流论坛等形式开阔物流领域管理人员的视野、增进物流领域的交流。预计到 2020 年，培训中高层管理人员将达 1500 人次，物流普及培训人员将达 4000 人次。

（银川市商务局）

第六部分

物流技术与装备

2014 年中国物流装备行业

一、物流装备行业发展环境

2014 年我国宏观经济运行对物流装备行业的发展影响较大，经济增长速度下滑导致一般的物流装备产品，如叉车、托盘等的市场需求严重萎缩，这类普通物流装备产品开始进入总需求波动、产能过剩的低速增长阶段。具体表现在：叉车、托盘等装备产品市场增长乏力，增长速度由原来 30% 左右的高速增长下降到仅一位数的增长，增速下滑幅度较大。如叉车在经历了多年高速增长后，自 2011 年以来已经连续三年产量在 30 万台左右徘徊，预计 2014 年托盘的增长幅度基本在 9% 左右。

2014 年对物流装备行业影响较大的还有行业政策环境。国务院正式通过《物流业发展中长期规划（2014—2020 年）》（以下简称《中长期规划》），把物流业定位于支撑国民经济发展的基础性、战略性产业。规划要求：到 2020 年，基本建立布局合理、技术先进、便捷高效、绿色环保、安全有序的现代物流服务体系，明确了中长期发展的战略目标。规划提出三大发展重点、七项主要任务、十二项重点工程和九项保障措施，抓住了制约物流业发展的关键问题，明确了我国物流业“新常态”下健康发展的顶层设计。国家对物流行业的支持和重视将带动物流装备行业的快速发展。

2014 年对物流装备行业影响较大的还是经济结构调整。随着制造业产业结构调整和劳动力成本上升，企业纷纷改造物流系统，用机械化取代人力，用自动化提升效率成为趋势，极大带动了机械化、自动化和智能化物流装备的高速增长。2014 年物流系统的自动化与机械化设备需求大幅增长，冷链物流技术装备、自动化立体库系统等进入快速发展阶段。尤其是适合电子商务物流的快速分拣系统，智能终端自提货柜系统，智慧物流信息系统等发展较快。现代信息技术革命不仅对电子商务领域产生了巨大影响，也将对现代物流装备行业带来巨大变革，目前不仅货运车联网系统和快递业的智慧物流系统发展日新月异，大数据对现代物流体系的优化与变革已经引起亚马逊、谷歌等信息产业巨头的关注，纷纷进入物流领域。最先进的无人机配送技术已经成为 UPS、顺丰速运的关注焦点，开始进行技术测试和尝试性的推广应用。现代物流业已经由人搬肩扛快速进入自动化与信息化阶段。

二、物流业对物流装备行业的影响

2014年我国社会物流总额为213.5万亿元，同比增长7.9%；物流业增加值为3.55万亿元，可比增长9.5%，两项指标增速与上年相比均小幅放缓，但仍高于同期GDP增速，处于中高速增长区间。社会物流总费用为10.6万亿元，同比增长6.9%左右，增速延续小幅回落态势。社会物流总费用与GDP的比率约为16.6%，物流业发展的质量和效率有所提升。中国物流景气指数全年处于55%上下区间波动，物流运行总体趋稳。我国物流业需求结构和发展环境的变化，对物流行业的技术改造和装备升级带来了巨大影响。如电商物流仓储建设加快和资本市场推动带来了物流信息化模式创新，促进了物流企业对新技术与新装备的需求；物流细分市场的快速增长，带动了医药、商贸、食品、家电、电子等行业对物流装备的需求。

2014年，第三方物流企业也纷纷加大技术改造和装备升级力度。城市配送企业更加关注配送效率提升和配送中心建设，关注物流标准化、信息化的发展，对新型叉车、货架、分拣输送设备、自动化立体仓库等现代化物流装备的需求快速提升；托盘租赁共用循环使用系统得到国家及政府部门关注，在快速消费品领域获得较快发展。

三、物流装备行业发展情况

根据全世界先进国家的经济发展规律，在经济进入经济转型升级阶段的时候往往是物流装备大发展的时期。国际经验表明，在人工、土地等成本不断上升，经济增速开始放缓，靠降低成本或扩大销售难以获得利润时，物流业"第三利润源"的战略地位将凸显，产业升级将直接带动物流机械化、自动化大发展，带动物流装备市场需求快速增加。可以说，我国经济增长进入"新常态"，物流装备行业将进入"非常态"。主要有三大驱动因素。

一是大变革。物流装备行业已经进入大变革时代。这首先是由电子商务快速发展引起的，电子商务的发展改变了现代物流的系统结构，物流服务向消费者转变，带动了物流技术与装备的变革。其次，随着物联网、大数据、云计算和移动互联网的发展，推动了以"产业互联网"为特征的工业4.0革命，也必然带来物流互联网的大变革。

二是大发展。经济转型带来了劳动力成本、土地成本、仓储租金成本的大幅上升，带来了企业对物流机械化、自动化的需求，促进了高架立体库、全自动立体库、自动分拣系统的设施建设，直接带动了物流装备行业的大发展。目前中国物流装备市场已经超越日本、美国及欧洲各国，成为世界上最大、最具活力的市场。

三是大创新。信息技术的发展推动了以"产业互联网"为特征的新工业革命，其主要体现是"智慧制造、智慧工厂的信息物理系统"，也被德国概括为工业4.0。工业4.0带来的物流技术创新主要体现在以物联网、云计算、大数据、移动互联网应用的物流信息系统创新和以自动化、智能化、绿色环保为方向的装备创新。

十年前，我国物流装备行业高速发展的主要驱动力是以叉车、托盘、货架等为主体的普通物流装备。自2013年以来，我国物流装备行业发展的驱动主体已经升级换挡为：自动化物流设备、智能穿梭车、智能机器人、输送分拣系统、感知与识别系统等技术与装备。2014年这一趋势更为明显。2014年我国物流装备行业整体发展好于预期，整体增长速度接近20%，是经济增速的2.5倍以上。

（一）叉车行业

据中国工程机械工业协会工业车辆分会数据统计显示，2014年我国销售机动工业车辆359622台，比上年增长9%；出口机动工业车辆96947台，比上年增长7%，其中仓储类叉车实现20%以上的增长。2014年叉车销售市场的增长得益于国内物流大环境对叉车销售的带动作用，得益于物流企业实施机械化搬运代替人工，得益于电子商务物流的快速发展。各地区包括城乡、县镇和农村的生活资料配送需求量日益增加，带动了叉车的快速增长。

对我国叉车行业总体成长态势分析，连续十多年来叉车行业总体一直处于上升通道，并且实现了连续十多年接近30%的高速增长，叉车市场年销售量也从过去的不足2万台增长到2014年的接近36万台，成为世界最大的叉车生产制造基地。2012年以来，我国叉车行业开始进入循环型上升的增长阶段，呈现出增长速度上下波动、整体产量缓慢增长的态势。2011年以来一直在30万台左右徘徊，2014年产量达359622台，创历史新高，继续位列世界第一大销售市场。

在市场占有率方面，大企业继续保持了自己的优势与市场地位，内资企业在产量上继续保持优势，仓储叉车高速增长，增长率达到20%，仓储叉车占比与上年相比有一定的提升。

（二）托盘行业

2014年，我国托盘行业产销增长速度平稳。受石油价格大幅下调影响，塑料托盘企业市场销售开始好转。预计2014年塑料托盘生产能力将突破65万吨，达到3000万片左右。整体来看，2014年托盘产量呈现中速增长态势，年产量达到24837万片，同比增长9%左右，托盘保有量突破9亿片。木托盘行业受中国经济和环保压力影响，市场销售一般。

根据对托盘生产量增长趋势分析，托盘产量由2003年的年产3500万片增长到2013年的年产2.28亿片，增长了6.5倍左右。同期叉车产量从每年45482台增长到每年30万台左右，也增长了6.5倍左右，叉车和托盘保持了同步增长。目前叉车生产增长已经趋缓，托盘年产量增长速度也将下降。根据目前趋势预测，我国托盘保有量还将保持一段时间的增长，但随着每年托盘更新量的增加，托盘总产量将逐步趋稳。

根据调研，目前在我国的五大类托盘中，木托盘仍占绝对数量，占比为80%，塑料托盘由前几年的11%增至2012年的12%，其他各类材料的托盘占比合计为8%。

在托盘标准化方面，根据中国物流与采购联合会托盘专业委员会调查，我国标准规格托盘占托盘总保有量的比重在23%左右，远低于发达国家。如澳大利亚标准规格托盘占托盘总保有量的95%，欧洲标准规格托盘占托盘总保有量的70%，美国标准规格托盘占托盘总保有量的55%，日本标准规格托盘占托盘总保有量的35%。

（三）货架市场

2014年以来，随着物流自动化的快速发展，制造业对自动化立体库需求快速增长。在商贸物流领域，随着仓储业转型升级步伐加快，企业仓储投资大幅增加。货架市场需求整体上仍处于中速增长阶段，高端立体库货架处于高速增长状态。根据监测及不完全调查统计，2014 年全年预计货架出货量超过 63 亿元，同比增长 15%，其中仓库改造及立体库建设的大型货架系统项目所占比重大幅增加，立体库（含一般立体仓库和自动化立体仓库）的货架预计占比超过 80%。

近几年物流装备行业中的叉车、托盘、货架出现联动发展态势，普通的工业货架市场随着叉车和托盘市场快速增长而增长。但是，2011 年以来，叉车行业经过几十年的高速增长，增长幅度出现下降，进入循环增长阶段，普通工业货架的增长也趋于缓和。同时，受产业转型升级的影响，立体库货架系统的增长速度开始高于叉车与托盘的市场增长幅度。

2014 年在传统的货架需求领域，烟草行业物流配送工程建设项目进入“十二五”收尾阶段，市场需求增长稳定，是中高端货架市场的主力军；医药行业受新医改政策影响，医药配送中心建设步伐加快，医药企业与医药流通企业自动化立体库建设步伐加快，是货架需求的主要行业；电子商务物流领域、服装行业与快速消费品行业对货架需求也越来越多，此外机械、汽车、电子等行业增长平稳，也是货架市场主要应用行业。

（四）物流系统设备集成

2014 年仍是我国物流系统设备大发展的一年。新年伊始，很多物流系统工程项目纷纷开工，自动化立体库项目建设市场一片繁荣，据不完全统计，截至 2014 年 12 月，我国自动化立体库保有量超过 2600 多座。预计 2014 年物流系统设备集成的市场需求增速超过了 35%，年立体库建设超过 400 座以上。2000—2013 年我国物流系统市场需求增长情况如下图所示。

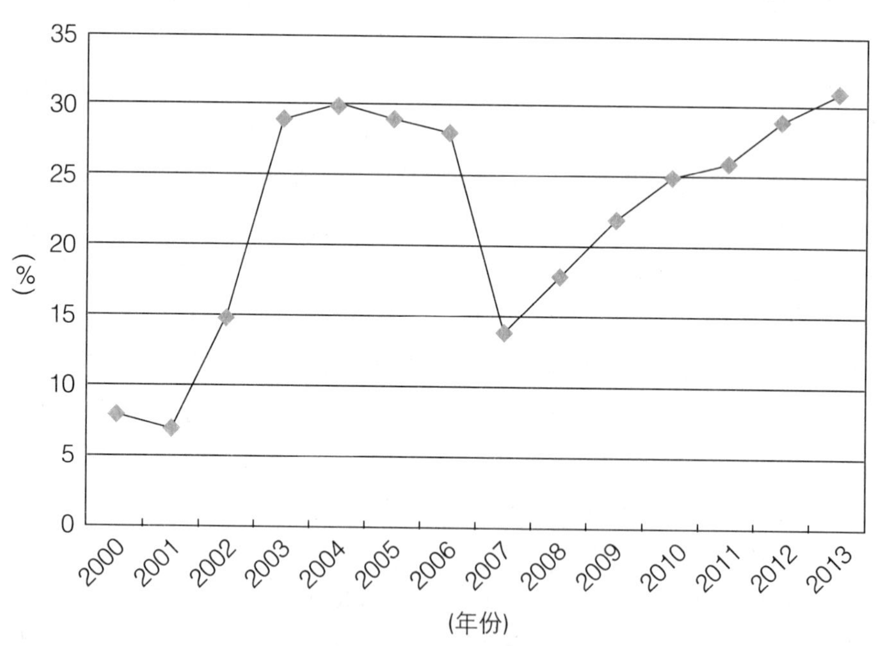

2000—2013 年我国物流系统市场需求增长走势

数据来源：中国物流技术协会信息中心。

从自动化立体库建设规模来看，目前自动化立体库建设规模越来越大，很多自动化立体库平均货位超过1万个，高度超过20米，系统越来越复杂，应用范围越来越广。

2014年海外物流系统供应商继续加快本土化制造与生产，除核心部件外基本采用国产设备，同时物流系统供应商的设备出口也开始增加。据不完全统计，目前我国物流系统集成商约有40家，其中核心企业10多家，内资企业占一半左右，核心企业能够承包物流系统工程项目，掌握自动化立体库总体规划、机械电气控制、软件系统等全面技术，拥有专属的安装制造实体。

随着我国物流系统设备市场的繁荣，很多企业不断进入这一领域，使得该领域企业竞争越来越激烈。总体看，新进入这一领域的物流系统集成供应商主要有如下几类：一是原来的物流系统规划与咨询企业，借助于自身多年的咨询经验，随着业务发展，开始承接物流集成项目，比较有代表性的企业有伍强、兰剑等企业；二是过去建设自动化物流系统较多的企业，具有本行业经验，也开始组建队伍进入该领域，代表性的企业有在医药领域建设物流自动化较早的九州通等企业；三是过去从事货架系统生产与销售的部分企业等。

（五）输送分拣设备

2014年是电子商务大发展的一年，电子商务配送的包裹总数量突破140亿件。随着电子商务物流的发展，对物流输送分拣设备的市场需求日益增长，输送分拣设备在物流系统中所占比例近年来有较大提升，市场需求增长较快。

用机械化和自动化的快速分拣技术，可以取代大量的人工分拣，同时还可以提高分拣的准确率，降低劳动成本。因此随着劳动力成本的大幅上升，极大促进了输送分拣设备行业快速发展。电子商务配送的多品种、小批量、高频次特征，是推动快速分拣市场需求快速增长的基础。监测表明，2014年输送分拣设备行业市场需求呈现高速增长态势，全年增长预计在22%以上、市场规模超过35亿元。

传统的输送分拣应用的主要领域还是烟草、医药、流通、邮政、图书等领域，这些领域的输送分拣市场需求量占总需求的大部分比重，也是输送分拣需求增长比较稳定的领域。

（王继祥　物流技术与应用杂志社）

2014 年中国工业车辆行业

2014 年前三季度工业车辆延续了 2013 年的良好走势，继续保持良好增长，但进入第四季度，由于受国家经济增速放缓、诸多行业新采购设备减少的影响，虽然全年销售总量再次实现正增长，国内和出口双双刷新历史最好纪录，但行业随经济大环境调整的态势已经显现。在机动工业车辆各车型中，由于电子商务的蓬勃发展及消费品物流配送市场的设备需求，使得仓储类叉车成为增长的主流产品，而平衡重叉车由于适用行业的调整，也随之进入滞涨的调整期。

根据中国工程机械工业协会工业车辆分会 2014 年采录汇总报告销售量数据显示：机动工业车辆 2014 年销售量达到 359622 台，与 2013 年同期的 328764 台相比，增长了 9.39%；非机动工业车辆销售量为 1197188 台，与 2013 年同期的 1247040 台相比，下降了 4.00%。2014 年机动工业车辆各月销售情况如表 1 所示。

表 1　　2014 年我国机动工业车辆各月销售情况　　单位：台

类别名称 / 月份	Ⅰ类	Ⅱ类	Ⅲ类	Ⅳ类 + Ⅴ类	Ⅰ～Ⅲ类电动叉车	Ⅰ+Ⅳ+Ⅴ类平衡重式叉车	Ⅰ～Ⅴ类工业车辆
	电动平衡重乘驾式叉车	电动乘驾式仓储叉车	电动步行式仓储叉车	内燃平衡重式叉车（实心、充气轮胎）			
1	2540	461	3782	15951	6783	18491	22734
2	1943	407	4685	17709	7035	19652	24744
3	3620	543	5144	30437	9307	34057	39744
4	3491	460	4596	27283	8547	30774	35830
5	3249	485	4869	23593	8603	26842	32196
6	3504	555	5098	21419	9157	24923	30576
7	3557	550	5847	20462	9954	24019	30416

续 表

类别名称 / 月份	Ⅰ类 电动平衡重乘驾式叉车	Ⅱ类 电动乘驾式仓储叉车	Ⅲ类 电动步行式仓储叉车	Ⅳ类+Ⅴ类 内燃平衡重式叉车（实心、充气轮胎）	Ⅰ～Ⅲ类电动叉车	Ⅰ+Ⅳ+Ⅴ类平衡重式叉车	Ⅰ～Ⅴ类工业车辆
8	3925	547	5992	20290	10464	24215	30754
9	4177	531	5925	19744	10633	23921	30377
10	3755	458	5139	18421	9352	22176	27773
11	4100	512	5166	18139	9778	22239	27917
12	4141	668	5797	15955	10606	20096	26561
合计	42002	6177	62040	249403	110219	291405	359622

一、国内市场情况

2014年我国叉车市场全年共销售机动工业车辆268910台，与2013年的243802台相比，上升了10.30%。我国叉车市场的销售量占亚洲叉车市场432098台销售量的62.23%，比2013年上升了0.36个百分点，仍列亚洲第一位；占世界叉车市场1063029台总销售量的25.30%，比2013年上升了0.64个百分点，继续位列世界第一大销售市场。

下图是2014年各月我国国内叉车市场销售走势，从图中可以清楚地看到我国国内叉车市场全年销售量的变化情况。

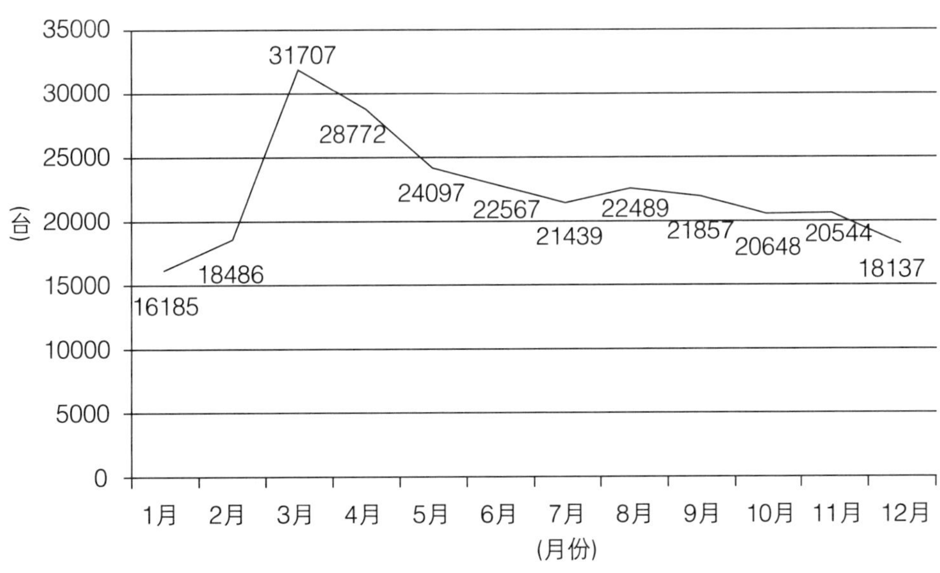

2014年各月我国国内叉车市场销售走势

二、出口情况

2014 年工业车辆出口依然保持较好的增长，根据海关总署统计数据显示，2014 年机动工业车辆出口为 133208 台，与 2013 年的 112703 台相比，上升了 18.19%；其中电动叉车（含巷道堆垛机）出口为 65599 台，与 2013 年的出口量 51288 台相比，上升了 27.90%；内燃叉车（含集装箱叉车）出口为 67609 台，与 2013 年的出口量 61415 台相比，上升了 10.09%。

2007—2014 年度我国机动工业车辆出口数量、金额情况如表 2 所示。

表 2　　2007—2014 年度我国机动工业车辆出口数量、金额情况

年度	出口数量（台）	同比增长（%）	出口金额（美元）	同比增长（%）
2007	48871	83.81	529515401	82.13
2008	60333	23.45	722682384	36.48
2009	27558	-54.32	309421396	-57.18
2010	47143	71.07	517832892	67.36
2011	84249	78.71	1014556246	95.92
2012	97786	16.07	1251750489	23.38
2013	112703	15.25	1369437533	9.40
2014	133208	18.19	1624387978	18.62

机动工业车辆出口 133208 台中，亚洲占 31.43%、美洲占 28.97%、欧洲占 25.69%、非洲占 7.77%、大洋洲占 6.14%；电动叉车（含巷道堆垛机）出口 65599 台中，美洲占 37.68%、欧洲占 27.89%、亚洲占 25.90%、大洋洲占 5.88%、非洲占 2.65%；内燃叉车（含集装箱叉车）出口 67609 台中，亚洲占 36.79%、欧洲占 23.55%、美洲占 20.50%、非洲占 12.74%、大洋洲占 6.42%。出口各洲数量比例情况如表 3 所示。

表 3　　2014 年我国机动工业车辆出口世界各洲情况统计

大洲名称	机动工业车辆		电动叉车		内燃叉车	
	数量（台）	占比（%）	数量（台）	占比（%）	数量（台）	占比（%）
亚　洲	41863	31.43	16991	25.90	24872	36.79
非　洲	10352	7.77	1740	2.65	8612	12.74
欧　洲	34216	25.69	18293	27.89	15923	23.55

续　表

大洲名称	机动工业车辆		电动叉车		内燃叉车	
	数量（台）	占比（%）	数量（台）	占比（%）	数量（台）	占比（%）
拉丁美洲	13889	10.43	3569	5.44	10320	15.26
北美洲	24694	18.54	21148	32.24	3546	5.24
大洋洲	8194	6.14	3858	5.88	4336	6.42
合　计	133208	100.00	65599	100.00	67609	100.00

2014年我国非机动工业车辆（轻小型搬运车辆）的出口量为1575776台，与上年同期的1679595台相比，下降了6.18%。2014年我国非机动工业车辆（轻小型搬运车辆）出口世界各洲的具体情况如表4所示。

表4　　2014年我国非机动工业车辆（轻小型搬运车辆）出口世界各洲的情况

大洲名称	非机动工业车辆（轻小型搬运车辆）出口数量（台）	所占比例（%）
亚　洲	395962	25.13
非　洲	50852	3.23
欧　洲	484927	30.77
拉丁美洲	131809	8.36
北美洲	478894	30.39
大洋洲	33332	2.12
合　计	1575776	100.00

三、进口情况

2014年我国进口叉车及装有升降或搬运装置的工业车辆共12572台，与2013年的进口量12063台相比，上升了4.22%；进口金额为291695891美元，与2013年的进口金额301439716美元相比，下降了3.23%。其中：电动叉车（含巷道堆垛机）为8597台，与2013年的进口量7770台相比，上升了10.64%；内燃叉车（含集装箱叉车）为872台（其中集装箱叉车4台），与2013年的进口量1117台相比，下降了21.93%；未列名叉车3103台，与2013年的进口量4332台相比，下降了28.37%。2007—2014年我国工业车辆进口情况详见表5。

表 5　　2007—2014 年我国工业车辆进口情况

年度	进口数量（台）	同比增长（%）	进口金额（美元）	同比增长（%）
2007	16549	10.78	347486220	21.57
2008	13807	-16.57	343233710	-1.22
2009	9652	-30.0	293627560	-14.45
2010	14644	51.72	389169560	32.54
2011	15632	6.75	368447853	-5.32
2012	12970	-17.03	321267736	-12.81
2013	12063	-6.99	301439716	-6.17
2014	12572	4.22	291695891	-3.23

数据显示，我国进口的工业车辆分别来自世界各大洲的 28 个国家和地区。按各洲进口工业车辆的情况看，在 2014 年我国进口的 9469 台机动工业车辆中，欧洲占比达 51.27%、美洲占比为 15.74%、亚洲占比为 32.88%、大洋洲占比为 0.11%；在进口的 8597 台电动叉车（含巷道堆垛机）中，欧洲占比达 54.18%、美洲占比为 14.77%、亚洲占比为 30.99%、大洋洲占比仅为 0.06%；在进口的 872 台内燃叉车（含集装箱叉车台）中，欧洲占比为 22.59%、美洲占比为 25.23%、亚洲占比达 51.49%、大洋洲占比仅为 0.69%。

（张洁　中国工程机械工业协会工业车辆分会秘书长）

2014 年中国载货车行业

一、载货车行业发展回顾

2014 年，我国经济整体上延续了 2011 年以来的下行趋势，受房地产投资增速进一步下降和固定资产投资增速下降等因素影响，载货车市场需求重返低迷。

（一）载货车行业情况

2014 年我国实现载货车生产 3195901 辆、销售 3184406 辆，销售同比下降 8.9%。其中，重型载货车、中型载货车和轻型载货车的生产和销售均比 2013 年下降，微型载货车的产量和销售量同比略有增长（见表 1）。

表 1　　2014 年我国载货汽车细分市场情况

	2014 年生产（辆）	2013 年生产（辆）	2014 年销售（辆）	2013 年销售（辆）	销售同比增长（%）
重型载货车	747451	760581	743991	774104	-3.9
中型载货车	247899	285461	247839	286839	-13.6
轻型载货车	1661643	1894993	1662634	1908328	-12.9
微型载货车	538908	527466	529942	527019	0.6
载货车合计	3195901	3468501	3184406	3496290	-8.9

1. 重型货车行业

2014 年我国固定资产投资增速超预期下行，使重型载货车销售未能延续 2013 年增长态势，在上半年同比增长 7% 的形势下，下半年需求急转急下，导致全年销售下降 3.9%。

在细分市场上，2014 年非完整车辆共计销售 266057 辆，占重型载货车市场份额的 35.8%，市场份额连续 5 年下滑；半挂牵引车销售 278990 辆，占重型载货车市场份额的 37. 5%，市场份额进一步提升；整车销售 198944 辆，占重型载货车市场份额的 26. 7%（见表2）。

表2　　2007—2014 年我国重型载货车细分市场情况

年　份	2007	2008	2009	2010	2011	2012	2013	2014
重型货车整车（辆）	93087	106746	134281	247698	269907	202121	219967	198944
半挂牵引车（辆）	177776	194155	211106	354623	257574	190645	263383	278990
重型货车非完整车（辆）	216618	239547	290784	415112	353160	243235	290754	266057
合计（辆）	487481	540448	636171	1017433	880641	636001	774104	743991

从 2014 年分季度销售趋势看，重型载货车销售形势与 2013 年相反，全年高开低走销售形势逐步恶化。第一季度销售 202937 辆，同比增长 20%；但后三个季度却逐步陷入低迷，销售同比下降分别达到 3%、7% 和 22%。

2. 中型货车行业

受经济持续低迷影响，2014 年我国中型载货车新增需求不足，市场需求出现近年来的首次大幅下降局面，降幅同比达到 13. 6%。

在细分市场上，2014 年我国重型载货车市场整车销售 150278 万辆，市场份额连续 5 年下滑，降至 60. 6%；非完整车辆销售 97561 辆，占市场份额的 39. 4%（见表3）。

表3　　2007—2014 年我国中型载货车细分市场情况

年　份	2007	2008	2009	2010	2011	2012	2013	2014
中型货车整车（辆）	131256	124563	181577	179424	191843	184050	175897	150278
中型货车非完整车（辆）	105466	82546	76389	92342	100116	106219	110942	97561
合计（辆）	236722	207109	257966	271766	291959	290269	286839	247839

从中型载货车市场分季度销售情况看，2014 年首季中型载货车的需求就出现快速下滑，当季实现销售 66702 辆，同比下降 9%；第二季度实现销售 63078 辆，较上年同期下降 27%；第三季度实现销售 51078 辆，为近年来单季销售最低值，同比下降 18%；第四季度销售有所好转，单季销售 66981 辆，同比增长 3%。

3. 轻型载货车行业

2014 年我国轻型货车销售总量大幅下降，全年共计销售轻型货车 1662634 辆，同比下降 12. 9%。2014 年我国轻型载货车市场需求下降主要来自低端市场，低端市场运力过剩、轻型车对农用车替代日渐减弱都是导致低端轻型车需求下降的主要因素。

细分市场上，2014 年我国轻型载货车非完整车辆共销售103114辆，同比略有下降，但市场份额增至6.2%；整车销售达1559520辆，同比下降13.5%（见表4）。

表4　　2007—2014年我国轻型载货车细分市场情况

年　份	2007	2008	2009	2010	2011	2012	2013	2014
轻型货车整车（辆）	1016787	1103597	1461371	1883634	1756188	1733974	1803504	1559520
轻型货车非完整车（辆）	99613	96306	98227	141987	123872	108736	104824	103114
合计（辆）	1116400	1199903	1559598	2025621	1880060	1842710	1908328	1662634

2014年，我国载货市场轻型载货车第一季度销售同比增长4%；第二季度销售43万辆，同比出现16%的降幅；第三季度销售31.6万辆，同比降幅达28%，创近6年单季销量新低；第四季度实现销售40.3万辆，同比下降14%。

4. 微型货车行业

2014年我国微型载货车是唯一没有出现下降的载货车类型，全年实现销售529942辆，销量同比增长2900余辆，比上年略增0.6%。2014年我国微型非完整车市场需求依然没有实质增长，全年销售2191辆，只占微型载货车市场总量的0.4%（见表5）。

表5　　2007—2014年我国微型载货车细分市场情况

年　份	2007	2008	2009	2010	2011	2012	2013	2014
微型货车整车（辆）	275245	261466	472914	520539	484020	533247	526527	527751
微型货车非完整车（辆）	28662	31186	32776	25732	8156	1565	492	2191
合计（辆）	303907	292652	505690	546271	492176	534812	527019	529942

2014年我国载货车市场微型车产品与低端轻卡之间的产品分界进一步模糊。微型载货车产品在城乡结合地区的小批量零担货物运输中发挥着越来越重要的作用，同时在舒适性和功能性方面进一步加强，与低端皮卡形成客户群重叠和竞争。

从2014年我国微型载货车分季度销售情况看，一至四季度微型载货车销售呈现低开高走态势，销售同比分别增长－7%、－4%、2%和13%。

（二）载货车进口情况

2014年我国共计进口载货类汽车11977辆，较2013年同期累计增长3.4%。其中重型载货车进口3825辆，占进口载货车总量的31.96%，进口重型载货车与国产重型载货车的比值为0.51%，两者比值创近年来新低（见表6）。

表 6　　2008—2014 年我国进口重型载货车占国内重型载货车市场比例

年　份	2008	2009	2010	2011	2012	2013	2014
比例（%）	1.71	1.28	1.33	1.86	2.43	0.89	0.51

（三）载货车企业

1. 重型载货车企业

2014 年，我国重型载货车销售排位前 5 的生产企业共计销售重型载货车 606894 辆，占重型载货车市场份额 81.6%，较 2013 年的 81.9% 下降 0.3 个百分点；销售排位前 10 的生产企业实现销售 718329 辆，占市场份额的 96.6%，同比下降 0.2%。

2014 年，我国重型载货车市场份额占比在 10% 以上的 5 家重型载货车生产企业实现销售情况涨跌不一。其中，东风汽车实现销售 155142 辆，同比下降 6.4%，但依然保持市场份额第一的位置；中国重汽销售 121306 辆，同比增长 0.4%，市场份额升至 16.3%，排名从第三位升至第二位；一汽集团销售 116634 万辆，同比下降 10.8%，市场排名从第二位降至第三位；北汽福田和陕西汽车分列第四和第五位，其中陕西汽车凭借在替代能源汽车领域的优势取得 3% 的销售增长，市场份额增至 14.1%。

2. 中型载货车企业

2014 年，我国中型载货车销量排位前 5 的企业共计销售中型载货车 191156 辆，占中型载货货车市场总销量的 77.1%，比 2013 年排位前 5 的企业所占市场份额上升了 6.1 个百分点；中型载货车生产企业销量排位前 10 的企业总计销售中型载货车 235376 辆，占中型货车市场份额的 95%，同比增长 4.3 个百分点。

2014 年中型载货车销量排位前 5 的企业排序与 2013 年相同。东风汽车实现销售 63661 辆，较 2013 年销量下降 21.3%，市场份额降至 25.7%，但依然领先居第二位的一汽集团 5.6 个百分点；一汽集团实现销售 49718 辆，销量略降 1.7%，市场份额 20.1%，同比增长 2.5 个百分点；中国重汽实现销售 32651 辆，同比增长 5.1%，占中型载货车市场 13.2% 的份额，排在第三位；重庆力帆 2014 年销售同比增长 15%，市场份额达到 10.7%；庆铃汽车销售略有增长至 18597 辆，市场份额升至 7.5%。

3. 轻型载货车企业

2014 年我国轻型载货生产企业销售排位前 5 的企业共实现销售 972159 辆，占市场份额的 58.5%，较 2013 年市场集中度略有下降；销售排位前 10 的企业共实现销售 1320741 辆，占市场份额的 79.4%，同比增长 0.7 个百分点。

2014 年我国轻型车生产企业竞争格局有所变化。在产品竞争方面，延续了 2013 年以来的趋势，中高端产品市场稳步发展，低端产品市场空间快速缩小。2014 年我国轻型载货车技术进一步提升，在替代能源和新能源汽车领域新产品推出加速，城市物流车辆围绕环保、节能与专用化三个方面的需求加快升级。

在主要企业中，北汽福田在轻型载货车领域依然保持领先地位，但其市场份额进一步下降至 18.0%，竞争优势下降；江铃汽车凭借在中档产品领域的优势地位，通过产品多样化和发展专用汽车，实现销售 179880 辆，同比增长 20.5%，市场份额升至 10.8%，排在第二位；江淮汽车 2014 年实现销售 175763 辆，销售同比下降20.5%，市场份额降至10.6%，居行业第三位；东风汽车和金杯汽车市场份额与2013年变化不大，分别排在行业第四和第五位。

4. 微型载货车企业

2014年我国微型载货车市场，销售排名前5的微型载货车生产企业合计销售微型货车483093辆，占市场份额的81.2%，较2013年增加4.2个百分点，微型载货车行业销售生产排位前4的企业已经形成一家独大、三家跟随的竞争格局。

2014年上汽通用五菱在微型载货车领域继续保持大幅增长，全年实现销售219466辆，同比增长25.4%，市场份额从2013年的33.2%增至41.4%；北汽福田实现销售91210辆，同比下降14.7%，市场份额跌至17.2%，排在第二位；重庆长安实现销售82293辆，同比增长4.1%，市场份额升至15.5%，超越东风汽车排在第三位；东风汽车销售72848辆，同比下降11.8%，市场份额连续两年大幅下降至13.7%；奇瑞汽车实现销售1.7万辆，排在第五位，但市场份额只有3.3%。

（潘增友　中国汽车技术研究中心）

第七部分

物流教育、信息化、标准化

2014年中国物流教育与培训

我国物流行业经过近几年的快速发展，从业人数已超过2800万人，年新增岗位130万个。其中物流教育与培训机构为行业输送了大批专业人员，对推动行业发展发挥了积极作用。但是，随着物流业优化结构转型升级的深入，特别是物流新业态的产生，行业对人才的需求更加专业化，高品质的人才供不应求。因此，提高物流教育与培训工作水平，加快培养物流高素质技术技能人才，是全社会尤其是物流教育与培训机构的重要任务。

一、推动物流职业教育发展的重要举措

（一）完善物流人才培养体系

1. 加快构建中国物流行业人才标准体系

“中国物流行业人才标准体系”建设项目于2012年启动，构建了由“职业标准、职业资格、能力单元”三层结构组成的标准体系，该框架得到了行业、教育主管部门、企业和院校的认可。2014年，《物流行业从业人员职业能力要求》的第1、第2部分已经通过标准审查，另外3个部分已经完成征求意见稿，全部工作计划2015年完成。此外针对专业领域的职业能力标准《冷链物流从业人员职业资质》也即将进入公开征求意见的阶段。行业职业标准编制为提升企业人力资源管理水平和院校人才培养质量打下了坚实的基础。

2. 推进国家开放大学物流学院学分银行建设

2013年，中物联与国家开放大学合作成立了国家开放大学物流学院，依托双方优势和资源，积极探索行业学院的办学模式，引入职业资格、学习单元和学分，并通过学分银行实现非学历继续教育和学历继续教育有效衔接。目前此项工作正在与国家开放大学学分中心共同推进。

3. 开发系列物流职业教育现代学徒制标准规范

针对物流行业需求和专业特点，中物联牵头开发了系列标准规范，包括《物流现代学徒制框架》《物流学徒制课程设计与开发规范》《物流学徒制导师培训标准》《物流学徒制评估师培训标准》《物流学徒制评估员工作规范》等，为试点项目实施打下基础。

（二）推进行业职业资格认证各项工作

2014 年中物联职业资格培训认证工作的主要内容是重新梳理定位、夯实基础、深化内涵、创新产品和服务，重点在标准体系建设、开发培训项目、升级产品和服务等方面做了一系列积极有效的工作。

1. 建立物流师的后市场服务机制，完善年审服务平台

2014 年为提升物流师认证的后期服务品质，结合当前新型在线教学形式，对物流师年审平台进行改版升级，以物流师需求为导向，开发微课堂、多类型教学课程，丰富了学习内容，为广大学员后期继续学习、提高自身专业素质和技能搭建了平台。2014 年年审人员比上年同期增长 50%。

2. 建立行业培训机构联席会议机制，提升培训质量，掌握市场动态，及时了解培训机构诉求

联席会议成员由各省优秀培训机构组成，定期召开成员会议，围绕培训及行业发展，研究新问题、交流新理念、探讨新方法，共同制订下一步工作计划。同时，联席会的代表成员在当地起到了示范、引领及带动作用。

通过不断提高质量，完善服务，认证的品牌效应和社会认知度、美誉度进一步提升，全年有近 2 万人参加各类培训的认证和学习，为行业发展对人才的需求提供了有力的支撑。

（三）开展企业高端人才培训和师资培训工作

1. 全力打造“中国物流企业家高级研修班”高端品牌项目

经过两年的筹备，首期“中国物流企业家高级研修班”于 2014 年 3 月正式启动。研修班聘请国内知名学者与企业家授课，理论和企业调研实践结合，满足了物流企业家及高级管理人员对更新理念、知识、扩大视野、提升领导力的需求。

2. 实施物流人才知识更新工程

“现代物流与供应链管理高级研修班”项目为人社部《专业技术人才知识更新工程 2014 年高级研修项目计划》之一，培训具体由行业承办。2014 年 11 月来自全国行业协会、A 级物流企业、大中型制造企业共计 70 名学员齐聚武汉参加培训，对提高参培人员职业素养及专业技术技能具有很大的帮助。

3. 开展物流院校骨干教师培训工作

2011 年开始，物流行业每年组织 2～3 次物流专业骨干教师国内外培训，组织教师深入企业实习、培训的同时积极推荐企业专家走进学校、走上课堂，积极创新教师培养的机制，强化师资队伍建设。2014 年 1 月和 7 月分别在东莞、台湾组织了 4 次师资培训。截至目前共有 600 多名来自全国各地职业院校的教师参与培训。

（四）物流教育得到国家的支持和肯定

近年来中物联在物流行业人才培养方面做了大量具体细致的工作，尤其在推动物流职业教育发展方面的努力得到了政府部门的肯定。2014 年 6 月 23 日，国务院召开全国职业教育工作会议，习总书记作了重要批示。中物联任豪祥副会长作为行业代表出席了会议，并提报经验交流材料。12 月 12 日教育部在唐山召开全国职业教育现代学徒制推进大会，会议安排中物联作为唯一一家行业代表发言，介绍中物联在中英合作开展现代学徒制试点项目的成功经验。同年，教育部以购买服务的方式委托行业承担三个研究和建设项目，更加凸显了行业在推动物流教育发展中发挥的重要作用。

（五）规范物流专业建设

2014 年物流行指委组织企业和院校的专家

共同制订了《中等职业学校物流服务与管理专业教学标准》，完成了对高职专业目录的修订和调整工作，对物流职业教育人才培养和专业建设起到了规范和引导作用。

2014 年教指委按照教育部《教学质量国家标准》编制的要求，为教学提供“管、办、评”三方面的依据，在全国范围内组织了专家进行行业和专业调查，形成并提交了标准（草案）。教指委分别在天津、大连和北京召开专题会议，重点对标准（草案）进行了审议、修改和完善。之后又在国内高校物流教师和企业专家范围多次征求意见，使标准内容更加完善。圆满完成了《物流专业教学质量国家标准》编制工作。

（六）促进国际交流与合作

1. 开展高校物流专业国际交流与合作情况调查

拓展高校物流专业的国际合作与交流是教指委 2014 年重点工作任务之一，根据工作安排，2014 年 3 月正式启动高校物流专业国际交流与合作情况调查工作。调查内容涵盖合作办学、科研合作、教师交流、学生交流、总体评价等，为下一步推进院校国际交流与合作工作提供了一手依据。

2. 成立中国物流高等院校国际合作联盟

为推动我国物流高等教育国际交流与合作，中物联与教指委共同发起成立中国物流高等院校国际合作联盟，目前共有 50 多所院校加入联盟。联盟将统筹高校对外合作的资源、项目与活动，建立物流高等教育国际交流与合作的工作平台和信息平台，推进联盟单位与国外知名高校在学术交流、科研合作、师生交流与培训、合作办学等方面的合作。

3. 中英双方物流职业教育项目合作有了实质性进展

中物联于 2012 年开始积极与英国文化协会、英国物流技能协会合作，推动国内中职院校开展现代学徒制物流专业的试点工作。2014 年 8 月上海试点项目进入实质性运行阶段，首批学员进入试点企业，严格按照英国学徒制模式进行培训，10 余名来自企业的专家和院校的老师完成了导师和评估员的培训，并在英国专家的指导下开展学徒指导和评估的实践。2014 年 10 月 27 日，英国商业、创新和技能部官员访问试点项目后，称其为英国现代学徒制在中国迄今为止“最成功的一次”。

（七）搭建院校间沟通交流平台

1. 举办第十三届全国高校物流专业教学研讨会

2014 年 8 月，中物联和教指委共同在天津召开了第十三届全国高校物流专业教学研讨会。来自全球 13 个国家和地区的物流专家学者和教师共计 400 多人参加了会议，会议开设了 4 个分论坛，共有 30 多位来自国内外的专家登台演讲，会议同期还召开了亚太物流联盟年会。

2. 举办第六届全国职业院校物流专业教学研讨会

会议由中物联和行指委共同举办，搭建了广泛的交流合作平台，会议共有来自全国各地 300 多名专家学者及物流企业高管参加，内容涉及院校人才培养模式创新、校企合作、信息化、“学徒制”试点等多方面，引入企业与院校对话和体验式教学环节收到非常好的效果。为发挥物流职业教育先进单位的带头、示范和辐射作用，会议期间还举办了第三批“全国物流职业教育人才培养基地”授牌仪式，本次共有 16 家单位被评为“全国物流职业教育人才培养基地”。

二、物流教育培训工作

新时期物流产业的发展对物流人才的培养工作提出了新的要求，未来将继续围绕根据党的十八届三中全会精神和《国家中长期教育发展和改革规划纲要（2010—2020 年）》确定的战略目标，不断整合物流企业、行业协会资源，借鉴国外的先进经验，努力提高我国物流人才教育培训质量。

1. 加快建立完善的行业人才标准体系

借鉴发达国家先进经验，逐步探索并建立我国物流行业人才标准体系，构建职业标准、能力单元、职业资格、培训课程多层次的物流职业标准体系，物流行业从业人员培训和评估标准由通用标准向各特定领域专业标准延伸，形成完善的与国际接轨的人才标准体系。

2. 积极申请承担国家物流师、采购师职业资格鉴定工作，完善职业资格认证体系

根据国务院常务会议提出的“凡没有法律法规依据和各地区、各部门自行设置的各类职业资格，不再实施许可和认定，逐步建立由行业协会、学会等社会组织开展水平评价的职业资格制度；今后，政府对培训认证市场的监管作用将加强，培训认证工作的推动和实施将主要由行业具体承担”精神要求，中物联将积极申请承担国家物流师、采购师职业资格鉴定工作，按照国务院对职业资格认证工作的总体部署，做好相应的准备工作，不断完善现有职业资格认证体系。根据物流行业人才标准，调整培训大纲、修订培训教材、完善培训内容；规范资格考试认证流程，在完善题库建设的同时，实现试卷考试和网络考试的有机结合。

3. 探索学历教育与非学历教育有效衔接

目前，国开大学物流学院还处于起步阶段，下一步将重点对物流专业中职、高职和本科的教学指导方案、教学标准、教学大纲、课程进行梳理，研究中高职及本科衔接的框架以及通过学分银行实现学历教育与非学历教育融通的路径，推动学院尽快启动正常招生教学工作。

4. 引领院校物流人才培养工作向国际化水平迈进

发挥教指委和行指委的作用，切实提升教师队伍水平和教材质量，推动教学改革，大力推行产教合作，实现教学和实践的有机结合。配合教育主管部门，积极推动中职、高职和本科教育教学立体衔接，向国际化物流人才培养目标迈进。以国家开放大学物流学院为平台开展中专、专科、本科学历继续教育和非学历继续教育，并通过国家继续教育学分银行实现非学历继续教育和学历继续教育有效衔接。

5. 提高行业人才服务水平

建立物流行业人力资源需求预测和就业状况定期发布制度；为从业人员提供终身学习的全程服务；与其他行业、各省市、各专业领域合作，提供专业化、体系化的中高层人员培训和企业人才培养管理咨询等服务；围绕 A 级企业，以中国物流企业家商学院为服务平台，开发针对不同企业的人才培养合作服务。

（中物联教育培训部）

2014 年中国物流信息化

2014 年国家及有关部门对物流信息化工作高度重视，陆续出台了一系列政策，为物流信息化发展指明了方向，我国物流信息化发展的宏观环境逐步改善，物流信息化建设迎来新的发展机遇。

2014 年我国物流信息化发展持续推进，概括起来集中反映在以下四个方面。

一、物流企业信息化投资有所上升，物流信息技术的应用更加普及，物流信息化应用效果显著

2015 年 6 月，中国物流与采购联合会从物流信息化基本建设、物流信息技术应用情况和物流信息化应用效果三个方面对物流企业（以下统称样本企业）进行了调研（样本企业物流服务类型构成情况如图 1 所示），在对调研数据进行分析整理后发布了《2014 年物流信息化监测报告》。从调研分析结果可以看出，近年来物流企业为适应日益激烈的市场竞争纷纷把综合性大物流作为企业的发展方向，而且社会化和专业化已成为物流服务的发展趋势，调查结果显示的汽车物流和医药物流的占比逐年上升的情况，可以从一个侧面印证这一点。一方面随着工业化与信息化深度融合的持续推进，供应链上下游的协同管控愈发受到重视，工业物流服务逐渐成为市场竞争中不可或缺的重要环节，其中尤以汽车物流为代表；另一方面以医药物流为代表的冷链物流，因其诸多的温度、光照等物流限制条件，对物流设备、物流技术和物流管理信息系统等都有着更为严苛的要求，也成为当前物流专业化服务发展的主要领域之一。

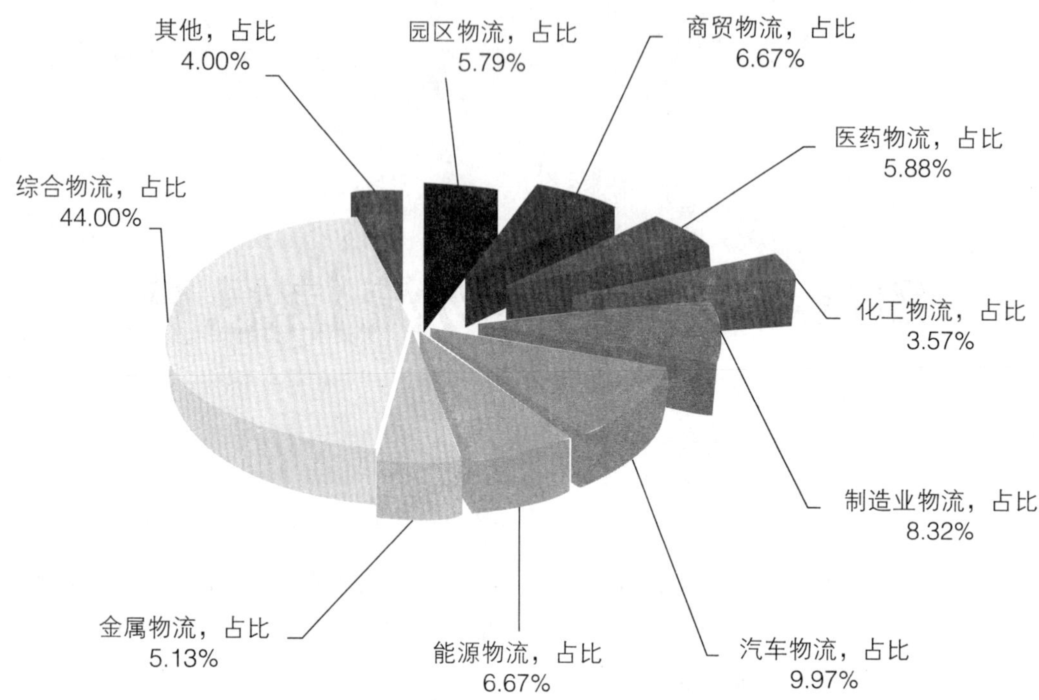

图1 2014 年样本企业物流服务类型构成情况

（一）物流信息化基本建设

1. 投资率有所提升

2014 年，样本企业中有 66.50% 进行了信息化投资，投资率较 2013 年有所提升。其中：12.38% 的样本企业信息化投资率不足 1%，39.65% 的样本企业信息化投资率为 1% ~5%，13.78% 的样本企业信息化投资率为5% ~10%，同时，约有 34.19% 的样本企业投资率超过 10%。

目前，物流信息化建设方式有两种：一种是外包信息化建设，这种方式能获得更为专业的系统建设和系统集成方案，成熟度较高；另一种方式是自主研发信息化系统，这一方式由于建设方对自身业务流程的需求更为熟悉，针对性更强。调查结果显示，2014 年样本企业对物流信息化建设形式的选择上差别并不大，选择外包服务和自建信息系统的企业，分别占样本企业总数的 52.18% 和 47.82%。

2. 信息平台/门户网站大多用于信息发布

调查结果显示，2014 年有超过 98% 的样本企业建有自己的门户网站/信息平台。其中大多数门户网站/信息平台的用途仍是单纯定位在信息发布上，只有 19.4% 的样本企业将电子交易纳入其中并推行应用。

3. 物流信息集成日渐成为建设重点

调查结果显示，物流信息集成受到大多数样本企业的关注。2014 年有 53.87% 的样本企业将构建信息平台（内部信息处理、OA、增值业务）作为信息化建设的重点。此外，部分样本企业将软件开发、RFID/RF/GIS/GPS/条码等信息技术的应用、数据分析、数据挖掘、网络建设等作为物流信息化建设的重点，样本企业进行物流信息化建设的情况如图 2 所示。

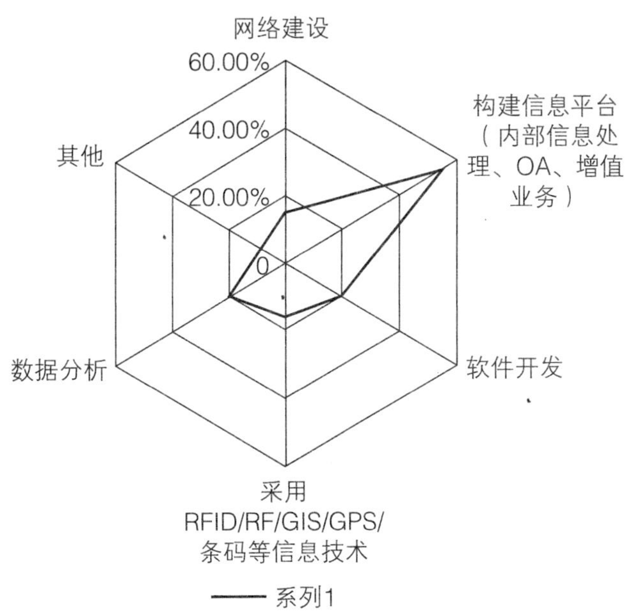

图2　样本企业进行物流信息化建设的情况

4. 资金和人才问题持续制约企业物流信息化水平提升

调查结果显示，大多数样本企业认为资金和人才是企业物流信息化建设中的主要问题，分别占比为43.60%和28.30%，具体情况如图3所示。

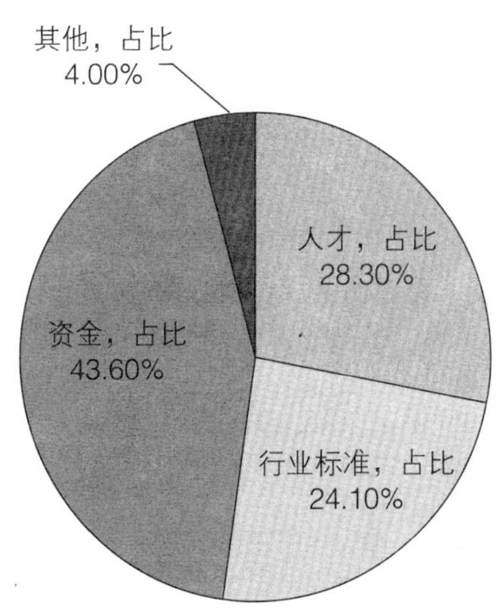

图3　样本企业对物流信息化建设问题的评判

（二）物流信息技术应用

1．条码、电子单证等技术得到基本应用

调查结果显示，2014年样本企业在物流业务中应用条码和电子标签等技术的程度继续提升。其中：条码应用率达到62.43%，较2013年增长4.22%；电子标签应用率达到40.58%，较2013年增长2.58%；电子单证使用率为46.13%，与2013年相比则略有下降（如图4所示）。总体看，样本企业应用物流信息技术的比重是呈上升走势的，物流信息技术的创新应用是推进物流信息化发展的重要手段。

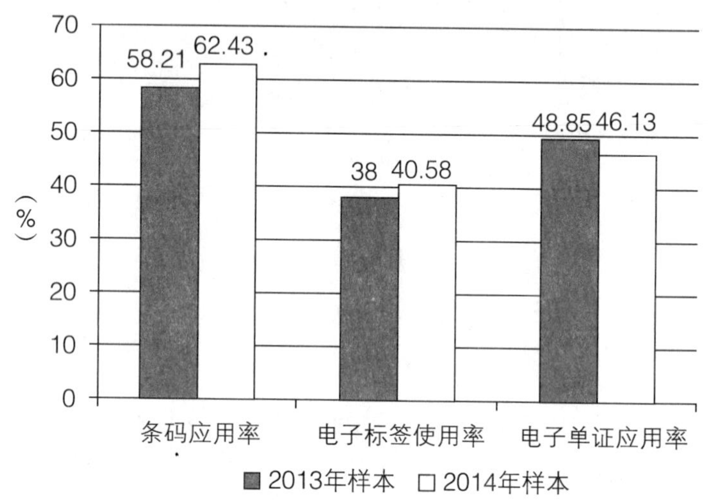

图4 样本企业2013—2014年应用条码、标签、单证技术比较

2. 物流软件得到普及应用

本次调查选取了常见的七种主要物流业务管理软件，通过对比其应用率可以看到近年来物流软件的应用率逐步提升，应用种类更加丰富，不同软件之间的均衡性更加明显，更加注重软件与业务的切合度以及与企业未来发展的相关性。具体数据如图5所示。

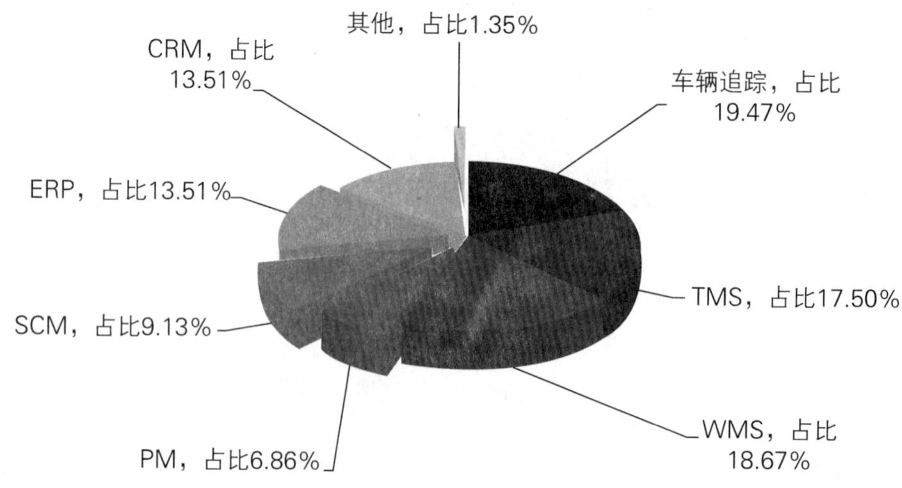

图5 2014年样本企业使用物流软件的情况

3. 信息交换方式逐渐以信息化交换为主导

调查结果表明，样本企业与外部主体进行业务信息交换时以 EDI（电子数据交换）和互联网等为代表的信息化交换方式逐渐成为市场主导，使用率由 2013 年的 65.07% 上升至 2014 年的 69.71%；而传统的电话、传真等方式由 2013 年的 34.93 % 下降至 2014 年的 30.26%。信息交换方式的变革直接影响着物流业务进行中信息交换速率和准确度的提升。

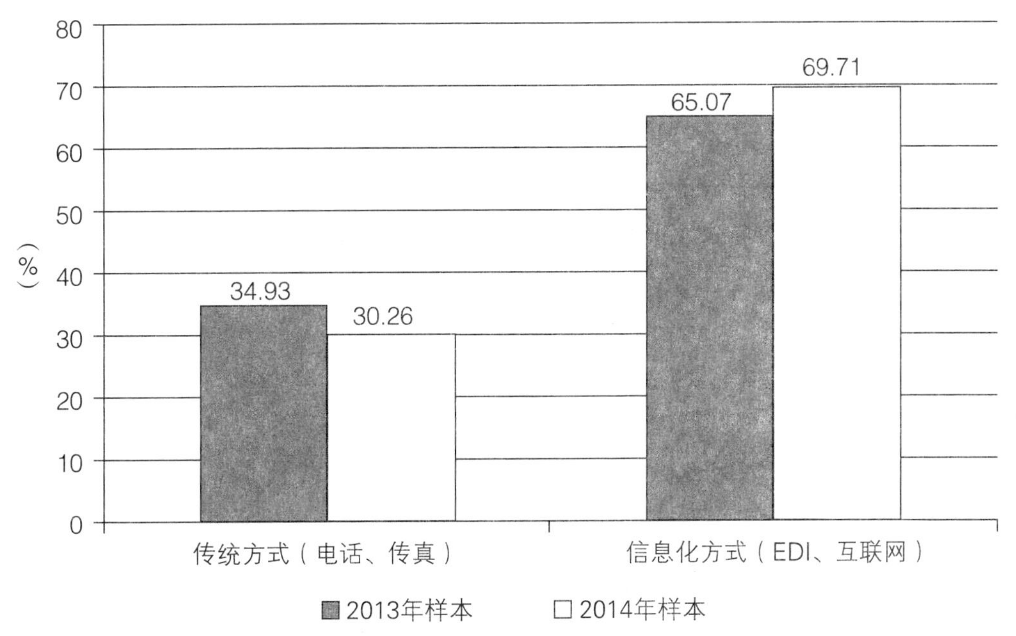

图 6　2013—2014 年样本企业采用信息交换方式对比

（三）物流信息化应用效果

1. 订单（运单）准时率得到大幅度的提升

调查结果表明，2014 年样本物流企业订单（运单）准时率较 2013 年同期显著提升，订单（运单）准时率达到 94.33%。其中 79.36% 的样本企业订单（运单）准时率超过 90%，物流服务水平得到大幅度提升。随着市场竞争日益激烈，物流企业仍需继续加大信息化建设力度，提升信息技术的应用水平，提高订单（运单）准时率，满足客户需求。

2. 车辆追踪水平显著提升

调查结果显示，2014 年 88.50% 的样本企业实现了对自有车辆的追踪，较 2013 年的 87.38% 有所提升，其中：有 80.15% 的样本企业自有车辆追踪率达到 100%；有 69.71% 的样本企业实现了对委外车辆的追踪，较 2013 年的 68.46% 有所提升，其中：有 73.11% 的样本企业对外部车辆的追踪率超过 50%；45.40% 的样本企业外部车辆追踪率达到了 100% 的水平。

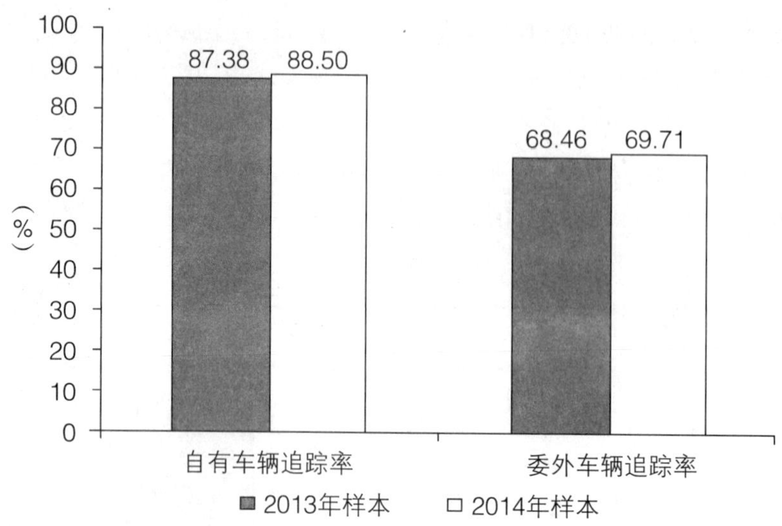

图7 2013—2014 年样本企业车辆追踪率比较

3. 全程透明可视化率显著提升

调查结果显示，2014 年有 86.37% 的样本企业实现了全程透明可视化。其中：有 71.33% 的样本企业全程透明可视化程度超过 80%；42.46% 的样本企业全程透明可视化能力达到 100%。2014 年样本企业应用物流信息技术的情况如图 8 所示。

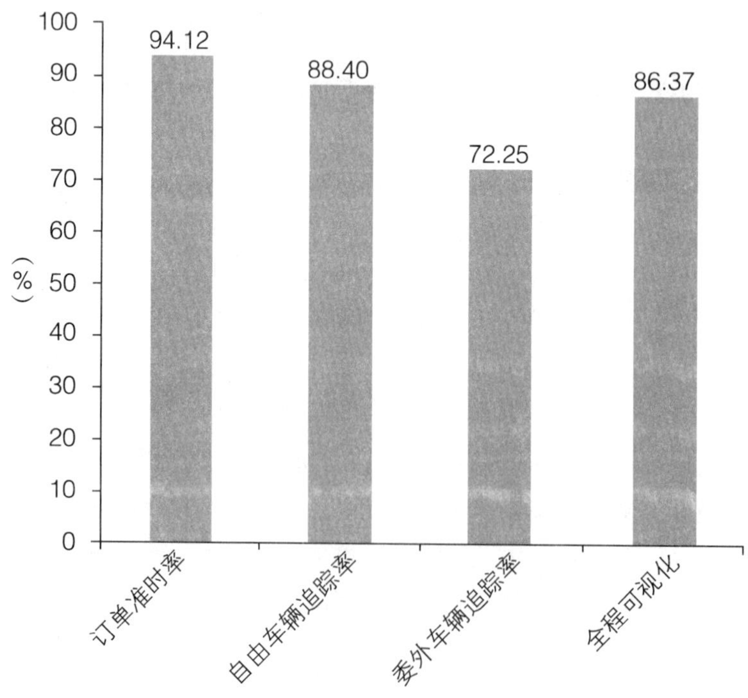

图8 2014 年样本企业应用物流信息技术的情况

（四）物流软件提供商监测情况

1. 服务形式多元化，逐渐形成系统开发为主供应链咨询服务为辅的格局

随着近年来供应链管控理念的深入人心，供应链咨询服务逐渐成为企业的重点服务形式之一。调查结果显示，2014 年有 54.38% 的样本企业以系统开发为主要服务形式，其中采取独立开发形式的物流软件提供商占比达 73.86%，另有 26.14% 的样本企业选择合资开发物流软件的方式，其余 12.44% 的样本企业采用其他方式。

2. 仓储、运输和库存类管理软件市场普及率较高

调查结果显示，2014 年样本企业研发的物流信息管理类软件中普及率较高的 5 种管理类软件分别是仓储、运输、库存信息、客户管理和采购，其中仓储、运输和库存信息管理软件的市场普及率排在前三位，市场占比分别为 23.60%、20.18% 和 21.38%（见图 9）。

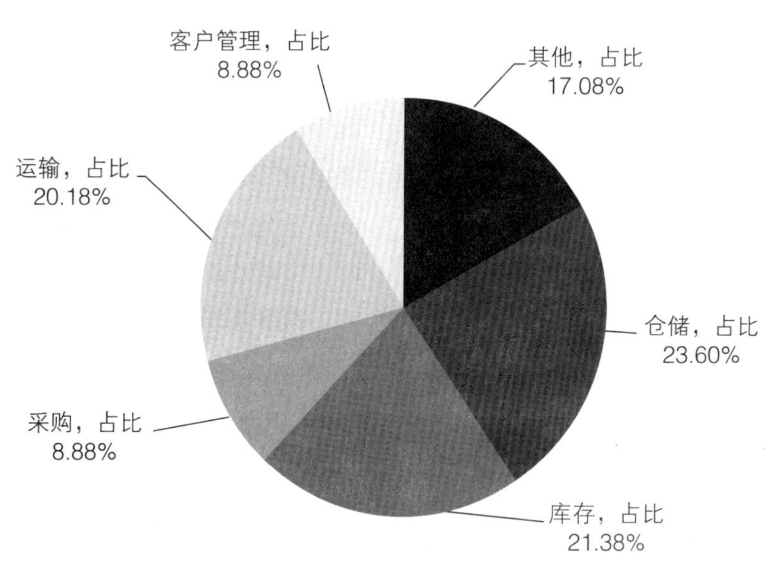

图 9　样本企业研发的管理软件在市场中的占比情况

二、产业物流以流程透明化为基础，通过数据共享和协同作业提高效率，达到精细化管理效果

（一）产业物流信息化以统一数据接口为基础，通过信息共享和协同作业提高物流效率

唯智为深圳欧唯特公司打造的物流管理系统建立了 EDI－SERVER 数据总线，集中处理各系统接口。一方面，处理平台内部系统（OMS，TMS，WMS 等）之间的数据交互；另一方面，处理外部系统（NC，SAP，TES，POD，B2B 平台等）与物流平台的数据交互。集成的 EDI 接口平台极大地减轻了 IT 部门接口维护的复杂度，同时提供标准接口及接口预留，保证平台的扩展性；基于统一的订单管控平台，驱动协同仓储 WMS 与运输 TMS 系统间的作业，使运输调度部门与仓储备货部门并行作业；OMS 进行订单下发后，通过 EDI 实现实时信息传递，实时传递到各作业系统，运输调度部门承运商指派及

调度交接信息会实时反馈到仓储部门，仓储部门依据信息进行集货交接，同时仓储部门的作业情况也将实时反馈到运输部门，运输部门根据指示进行装车发运，改变了之前串行的作业模式导致的各部门之间信息孤岛的情况，极大地提高了作业协同性及效率。

安徽江汽物流有限公司应用的整车仓储调度系统将主机厂、营销公司、仓库和承运商纳入一个平台共同运作，保障了物流信息链的完整与及时，使企业整合上下游资源的能力大幅提升。通过实施出厂物流公司整车物流信息化项目，使得管理要求得到落实，管理规范得到贯彻，整车从仓储到运输整个过程全面受控，全面获得了整个业务运行管理的主动权。项目实施，使得整车仓储和运输效率获在总体上获得了提升。业务管理部门借助信息系统，方便快捷准确地下达各种指令，同时能及时了解业务运行的状态并对整体运作做出调整，极大地提升了管理部门的运作效率。供应商在业务流程和系统的帮助下，按照规范和要求运作，减少各个层面上的模糊和反复，不仅极大地提高了现场的作业效率，还能很好完成之前无法达到的各项考核要求。项目在引入良性竞争机制、降低管理风险的同时使得供应商各自的优势得到了充分的发挥，实现了多方共赢。

（二）电子商务加供应链的服务体系是产业物流发展的新模式

河南众品食业股份有限公司在原有信息系统的基础上，借助互联网、物联网技术，围绕公司肉类产业链的上、中、下游建立农产品、食品集采平台，通过众品的温控供应链集成服务体系，实现网上平台调动网下资源，通过网下资源整合网上平台。通过互联网为更多中小农产品、食品企业提供“线上 + 线下”的一站式服务。公司通过线下强大的温控物流供应链服务体系，在150个重点消费城市构建贸易分销平台，帮助企业或客户搭建高效的产品分销平台，实现产品快速销售。通过信息平台 + 供应链联盟，帮助企业建立一个农产品（食品）中小企业的服务平台，如采购平台、销售平台、资金支持、物流支持等。其中涵盖 B2B、B2C 等多种服务模式，形成了以“电子商务 + 温控供应链服务体系”为核心新的商业模式。

创捷供应链专注于“垂直电商加供应链金融”的新模式，搭建了以“创捷供应链 E - SCM 平台”为基础的大型跨国商贸综合服务平台。供应链管理与电子商务相互结合，产生了供应链管理领域的重大创新——电子商务供应链管理（E - SCM）。E - SCM 是指借助互联网服务平台，实现供应链服务交易过程的全程电子化。E - SCM 优化了整个供应链，彻底变革传统的上下游商业协同模式。即利用互联网完全的自助交易方式与网络业务伙伴实时进行合作和重要计划信息的交流，实现供应链服务业务间的协同。电子商务供应链管理有利于供应链中的企业通过运用电子商务手段掌握跨越整个供应链的各种有用信息，实现有组织、有计划的统一管理，减少流通环节，降低流转、结算、库存等成本，缩短需求响应和市场变化时间，提高运营绩效，为客户提供全面服务，实现最大增值。

（三）智慧物流是产业物流发展的方向

一汽大众通过 RFID 物联网技术和 VCS 系统的推进与实施，建立了优质、高效的仓储物流管理一体化平台——车辆智能调度系统，此系统可为一汽大众零部件运输车辆入厂卸货提供信息支持，为全员绩效考核提供数据支撑，使其运输车卸货率提高了 40%、停靠指定卸车位效率提高了 70%。

通过车辆智能调度系统，一汽大众实现了车辆运输过程透明化，提高了车辆和货物可调配性、卸货过程可控性、要货的平衡性、车辆的利用率，减少了车辆在公司内的滞留时间。作为新兴的物联网技术，一汽的车辆智能调度系统开创中国整车仓储使用物联网 RFID 射频技术的先河，达到了世界先进水平。

浙江中烟工业有限责任公司的支持烟草全供应链的全物料单件批次追踪与溯源关键技术，充分利用超高频 RFID 技术，并结合金属介质对超高频 RFID 电子标签的影响因素，形成了一种超高频 RFID 电子标签用于金属表面的解决方案。即设计了安装于托盘上和一种地埋式货位标签，标签总体性能达到国内领先水平。在应用中，生产仓储中的每个托盘上安装一个 RFID 电子标签，对托盘电子标签的信息进行数据采集和实时处理，攻克了基于多层楼库的托盘货位化仓储全程信息自动感知技术难题，自主研发出一套基于 RFID 的货位化管理方案，实现了在楼房型仓库中实行托盘货位化管理。其结合 WMS 应用到仓储物流的各个环节，研发了基于 RFID 的数字化仓储管理系统，为烟草工业企业实现对各种物流资源的实时跟踪和及时履行采购、销售订单，提高物流资源的跟踪、定位和管理水平，提升烟草制造企业物流自动化水平和整体运作效率提供了新思路和新手段。

三、云平台、大数据、移动互联、O2O 并融合供应链管理模式是物流信息平台的发展方向，融合物流金融等增值服务使平台增强赢利能力

（一）供应链 + O2O 模式的物流信息平台发展迅速

淮矿物流提出“平台 + 基地”的供应链管理模式，将线下的商机与互联网结合，让互联网成为线下交易的前台，以现货交易为前提，以全流程监管为手段，以在线结算为杠杆，实现交易、资金、货物的“闭环”运作，保障交易的真实性、交割的安全性和货物的真实性，这一准确定位成功地将 O2O 模式用于企业发展，步入一条从传统物流企业向现代物流企业转型升级之路。

车杰盟云服务平台让互联网成为线下交易的前台，这样线下服务就可以用线上来揽客，消费者可以在线上筛选服务，成交可以在线结算，很快形成规模。O2O 电子商务模式的运用对连锁服务行业来讲是一条能令企业迅速发展的“高速公路”，较之传统渠道而言有着无法比拟的优势。O2O 之下的互联网化，意味着以“互联网思维”理解传统的商业形态改造供应链，并以数据为基础提高线下运营效率。在新的体系中，从商品采购、仓储管理、物流配送到销售渠道建立，都要运用数据进行资源配置。不仅渠道变了，客户挖掘方式变了，营销手法变了，而且商家提供产品和服务的方式也变了，以用户为中心的模式成为主导。

（二）与上下游信息共享与协同作业是物流信息平台的发展方向

民生货代营运管理信息系统努力打造政府公共物流信息平台、上游客户企业信息系统、下游物流服务商信息系统，实现信息共享与协同能力，进而打通产业链上下游，探索制造业、流通业、金融业等多种产业的融合渗透，促进生产方式转变和流通方式转型，提升货代物流业对整个供应链的掌控能力，为整个供应链创造差异化竞争优势提供重要支撑，最终成为地区性甚至全国性的综合货代服务公共信息平台。

泰德煤网供应链信息化管理平台是支撑泰德煤炭流通网络运行的数字化平台，由企业

ERP 系统、供应链管理平台、先进计划系统、决策支持系统、其他支持系统和协同平台与电子商务系统等部分构成。通过使用协同的供应链信息管理平台，健立完备的硬件基础设施平台，将企业内外部资源同一化管理。同时实现客户、供应商、运输提供商、合作伙伴及企业内部管理部门和员工之间协同的敏捷作业，实现采购、物流、配煤、销售、资金、信息等煤炭流通服务能力的建设和整合。使用现代管理技术和工具实施创新和集约的煤炭供应链管理服务，以整合价值链资源，建立煤炭流通标准，提升协同运行能力。

中兴供应链的供应链信息平台，通过对商流、物流、资金流和信息流重新梳理优化并通过信息系统加以固化执行，使得各个流程有机集成；借助信息化的手段，与供应链上下游企业进行信息的有效共享和快速传递。同时，系统具备良好的可扩展性，能够快速适应业务向上下游延伸而发展出的不同业态的业务模式，始终保持与整个供应链更加紧密的合作。供应链的透明可视，能推动供应链上下游更好地协同，商贸流通企业更高效地业务运营，为客户提供更优质的服务。中兴供应链依托供应链信息平台，实现了供应链的360度透明可视。

（三）移动互联技术在物流信息平台的应用越来越广泛

在移动互联时代，泰德煤网及时推出泰德易通手机客户端，通过东北亚煤炭交易会以及分散在各地的销售网络向客户进行推广，泰德易通可以实现煤炭咨询信息、行业信息、泰德可供产品的信息推送，支持在线评价、交流、预约下单、订单跟踪等功能，同时还能记录客户关心的咨询和产品信息，泰德易通将公司的优质客户资源复制到了线上，并通过互联网改善了客户服务体验，提高了客户对泰德品牌的认可。

泉州天地汇公路港“**I** 配货项目”，对司机来说以移动互联为基础的配货方式使得选择面大大增加，可以实现全国范围内配货，行驶途中就可回程，司机最头痛的问题迎刃而解；等待时间大大压缩（平均配货时间可由 24 小时下降到 6 ~ 8 小时），使得运价单价即使降低，因为更多的运输次数，月收入反倒大幅增加，形成良性循环，配货对物流企业的信用控制，使得司机更加有保障；线上配货大幅缩短提货路程，既便捷又省钱。

路歌物流电子商务平台提供了海量的运力资源、快捷的调度功能及有力的整合手段，并开发了路歌好运宝 **App**，可在线交易，针对司机及物流经纪人的特点，开发了各自不同功能的 **App**，可以完成运力的采购和调度。

四、物流金融等增值服务使平台增强赢利能力

中铁物资集团进军大宗商品电子商务领域，其与钢之家网站共同运营中国大宗物资网作为供应链核心企业，与中信银行、华夏银行、华润万家、建设银行、中金支付等金融机构大力推进银企合作和在线支付平台建设，通过平台共建、渠道共享、金融创新、资源整合等手段，实现对平台交易上下游客户的在线支付结算、订单融资、仓单质押、线上融资等“在线供应链金融”服务。通过构建“在线供应链金融”服务可以将物化的资金流转化为在线数据，无缝嵌入核心企业的电子商务平台，从而在线连接供应链核心企业、贸易商、供应商、物流公司和银行，把供应链交易所引发的资金流、物流、信息流实时传输与展现在共同的数据平台上并可授权共享。

中信信通国际物流公司开发的三方质押监管平台开展的质押监管业务涉及包括汽车在内的十余个品类，实时监管物资金额达几十亿元，遍布全国的1600多个网点和相同数量的监管人员，还涉及银行、质押方等。质押监管交互系统，系在银行、经销商、监管公司、主机厂四方的框架下研发而成，主要模块包含“风险信息提醒功能”“业务操作功能”“数据统计功能”“信息查询功能”等，全面涵盖了三方质押监管的各个业务环节。其核心突出创新和科技含量是融合四方不同的**ERP**系统的嵌入式物流系统，在中国复杂的**IT**环境下具有标杆意义。目前这个系统获得各合作银行普遍认可，在行业内处于绝对领先地位。

五、物流园区信息化主要向信息共享及智慧物流园区方向发展

盖世集团在数字化物流园区信息化建设中，本着统筹规划的原则，打造盖世物流数字化园区平台。数字化园区由一体化整合平台、公共信息服务平台、物流作业管理平台、企业内部管理平台及智能化配套支持平台等部分组成。运用3G、3S、云计算、物联网等新技术，站在产业的前沿，搭建符合园区业务战略的一体化平台，推动实现园区公共服务一体化、经营管理标准化、物流作业自动化、配套支持智能化。抓住园区物流管理的各个环节，建立科学、简便、高效的应用系统，面向园区、企业、公众、政府等各层人员，打造支撑业务演化的、统一标准规范的数字物流园区，充分整合园区内外信息资源，重组流程，打通业务环节，提升管理服务，提高物流园区的市场竞争力和品牌影响力。一个有效集成的数字物流园区平台应该能够为用户提供一个统一高效的沟通界面，为客户提供完整、综合、全面的且符合客户个性需求的解决方案。

湖南天骄物流信息科技有限公司开发的车海通物流园区公共平台用层次化和整体的观点来规划、实施物流的信息化建设，借鉴企业信息门户思想构建一个全面、稳定、开放、安全、可扩展的物流信息平台，使得所有应用系统在统一的物流信息平台上集成和协同，并完成各个系统之间的数据传输、安全认证、用户统一管理和共享等功能，以保证物流信息系统安全、高效、可靠运行。

（晏庆华　中国物流与采购联合会网络事业部）

2014 年中国物流标准化

2014 年，我国物流标准化工作得到了国家领导、各级政府部门、社会团体的重视，越来越多的企业将标准和企业品牌相结合，物流标准化工作在经济转型升级的背景下，在标准化改革的大方向下，正在逐步走向市场，经受市场的检验。

一、多部门出台政策推动和加强物流标准化工作

2014 年国务院及相关部委、省市政府部门陆续出台政策推动和加强物流标准化工作。如国务院出台《物流业发展中长期规划（2014—2020 年）》《关于加快发展生产性服务业促进产业结构调整升级的指导意见》，提出要“完善物流建设和服务标准，引导物流设施资源集聚集约发展”，要“提高物流行业标准化设施、设备和器具应用水平以及托盘标准化水平”“推进货运汽车（挂车）、列车标准国际化”“推动城市配送车辆标准化、标识化”“在关系民生的农产品、药品、快速消费品等重点领域开展标准化托盘循环共用示范试点”。

国务院出台的《关于依托黄金水道推动长江经济带发展的指导意见》提出，要抓紧制定多式联运标准规范，完善运输装备技术标准体系，推广标准合同范本，统一多式联运单证，培育多式联运经营人。

交通运输部、公安部、商务部出台的《关于加强城市配送运输与车辆通行管理工作的通知》提出，鼓励企业加快标准化托盘应用，共同推动城市配送车辆的标准化、专业化发展，以解决提高城市配送效率，解决城市配送车辆“进城难、停靠难、装卸难”等突出问题，规范城市配送服务。

国家发展改革委出台的《关于我国物流业信用体系建设的指导意见》提出，“建立完善物流信用法律法规和标准”“根据物流行业特点和政府监管需要，研究制订物流行业信用信息采集分类共享、物流业信用评价指标体系、物流企业诚信管理体系等标准，形成物流业信用建设的标准体系”。

商务部出台的《关于促进商贸物流发展的实施意见》提出，“选择基础较好、积极性高的地区、园区和企业开展商贸物流标准化应用推广工作，鼓励和指导上述单位加大基础设施、装备技术、服务流程、内部管理等领域的

标准化实施力度，培育商贸物流标准化服务和管理品牌；加强行业与行业、企业与企业之间的标准衔接和统一，引导全行业提高标准应用水平、经营管理水平、产品质量水平和从业人员资质水平。”

财政部、商务部、国家邮政局出台的《关于开展电子商务与物流快递协同发展试点有关问题的通知》提出，建立完善配送车辆标准体系，建立从业人员服务和考核标准。

交通运输部印发的贯彻落实《国务院关于促进海运业健康发展的若干意见》的实施方案，明确提出要加强绿色海运标准体系建设，制定完善船舶能效规范、清洁能源动力船舶检验规范等标准规范，并要求在2016年取得阶段性成果。

2014年，国家标准化管理委员会为了落实国务院发布的《物流业发展中长期规划(2014—2020年)》，组织中国物流与采购联合会等单位启动了《物流标准化中长期发展规划(2015—2020年)》的编制工作。相关人员在编制工作中具体结合我国标准化整体改革思想，分析总结物流标准化现状、存在的问题，提出未来五年的指导思想、发展目标、主要任务及标准制修订重点领域，并针对目前行业内的瓶颈问题提出多项物流标准化工程。

二、多项物流关键技术标准发布

2014年新发布的物流国家标准有30项，其中由全国物流标准化技术委员会提出并归口的标准16项；新发布物流行业标准有23项，其中由交通运输部发布的行业标准16项，由商务部发布的行业标准7项；另外，上海市、山东省、江苏省、四川省、黑龙江省、海南省等11个省市也发布了物流地方标准。此外，2014年在国家标准委备案的物流地方标准24项，内容涉及钢铁物流、危险品物流、石油化工物流、药品物流、汽车物流、烟草物流、粮食物流、水产品物流、家电物流、物流金融、农副产品物流、冷链物流、应急物流、国际货贷等专业类物流标准，以及术语、物流设备、物流单证、甩挂运输、物流信息、节能减排、品牌价值评价等基础类、通用类物流标准。2014年发布的各类物流标准详见表1、表2和表3。

表1　2014年发布的物流国家标准

序号	标准编号	标准名称	实施日期
1	GB/T 30672—2014	模压平托盘 植物纤维类	2015-07-01
2	GB/T 30673—2014	自动化立体仓库的安装与维护规范	2015-07-01
3	GB/T 30674—2014	企业应急物流能力评估规范	2015-07-01
4	GB/T 30675—2014	阁楼式货架	2015-07-01
5	GB/T 30676—2014	应急物资投送包装及标识	2015-07-01
6	GB/T 31078—2014	低温仓储作业规范	2015-07-01

续 表

序号	标准编号	标准名称	实施日期
7	GB/T 31080—2014	水产品冷链物流服务规范	2015－07－01
8	GB/T 31081—2014	塑料箱式托盘	2015－07－01
9	GB/T 31083—2014	乘用车公路运输栓紧带式固定技术要求	2015－07－01
10	GB/T 31084—2014	国际货运代理运输单证交接规范	2015－07－01
11	GB/T 31085—2014	国际货运代理单证签发规范	2015－07－01
12	GB/T 31086—2014	物流企业冷链服务要求与能力评估指标	2015－07－01
13	GB/T 31046—2014	品牌价值评价 交通运输业	2014－12－31
14	GB/T 31005—2014	托盘编码及条码表示	2015－02－01
15	GB/T 31006—2014	自动分拣过程包装物品条码规范	2015－02－01
16	GB/T 31148—2014	联运通用平托盘 木质平托盘	2014－12－01
17	GB/T 31149—2014	汽车物流服务评价指标	2014－12－01
18	GB/T 31150—2014	汽车零部件物流 塑料周转箱尺寸系列及技术要求	2014－12－01
19	GB/T 31151—2014	汽车整车物流质损风险监控要求	2014－12－01
20	GB/T 31152—2014	汽车物流术语	2014－12－01
21	GB/T 31003—2014	化纤物品物流单元编码与条码表示	2015－02－01
22	GB/T 31300—2014	担保存货第三方管理规范	2015－03－01
23	GB/T 30838—2014	契约承运人服务质量要求	2014－08－01
24	GB/T 15634—2014	行政、商业和运输业电子数据交换 段目录（修订，替代标准 GB/T 15634—2008）	2015－08－01
25	GB/T 15635—2014	行政、商业和运输业电子数据交换 复合数据元目录（修订，替代标准 GB/T 15635—2008）	2015－08－01
26	GB/T 17699—2014	行政、商业和运输业电子数据交换 数据元目录（修订，替代标准 GB/T 17699—2008）	2015－08－01
27	GB/T 20799—2014	鲜、冻肉运输条件（修订，替代标准 GB/T 20799—2006）	2015－01－10
28	GB/T 4996—2014	联运通用平托盘 试验方法（修订，替代标准 GB/T 4996—1996）	2015－06－01

续 表

序号	标准编号	标准名称	实施日期
29	GB/T 4995—2014	联运通用平托盘 性能要求和试验选择（修订，替代标准 GB/T 4995—1996）	2014－12－01
30	GB/T 20154—2014	低温保存箱（修订，替代标准 GB/T 20154—2006）	2015－12－01

表 2　　2014 年发布的物流行业标准

序号	标准编号	标准名称	实施日期	标准主管部门
1	JT/T 911—2014	危险货物道路运输企业运输事故应急预案编制要求	2014－11－01	交通运输部
2	JT/T 912—2014	危险货物道路运输企业安全生产管理制度编写要求	2014－11－01	交通运输部
3	JT/T 913—2014	危险货物道路运输企业安全生产责任制编写要求	2014－11－01	交通运输部
4	JT/T 914—2014	危险货物道路运输企业安全生产档案管理技术要求	2014－11－01	交通运输部
5	JT/T 915—2014	机动车驾驶员安全驾驶技能培训要求	2014－11－01	交通运输部
6	JT/T 916—2014	道路运输驾驶员 特殊环境与情境下安全驾驶技能培训与评价方法	2014－11－01	交通运输部
7	JT/T 917. 1—2014	道路运输驾驶员技能和素质要求 第 1 部分：旅客运输驾驶员	2014－11－01	交通运输部
8	JT/T 917. 2—2014	道路运输驾驶员技能和素质要求 第 2 部分：货物运输驾驶员	2014－11－01	交通运输部
9	JT/T 917. 3—2014	道路运输驾驶员技能和素质要求 第 3 部分：出租汽车驾驶员	2014－11－01	交通运输部
10	JT/T 919. 1—2014	交通运输物流信息交换 第 1 部分：数据元	2014－11－01	交通运输部
11	JT/T 919. 2—2014	交通运输物流信息交换 第 2 部分：道路运输电子单证	2014－11－01	交通运输部

续 表

序号	标准编号	标准名称	实施日期	标准主管部门
12	JT/T 919.3—2014	交通运输物流信息交换 第3部分：物流站场（园区）电子单证	2014－11－01	交通运输部
13	JT/T 697.6—2014	交通信息基础数据元 第6部分：船员信息基础数据元（JT/T 697.6—2008）	2014－11－01	交通运输部
14	JT/T 856—2013	道路运输行业节能评价方法	2014－01－01	交通运输部
15	JT/T 857—2013	道路运输企业节能评价方法	2014－01－01	交通运输部
16	JT/T 869—2013	汽车货运站（场）节能评价方法	2014－01－01	交通运输部
17	SB/T 1036—2013	药品物流设施与设备技术要求	2014－06－01	商务部
18	SB/T 1038—2013	中药材流通追溯体系专用术语规范	2014－06－01	商务部
19	SB/T 1039—2013	中药材追溯通用标识规范	2014－06－01	商务部
20	SB/T 11068—2013	网络零售仓储作业规范与评价	2014－12－01	商务部
21	SB/T 11069—2013	城市配送统计指标体系及绩效评估方法	2014－12－01	商务部
22	SB/T 10408—2013	中央储备肉冻肉储存冷库资质条件	2014－12－01	商务部
23	SB/T 10384—2013	中央储备肉活畜储备基地场资质条件	2014－12－01	商务部

表3　2014年在国家标准委备案的物流地方标准

序号	标准编号	标准名称	实施日期	标准主管部门
1	DB31/T 843—2014	钢材质押融资仓储企业管理规范	2015－01－01	上海市质监局
2	DB31/T 826—2014	中药饮片包装编码与条码表示	2014－11－01	上海市质监局
3	DB46/ 284—2014	石油化工可燃液体储存场所消防安全规范	2014－09－01	海南省质监局
4	DB53/T 607.30—2014	烤烟生产第30部分：仓储、运输、标识管理	2014－10－01	云南省质监局
5	DB36/ 788—2014	道路运输液体危险货物罐式车辆常压罐体定期检验规则	2014－09－01	江西省质监局

续 表

序号	标准编号	标准名称	实施日期	标准主管部门
6	DB23/T 1533—2013	粮食储存场所消防安全管理技术规范	2013－12－21	黑龙江省质监局
7	DB23/T 1552. 2—2014	甩挂运输站场建设要求 第2部分：零担货物 甩挂运输站场	2014－02－23	黑龙江省质监局
8	DB23/T 1553—2014	甩挂运输站场信息化建设要求	2014－02－23	黑龙江省质监局
9	DB23/T 1554—2014	甩挂运输车辆装卸货站台技术要求	2014－02－23	黑龙江省质监局
10	DB51/T 1726—2014	危险化学品钢制包装容器安全性能检验规则	2014－05－01	四川省质监局
11	DB32/T 2666—2014	水产品冷链物流服务规范	2014－04－30	江苏省质监局
12	DB52/T 847. 5—2013	施秉太子参 初加工与储藏运输	2013－12－01	贵州省质监局
13	DB21/T 2215—2013	动物及动物产品运输防疫技术规范	2014－01－12	辽宁省质监局
14	DB37/T 2342—2013	第三方物流家电配送服务规范	2013－07－10	山东省质监局
15	DB37/T 2343—2013	物流金融风险控制指南	2013－07－10	山东省质监局
16	DB37/T 2344—2013	物流金融服务规范	2013－07－10	山东省质监局
17	DB37/T 2439. 1—2013	鲜活农产品生产流通管理规范 第1部分 蔬菜	2014－02－01	山东省质监局
18	DB37/T 2439. 2—2013	鲜活农产品生产流通管理规范 第2部分 猪肉	2014－02－01	山东省质监局
19	DB37/T 2454—2013	普通货物运输物流单证数据元规范	2014－02－01	山东省质监局
20	DB37/T 2455—2013	商贸流通产品数据元规范	2014－02－01	山东省质监局
21	DB46/T 269—2013	农产品流通信息追溯系统建设与管理规范	2014－02－01	海南省质监局
22	DB22/T 1960—2013	药品运输管理要求	2013－12－31	吉林省质监局
23	DB22/T 1938—2013	物流快递质量服务规范	2013－12－31	吉林省质监局
24	DB22/T 1939—2013	物流仓储服务质量规范	2013－12－31	吉林省质监局

三、标准的实施、宣传、推广取得良好进展

（一）服务业标准化试点

为了加快服务业发展，由国家标准化管理委员会和国家发展和改革委员会牵头并会同国务院有关部门和地方质量技术监督局、地方有关部门共同组织的“服务业标准化试点”工作，从2009年开始到2014年已有43家物流企业申请试点，标准化试点是一项以建立和实施服务业标准体系为主要内容，以实现管理规范、服务质量良好、顾客满意度高为目标探索性活动，参加试点的企业要求企业三年内未发生重大产品（服务）质量、安全健康、环境保护等事故，能够体现行业特色，服务提供的各个环节应有标准可依，标准齐全。标准覆盖率达到80%以上，与本行业、本单位有关的国家标准、行业标准、地方标准和企业标准应得到有效实施，实施率达到90%等，2013年经审查新确定了10项物流“国家级服务业标准化试点”项目，10家物流企业申请并确定为标准化试点单位，标准的试点项目从2014年开始到2015年结束，企业通过标准的实施与企业自身的持续改进相结合，与企业的服务品牌创建相结合，以不断提高服务标准化效果，引导服务企业向标准化、品牌化的方向发展。

（二）商贸物流标准化服务试点

2014年国家标准委、商务部联合印发《关于加快推进商贸物流标准化工作的意见》，在全国部署实施商贸物流标准化工作。12月12日，商务部流通发展司、国标委服务业部在京召开商贸物流标准化专项行动工作部署会议，进一步落实专项工作。此次专项行动以降低物流成本、提高物流效率为目标，坚持市场主导，从托盘标准化入手，在快速消费品等领域，率先开展标准托盘应用推广及循环共用，带动上下游关联领域物流标准化水平的提高；从物流综合信息服务平台建设规范和服务规范入手，增强平台服务功能，促进资源共享和信息互联互通。此次专项行动计划实施时间约为5年，其中第一阶段为2015—2016年，通过重点推进企业充分利用专项行动的契机，使得自身标准化建设迈上新台阶，第一批确定了40家“全国商贸物流标准化重点推进企业”，包括30家重点企业，如托盘租赁服务企业招商路凯、集保（CHEP）、上海百联等；商贸连锁企业华润集团、国药集团、1号店等；快速消费品生产企业中粮集团、珠江啤酒、顺鑫农业等；托盘生产企业山东力扬、上海新通联等；第三方物流企业青岛日日顺、顺丰速运、宝供物流等。

（三）冷链物流标准试点

2014年，由中国物流与采购联合会冷链物流专业委员会牵头组织，相继在食品物流企业和药品物流企业开展了《食品冷链物流追溯管理要求》和《药品冷链物流运作规范》两项国家标准试点活动。《食品冷链物流追溯管理要求》和《药品冷链物流运作规范》是2012年发布的两项国家标准，标准规定了食品和药品冷链物流全过程的管理要求，以及物流过程中的温控要求等。目前，加工食品和冷藏药品的规范管理已经成为各级政府、药品生产企业、经营企业、使用单位十分关注的问题，中物联冷链委依据标准的主要内容，从企业从业人员、制度、设施设备、流程控制等多个方面进一步细化了指标，并从申报的企业中分别选取了有代表性的30家食品物流企业和32家医药物流企业开展标准的试点。中物联冷链委将通

过标准试点，通过一到两年考察企业的 KPI 达标情况，从试点企业中推出冷链服务的示范企业。关键标准的试点对行业和企业发展均是一个良好的开端，通过标准的试点活动，一是提升企业对食品药品安全保障的社会职责感，同时通过标准的达标，也是对服务方、对药品使用者和社会服务承诺的展示；二是通过试点帮助企业建立品牌服务意识，标准化管理意识，把标准作为提升企业服务质量的重要手段之一，在共同的标准下谈服务、谈能力，为行业创造健康的、规范的市场环境。

（四）一些重点物流国家标准和行业标准贯彻实施

《物流企业分类与评估指标》从 2005 年发布已有十个年头，中国物流与采购联合会依据标准开展的物流企业评估工作也取得了很好的成效。2014 年 7 月 1 日新修订的标准正式实施，中物联物流企业评估办公室针对新标准于 4 月和 9 月召开了标准的宣贯培训研讨会议，进行了《物流企业分类与评估指标》国家新旧标准修改部分的对照解读，先后有 600 余人参加了培训和宣贯会议。

金融物流创新业务中质押融资已经成为广大企业尤其是众多中小企业获取业务发展资金、改善融资渠道的一个重要手段，动产的质押监管开展十余年间没有具体标准进行规范，造成这项对金融机构、商贸制造业、物流企业多方有利、互惠共赢的业务在实际操作环节中出现了许多不该发生的事件。2014 年，为加强物流行业自律，促进物流市场的健康、规范发展，中国物流与采购联合会依据《质押监管企业评估指标》（SB/T10979—2013）行业标准启动并开展了物流企业质押监管评估工作，全年评估质押监管企业 52 家，通过标准的贯彻实施对规范物流市场，完善服务体系，提升物流服务质量，扩充融资渠道，提高企业服务能力起到了重要作用。

2014 年还开展了多样的标准化活动，如在汽车物流企业中开展的“汽车零部件物流标准化倡议活动”，在物流园区企业中开展的《物流园区服务规范与评估指标》国家标准的宣贯研讨活动；与厦门市标准化院成立两岸食品冷链物流标准工作组，共同推动开展的两岸食品冷链物流标准对标活动；珠海市港口管理局开展的“物流市场新发展、政策及标准系列培训”，陆续举办了物流仓储系列标准、物流园区系列标准、物流合同及单证系列标准、口岸物流标准、物流企业服务和质押监管评估系列标准、物流统计及企业物流成本构成系列标准等几大系列 15 项国家标准的培训等标准的宣传贯彻工作，提升了行业和企业整体的标准化认知。

四、物流标准化工作新特点、新趋势

（一）标准的制订与实施相结合

一是政府监管与标准相结合，如交通运输部发布的道路运输车辆动态监督管理，在管理办法中明确要求道路运输车辆卫星定位系统平台和定位装置应符合现行的 7 项国家和行业标准，将标准与政府管理相结合；二是行业主管部门积极采取多项措施，在行业内推动标准的实施，如国家标准化管理委员会和商务部共同开展的标准化托盘推广，从托盘标准化入手，依据现有的两项联运平托盘国家标准开展标准托盘应用推广及循环共用，带动上下游关联领域物流标准化水平的提高；如交通运输部联合物流龙头企业如电商平台、快递、运输仓储、物流园区等企业开展的交通运输物流信息互联共享平台标准的发布与实施，将标准与平台运行相结合，使用标准具体可更强的操作性。

（二）与民生相关的物流标准受到关注

我国发布的农副产品和食品冷链物流标准也已达到了150余项，但冷链物流仍存在着标准实施有待加强，涉及安全的标准无监管等问题。随着居民消费水平的提高和食品安全意识的增强，我国冷链运输物流需求将快速增长，2014年国务院转发了国家发改委《关于上半年经济形势和做好下半年经济工作的建议的通知》，要求进一步促进我国冷链运输物流企业健康发展，提升冷链运输物流服务水平。发改委为了落实通知要求，发布了《关于进一步促进冷链运输物流企业健康发展的指导意见》，提出要“制修订食品冷链配送操作规范、食品冷链温度控制等冷链基础、冷链管理、冷链设施、冷链技术等层面的标准”，加强冷链物流标准的培训宣传和推广应用，要“研究制定冷藏保温车辆分类及技术要求”，推动冷链运输车辆标准化、专业化，要“研究探索对关系到居民食品安全的肉类、水产品等农产品运输执行强制性标准”。国家标准委也正在研究冷链物流标准化实施方案，下一步将在农副产品和食品冷链物流标准的清理、涉及安全标准的实施上加大力度。

随着互联网与电子商务的高速发展，快递服务不仅在企业数量、市场规模等方面迅速发展，与民生直接相关，还与信息技术紧密结合，快递收派作业专用的电动三轮车安全要求、邮政快递业的信息安全及信息交换问题也日益变得重要和突出，2014年国家邮政局审查通过的《快递专用电动三轮车技术要求》行业标准规定了快递专用电动三轮车的设计要求、时速要求、使用管理要求等，不仅可以为使用部门提供可靠的技术依据，还可引导快递专用电动三轮车有序发展、规范运行，提升快递服务形象，提高快递服务质量。即将开展的快递服务与银行、民航、电子商务、制造服务等信息交换标准也将进一步保证各类信息安全，保障用户合法权益等方面提供技术支撑。

（三）公益类物流标准成为标准制订重点

1. 绿色物流标准

2014年，国务院发布的《物流业中长期发展规划》将大力发展绿色物流作为主要任务之一，在优化运输方式、节能减排、发展先时的物流组织模式、设施设备的有效利用、物流包装的循环使用等方面提出了要求，要求加快建立绿色物流评估标准和认证体系。交通运输部2014年行业节能减排工作要点也提出“组织完善交通运输节能减排规划标准，提出交通运输行业节能减排标准体系规划”。国家邮政局提出的《快递服务温室气体排放测量方法》行业标准通过审查，政府已开始从宏观管理上将绿色物流的推进与物流标准化工作提上日程。

2. 物流诚信标准

据北京交通大学运输学院做的物流诚信企业调查，物流企业诚信存在着虚假承诺高质服务、违规泄露客户信息、不按合同执行、企业信息造假等失信或不诚信现象，社会对物流业诚信的认可度总体偏低。2014年，一些公共的服务平台、企业联盟相继制订诚信联盟标准，通过标准的实施在平台和联盟的范围内发布失信企业名单、司机和快递员黑名单等，实现信息共享。

2014年，由中国物流与采购联合会主持向国家质监局申报拟开展的质检公益课题研究，也将《绿色物流指标构成》《绿色仓储与配送要求及评估》《绿色仓储与配送技术装备要求及评估》《物流设施设备的选用参数要求》《托盘单元化物流系统规范》等绿色物流关键标准，以及《物流企业诚信要素构成》《商贸物流企业信用评价实施规范》等国标作为制订的重点。

（李红梅　中物联标准委）

2014 年我国物流与供应链领域科技论文发表情况

本研究通过统计 2014 年多个检索数据库中国内外物流与供应链相关文献的发表情况，并与 2013 年的一些相关数据进行对比，得出 2014 年国内外物流与供应链领域科技研究的情况。数据分析表明，2014 年物流与供应链领域科技理论的研究仍旧是国内外学术界关注的重点，但论文数量在部分数据库有所减少；与其他国家相比，我国的物流科研水平不断提高，物流整体实力不断加强，与国外物流业发达国家之间的差距在不断缩小。

一、各文献数据库收录物流相关论文情况

本研究数据均为 2015 年 7 月 2 日检索获得，检索内容为 2013 和 2014 年所发表的物流与供应链相关科技论文。根据检索条件，分别在 SCI－E、CPCI－S、Ei、SSCI 等数据库检索，得出结果如表 1 所示。

表 1　2013 年和 2014 年各文献库收录的物流与供应链相关论文、项目统计

数据库名称	2013 年发表量（篇）	2014 年发表量（篇）	同比增长（%）
SCI	1305	1434	9.89
CPCI－S	2303	1514	-34.2
Ei	7582	8275	9.14
SSCI	780	817	4.74
自然基金网	128	129	0.78
国家哲学社会科学规划办公室	17	13	-23.5

续 表

数据库名称	2013年发表量（篇）	2014年发表量（篇）	同比增长（%）
中国高校人文社会科学信息网	59	70	18.6
中国学术期刊网络出版总库	4906	5141	4.79
中国优秀硕士学位论文全文数据库	852	634	-25.6
中国博士学位论文全文数据库	38	19	-50
中国重要报纸全文数据库	1542	1750	2013.5
中国重要会议论文全文数据库	75	76	1.3

二、SCI文献库统计分析

（一）检索条件

在Web of Science数据库中，以"logistics"或"supply chain"为检索条件，以标题为检索范围，勾选SCI－E数据库，得到2013年和2014年SCI文献收录情况。其中2014年SCI文献库的文献数量为1434篇，相较于2013年的1305篇增长了9.89个百分点，增长率比2011—2012年的增长率略有上升。2013年发表的文献数量中用英文撰写的比例为97.17%，占据绝大多数；2014年这一比例上升至98.745%。这从一个侧面说明，我国物流相关学者及科研人员的英文能力已达到一个很高的水平，这为我国物流领域的学术研究走向世界与国际交流打下了坚实的基础。

（二）作者单位及地区

从表2中可以看出近两年美国依然在物流研究领域排名第一，相关论文发表数量在SCI中占据近1/4的比重。2014年我国论文发表数量以高出排名相对靠后的国家和地区几倍的优势排名第二，2014年我国的论文发表数量比2013年增长了25%；2014年我国发表论文数量在SCI中占据的比重与美国仅差1.92个百分点，而这一差距在2013年为2.76个百分点。这也从一个侧面反映出近两年我国物流相关技术研究受物流业迅猛发展的影响非常活跃。

2014年相关论文发表数量排名第一的机构是加利福尼亚大学系统，共24篇；排名第二的是伊斯兰自由大学，共23篇；排名第三的是天津大学，共22篇；印度理工学院和香港理工大学分别以19篇并列第四；德黑兰大学和佛罗里达州立大学系统均以17篇的数量并列第五。值得注意的是，在发表论文的机构中我国的大学占据绝大多数，天津大学领跑在各大科研机构的前三名。同时，很多国内大学也拥有可观的科研输出，说明国内大学对于物流领域的科研项目投入有所增加，可量化成果丰硕，对国内物流业的发展起到了重要作用。

表 2 2013—2014 年 SCI 数据库中物流与供应链相关科技论文发表数量排名前十的国家情况

排名	国家和地区	2013 年文献数量（篇）	占比（%）	排名	国家和地区	2014 年文献数量（篇）	占比（%）
1	美　国	312	23. 908	1	美　国	370	28. 352
2	中国（内地）	276	21. 149	2	中国（内地）	345	26. 437
3	英　国	87	6. 667	3	英　国	107	8. 199
4	中国台湾	78	5. 977	4	伊　朗	91	6. 973
5	加拿大	70	5. 364	5	德　国	75	5. 747
6	德　国	68	5. 211	6	加拿大	72	5. 517
7	印　度	61	4. 674	7	中国台湾	71	5. 441
8	伊　朗	60	4. 598	8	意大利	59	4. 521
9	意大利	50	3. 831	9	印　度	57	4. 368
10	澳大利亚	49	3. 755	10	法　国	56	4. 291

（三）发表期刊分布

SCI 在 2014 年发表的物流相关文献中，有 90 篇来自期刊《国际生产经济学杂志》（*International Journal of Production Economics*），占文献总量的 6. 276%，排名第一；有 58 篇来自《国际生产研究杂志》（*International Journal of Production Research*），占文献总量的 4. 045%，位居第二；有 44 篇来自《欧洲运筹学期刊》（*European Journal of Operational Research*，EJOR），占比 3. 068%，排名第三。另外，刊登量超过 30 篇的期刊还有《计算机工业工程期刊》（*Computers Industrial Engineering*）、《运输研究部分电子物流与运输回顾》（*Transportation Research Part E – Logistics and Transportation Review*）和《工程中的数学问题》（*Mathematical Problems in Engineering*）。

三、CPCI – S 文献库统计分析

（一）检索条件

在 Web of Science 数据库中，以“logistics”或“supply chain”为关键词，以主题为检索范围，并勾选 CPCI – S 数据库，检索出 2014 年的文献数 1514 篇，比 2013 年同时期的 2303 篇文献少 789 篇，同比减少 34%。

以标题为搜索对象，以“物流”（Logistics），或“供应链”（Supply Chain）为关键词进行检索，可检索到 2014 年的文献篇数为 948 篇，比 2013 年的 615 篇增加了 333 篇，同比增长 54. 15%。

（二）作者单位及地区

仍以主题为检索范围，查得 2014 年 CPCI – S库发表的相关文献共计 1514 篇，在精炼检索结果中以团体作者进行分类，得出

IEEE 以 228 篇的数量仍居于第一，比排名第二作者多 200 多篇，占总数的 15.1%；TANGER 和 DESTECH PUBLICAT INC 均以 20 篇并列第二；KAUNAS UNIV TECHNOL PRESS 以 8 篇位列第四。2014 年 CPCI－S 文献库中发表物流相关文献数量排名前五的团体作者统计情况如表 3 所示。

表 3 2013—2014 年 CPCI－S 文献库中物流相关文献数量排名前五的团体作者统计情况

2013 年			2014 年		
排　名	团体作者名称	发表文献数量（篇）	排　名	团体作者名称	发表文献数量（篇）
1	IEEE	517	1	IEEE	228
2	ASME	22	2	TANGER LTD	20
3	DESTECH PUBLICAT INC	18	3	DESTECH PUBLICAT INC	20
4	TANGER LTD	13	4	KAUNASUNIV TECHNOL PRESS	8
5	IEEE COMP SOC	7	5	IOP	6

若以机构名称进行分类，则 2014 年我国的沈阳航空航天大学以 38 篇的数量排名第一，北京交通大学以 32 篇排名第二，武汉科技大学和中国科学院均以 13 篇并列第三，加利福尼亚大学系统以 10 篇排名第五。2013 年同期论文发表数量排名前三的机构分别是北京交通大学（76 篇），武汉科技大学（26 篇），美国加州大学系统（26 篇）。两组数据对比可以看出，我国院校对物流领域前期的理论探讨及初期的基础研究已经告一段落，随着我国物流业的发展，相关理论研究难度会加大，其后的研究成果数量会减少。另外，我国的北京交通大学和武汉科技大学等院校仍能够保持可观的科研输出，表明其在物流学术方面具有研究实力。

若以国家和地区进行分类检索，得出的结果更能够说明以上观点。在国家和地区的分类中，我国以 501 篇的文献数量排名榜首，比排名第二的美国多出 301 篇。

（三）发表期刊分布

在 CPCI－S 文献库精炼检索结果的来源出版物栏中进行检索，《应用力学和材料学》（*Applied Mechanics and Materials*）共发表文献 181 篇，排名第一；《先进的材料研究》（*Advanced Materials Research*）以 78 篇排名第二，《计算机科学讲义》（*Lecture Notes in Computer Science*）以 61 篇排名第三。

四、Ei 文献库统计分析

（一）检索条件

在 Ei Village 中以“logistic” or “supply chain”为关键字，以“Subject/Title/Abstract”为检索项，检索 2014 年 Ei 文献库中物流相关文献发表情况，共检索到相关文献资料 8275 篇，其中：我国有 2320 篇，排名第一；美国有 1579 篇，排名第二；德国有 502 篇，排名第三。从发表的文献数量看，近几年我国一直位居第一名，并且与第二名的美国始终保持较大的距离，这在一定程度上反映出我国对物流产业的高度重视并且在物流领域内有了属于自己的权威。2014 年 Ei 文献库中发表的关于物流和供应链文献数量排名前五的国家情况如表 4 所示。

表 4　　2014 年 Ei 文献库中物流和供应链文献数量排名前五的国家

排　名	国　家	文献数量（篇）
1	中　国	2320
2	美　国	1579
3	德　国	502
4	英　国	470
5	印　度	296

以关键字“logistic” or “supply chain”并且作者地区为 china 为检索条件，以“Subject/Title/Abstract”为检索项，时间跨度为“2014 to 2014”进行检索，检索到文献 2320 篇，表 5 为与 2013 年的对比情况。从表 5 可以看出 2014 年我国发表的文献数量占 Ei 中文献数量的比重比上年略有下降，但仍然保持较大比重。从数据可以看出，随着我国物流产业逐步升级，一些初期初级的研究及论文已经饱和，论文研究开始逐渐从量向质改变。

表 5　　2014 年 Ei 数据库中中国作者发表文献数量及占比情况

年份	Ei 中的文献数量	中国发表的文献数量	所占百分比（%）
2013	7582	2272	29.97
2014	8275	2320	28.04

（二）作者单位及地区

从数据库 Refine Results 板块的作者单位中可以发现，大部分的物流相关论文文献出自我国高校的物流专业。分析 2014 年我国各大高校发表的物流相关文献篇数可知，同济大学经济管理学院与北京交通大学交通运输学院均以26篇论文并列第一；沈阳航空航天大学经济与管理学院以22篇排名第三，德黑兰大学工业工程学院以20篇排名第四。与前几年对比可知，我国各高校的物流科研水平逐渐靠近，文献篇数差距逐渐缩小，分布更加均匀（见表6）。

表6　2014年Ei数据库中物流相关文献数量排名前十的中国高校

2013年			2014年		
排名	作者单位	文献数量（篇）	排名	作者单位	文献数量（篇）
1	北京交通大学经济与管理学院	44	1	同济大学经济管理学院	26
2	北京交通大学交通运输学院	40	2	北京交通大学交通运输学院	26
3	华中科技大学管理学院	28	3	沈阳航空航天大学经济与管理学院	22
4	西南交通大学运输交通学院	22	4	德黑兰大学工业工程学院	20
5	武汉理工大学物流工程学院	19	5	四川大学商学院	20
6	中国科技大学管理学院	17	6	香港理工大学工业与系统工程系	19
7	国立台湾科技大学工业管理系	15	7	谢里夫理工大学工业工程系	17
8	南丹麦大学商务与经济系	13	8	南丹麦大学商务与经济系	17
9	重庆大学经济与工商管理学院	13	9	中国科技大学管理学院	16
10	北京理工大学管理与经济学院	13	10	华中科技大学管理学院	16

（三）发表期刊分布

在Ei文献库Refine Results版块的期刊分布中可以发现，2014年《应用力学和材料学》（*Applied Mechanics and Materials*）发表的物流相关文献最多，有357篇，排名第一；《先进材料研究》（*Advanced Materials Research*）有303篇，排名第二；《国际生产经济学杂志》（*International Journal of Production Economics*），有183篇，排名第三；《计算机科学讲义》（*Lecture Notes in Computer Science*）有161篇，排名第四；《国际生产研究杂志》（*International Journal of Production Research*）有151篇，排名第五，具体如表7所示。

表 7　2014 年 Ei 文献库物流相关文献数量排名前五的期刊

排　名	期刊名称	文献数量（篇）
1	*Applied Mechanics and Materials*	357
2	*Advanced Materials Research*	303
3	*International Journal of Production Economics*	183
4	*Lecture Notes in Computer Science*	161
5	*International Journal of Production Research*	151

五、SSCI 文献库统计分析

（一）检索条件

在 SSCI 数据库中以物流或供应链为关键词进行检索，以标题为检索范围检索到 2013 年发表的物流相关文献数量为 780 篇，2014 年发表的物流相关文献数量为 817 篇，同比小幅增加。

（二）作者单位及地区

2014 年在 SSCI 数据库中发表的物流相关论文数量排名前五的机构分别是：田纳西大学系统 21 篇、田纳西大学诺克斯维尔分校 21 篇、加利福尼亚大学系统 17 篇、天津大学 16 篇、香港理工大学 14 篇，排名前三的高校在物流研究领域的成绩十分突出，天津大学与香港理工大学紧跟其后。

从表 8 中可以看出，美国在社会科学领域的物流研究处于绝对龙头地位，而我国内地、英国和我国台湾地区的物流研究水平也在不断提升。

表 8　2013—2014 年 SSCI 数据库发表物流相关文献数量排名前十的国家

2013 年			2014 年		
排名	国家和地区	文献数量（篇）	排名	国家和地区	文献数量（篇）
1	美　国	240	1	美　国	267
2	中　国	135	2	中　国	158
3	英　国	87	3	英　国	103
4	中国台湾地区	49	4	德　国	52
5	德　国	49	5	中国台湾地区	49
6	澳大利亚	38	6	加拿大	40
7	印　度	31	7	澳大利亚	33

续 表

2013 年			2014 年		
排名	国家和地区	文献数量（篇）	排名	国家和地区	文献数量（篇）
8	荷　兰	29	8	西班牙	31
9	法　国	26	9	伊　朗	31
10	加拿大	25	10	荷　兰	30

（三）发表期刊分布

在 *SSCI* 文献库中，发表物流相关文献数量排名前五位的期刊是：《国际生产经济学杂志》（*International Journal of Production Economics*）共有 51 篇，占比 6.24%，排名第一；《供应链管理国际期刊》（*Supply Chain Management an International Journal*）共有 40 篇，占比 4.9%，排名第二；《运输研究部分电子物流与运输回顾》（*Transportation Research Part E – Logistics and Transportation Review*）有 31 篇，占比 3.79%，排名第三；《国际生产研究杂志》（*International Journal of Production Research*）有 30 篇，占比 3.67%，排名第四；《欧洲运筹学杂志》（*European Journal of Operational Research*）有 26 篇，占比 3.18%，排名第五。

六、中国期刊全文数据库文献统计分析

（一）中国学术期刊网络总库文献库

在中国知网（http://www.edu.cnki.net）数据库中的中国学术期刊网络出版总库，以物流和供应链为关键词，选择中英文扩展检索项检索，分别检索出 2013 年和 2014 年不同学科物流相关文献发表情况，如表 9 所示。

表 9　2013 年和 2014 年中国学术期刊网络出版总库不同学科物流相关文献的数量

学科类别	2013 年	2014 年
宏观经济管理与可持续发展	1892	1672
企业经济	1541	1612
工业经济	1086	1108
贸易经济	607	806
计算机软件及计算机应用	423	329
交通运输经济	119	107
公路与水路运输	70	81

检索得出，2014 年中国学术期刊网络出版总库中相关刊物发表物流相关文献 5141 篇，2013 年同期有物流相关文献 4906 篇。2014 年比 2013 年增加 235 篇。

表 10 是 2014 年中国学术期刊网络出版总库中发表物流相关文献排名前五的国内高校排名。总体看，2014 年在物流供应链领域发表论文排名前五的高校文献数量差异不大。2014 年中国学术期刊网络出版总库中发表物流相关文献篇数超过 10 篇的作者有两名：一个是卡莱（梅州）橡胶制品有限公司的董鹏，有 28 篇文献；另一个是天津大学的赵道致，有 17 篇文献。

表 10　2014 年中国学术期刊网络出版总库中发表物流相关文献数量排名前五的高校排名

排　名	高校名称	文献数量（篇）
1	天津大学	44
2	上海交通大学	41
3	同济大学	32
4	上海理工大学	29
5	上海海事大学	29

文献中关键字代表了物流科研的主趋势，表 11 显示了中国学术期刊网络出版总库中 2013 年和 2014 年物流相关关键词词频排名前十的情况。由表 11 可知 2013 年和 2014 年物流相关关键词词频变化不大，供应链、物流、供应链管理等词出现的频率仍靠前。

表 11　中国学术期刊网络出版总库中 2013 年和 2014 年物流相关关键词词频排名前十的情况

2013 年		2014 年	
关键词	词　频	关键词	词　频
供应链	828	供应链	850
物　流	708	物　流	712
供应链管理	194	供应链管理	203
电子商务	166	电子商务	156
对　策	71	对　策	75
物联网	68	管　理	72

续 表

2013 年		2014 年	
关键词	词 频	关键词	词 频
农产品	61	农产品	64
信息化	48	物联网	56
数据流	45	数据流	53
问 题	42	库存管理	43

（二）中国优秀硕、博学位论文文献库

1. 中国优秀硕士学位论文文献库

在中国期刊全文数据库（http://www.cnki.net）中国优秀硕士学位论文全文数据库中，以“物流”“供应链”为关键词，分别检索2013年和2014年的相关文献情况，得到数据如表12所示。

表12 2014年中国优秀硕士学位论文全文数据库中物流相关文献数量排名前十的高校

排 名	高校名称	发表数量（篇）
1	华东理工大学	90
2	吉林大学	60
3	华南理工大学	51
4	上海交通大学	51
5	北京交通大学	44
6	电子科技大学	44
7	苏州大学	42
8	天津大学	38
9	大连理工大学	38
10	中国海洋大学	32

2. 中国博士学位论文全文数据库

在中国期刊全文数据库中国博士学位论文全文数据库中，以“物流”“供应链”为关键词，分别检索2013年和2014年发表的物流相关文献情况，得到结果如表13所示。

表 13 2014 年中国博士学位论文全文数据库物流相关文献数量排名前五的高校

排　名	高校名称	发表数量（篇）
1	北京交通大学	5
2	华中科技大学	4
3	中国科学技术大学	4
4	重庆大学	3
5	天津大学	3

3. 中国重要会议文献库

在中国期刊全文数据库（http：//www. edu. cnki. net）中国重要会议论文全文数据库中，以“物流”“供应链”为关键词，分别检索 2013 年和 2014 年发表的会议文献，检索得到我国重要会议上发表的论文中包含的主要关键词如表 14 所示。从表中可以看出，2014 年物流、供应链关键词的词频有小幅减少，电子商务、信息化、服务等词频有所增长，我国物流与供应链重要会议的议题出现了变化。

表 14 2013 年和 2014 年我国重要会议发表的物流与供应链相关科技文献中位居前五的关键词统计

2013 年			2014 年		
排　名	关键词	词　频（次）	排　名	关键词	词　频（次）
1	供应链	20	1	物　流	16
2	物　流	17	2	供应链	15
3	铁路运输	8	3	电子商务	4
4	创　新	5	4	信息化	4
5	供应链管理	4	5	服　务	4

4. 中国重要报纸文献库

在中国期刊全文数据库（http：//www. edu. net）中国重要报纸全文数据库中，以“物流”“供应链”为关键词，分别检索 2013 年和 2014 年发表的物流相关文献情况，得到结果：2013 年发表物流相关文献 1542 篇、2014 年发表物流相关文献 1750 篇，2014 年比 2013 年新增 208 篇，同比增长 13.5%。

2013 年和 2014 年发表物流相关文献排名前十的报纸如表 15 所示。其中《现代物流报》在两年中发表物流相关文献的数量始终位居第一，但是 2014 年较 2013 年的文献数量有所减少。2014 年，《21 世纪经济报道》和《医药经济报》退出了前十的行列，而《中国冶金报》

和《中国合作时报》挤进了前 10 的行列。

表 15　　2013 年和 2014 年发表物流相关文献的数量排名前十的报纸

排序	2013 年		2014 年	
	报纸名称	发表数量（篇）	报纸名称	发表数量（篇）
1	现代物流报	193	现代物流报	173
2	第一财经日报	54	北京商报	67
3	中国商报	49	国际商报	67
4	中国证券报	46	中国经营报	64
5	中国纺织报	46	中国合作时报	47
6	中国经营报	46	中国商报	46
7	北京商报	45	中国纺织报	45
8	21 世纪经济报道	38	中国冶金报	42
9	国际商报	35	第一财经日报	40
10	医药经济报	30	中国证券报	36

七、国家自然基金网统计分析

在网站 http：//isis. nsfc. gov. cn 项目检索中，以项目主题词为“物流”或“供应链”为检索条件检索 2013 年和 2014 年国家自然基金网批准项目。剔除不相关课题，检索结果如表 16 所示。总体上看，物流项目数有小幅度减少，而供应链项目数有小幅度增长，项目数总体增长率为 0. 78%。

表 16　　国家自然基金网 2013 年和 2014 年获批物流和供应链项目数统计

物流项目数（个）		供应链项目数（个）		项目数合计（个）		项目数增长率（%）		
2013 年	2014 年	2013 年	2014 年	2013 年	2014 年	物流	供应链	合计
43	37	85	92	128	129	-14	8. 23	0. 78

八、国家社科基金项目统计分析

在网站 http：//www. npopss - cn. gov. cn 中的 2014 年国家社科基金年度项目的公布列表中，可以检索到立项的物流或供应链的一般项目（见表 17）。从表 17 中可以看出，2014 年的供应链项目数有较大幅度减少，而 2014 年的物流项目数小幅度增加。总体上，物流和供应链的一般项目数量呈大幅度减少趋势。

表 17　　2013 年和 2014 年国家自然基金批准的物流和供应链项目统计

物流项目数（个）		供应链项目数（个）		项目数合计（个）		项目增长数（个）		
2013 年	2014 年	2013 年	2014 年	2013 年	2014 年	物流项目	供应链项目	合计
4	6	13	7	17	12	2	−6	−5

九、教育部人文社会科学一般项目统计分析

在网站 http：//sinoss. net 中公布的《2014 年教育部人文社会科学研究一般项目（规划基金项目、青年基金项目、自筹经费项目）立项一览表》里，搜索与“物流”或“供应链”有关的一般项目（包括一般项目中的青年基金项目），结果如表 18 所示。从表 18 不难看出，2014 年一般项目数和供应链项目数均较 2013 年有不同程度的增长，一般项目增长率达到 14.7%，其中的青年基金项目增长率达到 40%。

表 18　　2013 年和 2014 年教育部人文社会科学一般项目的批准情况

项目名称	物流项目数（个）		供应链项目数（个）		项目合计（个）		项目增长率（%）		
	2013 年	2014 年	2013 年	2014 年	2013 年	2014 年	物流项目	供应链项目	合计
一般项目	8	9	29	32	34	39	12. 5	10. 3	14. 7
青年基金项目	5	6	17	23	20	28	20	35. 3	40

十、数据源和方法

本研究所涉及的 8 个检索数据库，分别是美国科学引文索引（SCI）文献库、科技会议论文引文索引（CPCI－S，原 ISTP）文献库、美国工程索引（Ei）文献库、社会科学引文索引（SSCI）文献库、中国学术文献总库（cnki）文献库、国家自然科学基金网、全国哲学社会科学规划办公室以及中国高校人文社会科学信息网。

《科学引文索引》（*Science Citation Index*，SCI）是由美国科学信息研究所（ISI）1961 年创办出版的引文数据库。它与 Ei（工程索引）、ISTP（科技会议录索引）并称为世界三大科技文献检索系统。SCI 在充分考虑了期刊的学术价值的基础上，运用引文数据分析和同行评估相结合的方法，发表了全世界出版的数、理、化、农、林、医、生命科学、天文、地理、环境、材料、工程技术等 150 多个学科领域，近

6381种期刊。因而，SCI检索系统被国内外学术界作为制订学科发展规划和进行学术排名的重要依据，是国际公认的反映基础学科研究水准的代表性工具。其网络版数据库SCI－E更是方便了读者的检索与研究。

《科技会议论文引文索引》（*Conference Proceedings Citation Index－Science*，CPCI－S），创刊于1978年，由美国科学情报研究所编制，专门发表、报道国际最新出版的科学技术会议录资料的文摘信息，包括专著、丛书、预印本以及来源于期刊的会议论文。数据涵盖了社会科学、艺术与人文科学领域的会议文献。

《社会科学引文索引》（*Social Sciences Citation Index*，SSCI）为SCI的姊妹篇，亦由美国科学信息研究所创建，是目前世界上可以用来对不同国家和地区的社会科学论文的数量进行统计分析的大型检索工具，是当今社会科学领域重要的期刊检索与论文参考渠道。1999年SSCI全文发表1809种世界最重要的社会科学期刊，内容覆盖包括人类学、法律、经济、历史、地理、心理学等55个领域。发表文献类型包括：研究论文，书评，专题讨论，社论，人物自传，书信等。选择收录（Selectively Covered）期刊为1300多种。

《工程索引》（*The Engineering Index*）是供查阅工程技术领域文献的综合性情报检索刊物。简称Ei，1884年创刊，由美国工程信息公司编辑出版。每年摘录世界工程技术期刊约3000种，还有会议文献、图书、技术报告和学位论文等，报道文摘约15万条，内容包括全部工程学科和工程活动领域的研究成果。数据库每年新增50万条工程类文献，数据来自5100种工程类期刊、会议论文和技术报告，原始文献来自40余个国家，涉及的语言多达39种，其中3600种有文摘。年报道文献量16万余条。每期附有主题索引与作者索引，每年还另外出版年卷本和年度索引，年度索引还增加了作者单位索引。为广大科研工作者提供了很大的便利。

中国学术资源总库（CNKI）是中国知网的核心资源，是由众多院士、科学家、专家学者参与策划、编纂的我国知识信息资源的大规模集成体。目前，中国知网已实现了国内25%的知识资源的数字化和网络化共享，集结了7000多种期刊、近1000种报纸、18万本博士/硕士论文、16万册会议论文、30万册图书以及国内外1100多个专业数据库，是全球信息量最大、最具价值的中文网站。

《科学基金网络信息系统》（*Internet-based Science Information System*，ISIS）是由国家自然科学基金委员会于2000年委托香港城市大学和爱瑞思软件（深圳）有限公司共同开发完成。该系统旨在辅助科学基金项目的全过程精细化管理。自2003年全面推广以来，有力地推动了我国科技管理信息化建设的步伐。

全国哲学社会科学规划办公室是全国哲学社会科学规划领导小组的办事机构。其主要职责是负责制订全国哲学社会科学发展规划和年度计划方案、具体管理和筹措国家社会科学基金、检查中长期规划和年度计划实施情况，交流社会科学研究信息、组织对重大课题研究成果的鉴定、验收和推广。

中国高校人文社会科学信息网（简称社科网）是以服务人文社会科学研究、服务社科研究管理、服务人文社科资源及成果推广应用为宗旨，以成为人文社会科学的资料信息中心、网络出版中心、信息发布中心、网络管理中心和咨询服务中心为目标的教育部社会科学司指导下建设的为人文社会科学服务的专业性门户网站。社科网自2001年建设以来，分别在科研管理软件、科研项目管理、社科新闻资讯、成果网络出版等方面为高校人文社会科学的发展做出了应有的贡献，充分利用了人文社科资源与成果，获得了全国高校人文社科研究工作者和社会的广泛好评。

（俞伟 陈慧 杨恩缘 季夏冰 蒋长兵 浙江工商大学）

第八部分

优秀物流企业及经典案例

北京长久物流股份有限公司

——行天下 长久远

北京长久物流股份有限公司（简称长久物流）注册资本1.62亿元，服务团队数千人，总部设在北京。

长久，由汽车物流而生，因中国汽车产业发展而繁荣，经过20多年的专业积累，目前已经发展成为国内最大的第三方汽车物流服务商之一。长久始终专注汽车行业，以“至诚、志专，致远”的核心价值观为指导，凭借良好的信誉及服务质量、遍布全国的广泛网络资源、强大的运力管理及调度能力和先进的信息系统为客户提供全方位的汽车物流服务。

目前，长久物流的业务范围已从整车运输及仓储拓展至零部件物流、进出口物流及物流增值服务等业务。为大众、奔驰、宝马、丰田、福特、马自达、日产、一汽集团、东风集团、中国长安、北汽集团、广汽集团、奇瑞汽车等全球大型汽车集团及旗下企业提供专业的物流服务。同时长久物流也提供跨欧亚国际铁路多式联运和海铁联运服务，正式进入大众集团全球供应商体系。年发运整车规模达200万台，年产值超过30亿元，与多家乘用车及商用车企业建立了稳固的合作关系。

长久物流拥有全国广泛的公路运输网络，遍布东北、华北、华东、华南、华中、西南6大汽车产业集群地。除总部以外，业务中心及办事处多达40多处。在固守公路运输优势的同时，公司积极探索其他运输方式，与奇瑞汽车和大连港共同注资3亿元组建中世国际物流有限公司，开展集航运、码头、物流链管理为一体的“全供应链一体化服务”；同时，长久物流积极响应国家“一带一路”战略，与UTi国际物流、哈尔滨中欧铁路物流、大连港集装箱发展公司共同组建“哈欧国际物流股份有限公司”，于6月13日开通“哈欧国际货运班列”，在中国和欧洲之间提供“门对门”的服务。

呈上启下，继往开来，长久物流将在全球化的浪潮下逐步提升公司在全球范围内的供应链管理运营能力和物流网络覆盖。优先考虑调整运输工具和运输方式以及物流方案设计，逐步成为业内领先的物流服务提供商。

广东移动的物流信息系统物资超市平台

一、企业概况及案例背景

中国移动通信集团广东有限公司（以下简称“广东移动”）是中国移动（香港）有限公司在广东设立的全资子公司，是我国信息通信行业中规模最大的省级公司，也是广东省最大的通信运营商。面对近年移动通信业务激烈竞争，广东移动借鉴当前社会电商化的商品流通经验，对公司财务、规划、采购、物流、工程建设、网络维护全物流供应链流程进行信息化改造，创新地建设了一整套支撑全省“跨地市、跨部门、跨项目”畅通利用库存呆滞物资的高效物资超市共享体系。这种对企业物流管理模式和信息系统共同改造的全业务流程闭环管理体系，创新了特大型企业实物管理模式，使广东移动走在企业管理的变革前沿。广东移动已连续三年荣获全集团物流管理标杆称号。

广东移动下设21个地级市分公司，年均实物采购金额超200多亿元，动态库存约达10亿~15亿元。2011年广东移动全省库存总量高达29亿元，其中超6个月库存呆滞物资高达9亿元。居高不下的库存严重影响了广东移动的正常运营，弱化了企业的竞争力。现实迫使广东移动主动查找问题症结，制订科学有效的解决方案，采取措施科学消化库存，快速提升企业的生产效益。

2011年9月广东移动组织相关管理部门对库存成因进行调研。经调研发现，导致高库存的原因主要有四个：一是各企业重视业务前端实物请购需求，忽视已有库存信息化运营，难以实现“以存定购”；二是现行的规划、采购、库存和建设的项目制模式，只能在有少量物资的单个公司小范围实现互用，无法实现跨省市/地市大范围利用共享；三是移动网络工程建设周期较长，其间出现的不确定性因素会导致已入库物资滞留在库；四是企业缺少可用闲置物资信息的共享系统，没有一套完整的制度与流程监控管理库存闲置物资。广东移动认为，要解决上述问题必须借鉴相关成熟经验对公司财务、规划、采购、物流、工程建设和网络维护全物流供应链流程进行信息化改造，创新建设一整套能够支撑全省“跨地市、跨部门、跨项目”的畅通利用库存呆滞物资的高效物资超市共享体系。

经过一年多的设计建设，广东移动的全省

物资超市业务终于在 2012 年年底正式运营，实现了全省大范围“跨地市、跨部门、跨项目”畅通利用库存闲置物资的电商信息化超市物资共享管理体系。

二、主要做法

（一）建立省、市两级超市闲置物资信息共享平台

依托公司现有的物流信息系统（LIS）[该系统与公司企业资源计划（ERP）系统接口]，以物资库龄为业务运营主线，建立省、市两级超市闲置物资信息共享平台，实现物资在库全流程闭环管理。

例如，物资在库闲置 4 个月后，将按流程进入市级超市平台实现本市公司“跨部门、跨项目”利用物资；在市级超市平台仍闲置 3 个月后，按流程进入省级超市平台实现全省大范围的“跨地市、跨部门、跨项目”利用物资；最后，若该物资需求在全省范围超过 1 年时间仍无法盘活，LIS 系统将自动触发报废环节业务流程，从而形成了实物信息虚拟集中、实物仍分散在各市公司的新型共享模式。

（二）开发一套完整的超市物资推入平台共享、申领审批、实物配送跟踪等流程

一是利用物流信息系统，每月定期自动扫描满足进入市级超市或省市超市平台共享的库存呆滞物资清单并生成待办工单，由物资超市管理员受理工单并组织共享评审，最终推入超市平台共享。

二是向广东全省 4 万多名员工开放全省库存闲置超市物资的共享信息，每位员工可根据自己的使用需求，在超市平台进行快速查询、实时预订及便捷申领本市或异市闲置物资，支持全省计算机终端（PC 端）、手机端查询或审批物资超市业务。

三是针对广东移动物资流通具有的“多供货点 + 多建设点”和“一张申领审批单 + 多张实物流配送单 + 多张价值流配送单”业务特点，利用物流信息系统开发跟踪超市物资异地配送信息，支撑广东移动的广东省“网状网”复杂的实物配送业务需求。

借助物流信息系统的支撑，广东移动实现了所有的跨地市配送实物的信息共享和固化，如物资接收地点、数量、价值、使用人、车辆信息、实物转资地点等多维度信息。

（三）开发 LIS 与采购支撑平台 EPSP 系统接口

开发 LIS 与采购支撑平台 EPSP 系统接口，实现了通过系统自动落实请购需求物资的查询、核减、审批工作的预期，达到了“以存定购”降低库存的目的。

（四）实现物流系统与财务系统接口互通，实现物资跨项目自动调账、智能化结算

对于项目化管理的物资，经跨项目利用物资后，将面临大量资金账务调整及结算工作，广东移动充分利用了各专业高度信息化的优势，通过 LIS 与财务管理信息系统（MIS）直接互连，实现了省管项目、市管项目和跨地市、跨部门、跨项目等巨量复杂的账务自动结算工作，节省了广东移动过去动用大量人力进行账务调整的成本。

（五）建立对物资超市业务运营指标的雷达式监控与专项分析工作

开发了对库存物资形成呆滞前的工单预警雷达功能和超市物资申领后的实物出库监控功能；按照超市物资共享的属性，建立了对物资跨地市申领金额、跨项目申领金额、超市物资管控率、省级超市共享率等常规指标监控与分析，能够及时发现物资超市运营过程中存在的问题并给予解决。

（六）制定惩罚闲置物资和激励盘活业务杠杆

针对跨地市申领物资的业务，广东移动规定通过物资超市调出闲置物资的市公司必须负责完成跨市配送工作并承担全部配送成本，也就是说不仅自己不能使用调出物资，还要负责把调出物资送达需求公司；同时，对积极盘活异市地闲置物资的需求市公司，广东移动还要给予投资管理加分等激励奖励。

（七）管理制度与信息系统并行完善支撑

制订了物资超市业务运行管理制度与规范，不仅制订了涉及财务、规划、计算机技术（IT）开发、采购、仓储与配送、工程建设及物资质量保障等相关管理要求，而且专门编印了LIS物资超市管理员操作手册、普通用户超市业务操作手册、物资超市系统平台配置操作手册，此外还建设了操作测试平台，一方面用于进行物资超市的操作培训，另一方面供广东移动全体人员通过LIS进行测试操作。

三、效益分析

（一）业务经济效益

广东移动物资超市业务从2012年11月开始在广东省21个地市单专业试运营，2013年4月开始将超市业务扩展至G网（全球移动通信系统）、TD网（时分同步码分多网址）所有专业闲置物资、业务类物资；目前广东省内的广东移动所有物资需求人员均参与了物资超市业务各项运营工作，广东移动的超市业务运营工作已呈现规模经济效益。

一是盘活库存闲置物资超亿元。物资超市平台两年时间累计直接盘活库存闲置物资超过4亿元。其中：2013年盘活0.41亿元，2014年盘活3.02亿元，2015年仅前4个月时间便盘活0.86亿元。目前每月超市盘活闲置物资金额仍在不断增长。

二是物资超市业务的运营促使广东移动省库存金额大幅降低，为企业节约近10亿元的库存占用资金：广东移动的库存从2011年的29亿元高峰，降至2014年的11亿元，年度库存周转率提升了31%。

（二）企业管理效益

一是建立了“跨地市、跨部门、跨项目”的完整物资信息共享和利用新流程，弥补了物资共享信息缺失空白，减少了地市间、部门间、项目间大量的物资利用沟通成本。

二是新增了网络物资报废的业务依据，在单纯的“物理技术质量判断”依据外，新增“业务实际需求判断”的依据，为规划、财务部门报废审批提供了充分依据，加速公司物资报废效率，大量减少仓储资源占用成本。

三是为企业物资转为生产力提速。作为一个大型国企，项目物资在常规情况下，提交采购申请、审批、采购执行及物资到货等系列流程至少需要3个月时间，但使用物资超市共享平台，工程部门能在极短时间（3天内可实现跨市物资调用）获取广东移动全部现有工程物资，有效避免了重复采购，减少了采购人员的工作量，节省了采购资金，最大限度地降低了库存。

四是形成物流降本增效的企业良好氛围。物资超市业务是由广东移动物流部门牵头，利用物流信息技术调动财务、规划、采购、建设和维护供应链各个业务环节共同参与的，杜绝新闲置物资生成、盘活利用库存物资的全局工作。通过开展此项工作，在广东移动内部形成了共享利用闲置物资的低成本、高效率企业管理文化。

（三）社会效益

一是为采用项目化模式进行实物管理的大型企业，特别是特大型央企提供了创新共享实物运营的成功案例。

二是为企业学习社会电商交易经验，提供了企业内部电商化实物交易流通的实践案例。

三是物资超市业务满足了企业物资生产使用需求，极大地提升了企业整体运营效率。

四、案例的创新点及推广意义

本案例的创新点有两个：一是国有企业将提升国有资产的生产力和降低企业实物运营成本有机结合，以库存实物的库龄为业务运营主线，涉及实物入库、闲置、共享、盘活或报废、配送、生产使用等主要物流业务流程，突破了企业物流部门只管仓库、不关注实物流通的管理难点；二是充分利用物流、采购、财务、工程等多专业高度信息化优势，通过IT技术的引入，减少企业各个环节的人力业务操作，降低企业人力成本。

本案例取得成功的经验说明，社会商品电商化交易能给社会个人的生活带来极大的便利，企业若有效利用类似电商化的企业内部交易平台，同样能促进企业内部物品的充分流通，同样能为企业赢利。因此，本案例具有推广意义。

（中物联网络部）

安洁公司的智能码头业务管理平台

一、应用企业简况

应用公司是天津港经营铁矿石、煤炭、焦炭等散装货物装卸业务的专业企业，具有国家相关部门的专业资质和火车疏运专业能力。应用公司拥有2个万吨泊位和与之相配套的岸边机械设备及货场，拥有多台40吨（45米）龙门机、25台码头岸边机械装载机、22辆45吨自卸汽车；货场内有6条专用铁路线，可同时满足4列整车同时装车；另有多台汽车衡，可为集、疏港货物的汽车提供衡重服务。应用公司的装卸设备完全满足相关生产环节作业的需要。

二、项目背景

应用公司实施信息化改造前使用的是一套c/s架构的信息系统（以下简称“原系统”），主要进行生产计划、调度、计费和磅房衡重等管理。随着港口装卸业务的发展，原系统已不能满足应用公司快速发展的需要。原系统存在的如下问题已经成为制约应用公司发展的瓶颈：一是原系统作业流程呆板，无法满足不同的管理模式；二是原系统功能单一，不能实现以客户为中心的流程化管理，无法满足日益发展的业务需要；三是原系统设计不合理，导致业务部门之间缺乏协同；四是原系统的技术陈旧，无法承载高负荷运作；五是原系统在设计上未兼顾货物的安全问题，导致系统各模块之间衔接松散，难以保障货物安全。

上述问题要求应用公司必须开发一个全新的业务管理系统，不仅要将目前主体业务的信息化系统全部整合其中，而且能够同时满足应用公司未来业务发展的需求，具备充分的延展性和技术的先进性，为市场营销、业务管理、内部核算、经营决策各个环节提供有力的信息保障。

三、信息化解决方案

天津安洁新力科技有限公司（以下简称“安洁公司”）作为应用公司信息化解决方案的提供商，针对应用公司提出的管理问题设计开发了一个新的业务系统——智能码头业务管理平台（以下简称“智能平台”）。初步方案是：选择成熟的BPM平台为基础进行总体规划，平台采用J2EE体系架构，整个系统主要涵盖四个部分，各个部分是迭代的，互相不冲突的，每个部分都有核心的目标进行统筹规划和实施。在方案规划中，安洁公司围绕 iWork 基础核心平台及相关具体应用，实施适合应用公司需求的应用模块或系统，保证系统顺利接入到企业应用中。安洁公司为应用公司设计出一个蜂巢式功能架构方案（如图 1 所示），每个功能单元既可独立执行，在工作流、数据流、信息流上又具有松耦合关联，体现了建设实时企业的基本特征。另外，通过强大的集成技术实现无线射频（RFID）、车载、手持终端、北斗卫星系统、高清监控等高新设备的整体应用，真正实现了物联网、大数据在企业中的高效应用。

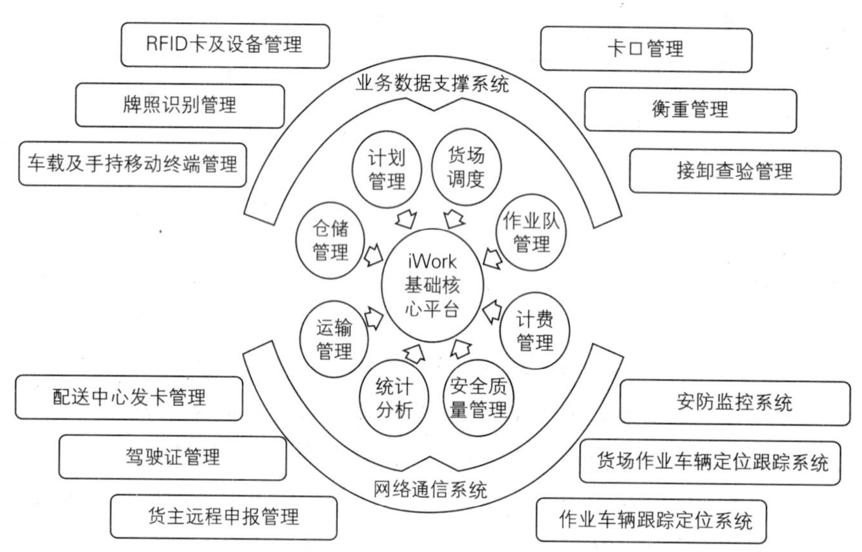

图 1　智能平台蜂巢式功能架构

（一）智能平台功能规划

1. 核心业务流程

智能平台的核心业务流程如图 2 所示。此流程图按照应用公司管理的整体流程抽象出智能平台的核心业务流程，以此为核心不断扩张相关的业务。

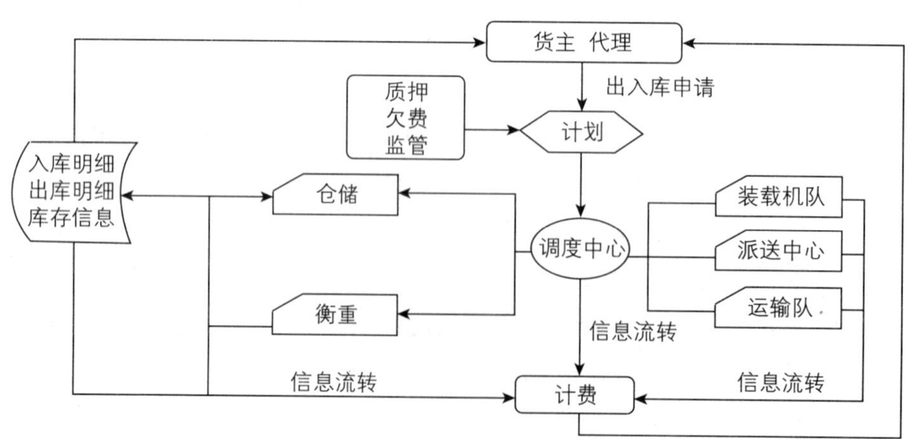

图 2　智能平台核心业务流程示意

智能平台整个业务流程形成一个完整的闭环管理，信息共享流通，各个部门和外界人员获取到相关业务的具体信息状态。

2. 总体功能结构

安洁公司设计的智能平台系统功能结构如图3所示。

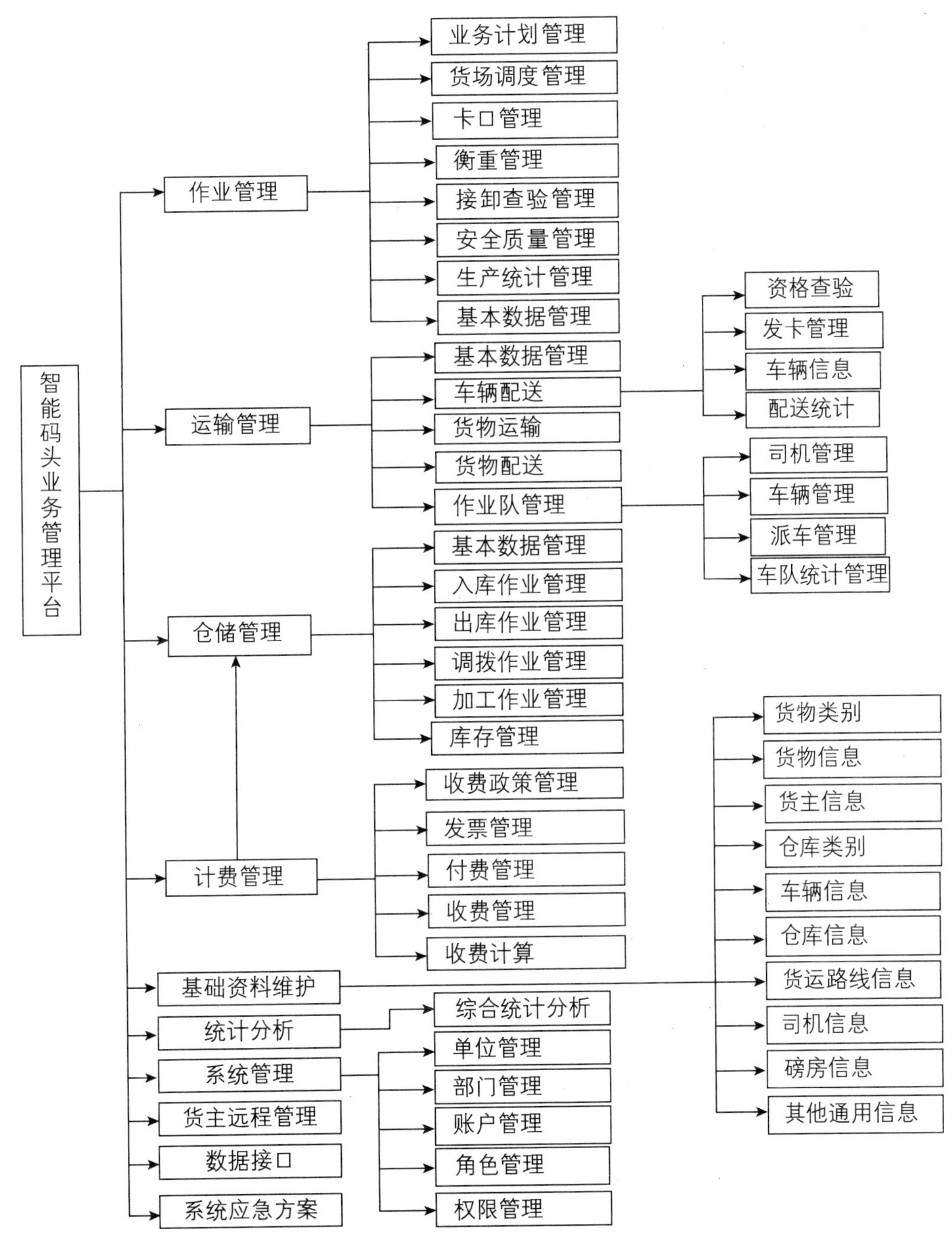

图3　智能平台系统功能结构

（二）智能平台系统功能

1. 系统管理

智能平台系统对用户能否进入系统有严格的权限验证机制，智能平台对用户进入系统后能进入或看到哪些公司、进入某公司后能看到哪些菜单及进入某功能菜单后能看到哪些信息或字段，以及对某些信息是否有查询权、录入权、修改权、审核权、打印权（含有打印权和打印次数管理）等都能做到权限上的严格控制，对于关键点可以实现双因素身份认证。主要包括单位管理、部门管理、账户管理、角色管理和权限管理。

2. 基础资料维护

智能平台设置的系统运行所需基本元素信息主要包括：货物类别、货物信息、仓库类别、仓库信息、货主信息、车辆信息、货运路线信息、磅房信息、司机信息和其他通用信息。

3. 作业管理

作业管理系统是智能平台的基础数据来源之一，管理公司的货物作业。作业管理系统记录从计划、调度到装卸作业的各个生产环节的数据，并根据这些数据统计生产报表，计算各项作业费用。

作业管理系统由多个功能模块组成：业务计划管理、货场调度管理、卡口管理、衡重管理、接卸查验管理、安全质量管理、生产统计管理、基本数据管理。其中基本数据管理是为整个作业管理系统提供基础数据的维护；生产统计管理是对生产计划和调度中的数据进行分析统计的；作业管理系统通过数据接口系统与外部系统发生数据交换，如与海关、港务局电子数据交换（EDI）中心、检验检疫局、货主单位等的接口；同时这些外部单位也可以通过数据接口系统查询应用公司生产中的一些与之相关的数据。

作业管理系统涉及的部门多、范围广。除了调度部门以外，与本系统有关的部门还有运输车队、装载机队、配送中心、财务部等。

4. 仓储管理

仓储管理系统是对场地和场地上的货物进行从货物进入场地，在场地的加工倒运一直到货物出库的全程管理。

仓储管理系统由以下功能模块组成：基本数据管理、入库作业管理、出库作业管理、调拨作业管理、加工作业管理、库存管理。基本数据管理为仓储管理系统提供基础数据支持；作业计划的申请审批后才能进行各项具体作业；货物的入库、出库、调拨、加工对库存造成影响，同时库存也对货物的出入库、调拨和加工作业有制约。仓储管理系统与作业管理系统和运输管理系统发生数据交换，在仓储管理中的出入库作业和调拨作业使用到车队的作业数据需要与运输管理系统共享数据；在仓储作业中发生的费用需要提交到计费管理系统中，由财务部计算核对。

5. 运输管理

智能平台运输管理系统由以下功能模块组成：基本数据管理、车辆配送、货物运输、货物配送、作业队管理。其中基本数据管理是为整个运输管理系统提供数据维护。运输管理系统与作业管理系统、仓储管理系统、计费管理系统发生数据交换，如运输管理系统从作业管理系统中得到生产调度内容进行运输作业，作业记录上传给作业管理系统。在运输过程中可以实时提供货物在运输途中的状态。

作业队管理是对各车队车辆作业的管理。便于管理部门随时掌握各车队车辆的运行状态，以确保在业务部下达运输任务时有车辆可供调配。对车辆的作业管理，需要记录下每次作业的情况，包括作业时间、货主单位、货物名称、运输路线、作业量、作业里程等信息，经过统计分析计算生成车辆作业的明细账。功能包括：司机管理、车辆管理、派车管理和车队统计管理。

6. 计费管理

智能平台对生产过程中产生的费用进行计算。这些费用中一部分费用是根据实际作业量按照一定的费用计算方法计算得到，一部分费用是与货主签订的合同或约定中规定的。在费用核定准确后，由财务部统一与货主和作业单位结算费用。

计费管理系统根据业务系统的业务单据信息和各种费用比率自动计算各种费用情况，并根据这些费用信息生成相应的费用单和发票信息，货主和相关的外协单位可以通过系统方便地查询出需要的费用信息。至此整个业务形成一个完整循环链。功能包括：收费政策管理、发票管理、付费管理、收费管理和收费计算。

7. 统计分析

根据需要对特殊综合型数据分析形成报表，一期实施会根据应用公司通用需求进行标准报表的定义，同时，在通用报表的基础上，客户后期可根据自身需要进行报表数据源的自定义，形成个性化报表，所有报表的查询条件及查询项目均可自定义。

8. 货主远程管理

通过互联网，货主可登录智能平台的专用WEB服务系统，进行货物出入库的远程申报和已申报货运计划的查询。

货主可对由码头计划部门已批准的作业计划执行情况进行状态跟踪；对为运货的车辆运行状态进行跟踪查询；可查询车辆作业的清单及过磅明细；可对在货场存储货物及相应的费用数据进行查询。

智能平台系统对货主/代理访问系统的权限给予了限定，其只能查看到与货主有关的业务。系统充分考虑到安全问题，将远程申报与业务系统进行了物理隔离。

四、实施信息化的效益评估

（一）实施信息化取得的效益

（1）磅房方面：智能平台系统运行后，实现了磅房的无人值守，加快了货车的过磅速度，与以前速度相比至少减少 1/3 的等待时间。

（2）货主方面：智能平台系统运行后，货主能实时通过系统提交作业计划，了解作业计划的进展情况，在方便货主对货物监管的同时也加强了客户与货主的联动。

（3）装载车：智能平台系统运行后，客户能实时了解装载车的装载情况，应用企业管理部门能够及时对装载车进行统计与考核，使客户管理更加科学合理化。

（4）整体效率得到提升：衡重系统与业务平台 7×24 小时平稳运行，平均作业车辆处理能力可达 5000 台次/天以上，17 万吨级散货船的接卸任务可在一天内处理完毕。

（二）实施信息化提升了企业的服务能力

在智能平台系统建成的前几年，由于天津港的矿石发货量不能满足需求，货源逐步被周边码头分流，天津港矿石吞吐量逐步萎缩。影响发货量高低的因素很多，其中作业流程复杂，过磅效率低是其中一个主要原因。

本次应用公司实施信息化建立智能平台系统，引入先进的信息化技术对原有堆场作业流程进行改造，大大提升了应用公司为货主提供安全、满意、高效和透明的仓储、物流和配送服务能力，使应用公司的接卸能力充分施展出来，在日益激烈的港口散货堆场业务竞赛中增强了企业的核心竞争力。

（三）实施信息化对提高企业竞争力的作用

一是通过对物理检测设备不间断地检测和读取，综合管理平台能够及时完整地读取各运输和作业车辆、作业人员、作业单据的实时状态，将货物、信息、资金和人员通过业务流程全面、完整地反映出来，并形成一个不断更新又相互关联的系统，让调度管理人员随时可以了解到生产作业的进展情况，并及时对现场情况做出处置。

二是生产管理人员能够通过主动观察各种运行状态数据，配合货场中的全覆盖视频监控系统，发现生产组织过程中存在的配置、协作和效率等问题，提前采取措施进行调整，将问题扼杀在萌芽状态。

三是智能平台还可配合同步运行的作业车辆全球卫星定位系统（GPS），对作业车辆的位置和作业路径进行监控，以保证货物的安全和运行的合理。

四是通过业务流程管理（BPM），智能平台系统可及时检测系统的运转状况，反映作业效率并对存在问题进行反馈，帮助管理人员发现管理流程中存在的问题，以便进行持续性改进。

五是通过对磅房、卡口等作业关键环节的作业流程的优化和物理设备强化，大幅度提高了作业车辆的通过效率，减少车辆的无效等候时间和污染排放。

五、实施信息化的推广意义

智能平台系统的建设目标是，对进出货场的散杂货作业实现全过程跟踪，保证货物安全，及时掌控堆场的货物动态，合理组织和控制机械设备的使用和运转情况，强化货场的调度指挥功能，便于从业务运营和商务计费角度进行管理的监督协调和控制，有效、合理地组织生产，保证现场良好的作业秩序，保障现场的作业安全，提高作业效率和精准度，降低差错率，提高信息反馈的时效性，提高堆场的作业效率和场地的利用率，使企业实现内外部作业车辆、人员和货物的安全、有序、高效和透明化管理。

在我国经济进入“新常态”时期，经济发展方式也由数量发展模式转变为质量发展模式，企业经营要注意环保节能的社会效益。在这个时期，推广此系统能改善同行业企业的服务和管理水平，为企业带来新的竞争优势；通过对企业经营过程中的能耗控制可提高资源的使用效率，降低社会发展成本。

（中物联网络部）

中储股份的中储智慧运输物流电子商务平台

一、企业简介

中储发展股份有限公司（以下简称“中储股份”）隶属于国务院国资委监管的大型中央企业中国诚通控股集团有限公司，是以综合物流、物流贸易、金融物流，以及物流地产等为主营业务，同时兼具物流技术、电子商务、融资贷款等服务功能的全国性大型现代综合物流企业。1997 年 1 月，在上海证券交易所挂牌上市。

中储股份在北京、天津、上海、辽宁、河南、陕西、湖北、江苏、四川、山东、河北、广东、山西等地的全国 30 多个中心城市和港口城市设有 70 余家物流配送中心和经营实体。中储股份占地面积 1300 万平方米，拥有库房面积 200 万平方米，货场面积 350 万平方米，铁路专用线 75 条、共 73 公里，可支配车辆 3000 多辆。2014 年中储股份实现营业收入 236 亿元，货物吞吐量达 4552 万吨，公路运输量达 1045 万吨。

二、中储智运平台简介

（一）建设背景

伴随着物联网技术和移动互联网的快速发展，我国公路货运行业将迎来结构调整和资源整合的关键期，车货配载电子商务将是行业变革的重要助推力。2014 年 7 月，中储股份组建了中储南京智慧物流科技有限公司，致力于开发打造直营式物流电商平台“中储智慧运输物流电子商务平台”（以下简称“中储智运平台”），拟通过中储智运平台实现中国物流的“互联网 +”，将中储股份打造为中国现代物流与电子商务融合发展的引领者、中国电子商务物流模式的创新者，以及中国电子商务物流模式的先行者。

（二）中储智运平台解决的主要问题

中储智运平台是中储股份探索“互联网 +”的创新实践，中储股份通过中储智运平台拟解决以下五大问题。一是货主找车成本高、效率低下问题。二是承运人找货成本高、效率低下问题。目前我国公路运输市场的承运司机主要是到实体配送站找货源，不仅司机的额外支出与机会成本非常高，而且司机的迂回运输多、效率低下。三是发票问题。目前我国公路货运业务量的 80% 是由个体司机承担的，而这部分司机又无法提供增值税专用运输发票。多数第三方物流企业在这种情况下，往往向司机收取过路、过桥、油票等用于抵扣，使得我国公路运输市场的发票体系十分混乱与不规范。四是管理及技术手段落后问题。至今我国公路货运市场的大量货物及运力资源等信息依然依靠传统的手工录入方式，错误率高、且不能实时传递，制约了运输效率和货物的及时交付；特别是各企业及个体运输户分散经营、规模小、技术落后，公路物流运输规模达不到经济性。五是信息交互问题。受技术条件所限，现阶段我国公路货运市场的运力资源信息、车辆调度信息、商品车在途信息、商品车交车信息等数据信息在货主与承运公司之间未能实现有效交换，信息资源难以共享，大量数据不能实现充分挖掘与有效利用，难以为货主及承运人提供预测类、分析类的创造性物流服务。

三、中储智运平台的功能

（一）功能简介

中储智运平台以互联网为载体，通过轻资产经营的“无车承运”方式经销空车运力，以强大的信息系统为支撑，以专业化服务为保障，围绕物流运力实现供需双方交易的电子商务化。

1. 主要功能

（1）会员综合管理：通过基础会员的运作管理、单据管理、客户跟踪、结算管理、报表分析、会员基础信息管理，来实现以围绕会员为中心的物流交易过程的管理及监控及会员发展情况的监控。

（2）业务调度中心：通过车源信息、货运信息、配对功能、会员自助呼叫服务、客户中心的呼叫管理、会员违约的处理、中心呼叫人员的配置考核，来实现对于平台运作双方交易信息的管理及交易的撮合及过程跟踪管理和对内部业务人员的管理配置。

（3）交易结算：通过会员费用的管理、特殊情况处理、发票管理、运费结算、财务审核，实现财务科平台时常事物的处理。

（4）保险与理赔：与保险公司的业务系统接口进行对接，会员可通过中储智运平台购买与办理货运保险及其他相关保险业务。

（5）智慧分析与预测：通过货主分析、承运人分析、线路分析、仓库方分析、公共库管理、线路智慧预测、仓库预测实现以中储智运平台数据及外部数据为中心的多维视图运营分析和数据预测。

中储智运平台的客户端将“嘀嘀打车”“微信”“美团”等电子商务模式提供的语音呼叫、GPS 定位、朋友圈、团购等多种移动应用功能充分整合，为客户打造了一个功能强大、使用便利的移动物流电子商务客户体验。中储智运平台综合现有 ERP、CRM、BI 系统开发的全新智慧物流管理系统，可以充分实现管理流程的可视化及运输过程的可视化。中储智运平台支撑技术——物流智慧分析与预测系统提供“物流大数据”的智慧分析、预测与决策。

2. 管理系统

（1）业务管理。中储智运平台管理系统的管理界面外观设计类似罗盘，被称为“智运罗盘”（如图 1 所示）。智运罗盘将中储智运平台业务流程分为 8 个关键节点，业务人员可通过“罗盘”的关键节点的触发状态清楚业务发生的所在环节，并针对各环节所需要的内容提供服务。另外，该管理系统便于中储智运平台不同业务人员的工作交接，确保客户服务水平的一致性。

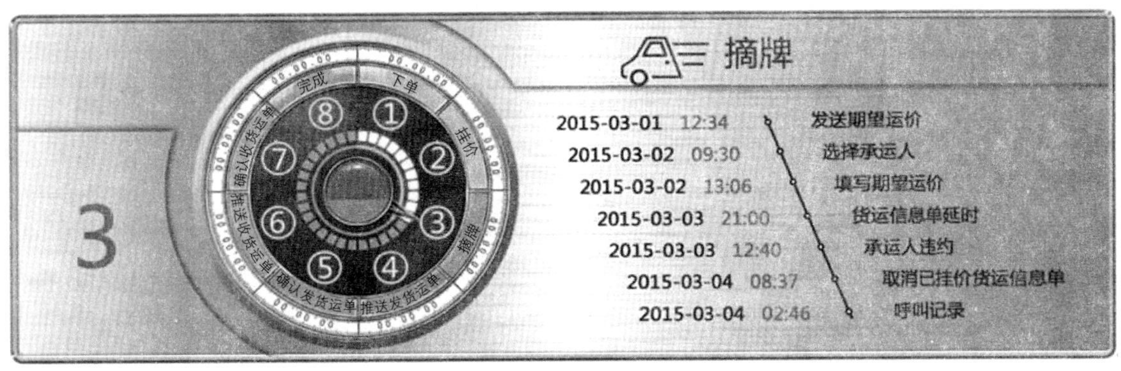

图1 中储智运平台的智运罗盘管理界面

（2）“车辆定位”系统管理。“车辆定位”系统可以帮助货主及中储智运平台实时了解承运人车辆的所在位置、移动情况，便于承运人及时安排相关人员进行发货、收货；便于中储智运平台在途跟踪车辆情况，遇到异常情况可以确保货物安全并及时进行处理。

3. 智慧物流分析与预测系统

智慧物流分析与预测系统包含两大版块、四大主题及16个物流分析功能，可以对货主、承运人、线路、库存积累与产生的会员数据、线路情况、业务数据进行“物流大数据”分析与预测，为会员提供迅速、精准的“战略物流决策”。

4. 业务流程

中储智运平台的承运业务通过中储智运平台的运作与调度中心进行管理，货主登录中储智运平台填写发货请求并将相应的运费金额打至中储智运平台指定的第三方支付平台“智运宝”。中储智运平台将货主的发货请求以“货运信息表”的形式发布在中储智运平台“货源信息”栏，登录中储智运平台客户端的承运人会员可以摘牌有意承运的货物。事先向中储智运平台发布车源信息的适配承运人会员收到平台的“货运推荐”后，也可登录中储智运平台摘牌该笔承运业务。在货主报价不合理没有承运人摘牌情况下，所有承运人可以根据车辆所处位置进行竞价报价，由货主摘牌。

承运人摘牌货物后，平台依据事先制定的规则同时与双方签订承运合同，并将双方的联系方式通过客户端、手机短信的方式同时发送给双方。承运人获得货主联系方式后开始承运业务，承运人到达起运地后，货主委托的发货人装货完成后点击“发货确认”，即可顺利起运。中储智运平台对车辆的承运过程进行在途跟踪与实时查询，货主也可通过中储智运平台客户端查询司机与车辆位置。承运人抵达目的地后，货主委托收货人卸货核定货物安全到达后点击“收货确认”，平台收到确认信息后，“智运宝”自动获得平台该笔承运业务的完成指令后，依据事先签订的网签合同将货主的运费打至中储智运平台，中储智运平台在扣除一定比例的交易服务费后将运费支付给承运人。该笔承运业务运费结算完毕后，该笔承运业务即告完成。具体如图2所示。

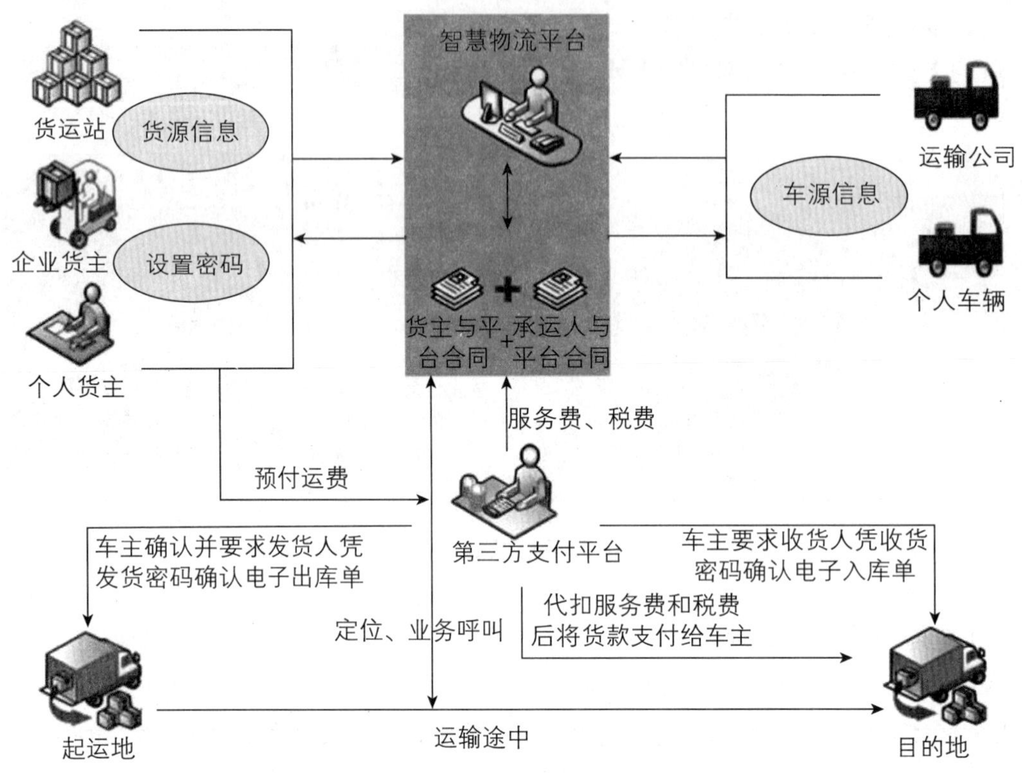

图2 中储智运平台总体业务流程

（二）解决方案

1. 真实性、时效性、安全性的解决方案

为确保货主与承运人使用中储智运平台安全、有效，中储智运平台的运营必须满足四个前提条件。一是真实性，中储智运平台提供的货源、车源信息真实可靠；二是时效性，中储智运平台能在货主发生运力需求的时刻立即满足其需求；三是低价格，中储智运平台向货主提供的报价是具有竞争力能让货主接受的；四是安全性，中储智运平台能确保整个运输过程的安全性，确保货物安全、准时送达目的地。

中储智运平台对上述条件的解决方案如下。第一，通过实名认证与严格的会员审核机制确保货主、承运人的身份信息的真实性。在会员发布或摘牌信息时，需要冻结一定数额的保证金，以此约束会员在中储智运平台发布和摘牌信息时的不良行为。第二，中储智运平台利用云计算技术，通过智能配对与定向搜索为货主寻找到合适的承运车辆，为承运司机寻找到适配货物。第三，通过利用返程运力可以为货主提供便宜的车辆。第四，系统全程对承运车辆进行定位导航、跟踪呼叫，防范偷逃货物风险。此外，中储智运平台与保险公司合作建立货运保险机制，通过预约保险手段确保货物安全、保证货主利益。

2. 大额运费结算的解决方案

中储智运平台对一些运力需求比较大的货主在签订货运合同后，提供授信支付的服务功能，与其签订月结费用融资贷款协议的合作银行代货主支付运费，所有费用将自动转为该货主在银行授信额度内的贷款，货主会员到期还本付息即可。

3. 运输发票不规范的解决方案

目前个体司机无法提供合适的发票，使得许多企业通过给个体司机油卡以代替部分运费，该情况使得整个公路货运行业的税务层面存在极高的风险。针对这种情况，中储智运平台作为“无车承运人”向货主提供运输增值税专用发票。同时，中储智运平台为承运人在税务部门代为开具发票，运费报价含税情况下，发票相应的税款在与承运人结算运费中扣除，中储智运平台在收到承运人的运输增值税专用发票后，将发票相应税额汇入承运人的智运宝账户。

四、效益分析

（一）效益分析

中储智运平台的目标是实现车辆会员100万，通过返程车辆的有效利用，最大化实现合理运输，为广大货主提供一个价格透明、快速安全的寻车途径，解决与规范现有运输市场的发票、税收管理顽症。中储智运平台负责整个运输过程的业务管理与风险把控，减少中间环节各种资源消耗而额外产生的运输成本。中储智运平台仅从货主的全程运费中收取2%作为撮合费用，却可以为货主降低至少10%以上的运输成本。

同时，中储智运平台为广大承运人提供一个真实、可靠的网上配货手段，充分根据自己的业务情况与线路偏好提前规划发车计划与行程，减少中间环节配送场、站的停留时间与迂回运输，节省司机的燃油消耗与生活住宿等额外成本费用，实现司机收入增加20%。

中储智运平台建成实施后，大型呼叫中心将直接为地方提供高端物流移动互联网岗位1万多个。中储智运平台的目标是发展货主客户10万家、车辆会员100万名，在此基础上间接带动就业岗位200万人以上，将极大推动我国现代服务业的前进与发展。

中储智运平台的推出是响应国家可持续发展战略的具体行动，100万车辆会员使用中储智运平台进行承运业务后，返程车辆的智能配对可以最大化实现合理运输，形成对流与闭环运输，降低返程车辆空驶率及无效运输带来的能源浪费，减少中间环节实体配载站的土地社会资源消耗，目标平均车辆实载率提高至70%，每年可减少无效车次5000万次，节约燃油消耗200万吨，减少碳排放量500万吨。

（二）对企业经营模式的影响

通过中储智运平台建设，中储股份将促进与现有仓储、金融物流、贸易业务融合。一是为现有仓储客户提供低价优质运力，降低其成本，承接其仓储和运输综合业务，扩大业务范围。二是为资信好的货主提供运费先行支付功能，增加在途物资的控制力，延长金融物流服务的时间和地域范围（如质押货物由控制的A仓库转移至B仓库，货物运输由中储股份负责）。三是为顾客提供贸易和运输配送综合业务，提高市场竞争力。四是促进业务由“点”及“网”，提升区域间干线运输和区域内配送能力。

五、实施信息化的推广意义

中储股份的中储智运平台实践具有推广意义。

一是中储智运平台通过模式创新与技术创新整合中国公路市场运力资源，为上游货主降低找车成本，为下游司机节省找货时间，解决公路运输低效、浪费的同时为上、下游企业和个体带来价值，为公路运输业的平台化建设提供切实可行的解决方案。

二是中储智运平台通过整合公路运输业的上游货源资源与下游车辆资源，运力资源的优化配置，提高了资源利用率。

三是中储智运平台利用大数据分析技术为货主与承运人合作伙伴提供了个性化服务，帮助平台客户实现信息化与精益化管理。

（中物联网络部）

唯智公司的沃尔玛运输管理（TMS）系统

一、企业简介

（一）应用企业简介

沃尔玛于1996年进入我国，在深圳开设了第一家沃尔玛购物广场和山姆会员商店。目前沃尔玛（中国）在我国经营多种业态和品牌，包括购物广场、山姆会员商店、社区店等，截至2012年3月1日，沃尔玛（中国）已经在我国21个省、4个直辖市的140个城市开设了370家商场，创造了超过106500个就业机会。目前，沃尔玛（中国）已与近2万家本土供应商建立了合作关系，其销售的产品中本土产品占比达95%以上。

随着每年门店的快速新增，沃尔玛（中国）目前在我国的天津、武汉、成都、广州、深圳、嘉兴等城市战略部署了配送中心。伴随着业务的扩增，配送中心需要不断完善统一管控，以提高效率、降低成本，提升与供应链上下游间的协同能力。因此，各配送中心互通的信息化需求变得日益紧迫。

无论是成长发展的需要，还是企业内部协同管理的需要，以及企业整合的需要，沃尔玛（中国）有效的供应链管理必须依靠信息技术的支持和各环节间信息的即时共享来实现。而信息共享的仓储运输一体化信息系统（平台）是实现供应链全程的业务信息共享和有效调度、消除各种原因造成的“信息孤岛”及“信息差异”协同作业的最佳保障。

（二）系统供应商简介

唯智信息技术（上海）有限公司（以下简称“唯智公司”）是致力于为物流行业提供咨询、产品和服务的一体化公司，是我国最大的专业物流软件提供商。唯智公司具备最大的专业研发团队，最大的咨询服务团队；唯智公司凭借稳健、务实的企业文化和稳定的服务团队，确保为企业提供优质、长期、可信赖的信息化服务。唯智公司为国内外众多的第三方物流公司、家电行业、医药行业、汽车行业、高科技行业、制造企业和B2C流通企业提供专业的物流咨询和产品实施服务，形成了体系结构完整的针对物流企业或者企业物流的专业的信息系统解决方案。

唯智公司依托在物流行业丰富的实践经验和理论研究，在多年积累的基础上开发出专业的物流软件，先后推出E－Logistic系统产品，包括Elog OMS®订单管理系统、ELog TMS®运输管理系统、ELog WMS®仓储管理系统、ELog BMS®结费管理系统四大系统。

二、项目介绍

唯智公司设计开发的“仓储运输一体化信息系统（平台）——沃尔玛运输管理系统（TMS）项目”（以下简称“项目”），旨在通过引入唯智公司专业的运输管理系统（TMS）对沃尔玛物流运输业务进行管理，帮助沃尔玛提高整体配送效率，实现与供应链上下游间的协同能力。

项目以深圳物流配送中心的运输配送为实施对象，深圳物流中心负责深圳、东莞、惠州、汕头等地的37家门店的配送。未来将推广至全国其他五大配送中心，同步上线使用。

项目建设的主要目标有以下四点。一是可配合GLS/GDS（全球数据处理系统）的工作，根据运输管理系统与GLS/GDS的不同职能发挥运输管理系统应有的作用；二是对物流订单从产生、作业、在途、回单至结算的整个过程进行全生命周期管理和跟踪，通过对订单全生命周期管理、节点监控，达到业务全程可视化，提高企业对业务风险的管控力；三是通过信息化尽可能解决约柜不准确的问题；四是帮助减少不增值工作及重复工作带来的浪费，提高整体作业效率。

三、项目解决方案

项目通过对收货预约、约柜计划、多点配送、摆柜、单据处理、封条管理、拖柜、发柜办单、门店收货、退货、大家电仓及冷冻仓、费用结算（日/周/月）、项目管理、异常处理等需求调研，深入分析沃尔玛（中国）从供应商到配送中心到门店的全部运输流程。为实现沃尔玛（中国）地区六大配送中心作业流程的统一规范管理打下坚实基础。同时通过在系统中设置收货能力并要求承运商按时间段进行收货预约，极大地提高了收货部工作效率及收货的准确性。

项目按照高标准考虑和实施，以沃尔玛（中国）战略发展规划为基础，为沃尔玛（中国）未来业务规模的不断扩大提供系统保障和支持，通过项目建设进一步提升沃尔玛（中国）在零售物流领域的总体服务水平。同时，引进唯智56Linked物流链云平台，承接TMS端发来的订单配送信息，与GPS/GIS、移动终端、温控设备等的集成，实现对车辆运输关键节点信息的实时采集及在途信息的跟踪监控，达到运输过程全程可视化的目标。

唯智运输管理系统（TMS）具有功能多、行业覆盖面广等优势。该系统对车辆、驾驶员、线路等进行全面详细的统计考核，能大大提高运作效率，降低运输成本，使企业在激烈的市场竞争中处于领先优势。此外，唯智TMS还具有投资回报率高、回报周期短等特点。唯智TMS给企业带来的回报可以总结为三个层次：第一层次，唯智TMS可以提高效率，加速现有流程，节省大笔开支；第二层次，唯智TMS可以提高生产率，即以较少的人力物流完成较多的工作；第三层次，唯智TMS可以改变或完善企业的经营模式，从而取得竞争优势。大量成功的实施案例表明，唯智TMS给企业带来的好处的确是巨大的。

（一）项目蓝图（见图1）

项目包含“运输管理系统（TMS）”和“物流链56Linked”两大部分组成，分别形成运输管理模块和在途管理模块。

TMS系统负责核心的物流运输作业管理，包括调度、配载、作业、在途监控、回单管理、承运商管理、运输工具，以及业务报表分析等；并进行运输费用的计算及分析，包括应收管理、应付管理和费用分摊；物流链系统主要用于市内配送业务的路径优化，TMS系统将订单信息导入物流链系统后，通过计算引擎计算出优化结果，并反馈至TMS系统。

此外，由物流链平台56Linked可与GPS、短信平台、冷链平台、微信平台进行集成，同时结合手机应用，实时获取在途/回单信息后反馈至TMS系统，从而实现运输过程的全程可视化管控。

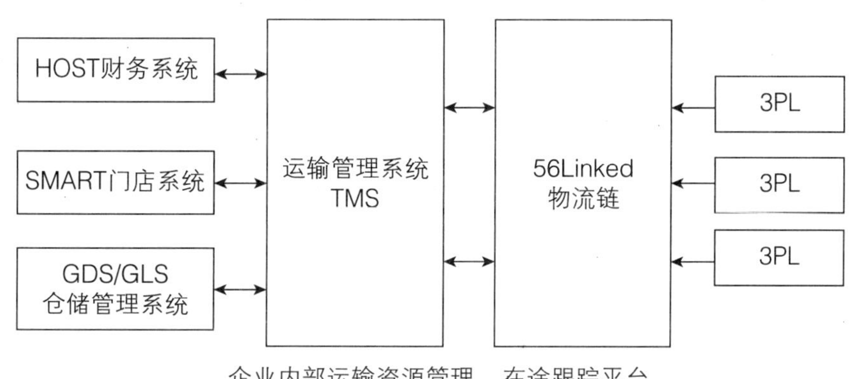

图1　沃尔玛配送中心运输信息化方案蓝图

（二）系统技术架构

项目系统技术架构详见图2。项目开发平台使用当前主流技术——Ajax构建，完全基于B/S结构，不需安装任何客户端，直接使用浏览器访问。

根据系统的用户需求和信息技术的发展现状和趋势，系统采用三层式的设计，系统分为用户表现层、应用服务层、数据服务层三层，各层分工明确、结构清晰，应用服务层作为处理事务的核心。与传统的两层体系结构比，三层结构能最大限度地提高灵活性和可扩展能力。这是由于它把业务逻辑放在了应用服务器一层上，从而使得开发人员可以根据业务环境的变化迅速作出响应，更新业务逻辑，而无须将应用递交到成百上千的客户端上，从而大大降低了维护成本。同时，由于三层结构提供了客户端和服务器之间的异步通信，减少了服务器的负载和网络数据流量，使得网络的可扩展性增加。

利用JAVA构架的技术体系（JavaBean，JDBC，Servlet）能够灵活地部署到各种系统平台上。应用服务器可以选用Weblogic，Websphere等，数据库服务器可以选用Oracle（甲骨文数据库）或者SQL Server（微软公司的关系型数据库管理系统）存储数据资料。可运行于NT，AIX，Linux等操作系统平台。

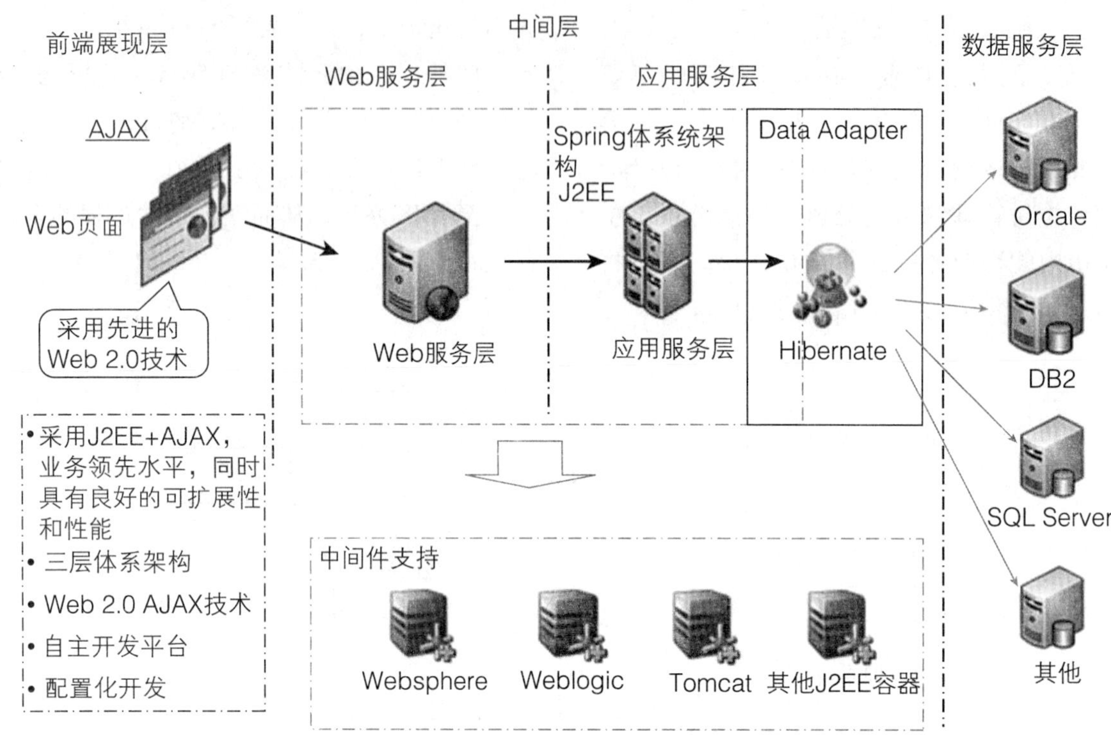

图2　项目系统技术架构

四、信息化取得的效益

（一）直接经济效益评价

通过综合分析，实施唯智 TMS 后沃尔玛年资金回报（节约）用直接经济效益指标衡量，如下表所示。

直接经济效益指标表

分析指标	年度资金回报（元）
调度员人数节约	60000
调度员效率提升	67320
调度沟通时间缩减	14784
客户沟通时间减少	9094
系统对接时间折算	11250
运费自动化折算	49080
报表分析折算	43584
总　　计	255112

（二）间接经济效益评价

运用AHP—模糊物元评价法对客户间接经济效益进行评价，得出沃尔玛在成功实施唯智TMS后，在企业管理、客户、战略等方面取得了不错的长期收益。

五、项目意义

本次信息系统建设的主要目标为通过运输管理整体解决方案的实施，立足于当前沃尔玛（中国）的业务特点，采用先进的管理理念和技术将沃尔玛运输管理系统打造为国内先进的物流信息化平台，使沃尔玛所有配送中心和门店可以在同一个网络运营，实现系统的集中部署和管控；同时，通过规范的标准化产品实施，实现全网物流作业标准化、作业效率的提升、客户服务及满意度的提升；另外，网络搭建后可支撑内部资源的共享，增强供应链上、下游的紧密协同能力及供应链可视化程度。

（中物联网络部）

中欧陆海快线上的先行者
——中远物流海铁联运打造海上新丝路

中国远洋物流有限公司（以下简称“中远物流”）在多年的经营中一直在寻找时间、成本和安全之间最佳的平衡点，竭诚为客户提供性价比最高的物流解决方案。中远物流通过灵活运用国际海铁联运业务模式，为惠普在比雷埃夫斯开辟了一条除鹿特丹外从中国通往欧洲的崭新物流通道，成为中欧陆海快线上的先行者。中远物流在惠普生产线内迁、供应链增长将近2000千米、物流成本整体稳定的情况下，从重庆至欧洲的全程转运时间基本与从上海到欧洲的时间相同，为海上丝绸之路建设提供了一次成功的实践。

一、国内业务驾轻就熟　海外市场大显身手

中远物流作为中国市场领先地位的第三方物流企业，与中国铁路总公司及下属机构开展了广泛而深入的合作，中远物流2014年铁路运输货运量折合近50万标准箱，包括了国内运输、国际过境运输、海铁联运、铁水联运等多种形式，为向客户提供多种解决方案奠定了坚实的基础。中远物流在许多项目中采取国际海铁联运的业务模式是中远物流多年实力沉淀的必然结果。

中远物流不仅对国内海铁联运业务富有经验，海外业务的运作也同样游刃有余。2014年6月20日，李克强总理和希腊总理萨马拉斯在希腊比雷埃夫斯港共同发出指令开行的那列满载中国货物的列车，运载的都是中远集团承运的电子产品。通过海铁联运的业务模式，这条开往中东欧的铁路，将比雷埃夫斯港与欧洲腹地紧紧连接，大幅缩短了运输时间。这正是中远物流在操作惠普项目中，充分利用中远集团强大的国际网络，在中远集运、中远希腊等兄弟公司的鼎力支持下，创造性开发出的海铁联运方案。

回顾中远物流众多成功的海铁联运业务，扎实的技术储备、丰富的操作经验和创造性的物流方案是其在激烈的国际竞争中能够勇立潮头的关键因素。

二、总控全程转运时间　有效整合物流资源

全程转运时间（Turn Around Time，TAT）是高

端电子产品客户最为关注的焦点。中远物流要想获得国际电子物流业务，必须在全程转运时间的方案设计上达到客户的期望值。缩短交货时间为客户带来的价值比单纯地节省运费要高很多。

2010年在电子产品巨头纷纷投资重庆后，在物流领域面临的最大问题是原来位于沿海的代工厂（ODM）搬迁至内陆，导致产品出运增加了内陆运输环节，超长的路程会大幅增加全程运输时间。对以笔记本电脑为主要产品的电子产品公司而言，由于货物价值较高，如何尽早将货物交付，促进现金回流是其关注的重中之重。

经过统筹考虑、精密测算和反复推演后，中远物流向客户创造性地提出了开通重庆至深圳“定点、定时、定价、定线路、定班次”的渝深五定班列铁海联运方案，全面替代之前的普列运输方案，将原本需要5～6天的普列运输时间直接缩减到2天。与原先从上海发运至欧洲的时间（上海港到深圳港需要2～3天）相比，通过渝深班列经深圳海铁联运至欧洲的时间基本相同。

中远物流以专业化的全程物流解决方案有效解决了电子产品的运输时效问题，充分展现了精准的全程控制能力和强大的物流资源整合能力，击败了众多强劲的竞争对手，最终赢得了客户的青睐。

三、高效运营无缝连接　专业实力物畅其流

有了完美的运输方案，还需要高效的操作效率。为了达到客户对全程转运时间的严格考评，中远物流不断优化物流方案，实现了各个操作环节的无缝连接。

要实现无缝连接就要精确计算每一个物流操作环节，在扣除必要的缓冲时间后，确保物流操作和衔接可以顺畅进行，避免不必要的时间耽误。海铁联运业务包括货物监装、短驳、报关、铁路装车运输、海运装船出运和目的地清关等多重环节。每一个环节都是一个严峻考验，一个细小的失误就可能最终导致整体的延误。

不懈的努力，换来丰硕成果。在中远物流推出渝深五定班列后，重庆发往深圳的重箱集装箱90%为中远物流承运。发运量由2010年的2688标准箱跃升至2013年的39085标准箱；五定班列由初期的每周一班发展到现在的每天一班，最高峰时可达到每周8～10班。

现在，中远物流为重庆所有的IT品牌商和代工厂提供物流服务。新的聚集产业优势，形成了新的经济增长点，为中远物流企业自身和西部物流通道建设的可持续发展奠定了基础。正是凭借这种精益求精的专业态度和一丝不苟的敬业精神，中远物流把完美的方案变成了完美的业绩，也用海铁联运为西部地区物流产业的发展打开了一扇新的大门。

四、打造全新桥头堡　串起海上新丝路

在基于渝深五定班列的铁海联运方案取得成功之后，中远物流依然没有放弃对全程物流解决方案的不断优化。经过近一年的运行，中远物流站在全程物流负责人（Lead Logistics Provider，LLP）的角度，敏锐地发现原有远东至西北欧的路径具备改善空间，于是中远物流又为客户建立了一条崭新的物流通道，这条中远集运开通的比雷埃夫斯快航通道把原深圳至鹿特丹的24天海运船期缩短至18天。

2012 年，中远物流和中远希腊公司在中远集团的鼎力支持下，依托中远完善的海外网络布局，充分利用中远特许经营比雷埃夫斯港的便利条件，再次向客户抛出了一份充满诱惑的海铁联运方案：采用中远集运的海船直达比雷埃夫斯替代原先的鹿特丹，同时开通比雷埃夫斯至中欧和东南欧的铁路班列。

高端电子产品无须绕道直布罗陀海峡在鹿特丹港上岸，直接在比雷埃夫斯港“登陆”，然后通过转运中心进行越库作业并通过公路、铁路、驳船等多种方式分拨至欧洲、北非、地中海各地，可以为客户缩短大约一周的交货时间。实际上，中远物流在国家战略出台之前，就为中欧陆海快线建设做出了积极的探索和实践，提供了大量可靠的数据和经验，中远物流在欧洲的海铁联运业务意义重大。

中远物流的新方案得到了客户的高度认可，并在比雷埃夫斯港设立了新的欧洲物流分拨中心，扩大了中远物流在中国市场的业务范围。华为、索尼等电子通信业巨头纷纷向中远物流抛来橄榄枝，相继在比雷埃夫斯港开展了中转业务，这种繁荣的局面也仅仅是个开始。

2014 年年末，李克强在中国 – 中东欧论坛上宣布，中国将同匈牙利、塞尔维亚、马其顿、希腊四国一同建设中欧陆海快线，南起“欧洲南大门”——希腊比雷埃夫斯港，北至匈牙利布达佩斯，途经马其顿斯科普里和塞尔维亚贝尔格莱德，争取两年内建成。李克强总理的中东欧之行令“中欧陆海快线”建设前景更加明朗，这条全新的“海上丝绸之路”海陆联通线路将成为中国到欧洲距离最短的物流通道，为中远物流在欧洲的海铁联运业务又插上了一双腾飞的翅膀。

中远物流海铁联运业务是中远集团从全球航运承运人向全球物流经营人转变的一次成功实践，是典型的国际“端到端”式供应链服务。全球海运市场多年处于“红海”状态中，中远物流沿着总理的足迹为客户定制开辟的比雷埃夫斯快线在“红海”中创造出一片“蓝海”，以一座新的亚欧大陆桥头堡，串起了新的海上丝绸之路。

（中远物流）

创新转型谋发展

——2014年中国邮政速递物流股份有限公司发展综述

2014年，面对复杂多变的行业形势和竞争环境，中国邮政速递物流股份有限公司（以下简称“邮政速递物流”）按照中国邮政的总体部署，加快改革创新，推进转型升级，企业的运行质量、服务品质、管理效能和品牌影响力均得到稳步提升，业务发展取得了新成效。邮政速递物流的创新转型主要体现在以下五个方面。

一、主动应对市场变化，深化体制机制改革

面对行业形势，邮政速递物流从自身长远发展战略考虑，在2014年全面启动了体制改革，一是把目前的母子体制架构转变为总分体制；二是扁平并优化了公司各级机构设置，精简并规范了管理人员配备，进一步提升了管理效率；三是完善了绩效考核机制，进一步创造更加公平合理的薪酬分配机制，逐步释放国企体制活力，增强了发展后劲。

二、创新营销经营模式，加快业务市场拓展

以客户和市场需求为导向，统筹业务规划和策略，创新发展模式。

一是持续推进营销体系建设。进一步扩大全国专业团队和平台营销队伍，优化客户开发和维护的分类、分等、分级制度，努力开展营销平台转型、探索和实施新型营销模式，更好地支撑了业务发展。

二是进一步加大大客户开发力度。与多家政务类大客户和行业巨头签署了战略合作协议，深化了与平台和B2C大客户的合作发展渠道。与知名IT企业开展深度合作，项目收入连续翻番。此外，还与多家大客户签署总对总合作协议，有效延伸了增值服务领域。

三是稳步拓展标准快件重点市场。采取积极措施，推动省际航空件和重点城市自营互寄业务快速增长。重点推进“三进工程”，取得明显成效。适应细分市场，不断推出特色产品、新产品，特惠箱封、贵品和预付费卡等服务受到用户欢迎。“极速鲜——源产地直通车”平台也初步搭建。

四是进一步推广电商仓配一体化服务模式。源头仓开发成效明显，客户数增长迅猛。合同物流业务新增一批千万元级新客户，现有大客户的合作范围也进一步拓宽，规模客户数

量持续增加，精益化管理水平不断提高，损益状况明显改善。

五是加快完成跨境电商产品布局。香港快递业务和美国路向的中邮海外仓、海外购业务正式开办。跨境电商综合服务平台在多家口岸正式上线运行。在多个城市推进的保税进口模式，规范了进口商业快件的运行。与多家国际、国内知名电商企业开展了业务合作或平台对接，跨境电商注册卖家数实现翻番。数十场跨境电商专项推介会的成功举办，扩大了邮政速递物流在跨境电商市场的影响力。

三、优化能力布局，增强核心竞争实力

以提升服务质量为核心，加大在运输网、信息网的投入，增强揽投和仓储能力，全面提升公司核心竞争能力。

一是持续提升网络能力。新增多架全货运飞机，开通多条新航线，自主航空网建设得到加强，日运能大幅增长。陆运网进一步优化，运行效率和效益有所提升。揽投网标准化建设正式启动。国际网运调度机制初步建立，国际网络运能得到较大提升。

二是逐步夯实信息化基础。新的技术组织体系设计基本完成，信息化管理制度进一步完善，适应业务需要的作业体系和垂直一体的揽收、订单及客服调度体系初步建立，实现了生产全环节的可视、可控。同时，还全面推广应用报账系统和统一资金管理平台，强化了成本管控和欠费管理，促进了财务精益化管理。

三是进一步提高生产作业标准化、规范化程度。全面实施国内速递邮件分拣封发改革，压缩了一批省际分拣封发局，缩短了邮件处理时限。推进处理中心生产作业标准化试点和PDA（掌上电脑）移动作业，优化南京集散中心生产作业流程，重点邮航通达城市邮件的进口投递质量明显提升。

四是加快推进仓储和处理中心建设。编制完成了处理能力建设总体方案。多个主要节点城市标准化处理中心陆续建成投产，并配备全自动化分拣设备，处理、仓储场地面积和日处理能力大幅提升。

四、加大运营监管，稳步提升服务质量

以改善客户体验、提升服务水平为核心，强化质量监控，重塑服务品牌。

一是建立并落实了时限质量管控的一系列制度，全面推广应用了时限管理系统，时限质量全面提升。在国家邮政局公布的重点地区快递服务时限准时率测试报告中，EMS（邮政快递）的全程时限、分环节时限名列前茅。

二是建立了多维度的运营质量监控指标评价体系。启动提升速递物流服务质量专项活动，提升了邮件时限稳定性、客户服务质量和邮件安全质量。多措并举，加大了保障邮件收寄安全和治理邮件丢失的力度。国家邮政局公布的2014年度快递服务满意度报告显示，EMS的客户满意度居行业领先地位。

三是不断丰富客服渠道。优化了客户查询界面，清晰展示邮件逐环节传递信息，大幅降低客户投诉。

四是建立问题邮件快速解决体系，迅速提升处理水平。细化各类协议客户的主动客服模式。加快省际邮件理赔速度，提升了客户满意度。

五、强化总部管控，提高运营效率

以提升管理效能为抓手，增强总部的集中管控能力和水平。

一是进一步加大全网集中管控力度。建立了全网统一的市场研究体系和资费政策，加强了行业研究和案例推广。对“双十一”等重大行业活动，实行全网经营、运行、服务工作的统一指挥调度，强化服务调度和时效管控，赢得媒体和电商买家点赞。

二是不断强化财务管理。完善成本费用、财务综合评价指标体系，推行全网资源集中采购，大幅节约重点成本费用。积极开展税收筹划，减少“营改增”影响，确保合理的税负水平。实行全网资金集中管理调配，节省了大量财务费用。

三是持续加强人力资源管理。贯彻劳务派遣暂行规定，规范用工管理，劳务用工占总从业人员的比例大幅下降。强化员工和领导的培训，取得较好效果。加强职业技能鉴定，全国操作人员持证率有所增加。

四是全面推进经济责任、财务收支、建设项目审计和内部控制工作。对重大工程建设项目开展全过程跟踪审计，防止超付工程款，遏制高估冒算。有效防范招投标及合同风险，确保了投资效益的最大化。

2015 年，邮政速递物流将继续在加快发展、改善服务、提升效益、提升品牌影响力上下功夫，不断增强自身能力，提高服务质量和客户满意度，为中国物流业和快递业的发展尽最大努力，为国民经济和社会发展做出更多、更大的贡献。

（韩福文　中国邮政速递物流股份有限公司）

“赛飞”理念——国药物流发展的精髓

国药集团医药物流有限公司（以下简称“国药物流”）是国药控股股份有限公司的全资子公司。国药物流自成立以来，经营规模不断扩大，经济运行质量不断提高，盈利能力持续增长，现已发展成为国内最大的药品、医疗保健产品的供应链服务提供商。截至2014年年底，国药物流已在北京、上海、天津、广东、辽宁、新疆十几个省区市建立了20多个现代化物流中心，药品配送服务网络覆盖全国大陆全部省（市区）。

近几年，国药物流面对复杂多变的市场环境，不断探索创新发展路径，总结推广创新经验，提升了自身的竞争力。最突出的是国药物流运用先进的信息技术和“赛飞”理念打造了“安全、可及、可视、高效”的专业医药物流交付服务体系，形成了自身不可复制的竞争力。由物流中心、配送中心及配送站网络组成的专业分拨物流网和配送物流网，深度覆盖全国的医药物流网络，成为行业的佼佼者。

一、“赛飞”理念及实践

1. “赛飞”理念

国药物流的“赛飞”理念即以国药物流全国网络资源为依托，遵循现代供应链管理的思想，以安全（Safety）、可及（Accessibility）、可视（Visibility）、高效（Efficiency）的专业物流能力，为全球医药健康产业的优秀企业打造中立、开放的供应链管理增值物流服务体系。

其中，安全、可及、可视和高效的内涵具体如下。

（1）安全，即以冷链为代表的质量安全保障管理。目标是实现温湿度全程监控，药品安全纳入平台合规管控，实施高可用性的云环境部署安全方案。

（2）可及，即实现及时准确的信息可及和覆盖全国的分拨配送物流网络可及。目标是完成多仓协同运营覆盖，实现全国多仓存储、运输、配送协同，提供了覆盖最后一公里的系统支持，实行订单送达承诺及按承诺时间送达客户。

(3) 可视，即采用多维管理要素、多仓覆盖、运输全程的供应链可视化管理。目标是实现订单全程可视、多仓库存可视、运输可视、冷链可视，以及供应链资源可视。

(4) 高效，即支持供应链上下游计划与执行协同以及运输一体化运作及优化。目标是实现多仓多级整体高效的标准化运营，实施分布式订单管理，支持准确的物流动作成本管控。

2.“赛飞”实践

国药物流用“赛飞”理念构建了一体化信息服务体系。“赛飞”供应链管理云服务平台与国药物流集中部署的 WMS、TMS 系统是国药物流一体化信息系统的核心服务体系。该体系以先进的信息技术和自动化设施设备为基础，具有不可复制的竞争力。

“赛飞”供应链管理云服务平台功能强大，主要包括基于云架构面向服务（SOA）的 PaaS 平台及其 SaaS 层基本功能（主数据管理、订单管理、库存管理、供应链可视化、统计绩效管理、综合计费、企业门户、供应链接口等）和平台扩展功能（保税物流管理、医疗器械供应链管理、供应链优化等），并根据国药物流发展及业务需要不断扩展各种应用系统。

“赛飞”供应链管理云服务平台是“赛飞”一体化信息服务体系的核心组成部分。借助“赛飞”供应链管理云服务平台，国药物流可以实现以冷链为代表的合规经营保障管理以及供应链全局可视化管理，实现供应链上下游计划与业务执行的紧密协同以及全网分拨配送运输的一体化运作及优化，实现国药物流可复制整体高效的标准化运营目标。通过“赛飞”供应链管理云服务平台，国药物流在企业管理方面能够实现组织间协同，使沟通更有效、管理更畅通，能够从企业全局出发，对经营效益进行分析，准确下达经营决策；在客户服务方面，客户使用统一平台，提供对于整个供应链全局的可视化和可跟踪性，达到顺畅整个供应链、降低物流运作成本、缩短订单付款周期、提升客户服务水平的目的。

二、“赛飞”理念和实践创造了效益

1. 管理效益

“赛飞”供应链管理云服务平台使国药物流服务在安全、可及、可视、高效四方面提升了管理水平。

(1) 在安全方面。以前部分货主只需用运输服务，但该业务并未完全纳入“赛飞”供应链管理云服务平台管控，存在潜在的法规风险。“赛飞”供应链管理云服务平台上线后，所有业务全部纳入平台管控，避免了相应的合规管理风险。

以前的仓储运输环节相对孤立，特别是冷链运输不能实时监控；纳入“赛飞”供应链管理云服务平台管控后，通过从工厂提货到终端配送的全过程温度监测控制，关注冷链物流从存储到运输的每一个细节，确保供应链全程的药品和医疗器械的质量安全。

“赛飞”供应链管理云服务平台访问应用身份验证、关键数据加密和授权访问三种安全模式，保障了平台访问安全。

系统数据采用云环境部署，服务停止后备用服务实时自动接管；异地镜像访问加速 CDN（内容分发网络），数据垂直水平分割与读写分离，此举不仅保障了数据安全，还保障了数据的高可用性。

(2) 在可及方面。“赛飞”供应链管理云服务平台保障了全供应链网络仓储运输协同环节的全覆盖，在全国范围内的所有网络节点仓储、干线运输与区域配送协同，覆盖到配送末端的最后一公里，并能基本做到按客户需求时间或服务承诺时间送达客户。

（3）在可视方面。"赛飞"供应链管理云服务平台实现了全库存可视、全程订单跟踪可视和全局物流资源可视。

全库存可视，即配合主数据建设及物流数据标准化和编码标准化工作推进，实现数据自动化清洗、在线实时应用检测、修订规则自动化应用配置；实现了全网库存、数量、时间、地点信息的精确查询。上下游客户根据可视化库存（如数量、零头等），在系统建议下，高效形成准确的订单。

全程订单跟踪可视，即实现了订单仓储跟踪、运输跟踪、冷链跟踪集成，提供订单跨系统可视化跟踪，数据集中展示查询。其中，图形化展示可分层展示：先全局视图，再局部视图，再明细视图。并直接开放给货主和客户服务人员。

全局物流资源可视，即实现了全国物流仓储资源和运输资源全局可视，准确实时掌握全国仓储能力及运力等情况。

其他管理功能可视，如实现了供应链需求预测与计划支持可视、供应链事件管理可视、统计绩效报表分析可视、系统运维可视，以及PDA/PAD（平板电脑）/手机等移动终端应用可视等。

（4）在高效方面。实现了分布式订单管理，"赛飞"供应链管理云服务平台增了加分布式订单管理能力，实施智能化多仓出入库策略；实现了全国网络任意地点出库、入库，支持跨区域调拨、补货。最优成本出库，缩短订单响应时间，节省物流成本，减少运输破损，保证业务连续性。

实现了全国多仓多级及仓储运输协同网络优化运营，"赛飞"供应链管理云服务平台可提供完整的全国多仓服务，包括库存策略、配送方案等，各地物流中心协同作业，分拨配送横向调拨；"赛飞"供应链管理云服务平台实现了数据集成，通过供应链优化工具精确分析后，为货主量身定制多仓协作策略以及仓储运输协同优化运营。

实现了技术平台的高效运营和物流费用的高效管控。"赛飞"供应链管理云服务平台实现了云环境和云计算，功能、性能大幅提升，并可计量、松耦合以及动态配置，具备了随需而变的系统支持能力；平台还改造了WMS与平台接口机制（直连或SOA实时触发），改造了解析逻辑，促进了WMS系统的高效运营。另外，"赛飞"供应链管理云服务平台具有灵活的综合计费系统支持。可视、量化、准确的物流动作成本管控数据支持功能，有利于物流成本的高效管控。

2. 经济效益

"赛飞"理念打破"信息孤岛"，实现组织间协同，沟通更有效，管理更畅通；通过有效、全面的经营数据，从企业全局出发，对经营效益进行分析，准确下达经营决策；在客户服务方面，使得客户（供应商、第三方物流、医院客户等）使用统一平台，标准化供应链运作绩效，提供对于整个供应链全局的可视化和可跟踪性，以达到顺畅整个供应链的目的，降低物流运作成本、缩短订单付款周期，并取得了良好的经济效益。

一是运用需求改变的快速反应理念，在终端的预测和基于深层细化计算的全局需求管理上，从传统的需求计划管理无缝集成到补货执行管理上，可以减少22% ~24%的库存量，缩短32%的销售周期，缩短了21%的现金周转周期，提高了22%的产能使用效率，为实提升最后一公里的物流服务效率打下了基础。

二是运用分布式订单和多仓库存管理，可以生成基于时间段的订单计划，循环扩展到12个月甚至更长时间的月/周计划，充分利用厂商和客户的分层安全库存，从而降低库存10%～25%，提高客户服务水平2%～5%，提高配送准时率10%～20%，提高资产回报率5%～15%。

三是运用扩展的供应链可视管理理念，终端级别的库存供应链可视，基于时间的供应链上下游协同，促进客户销售订单和供应商订单的功能协调性，从而促进销售增长5%～10%，订单周转时间减少10%～25%，缺货频率减少10%～15%，加急成本降低20%～30%。

3. 社会效益

国药物流肩负着完成国家下达任务、履行社会责任的义务，中国第一药网在其完成国家任务、履行社会责任的过程中具有不可或缺的作用。以“赛飞”理念指导建设的中国第一药网，承载着医药物流标准化平台、第四方供应链管理服务平台、药品紧急调拨配送平台、国家医药储备可视化监控平台、重大事故追溯平台、疫情预警平台以及国家人才培养平台等诸多社会行业功能，是国药物流实现正常运营的生命通道。中国第一药网已连续多年创造出巨大的社会效益。

目前，国药物流的“赛飞”理念正在助推中国医药产业变革。

一是国药物流全国多仓多级运营，调拨运输分拨配送全网覆盖，送达更快、覆盖更广、成本更优、效益更显著。但以往全国多仓运营还存在一定的行业政策障碍，国药物流成为全国国家药监局批准的首家全国范围内统一作多仓联网运营GSP（《药品经营质量管理规范》）认证的第三方医药物流企业。国家药监局批准将全国16家子公司仓库地址加入国药物流“药品经营许可证”的仓库地址中，解决了国药物流全国物流多仓网络协同过程中的政策瓶颈。从而得以促进国药物流全面开展面向供应链的高效优化的多仓物流服务：药品生产企业可以直接委托国药物流多点储存，销售时生产企业可以直接面对当地客户销售，满足医改环境下生产企业扁平化管理的市场需求。就近收货，就近发货，多点储备，分段接力运输，已经成为国药物流网络化运作常规模式。

二是国药物流是在中国首个获得国家食品药品监督管理总局（SFDA）批准的专业第三方医疗器械物流服务资质企业，以“赛飞”理念打造的开放的供应链管理增值服务平台，可为客户提供一整套药品和医疗器械的综合物流解决方案，包括：一站式进口和保税物流服务；中文贴签服务；基本药品贴签扫码服务及上传服务；严格合规管理的温控仓储服务；专业验证的冷链包装和运输管理；个性化计算机接口（IT Interface）信息系统开发；车载GPS（全球定位系统）接收器和可视化管理系统；紧急医院配送能力；企业异地增设第三方物流仓库的申报和管理；全国多仓操作和服务管理。

三是“赛飞”理念还将促进我国医药流通行业的良性发展。首先，国药物流整合全产业、全业态、全品种的物流资源，通过“赛飞”平台打造全国医药物流云模式的优势资源，提供价值链物流服务，并带动医药物流全行业发展。横向推动信息、人才和资源等产品水平整合，纵向实现对供应链上游技术和下游市场的垂直整合，打造医药物流经济优势产业链。其次，“赛飞”平台的建立，将促进国药物流标准的输出，带动整个行业的作业规范化和标准化，规范化和标准化地将供方、干线运输、配送等物流环节有机连接起来。对整个医药行业而言，标准化和规范化是加强内部管理、降低成本、提高服务质量的有效措施；对消费者而言，享受标准化和规范化的物流服务是消费者权益的更好体现。

三、“赛飞”让国药物流走得更远

“安全、可及、可视、高效”的“赛飞”理念，打造了国药物流独特的核心竞争能力。在“赛飞”理念的指导下，国药物流建立了以“技术能力、管理能力、服务能力”为主体的核心能力，通过营销联盟、信息平台、标准体系和运营体系为供应链客户创造多元价值。例如，国药物流基于客户的冷链营销战略，整合客户、国药物流冷链系统内外部冷链资源，再造和优化冷藏供应链，从冷链包装设计到集成订单处理和集约储运安排，全过程构建区别于竞争对手的冷藏供应链管理体系，为渠道关键客户提供与营销计划配套的冷链技术和培训支持，形成了区别于竞争对手的特色服务体系，为客户创造独特价值。国药物流立足上海，对接全球医药供应链；聚焦行业，打造国际医药港平台。国药物流目前拥有 7000 平方米的保税物流中心，可实现保税、完税药品的存储、分包装及装运业务，为客户提供一站式进口解决方案，包括接收客户订单、完成进口操作并清关完税、存储服务与客户定制化增值服务、完税后商品发运至外高桥物流中心非保税库或直接发送至国内客户等。

国药物流正在以供应链设计的视野谋划建设专业的医药物流服务体系。供应链设计包括多层级库存解决方案、网络运输解决方案、供应链运营设计方案及流程设计方案等全方位立体式的设计方案。例如，可根据客户需求将多级库存和网络运输解决方案进行综合设计，在保证一定的服务水平基础上，对成本、采购和运输时间等条件进行综合分析，与网络优化相结合来确定优化的库存规划，同时根据成本优化自有车队、整车、零担的使用率，确定网络运输细节方案。

“赛飞”理念打造了国药物流具有国际竞争力的“网络化布局，一体化运营”的全国物流及冷链配送网络，推进全国多仓多级存储节点的协同，形成了跨区域的干线配送网和区域内支线配送网的全面配送，构建了布局科学、技术先进、节能环保、便捷高效、安全有序的专业医药物流服务体系。凭借这些核心竞争力，国药物流将会走得更远。

（国药集团医药物流有限公司）

创新　转型　发展

——中铁现代物流科技股份有限公司在线供应链物流业务转型发展探索

中铁现代物流科技股份有限公司（以下简称“中铁现代物流”）是由世界500强企业中国铁路物资股份有限公司（以下简称“中国铁物”）控股的国有大型第三方物流公司。中铁现代物流经过十多年的探索发展，已在天津、青岛、南京、上海、武汉等主要枢纽城市设立了18家分（子）公司，控制协调遍布全国的1500多个配送中心及作业部；依托先进的物流信息系统支持，形成了以枢纽城市为核心、覆盖全国、延伸国际的物流网络体系。

多年来，中铁现代物流以钢材为主的大宗生产资料综合物流服务为核心、铁路物流和金融物流服务为特色，大力发展供应链一体化综合物流业务，拥有基础物流、港口物流、铁路物流、金融物流、钢铁物流、煤炭物流、机电接运七大业务板块，业务范围涉及钢材、煤炭、矿石等大宗生产资料、快速消费品、汽车等诸多领域。近年来，中铁现代物流把创新在线供应链物流业务列为企业发展战略的重点工程，一方面积极探索实践，另一方面重点监控、完善推广。目前，中铁现代物流的在线供应链物流业已成为企业核心竞争力优势之一。中铁现代物流正朝着为铁路物流业务特色突出、金融物流服务行业领先的专业化综合物流服务提供商迈进。

一、在线供应链物流业务及发展历程

（一）在线供应链物流业务概述

中铁现代物流的在线供应链物流业务是集仓储、运输、装卸、搬运、流通加工、包装、配送、信息服务等基础物流服务以及采购、销售等增值物流服务为一体的，借助在线供应链系统平台实现从上游供应商到下游用户协同发展的，将物流、商流、资金流和信息流“四流合一”的供应链一体化业务模式。其中，在线供应链系统平台是在现有信息系统资源的基础上，通过先期整合提升和后期对外延伸对接方式，围绕客户和银行需求构建的囊括供应链所有要素业务的多维立体物流体系。

目前，中铁现代物流的在线供应链物流业务主要包括货物监控业务模式、货物保管（理货）业务模式、货物交易业务模式和综合物流

一体化业务模式等。中铁现代物流在线供应链物流业务网点涉及全国31个省级行政区域的近300个地级城市，目前已与全国30多家银行签署了总对总战略合作协议，形成了以国有商业银行、股份制银行、区域性银行和外资银行为框架的立体金融机构资源平台。

（二）供应链物流业务发展历程

中铁现代物流自2006年开始第一笔监管业务至今，在线供应链物流业务与金融机构的服务产品融合和创新经历了三个发展阶段。

第一阶段是开展货权监管业务。自20世纪90年代末，国内几家银行提出发展物流金融和物流银行等金融创新产品，进而在国内开展了仓单质押、动产质押等业务后，中铁现代物流即开始了相关业务的探索实践。从2006年至2009年，围绕委托人和监管客户的差异化需求开展了仓单质押、动产抵/质押、系统内金融物流业务协同等几种监管业务。

第二阶段是试水金融物流。2008年，中铁现代物流通过引进深圳发展银行、光大银行、中国工商银行、奥地利央行等多家银行的成熟模式，加以改进、创新，形成了具有公司特色的适合金融机构以及企业产、供、销环节的业务模式和服务产品。特别是与深发展银行、汽车厂家一起成功实施了汽车供应链“1+N”监管业务，通过制定统一收费标准，提供标准化服务，不断强化运营管理，中铁现代物流构建了业务立项审批、业务巡查和风险防控三大体系。这一时期是中铁现代物流在线供应链物流业务的尝试阶段，业务目标是整合客户的商流、物流、资金流，建立“三流合一”体系。

第三阶段是创立在线供应链物流。2014年，国内银行、监管机构等多家单位共同起草了《担保存货第三方管理规范》国家标准，中铁现代物流以此为契机，紧紧抓住物流市场新机遇与新需求，结合新国标内容对原金融物流业务进行了转型和升级，创立了在线供应链物流业务。这个阶段中铁现代物流主要是借助供应链管理理论，对原金融物流业务进行转型、升级。一方面，强调用互联网的思维和方法进行模式创新，在原“三流合一”的业务目标中加入了信息流，确立“四流合一”的横向一体化思想；另一方面，明确了以钢铁、铁路行业为发展主线，沿生产、制造终端客户分别向上和向下做通其整条供应链的一体化思想。最终目标是针对目标行业客户，搭建一个囊括供应链所有要素的业务多维立体的生态体系。

二、在线供应链物流业务的实践探索

供应链是一个围绕核心企业，通过对信息流、物流、资金流的控制，从采购原材料开始到制成产品，最后由销售网络把产品销售给用户的整体的功能网链结构模式。由于供应链链式结构的特点，供应链企业间既相互依赖又相互影响，任何一个环节出现问题都会波及整体。考虑供应链的上述特点，中铁现代物流决定其在线供应链物流业务从线下尝试和线上移植两个方面开展实践探索。

（一）在线供应链物流业务的线下尝试

在线下尝试方面，中铁现代物流根据在线供应链物流业务现有的运作模式，从货物监控、货物保管（理货）、货物交易和综合物流一体化四个方面加以推进：一是鼓励结合自身优势以及区域特点，开发具有区域特色的在线供应链物流货物监控业务，鼓励主动了解、分析生产型/终端客户融资需求，通过输出监管方式，开展货物监控业务；二是通过租赁、合作经营及合资经营等多种方式整合社会仓储资源，开展在线供应链物流仓储和货物保管业务；三是充分发挥公司铁路和钢铁领域的背景优势，围绕高端设备生产、制造工厂，代其向上游采购钢铁等原材料，或依托用户，做好备品、备件的物流服务和货物交易业务；四是通过延长仓储、运输、货代、配送、交易、信息等服务链条，为客户提供综合物流一体化服务，实现渠道、信息、风险控制等增值服务。

（二）在线供应链物流业务的线上移植

为了提升业务监管效率和信息化管理水平，中铁现代物流自行研发了“金融物流监管管理系统”软件，并于2014年2月取得国家版权局颁发的《计算机软件著作权登记证书》。该系统解决了在业务实际操作过程中的及时性和互动性问题，在实现公司自身供应链金融物流业务系统操作全覆盖的同时，也实现了对供应链上的厂商发货、到货入库、库存管理、按指令发货、终端经销商销售反馈全流程的监控，是实现供应链金融物流业务有效监管的重要手段和管理平台。

中铁现代物流金融物流监管管理系统覆盖了在线供应链1000多个运营项目，有效解决了放贷风险、上游厂商的销售回款、融资企业生产资金需求的闭环管理，是国内首家与商业银行无缝对接的监管系统。目前该系统已与光大银行、平安银行等金融机构的信息系统实现无缝对接，同时被国家工信部列入“2013年电子商务集成创新试点项目”。

为适应金融物流科学发展的需要，规范公司在线供应链物流业务，提高管理效率和水平，中铁现代物流决定对现有的金融物流管理系统进行完善及改造，系统升级后在满足目前金融业务的同时，还要更贴合业务个性化需求、明确财务成本、实施更专业的系统管理。目前，“中铁在线供应链”平台正在筹备兴建中，该平台由信息门户和四个业务子系统构成，业务子系统分别为“金融监控”“物流服务”“线上招标”“特品商城”，通过信息门户网站来发布相关业务信息。“中铁在线供应链”平台搭建后，在线供应链物流业务将完成更深层次的转型升级，迎来更加广阔的发展前景。

三、在线供应链物流业务创新升级

作为中铁现代物流的战略型业务之一，在线供应链业务始终是公司创新发展的关注点。为了实现业务的持续稳定增长、提高物流服务水平，中铁现代物流多举措、多渠道、全方位地推动在线供应链物流的创新升级。

（一）创新多元发展，增强核心竞争力

监管业务始终伴随金融机构金融产品的创新，跟进服务领域，进行伴随创新，保持公司在线供应链业务的创新动力和多元化发展。一是努力整合社会仓储资源，扩大公司仓储物流基地规模，提升业务服务水平；二是积极推动贸产融一体化发展模式，深入企业的采购、加工、运输、仓储、配送等各个环节，提供集成化物流服务；三是打造核心能力，由单节点质押监管业务向全程监管、采购执行、供应链金融等综合化业务模式转变；四是注重大客户的开发。

（二）完善网络布局，构建发展平台

中铁现代物流根据不同地域经济的发展特点，发挥银行、区域经济及资源品种等各方面优势，构建联动的公司经营网络，提高网络运营能力。一是指引分子公司在所属区域内与当地金融机构对接业务，进一步提升监管服务能力；二是围绕本区域特征，批量开发业务；三是加强单点供应链金融服务，挖掘全国性大客

户，通过与当地金融机构不断衔接、磨合，增强双方的协同运作能力，使在线供应链业务单点变区域，区域变网络。

（三）加强制度建设，提升管理水平

从业务需求角度出发，从手册化、标准化等制度建设入手，以提高在线供应线物流运营效率、提高决策分析能力、提高风险控制能力、提高品牌竞争力四大功能为根本，打造在线供应链物流业务专业化管理平台和业务运营平台，使事业部、分子公司、金融机构、供应链上下游融资企业能够在信息系统上共享数据，使整个在线供应链物流业务更加高效流畅。

（四）完善风控体系，保障安全运营

公司强化全面风险管理，健全体制机制，完善风控体系，提升管控能力，做到决策科学、执行有力、监督有效、风险可控，确保经营安全和可持续发展。一是不断完善在线供应链物流业务的基础管理制度、执行标准和操作流程，抓好制度的执行和落实；二是启动分子公司自查、总部事业部巡查和业务巡查部全面稽核的三级巡查机制；三是健全事前、事中、事后的全程跟踪管控、监督机制；四是加强风险识别，建立预防、运营和监控、应急等体系；五是强化项目责任人现场管理，建立责任追溯制度；六是重视风险防范与控制，对项目隐患进行追踪、评估、控制和总结；七是引入物流监管责任险，搭建中铁现代物流在线供应链物流业务的全面风险管理体系。

（五）突出以人为本，提升业务能力

在线供应链物流业务转型发展得以实现的关键保障之一是人才队伍建设，包括既懂金融知识，又懂物流知识的复合型人才和从事运营、操作环节的监管人员。针对中高端金融物流人才缺乏的问题，中铁现代物流坚持“以人为本”的人力资源发展战略，一是通过引进外部人才来解决专业人才供给不足的问题；二是不断完善内部培训体系，提高培训的专业性和针对性；三是建立起后备人才选拔培养机制，为公司在线供应链物流业务提供人才保障；四是建立公平、公正的绩效考核体系，在保障员工权益的同时，实行优胜劣汰的竞争机制，以提升业务能力。

中铁现代物流的持续发展赢得了行业的高度认可，凭借自身的竞争实力率先跻身行业“AAAAA级综合服务型物流企业”“AAA级（最高级别）信用物流企业”“质押监管优秀企业”“中国物流示范基地”“中国物流实验基地”“中国物流管理创新型企业”和“中国物流杰出企业”之列，被中国物流学会授予中国首批“物流产学研基地”，被国家人事部和中国物流与采购联合会评为“全国物流行业先进集体”，连续三年被世界品牌实验室授予“中国500最具价值品牌”，连续多年被中国交通运输协会评为“中国物流百强企业”和“全国先进物流企业”。

（中铁现代物流科技股份有限公司）

中捷：致力于高效的供应链一体化服务

——广东电信无线网分布系统器件供应项目案例

中捷通信有限公司（以下简称“中捷”）是中国通信服务股份公司（香港上市公司0552. HK、中国电信集团公司控股）的供应链服务专业公司。中捷凭借遍布国内外的强大采购网络、分销网络和物流网络，凭借熟悉通信产业专业技术、精通国内外供应链管理实务的高素质人才团队，为多家国际国内知名企业以及众多快速成长型企业提供采购服务、产品分销和进出口服务、国际国内物流服务和技术支持等供应链综合服务。中捷与中国电信、中国移动、中国联通等信息和媒体运营商结成多种业务战略合作关系，与众多国内外信息通信产业链上下游企业开展广泛业务合作，帮助用户与业务伙伴节约成本、提高效率、创造价值，得到了业界的高度认可。

多年来，中捷致力成为信息通信业供应链管理专家，逐步建立全面、快速、节约、信息化、规模化的供应链管理服务体系，以“更快、更专、更好”的服务理念始终为客户提供满意的产品和贴心的服务。

广东电信无线网分布系统器件供应项目（以下简称“项目”）是中捷完美提供供应链一体化服务的优秀案例。

一、项目简介

无线网分布系统主要用于解决室内场所通信信号覆盖不理想的问题，它是运营商根据用户通信需求响应建设的一系列工程。由于工程建设涉及资金、效益、客户体验等多种因素，因此运营商和集成商都希望通过优化工程建设速度，提升工程效益。一般来说，工程建设所需器件的供应速度和进场速度与工程建设速度紧密相关。

中捷自2008年承接广东电信无线网分布系统器件供应项目以来，项目运作出现了三个难点：器件规格种类多且零散；以站点为单位的订单管理繁杂（共21个地市，每个地市有多个站点，每单个站点要多次下订单）；器件要求配套使用，一般要求一次备齐进场。

针对上述难点问题，中捷的供应链团队围绕集成化供应链管理的核心，形成由顾客化需求—集成化计划—业务流程重组—面向对象过程控制组成的作业回路，由顾客化策略—信息共享—调整适应性—创造性团队组成的策略回路，以及作业回路的每个作业形成各自相应的作业性能评价的性能评价回路。根据集成回路的优化反馈，投入了大量供应链管理资源，最终形成了成熟的供应链一体化服务方案，获得客户、集成商、供应商的一致好评。

二、供应链一体化服务方案

中捷的供应链一体化服务方案以资源投入和规范管理为基础，支撑和指导整个项目的实际运作，其架构如图 1 所示。

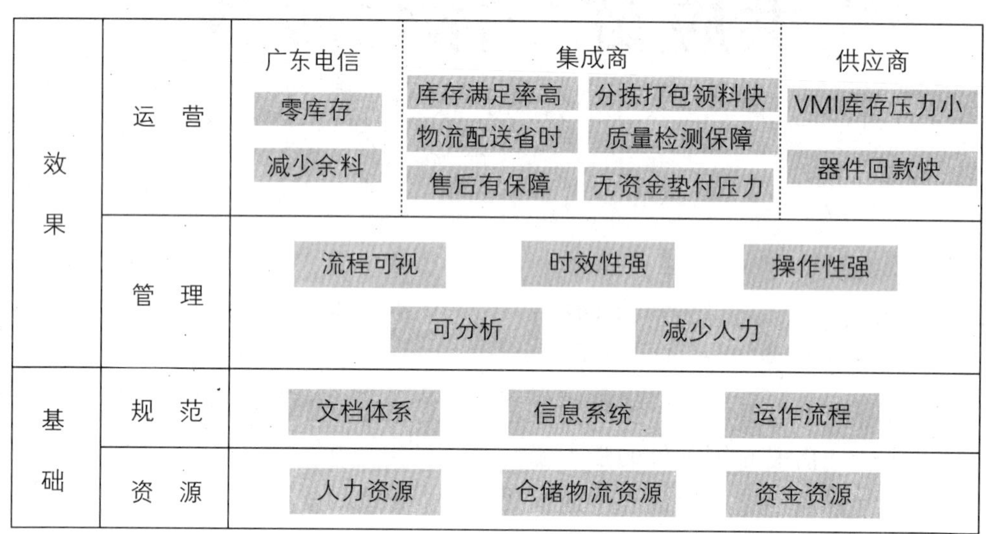

图 1 供应链一体化服务方案框架

（一）资源投入

1. 人力资源

图 2 是中捷实施项目的组织架构情况。

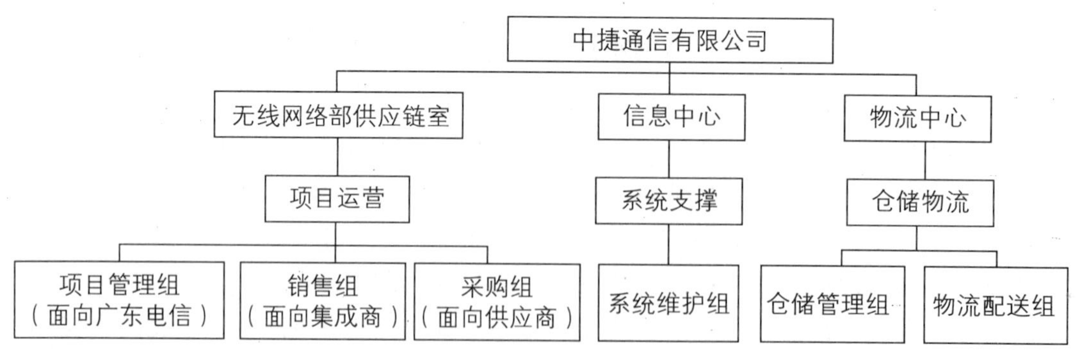

图 2 项目实施组织架构

从图2可知，项目运营由无线网络部供应链室主要负责，信息中心和物流中心两个部门为支撑部门。

供应链室是项目运作的负责部门，针对项目中不同的服务对象，设置项目管理组、销售组、采购组；物流中心成立了仓储管理组和物流配送组两个工作组，主要负责项目的物流管理，包括器件仓储管理、出入库管理、备货分拣和物流配送；信息中心主要负责维护供应链管理系统的日常维护和升级，支撑项目运作高效执行，并根据项目管理需求提供数据分析报表，以供发现问题和优化改进。

为实现对项目集成化管理，项目以供应链室为职能交叉小组，集成和优化不同部门之间的合作，使得项目组织架构分工明确，各部门间沟通及时，从而保证了供应链一体化服务速度和质量。

2. 仓储物流资源

项目运营的物流基地设在中捷自有的国家四星级仓库——夏茅物流园区，项目专用的室内仓库面积超过3500平方米、室外堆场面积为1000平方米。无线网分布系统项目的器件由物流中心仓储管理组按照器件种类特性进行精细化仓位管理。

夏茅物流园区已运营数十年，不但拥有现代化的仓储信息管理系统，而且仓储搬运设备先进齐全，是全国通信行业规模最大、设施最先进的现代化物流园之一。

此外，夏茅物流园区还能提供珠三角城市内的门到门专车送货服务，并有专业合作的快递公司伙伴，能够根据项目中集成商的配送需求在指定的时间内最小成本地将器件运送到指定的地点。

3. 资金资源

由于项目的工程建设周期长，导致集成商对供应商的货款结算周期长、资金回转慢，给供应商的生产造成很大压力。针对这种情况，中捷投入了大量资金资源为项目打造供应链金融平台，实现与集成商和供应商“背对背”结算。以当月销售出库的器件清单为结算依据，为集成商垫资付款给供应商，解决供应商的资金流转压力，以保证供应商能够正常供货。

除此之外，中捷还设置了集成商风险评估制度，根据集成商公司状况、信用信誉、回款情况等评估回款风险。既保证无线网分布系统项目资金的正常流转，又有效控制坏账等资金风险。

（二）规范制定

1. 文档体系

项目初期涉及广东电信客户（包括21家地市电信公司）、17家集成商和20家供应商三类主体，随着每年项目招标新结果，还会不断有新的集成商和供应商加入项目中来，如何在三类主体之间建立高效沟通渠道也成了项目运营必须解决的问题。

为此，供应链室专门建立了一套关于无线网分布系统项目的文档体系，其中包括总体指引、操作指引、信息公告和信息反馈四个板块。应用规范的文档传递，使信息能够得到有效的传递和传承，减少了项目运作中的沟通障碍和时间浪费，提高项目运作效率。

2. 信息系统——供应链管理系统

项目的供应链管理系统以先进且稳定的Spring + Hibernate开源框架作为系统底层框架，采用业界最流行的J2EE（JAVA EE 5规范）技术进行开发。

在项目中，供应链管理系统是项目管控的核心工具。首先，系统是基于该项目供应链业务运作模式而设计，能真正贴近项目运作需要，实现系统规范、管理、推动工作，达到高效协同的工作效果。同时，项目实际运作的每一工作流程信息都会在实时反馈在供应链管理系统中，实现供应链管理的全流程信息化处理和全过程实时动态跟踪查询。除此之外，供应链管理系统汇聚了项目运作过程中的信息数据，能充分应用到工作辅助和项目管理分析优化中。

3. 运作流程

针对项目的供应链一体化服务方案目前涵盖了仓储管理、VMI 管理、器件检测、器件保修、分拣打包、物流配送、资金垫付、信息系统支撑等多个服务模块，并随着项目需求的变化，不断有新的服务模块加入。目前，项目的运作流程如图 3 所示。

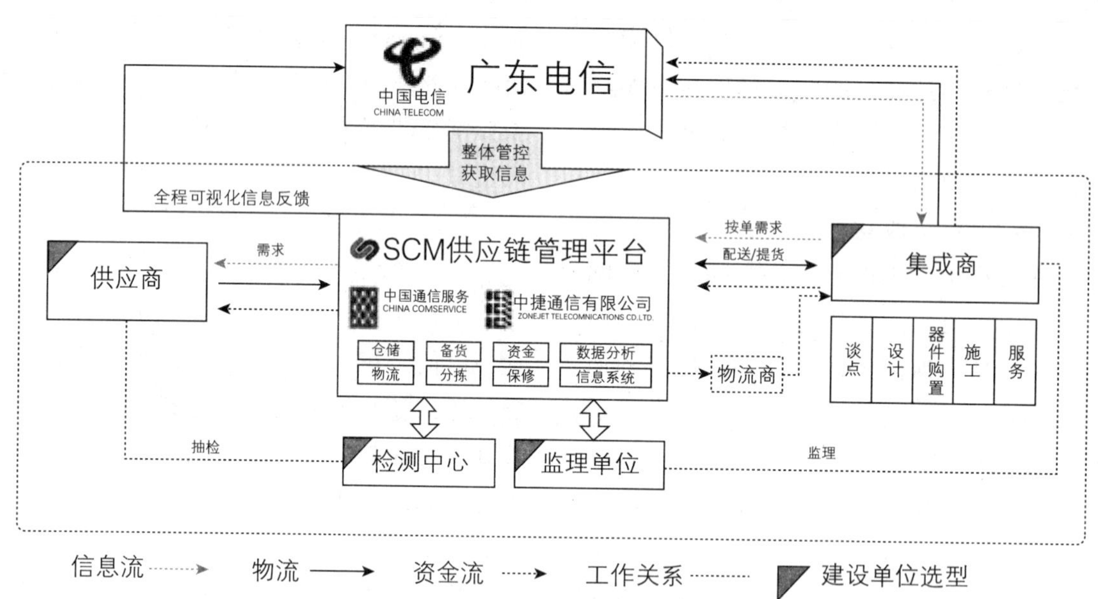

图 3 无线网分布系统项目运作流程

项目运作流程以订单为流程管理单位。在销售流程中，以集成商下单为工作流发起节点，依次经过审核、备货出库、开票、收款、归档流程。销售流程以集成商需求为服务重心，注重速度。

采购环节是由中捷发起的以 VMI 备货需求为驱动的备货动作，VMI 库存既需要满足销售备货快速响应的需求，也要考虑供应商备货成本的付出。因此每一次备货都需要依靠系统平台提供精确的销售需求数据分析和库存备货模型分析支撑，从而实现科学的 VMI 库存管理。采购流程以中捷下单为工作流发起节点，依次经过审核、供应商确认、收货入库流程。

三、项目运作成果

自 2008 年以来，项目的销售额基本呈逐年上涨趋势，2011 年为 1.1 亿多元、2012 年为 1.2 亿多元、2013 年为 2.2 亿多元、2014 年为 3.2 亿多元，但由于前期的科学规划，工作量并没有大幅度增加，人力的投入反而由初期的十几个人缩减到目前的不足 6 人。特别值得一提的是，在供应链一体化服务的调查中，客户满意度高达 95% 以上。

由于项目利用了高效 VMI 库存管理的优势，在订单备货时间和订单一次备货满足率方面表现出很大的效率优势。如订单响应时间在 1 天内的占比为 94%，在 2 ~ 3 天的占比为 4%，在 3 天以上的占比为 2%；订单备货时间在 1 天内的占比达 90%，在 2 ~ 5 天的占比为 5%，在 6 ~ 10 天的占比为 3%，在 10 天以上的占比为 2%；订单一次备货满足率大于 90% 的占比为 80%，满足率在 80% ~90% 的占比为 14%，满足率在 70% ~80% 的占比为 3%。

另外，项目中的供应链金融服务在很大程度上缓解了 17 家集成商的资金流转压力。

中捷供应链一体化服务专注于无线网分布器件供应链，采用批量采购、集中仓储、按需分拣、预约提（送）货模式。在服务内容、运作模式、资源投入、运作指标等方面都为无线网分布系统器件供应进行优化。并有完善的文档、流程和系统的支撑。包含了多个服务模块，且相互串联匹配，实际上是有 1 +1 大于 2 的效果。该服务运作多年，取得了良好的效果，提高了供应链条上各方的满意度。

供应链一体化服务方案不仅解决无线网分布系统项目运作的复杂性和特殊性问题，也为其他项目的运作提供了借鉴意义。近年来，除了无线网分布系统项目，中捷供应链室还将供应链一体化服务方案应用在非通信物资、UIM（用户识别模块）卡项目，甚至开始在山东电信推广运营。供应链一体化服务方案成为中捷供应链服务方案的设计典范。

（雷震　中捷通信有限公司无线网络业务部主管　王立平　中捷通信有限公司副总经理　高利军　中捷通信有限公司总经理　徐蔡燎　中国通信服务股份有限公司市场部经理）

林安：创新一站式 O2O 物流供应链诚信交易平台

一、广东林安物流集团

广东林安物流集团（以下简称“林安物流集团”）是一家以现代智慧物流园区运营和管理，以及搭建现代物流信息交易服务平台为主的第四方物流企业，集团在物流信息化、物流诚信标准化、物流金融服务、物流物联网应用等方面处于国内领先水平，是商务部重点扶持的龙头企业。

林安物流集团以全新的“基地 + 网络”运营模式，构建第四方服务平台和信息交易平台，打造中小物流企业集群和创新发展基地。林安物流平台聚集 180 万个体会员，20 万厂家、商家、物流企业会员，通过林安物流平台年交易货量达 6000 万吨，年货运价值达 9000 亿元。

林安物流集团主动承担社会责任，促进社会和谐，增加当地政府税收，在行业内发挥着重大的示范带动作用。林安物流通过不懈的努力，先后获得“2014 中国物流创新企业”“2014 中国物流杰出企业”“中国物流示范基地”“AAAAA 物流企业”“AAA 级信用企业”“国家中小企业公共服务示范平台”等国家、省、市荣誉。同时并被世界银行列为“绿色交通”项目的试点单位。

林安模式得到了国家、省、市等各级政府和行业协会的认可和推崇，国务院副总理汪洋和商务部、工信部等领导对林安模式给予了肯定和赞扬。林安物流集团目前已在广东、湖北、河南、安徽、江西、吉林等省市建立了自己的物流节点和物流网络，并继续在全国拓展，逐步实现全国范围的物流骨干布局。

二、一站式 O2O 物流供应链诚信交易平台主要功能板块

林安物流集团通过建设“网上 + 网下”有机结合的网下物流信息交易市场和网上中国物流信息交易平台，并通过物联网的示范应用，实现最大范围的资源整合，打造厂家和商家面向物流供应商的网络物流集中采购渠道、物流供应商面向厂家和商家的网络营销渠道、物流供应商之间的同行网络共赢合作渠道，打造国内最有影响力的一站式 O2O 物流供应链诚信交

易平台。

一站式O2O物流供应链诚信交易平台主要有8个功能板块。

一是物流信息交易中心。林安物流集团借鉴证券交易所模式，设立1500个交易席位，搭建起了厂商、物流企业、司机面对面直接交易平台，实现物流业和制造业的直接对接和联动发展，降低物流成本，提高交易效率。这种集中交易的模式有助于提升中小企业的组织化程度，解决中小企业的散乱问题。

二是林安物流网（www.0256.com）和“我要物流”第三方应用程序（App）。平台致力于打造现代化智慧物流，对系统进行升级改造，以电子商务、网络公共平台和移动App为依托，整合国内物流行业资源，实现全国物流供需信息的有效对接。

三是物流金融支付结算中心。林安物流集团全资子公司广州商物通网络科技有限公司于2014年成功获批中国人民银行颁发的“支付业务许可证”，商物通公司互联网支付业务以物流园区为基地，以支付门户为业务载体，辐射物流园区发展商、席位租赁商、物流企业、物流行业及相关行业企业、个人用户，满足客户各种互联网支付需求。同时，林安物流集团积极开发各种金融产品，为中小物流企业有效解决融资难、资金链不足的困难，大大提升了物流企业生存空间。

四是物联网应用示范中心。利用射频识别（RFID）、红外感应器、全球定位系统、激光扫描等技术，实现对物流车辆的“高效、节能、安全、环保”的“管、控、营”一体化，切实提高物流服务效率。

五是物流招投标中心。林安物流集团建立物流招投标中心，通过提供最低成本物流解决方案，为厂家寻找物流供应商，为物流企业和车队寻找货源，并为双方寻找优势运力，实现制造业与物流业实时对接。

六是信用标普。林安物流集团推出的信用标普通过一系列诚信指数评估标准的设定来对物流行业内的物流企业、驾驶员等的行为进行等级评定，以等级的高低来作为评判信用度的标准，建立公平、公正、公开、受社会监督、诚信的物流环境，为物流人之间的交易提供一个可靠的信用凭证。

同时，林安物流集团的信用标普已取得中国物流采购联合会的认可，经林安物流集团评价出的诚信物流企业同等获得中国物流采购联合会的认同。

七是呼叫中心。林安物流集团开通全国物流热线：020－952156，24小时随叫随到，为工商企业、物流企业、车队提供售前咨询、信息转移、发货调车、找货发车、物流跟踪、售后等综合服务。

八是客户服务中心。林安物流集团与中国电信、中移动、中石油、中石化等企业进行合作，引进税务大厅，为客户和会员提供公证、验证、保险、税务、加油、充值、电信、金融代办等一站式增值服务。

三、平台的创新：“互联网＋物流＋诚信＋金融”生态圈

林安物流集团创新建设的一站式O2O物流供应链诚信交易平台，实现“互联网＋物流＋诚信＋金融”的有机结合，让互联网＋不再是一个大众热议的话题，而变成一个可视化、可操作的互联网实体应用。

（一）创新物流行业互联网的应用，实现传统物流转型升级

林安物流集团的中国物流信息交易平台

和手机App“我要物流”是针对司机以及移动性较大的货主而开发的，一方面提供最新最全的物流资讯信息，提供交易过程支持，全程诚信监管，实现车货信息智能匹配，并与网络、电话、短信互联互通，实现对司机的监控、定位、互动等功能，提高司机的工作效率和处理突发事件的能力；另一方面全面推进传统物流园区向信息化转型升级，通过信息化在园区全方位普及和辐射带动作用，打造物流行业安全、快捷、高效的服务体系。

（二）自主组建物联网应用中心，有效践行低碳经济

林安物流集团组建物联网应用中心，通过物联网技术打造全国货物管控系统和全国车辆交互系统，将电子运单、电子标签与林安的信息平台相连接，利用RFID技术、无线射频技术和手机终端，实现物联网对货物在仓储、运输、配送等各个物流环节的在线跟踪和管控，减少车辆空载和迂回闲置，践行低碳经济，并有利于园区企业节约成本，提供车辆利用率，降低车辆成本。

（三）建立物流诚信标准，首创诚信首赔制度，解决行业诚信难题

林安物流集团的信用标普得到商务部大力认可，林安物流集团将作为物流诚信体系参考标准单位之一。林安物流集团的信用标普和诚信首赔制度有效解决物流行业诚信缺失，大大降低物流行业内的不法行为，为物流行业树立了诚信的标杆。

同时，林安物流集团创新建立起行业内诚信首赔制度，率先为交易双方首作担保，大力保障物流交易双方的权益，打造物流诚信形象。

林安物流集团打造首个诚信物流园区，通过诚信评级，大大提高物流行业形象，营造良好的物流企业经营环境，大大促进物流企业的良性发展。

（四）物流金融助推中小物流企业与物流园共同成长

对于物流企业尤其是中小物流企业而言，企业在发展的过程中面临的最大威胁是流动资金不足，这种情况往往成为制约其发展的“瓶颈”。信贷资金的缺乏和在资本市场上融资能力的缺乏使得许多企业产生了对物流金融的需求。

林安物流集团通过第三方支付结算平台，一方面为物流企业快速进行资金结算，有效缓解资金压力；另一方面开发灵活的物流金融产品，通过“信用标普”的评级情况，物流金融业务允许这些中小企业利用原材料和在市场上经营的商品做质押进行贷款，解决了企业实现规模经营与扩大发展的融资问题，有效地盘活了沉淀的资金，提高了资金的流转效率，降低了结算风险，最终提高了经济运行的质量，从而加快中小物流企业发展的步伐，与物流园区共享同赢。

四、共赢、共享、共荣

林安物流集团是一个致力于打造一站式O2O物流供应链诚信交易平台的企业，肩负着协助传统物流企业向现代物流转型升级、共同面对“互联网+”冲击的重任，衷心邀请全国各大物流园区共同打造一个辐射全国的一站式O2O物流供应链诚信交易平台。

林安物流集团的信息化平台将对合作企业全面开放，实现资源共享，为合作企业提供全方位的信息化优化规划方案，并配有优秀的信息化运营管理团队进场协助运营管理，打造真正可操作、可视化的一站式O2O物流供应链诚信交易平台，建设成当地首个“互联网＋物流＋诚信＋金融”生态圈，成为当地智慧物流标杆。林安物流集团愿与所有合作企业在“互联网＋”上实现信息化的共享、共赢、共荣。

（余栋梁　广东林安物流集团执行董事）

西安跨境贸易电子商务平台

跨境电子商务是指通过电子商务平台达成交易、进行支付结算，并通过跨境物流送达商品、完成交易的一种国际商业行为。随着电子信息技术和经济全球化的深入发展，其在国际贸易中的地位和作用日益凸显，成为近两年来电商界的一匹“黑马”。

西安国际港务区管委会受西安市政府委托建设运营的西安跨境电子商务平台是集全球商品导购与跨境电商服务为一体的综合性网络平台，为实现跨境电商直购进口、保税进口两种进口业务模式创造良好口岸通路，为跨境电商物流发展提供了便利和实惠，因此被人们形象地称之为“洋货码头”。

一、西安跨境贸易电子商务平台发展历程

西安跨境贸易电子商务平台于2014 年3 月19 日获得海关总署批复后开展试点，并于当年5 月 22 日在西安海关指导与监管下启动了跨境出口试单业务，随后在 10 月 28 日正式启动跨境出口业务，当日共出口各类货物 5300 余件。2015 年 1 月 12 日，国家海关总署同意西安跨境贸易电子商务平台开展跨境直购进口业务；2 月 12 日，国际港务区在西安海关和检验检疫局的指导下，启动了跨境直购进口业务。至此，经过近一年的建设试点，西安跨境贸易电子商务平台开始正式开展一般出口业务和一般进口业务。

二、西安跨境贸易电子商务开展情况

（一）运营数据统计

截至 2015 年 7 月 31 日，西安跨境贸易电子商务平台累计出口通关 169280 票，货值约167 万美元；累计进口通关 7191 票，货值约 45万美元。

出口货物主要有衣服、鞋帽、玩具、日用品等，出口国家主要为美国；进口货物主要有奶粉、纸尿布、美妆和保健用品等，进口国家主要为英国、荷兰等。

自西安跨境贸易电子商务业务开展以来，国内外众多电商蜂拥而至，西安综合保税区迅速聚集了一批从事跨境贸易电子商务和电子商务的电商、信息平台公司、支付和物流体系机

构。目前，已有阿里巴巴、京东、国美电器、西安创海国际、爱特在线、海淘天堂、源祥电子、经居网络、北京银河在线、纽西兰之窗、西游列国等30家从事进出口贸易的电商企业入驻西安综合保税区，6家国内知名支付机构和多家物流承运机构开展了跨境的服务。西安市的跨境贸易电商平台逐渐形成较为完整的产业链。

随着西安跨境贸易电子商务平台影响力的不断扩大，陕西本土传统商贸企业，如世纪金花、陕文投（曼蒂广场）、华南城等也积极向跨境电商转型，西安的“洋货码头”已逐渐成为陕西省、西安市乃至西北地区跨境电子商务产业的聚集区，成为陕西全省保税进口商品体验店的幕后支持平台。西安跨境贸易电子商务平台本着优质、快捷、安全、高效的服务宗旨，严格遵守海关相关政策，为广大消费者提供最便利的供货渠道以及高品质的商品。

（二）基础配套建设情况

西安的“洋货码头”主要依托西安综合保税区口岸作业区进行建设，其主要建设内容包括跨境电子商务公共服务平台、通关服务平台、监管中心、平台网站（www. iesroad. com）等。为能够开展跨境保税进口业务，在平台建设之初，就已规划涉及保税进口业务的端口，完全具备开展保税进口业务的功能，同时依托西安综合保税区保税仓储的设施，具备跨境保税进口业务所需的配套设施。

1. 跨境通关服务信息平台

通关服务平台基本实现保税进口和直购进口业务以及相关的账册管理、核放单管理、保证金管理、证书管理、身份认证等功能。该硬件设备按照能够满足西安关区未来5年的业务量估算。

2. 海关国检查验分拣线

查验室按照海关和国检要求进行建设，实现了海关、国检一机双屏监管。通过信息技术同时向关员和国检人员提供跨境进出口货物X光机检查、同屏比对等结果。两侧分别是海关和国检的开箱查验区、货物暂扣区等。海关和国检现场工作人员在计算机屏幕上比对货物的图像信息和电商报送的货物信息，确定是否一致。例如，申报物为衣服，若X光机上扫描的是电饭锅，这种申报就无法通过。海关发现不一致后，及时通知电商到现场确认。监管中心基本满足陕西省近3～5年内跨境进出口业务的需求。

3. 保税监管仓库

陆港保税公司为进出口电商企业规划2处跨境进口专用仓库，分别为标准厂房5层约1000平方米和A2仓库约1.8万平方米。标准厂房的跨境进口仓库已按照海关总署56号文要求安装监控设备。

4. 查验流水线

现阶段，跨境电子商务监管中心部署进口和出口两条查验流水线，查验流水线平均4秒钟查验一个包裹，每个工作日（按8小时）可处理7200个包裹。当出口物品数量增大时，海关将根据风险分析结果，对不同电商企业、不同货物种类采取不同的上线查验率，一般不高于10%（正常情况下的查验率为3%），对于需进行风险布控的物品通过查验流水线进行X光机查验，从而加快查验放行速度。

对于出口物品，通过海关的查验放行后物品即可正常出境。之后，每个月电商企业通过跨境通关服务平台对已出境物品进行汇总报关，并办理退税手续。

5. 物流配送区

通过查验的货物由相应的快递公司进行取货配送。目前可提供跨境电商物流服务的企业有中国邮政EMS、邮政小包、敦豪（DHL）、联合包裹速递（UPS）、联邦快递（Fedex）、顺丰速运、韵达快递、中通快递、百世汇通、全速通及日本通运等，其中陕西邮政速递、陕西邮政、顺丰速运、韵达快递等物流企业均已实现系统对接，且系统成熟度较高。

6. 进口查验流水线

进口查验流水线和出口查验流水线功能布局上是完全对应一致的。对于进口交易，国内客户在电商企业平台上下订单后，电商企业委托物流公司将产品从境外运送至跨境电子商务监管中心，同时向海关申报订单、运单、支付单三单数据，海关实际查验放行后送至消费者手中。此种模式，可有效保障产品品质和提货效率。按照海关总署 56 号文的要求，企业每月按照要求汇总申报一次报关单即可，极大减轻了电商企业的通关手续。

7. 货架、包装流水线

货架包括有托盘货架和搁板货架，用来存放保税进口货物与物品。托盘货架总体存储量可达 950 吨（托盘货架存放整托货物，托盘货架尺寸为 2300L×1000D×7300H，层数为 5 托盘层，每层可以均布承载 2000 千克。托盘尺寸 1000W×1200D×1000 千克/托，每层货架配备支撑，确保货物的存放安全，托盘货架总储位为 950 托。搁板货架存放小件物品为主，搁板货架尺寸为 1800L×450D（900D）×2000H，存放 5 层货物，每层可以均布承载 200 千克。托盘货架总体可以达到存储 950 吨货物的存储量）；搁板货架可承载 40 吨货物。

包装流水线。跨境电子商务监管中心一期规划设计 2 套周转箱输送拣选系统，用于跨境保税进口货物的拣选作业，每小时可以输送分拣 800 票物品左右。

工作人员将空的周转箱在输送线的起始端进行扫码（由 WMS 系统控制）后，投放到输送线上，沿输送带方向进行输送，当周转箱通过条码阅读器时，将读取到的条码信息发送给系统，根据系统指令，分拣设备将需要进行拣选作业的周转箱送到指定的操作位，由人工进行后续拣选操作；拣选完毕的周转箱，重新放回至操作位处，推回到主线进行输送，周转箱再次通过条码阅读器时，当若无拣选作业指令，则该周转箱被送到出口，由人工进行收集；有拣选指令的，则继续送到操作位处。如条码未被读出，则该周转箱将被送至另一出口。

8. 交易体验区

跨境直购线上交易，首先要进行平台网站（iesroad）用户登录。登录成功后回到平台首页，选择商品进行购买，例如，热销栏中的母婴用品，单击商品后跳转至入驻电商网站进行结算。单击结算后页面跳转至订单页面，用户进行核对购买商品信息并核对收货地址等信息，最终提交订单。完成付款后结束整个购买流程。

三、未来发展规划

一是持续聚焦电子商务和跨境电子商务，在发展跨境贸易电子商务的同时，加快电商、物流及相关配套行业在大西安的聚集，打造大西安强大的贸易和便捷通关服务通道，引导和支持企业创新电子商务服务品牌，吸引国内外龙头电商入驻西安，面向全国和全球提供国际化、专业化、平台化的跨境服务，提升西安跨境电子商务发展水平，扩大在“一带一路”上的影响力。

二是在加快发展西安跨境贸易电子商务项目的同时，进一步依托国际物流通道，打造“网上丝绸之路”，汇聚“一带一路”上各国家及经济体的物流信息资源，在线开展商贸、教育、旅游、技术交易等活动，将通过中国海关争取与各相关国家海关通关信息系统互联互通，加快我国西部经济的开发与开放。

（李钊　西安国际港务区宣传部部长）

宝湾物流："一带一路"上的明珠

宝湾物流控股有限公司（以下简称"宝湾物流"）由深圳赤湾石油基地股份有限公司与中国南山开发（集团）股份有限公司于2011年共同投资成立。近年来，宝湾物流复合增长率以每年超过30%的速度高速发展，已逐步发展成为以仓储物流为主业，物流信息服务、国内货运代理、货物装卸、分拣以及机械设备租赁等多业务齐头并进的大型国际物流园区开发商和运营商。

截至2015年年初，宝湾物流的运营园区仓库面积达150万平方米，无论运营面积或网络布局都处于行业领先地位。此外，宝湾物流的在建园区仓库面积近100万平方米、拟建园区仓库面积超过200万平方米，预计到2018年在建及拟建园区全部投产后，宝湾物流在运营园区将超过500万平方米，稳居行业第一阵营。宝湾物流已成为"一带一路"上的一颗璀璨明珠。

一、竞争优势始于项目选址阶段

宝湾物流在成立后短短的4年时间内，就能在竞争日益激烈的物流地产行业取得领先地位，与其背后两大国资背景的股东给予的强大资金支持密不可分，但起决定性作用的是其独特的商业模式和国家政策推动形成的行业蓬勃发展势头。

之所以说宝湾物流的商业模式独特，是指其从项目的选址，到园区建设，再到园区的运营与延伸发展，各个环节都已形成宝湾物流特色，具有强大的竞争力。其中，最重要的是其独到的选址眼光和独特的项目选址模型。

1. 选址眼光独到，契合国家"一带一路"战略布局

宝湾物流的上海、深圳、广州、昆山、天津、成都、廊坊、合肥、南京、南通、武汉等10余个城市物流园区先后投入运营，尚有镇江、无锡、长沙、重庆、西安、咸阳、常州、江阴以及沈阳等10余个城市物流项目在建或拟建，已初步形成了辐射全国、覆盖中国沿海、长江沿线和铁路干线的高效物流园区网络。

宝湾物流的大多数物流园区都分布在"一带一路"上，或是围绕着"一带一路"布局的，一个个物流园区就如同分布在"一带一路"上的颗颗明珠。可以说，项目具有的得天

独厚的地理优势无形中提升了宝湾物流的竞争力。从这个角度说，宝湾物流的项目选址眼光是非常独到的。

2. 选址模型科学论证

宝湾物流将影响物流中心项目选址的影响因素归纳为“区位优势、经济水平、土地市场、人口、物流市场”等若干因素。为保证数据回归性，又将若干因素细分为若干个具体因子，而每个因子与其他因子两两对比的结果，则依据既定的评价标准转化为得分，从而得出目标项目的评分等级。

该选址模型是宝湾物流对多年的项目开发经验的总结和升华，其科学性经过了市场检验，为每个项目最终的决策提供了科学依据。

二、项目定位高瞻远瞩，项目建设精益求精

宝湾物流的每一个物流园的租金水平通常处于领先地位，高出当地市场平均水平10% ~ 30%，这是在其仓租率高于区域市场平均水平的情况下达成的。

宝湾物流的每个园区相对于区域市场总能展现出较明显的竞争优势，与其自身的高档仓储定位是分不开的。尽管近年来，随着电商等新生业态的高速发展，物流地产在各路资金的纷纷抢滩下呈几何级数增长，物流园区的供求关系由之前的供不应求逐渐发生转变，然而总体而言，高档仓储设施的比例依然相对偏低。而宝湾物流定位于高端市场的高端客户，无论位于珠三角或长三角地区，还是内陆城市，每一个物流园区项目建设的标准都是一样的，都是以最大化满足甚至超出客户预期为最终目标，而不像行业内大多数竞争对手那样以缩减建设成本为出发点。项目定位的高瞻远瞩，为宝湾物流的长远发展提供了保障。

三、园区运营标准化

宝湾物流在全国各地建设并运营了27个物流园区，并进行着规范统一的管理与服务。因此，只要客户身处宝湾物流的物流园网络中，无论在哪个园区都可以得到规范、标准的物流服务。

1. 质量保障管理体系

从宝湾物流发展之初，就参照国际现代化仓库标准和系数，制定了《宝湾物流园项目规划设计手册》。手册对仓库的整体建筑、结构、排水、消防、电气设备等进行了严格的规划，保证了宝湾物流的每栋仓库均达到国际高标准。

2. 标准化流程管理制度

宝湾物流对园区的管理建立了极其严格的标准化管理流程，保证了各园区管理的严谨性和服务的一致性，如《宝湾物流园消防设备维护工作细则》《客户入驻管理作业流程》《客户装修管理作业流程》《客户报修管理作业流程》及《客户退租管理作业流程》等制度。

3. 标准化的园区解决方案

（1）标准设施开发。宝湾物流选择主要物流枢纽和城市配送中心等战略节点城市及经济热点城市，规划建造符合国际高标准仓库指标和系数及《宝湾物流项目规划设计手册》，可为来自国内外优秀的第三方物流供应商、制造商、批发商、零售商、运输公司和电子商务企业提供高效、安全、优质的物流仓储设施。

（2）定制仓储设施。宝湾物流通过自有的、专业的物流设施规划团队和项目开拓团队，根据客户的个性化需求，选择合适的地点专业规划物流园区，并定制、开发、建设和管理客户专用的物流仓储设施。

四、延伸服务独具特色

宝湾物流一方面通过自身的高档定位聚焦物流行业的高端客户，与此同时通过后续运营服务的标准化来提升客户的满意度，从而提高客户的忠诚度；另一方面针对客户的个性化需求提供独特的延伸服务，以期提高客户的黏度。

1. 供应链延伸业务

供应链延伸业务包括库存管理（库存信息查询、缺货预警、供应商管理库存等）和仓储操作（进出库装卸、理货、搬运等）。

2. 物流增值业务

物流增值业务包括分拆、分拣、贴标签、流通加工、包装、组装等。

以天津宝湾国际物流园（以下称“天津园区”）的管理与服务为例，天津园区秉承母公司深基地健康、安全、环保的管理理念和体系，采用了一系列的绿色环保措施，牢固树立了“安全、环保、健康”的理念和意识。

天津园区内配备有完善的中水再利用系统，利用一座大型蓄水池，保证中水全部有效再利用，目前天津园区 55000 余平方米的绿植已全部用中水灌溉，每年可减少 18000 吨自来水消耗，同时，实现了污水零排放。2012 年，天津宝湾被天津市人民政府评为“节水型单位”，并获得政府奖励基金。

天津园区 152422 平方米的仓库全部实现白天自然采光。仓库屋顶和墙壁均安装采光带，做到白天不开灯也能满足仓储作业需求，仅此一项天津园区仓库每年可节约用电 269 万度和标准煤 330 吨。

此外，天津园区的仓库墙壁和屋顶全部采用 75 毫米厚超细玻璃丝绵毡保温层，棉毡内侧粘贴带加强筋线的聚丙烯白色防护薄膜，有效隔绝外部太阳辐射热量的同时达到降低仓库内温度的目的。配合仓库两侧的对流通风窗，最大程度上降低了室内的环境温度，仓库内温度为 5℃ ~26℃，不安装采暖降温设备即可满足一般货物对仓库的温度要求。此一项每年可节约 2160 万度电及标准煤 2654 吨。

天津园区每个仓库均规划有电叉车充电区，确保入驻客户使用电叉车时的方便。在客户入驻前，园区管理部门期便向客户宣传采用绿色能源装卸车辆的诸多好处和天津园区的硬件配套，从车辆运营成本上引导客户选用绿色电动叉车。目前，天津园区装卸车辆绿色电动化普及率达到 79%，有效地减少了向大气排放 $PM_{2.5}$ 污染物，每年减少标准煤使用量 110 吨。

天津园区仓库货物通道做到每 11 米一樘卷帘门，在硬件设施方面保证货物装卸运输的路程最优化，最大限度地减少装卸过程的燃油消耗量，而园区仓库货物周转箱全部采用可循环、可自然降解材质制作，保证货物周转箱全生命周期绿色无污染。

综上所述，天津园区的仓库每年可节约标准煤 3094 吨，每 100 平方米仓库可节约标准煤 2 吨以上。

五、结尾

当然，宝湾物流在发展的过程中也存在很多不足，有客观的困难，也有自身需要不断修正和完善的地方。宝湾物流将按照国家的发展政策，在地方政府的支持和行业协会的指导下，不断创新发展，为物流行业的发展，为国家“一带一路”建设继续做出更大的贡献。

（廖继江　宝湾物流控股有限公司高级业务经理）

仓储平台新锐——奥玛物流仓储联盟

奥玛物流仓储联盟（以下简称“联盟”）创立于2012年，总部位于中国香港。截至2014年年底，联盟已汇聚了来自内地的超过3500多家加盟会员，会员覆盖全国279个城市，总仓储面积超过8000万平方米。此外，联盟还吸引了来自东南亚、欧洲、美洲、澳洲等海外仓库和物流服务商的加盟合作。

联盟成立至今，一方面积极扩大会员队伍，另一方面率先搭建起服务于大中华地区大、中、小各类物流企业的畅通的信息分享联盟仓储平台，竭诚为会员提供多种服务。

一、创新搭建仓储信息平台

联盟以“资源互补，地尽其用，货畅其流”为使命，致力于搭建仓储信息分享平台，连接国内各省、市的仓储及第三方物流企业，将货主及物流服务商有效联系在一起，方便联盟会员信息交流；同时为货主及经销商、仓库储运服务商、第三方物流操作企业、第四方物流管理企业、物流装备及设备商解决仓储与运输服务的需求，并对联盟仓储平台的服务进行推广。

联盟搭建的仓储平台有别于其他平台，具有鲜明的特性。

第一，仓储平台信息具有真实性。联盟仓储平台的信息直接来自3500多家加盟会员，所以信息都是最新、最准确的一手信息。

第二，仓储平台信息具有指导性。联盟仓储平台不仅提供仓储信息，还独家撰写行业数据分析报告。无论是加盟会员或是需求方只要通过仓储平台就可以全方位地了解最新的市场动向，找到最佳的物流解决方案。

第三，仓储平台与加盟会员的一致性。成为仓储平台的加盟会员后，仓储平台会通过多种形式包括国内的期刊、会展，东南亚、欧洲、美洲、澳洲等海外的展览宣传与合作推广等，帮助加盟会员进行相关宣传。因此，仓储平台与加盟会员是一个整体，在行业市场中同呼吸共命运同发展。

二、为会员提供多种服务

联盟借助仓储平台为会员提供多种优质服务。

第一，及时发布信息。联盟有自己独立的

展示平台和宣传渠道，将所有的合作加盟会员情况真实清晰的展现在平台上，并且每天联盟都会通过微信、微博、企业QQ、电子邮件等方式，与联盟会员、合作伙伴沟通联系。同时每日还会在微信、微博发放精选物流信息，包括奥玛物流调查-仓储等原创资讯、最新仓储业务需求信息及联盟会员推荐等。全方位的平台资讯展示，既拉近了联盟会员之间的沟通距离，又降低了沟通成本，还提高了运作效率。

第二，编写专业的调查报告，为会员提供专业的技术数据。联盟通过对仓储会员的租金、空置率、人员成本状况等进行调查，撰写出专业报告，为会员提供准确的技术数据帮助会员开展业务。如在2015年第一季度的报告中，就准确地对上海地区的仓库状况进行了评估，其中相关数据有：小于5000平方米的仓库空置率最高，达34%；大于20000平方米的仓库空置率最低，为13%。平均租金为31.8元/平方米·月；每582平方米的作业面积需要1名物流人员进行运营管理。由于报告中的数据客观地将上海的仓库现状展现给仓储需求方及行业市场，为仓储需求方准确定位需求提供了有力的客观依据，不仅能很快找到了合适的仓库，还通过联盟仓储平台找到了理想的空置仓库。目前，联盟已发布了上海、深圳、广州、成都的报告。随着联盟的不断发展，联盟还会为广大会员和业界制作更丰富的报告，为中国物流业发展提供客观参考。

第三，优质的物流咨询服务。联盟的专业团队在推进联盟稳步发展的同时，亦为联盟会员提供专业的物流咨询服务，包括家电产品落地配、食品批发适时配供应、美国—中国香港—中国大陆小包进关、配送物流方案等。此外，还为联盟会员提供专业的物流解决方案。

如联盟会员某日化企业，因中国香港业务需要，有1000立方米的货物需通过中国香港葵涌码头以货柜形式抵港，然后进行仓储及配送至工商业区。为取得成本及效率的最佳方案，联盟平台将合适的物流服务商范围缩小至中国香港葵涌及荃湾区，挑选4家合资格的潜力服务商以完成需求。

由于中国香港仓库租金昂贵，为降低该企业的仓配成本，联盟首先分析货物的类型、配送方式与需求的紧急程度，按不同的情况进行不同仓配服务商的选择。仓配一体化解决方案，附加香港本地物流电脑系统服务，实时监控当地仓配状况，进行及时调配，达到了最佳的仓配成本与效率。

三、联盟平台的未来发展战略

联盟平台在近三年的发展中，奠定了厚实的行业基础，联盟会员已遍布我国大江南北。在“一带一路”重大国家战略的指引下，联盟平台将在原有的与国外企业合作的基础上继续加大国外网点的布局，真正实现“引进来”“走出去”的发展战略。

一是立体式发展。在仓储联盟原有的基础上，还将启动运输与货代平台，由各联盟会员作节点，配合运输及货代网络，将仓储网络进行串联，真正形成“三盟合一”的立体物流网络，为各货主提供更完善、更丰富的物流解决方案。

二是纵向拓展联盟会员服务。加强与联盟会员的交流与互动，进一步提高仓储需求的响应，联盟将全国会员以区域分类，与区域会员面对面交流，了解区域会员所需，将各会员的优势进行有效组合，寻求业务增长空间，真正做到“资源互补，地尽其用，货畅其流”。

三是增加联盟会员人才储备的数量和质

量。联盟将加大与国内国外的重点物流高校的合作，让更多有志于投身物流业、仓储业的学生有更多的机会走进企业。如学生可以通过暑期实习等方式，真正接触到物流，亲身体验真正的物流世界的精彩，即可以从专业理论角度为物流企业出谋划策，又可以在实战中积累增加实际操作经验。这种合作不仅可以缓解物流业专业人员紧缺的矛盾，还可以提高物流人才的实际操作水平，是一种双赢。

四是加快走出去战略。联盟在进一步扩展国内仓储及第三方物流网络的同时，亦会开展国际网络的开发工作。联盟计划通过参加国外成熟展会为契机，推广联盟理念。同时，与国外货主与第三方物流建立良好关系，使其成为联盟海外业务来源及支点，为国内联盟会员打开更广阔、更有价值的市场，同时也为联盟会员提升自身业务水平提供机会。

（冯祖期　奥玛物流仓储联盟行政总裁）

"互联网 + 物流" 的创新成果
——中国物流金融服务平台

中国物流金融服务平台是中物动产信息服务股份有限公司研发的一个开放型平台。中国物流金融服务平台研发建设启动于 2012 年年底，在商务部、银监会、北京市商务委等政府部门的指导下，在中国银行业协会、中国物流与采购联合会的支持下，于2014 年6 月正式上线。到 2014 年年底，中国物流金融服务平台陆续整合了包括货权登记、物联网监管、仓储管理、仓单流转、现货交易、存货质检、价格预警、价格保险、征信融资、不良处置等全过程的物流金融产品链条，吸引聚集了相关成熟产品和成熟用户的资源，显示出了强劲的生命力。

一、中国物流金融服务平台的技术优势

经过半年的运行，中国物流金融服务平台已经显现出它的诸多优势。首先，它能够有效解决信息不对称的问题。目前行业内存在的一些物流金融平台，更多是区域性或单方面的平台，只解决了单一点、单一企业或单一系统的问题，仍然解决不了全行业信息不对称问题；而中国物流金融服务平台是一个全行业、全国范围的公共平台，能够把供应链金融的两大主体——全国所有的银行以及更多的物流企业容纳其中，可以在全行业甚至全国范围内解决信息不对称问题，相互之间有效互动，打破了单一区域、单一企业、单点业务的局限，做到银行、物流企业和用户的无缝对接。

其次，它提供的动态信息登记公示与过程管理服务，有效解决了原有的单纯静态登记公示无法满足存货变化要求的难题，满足了监管环节对存货种类广泛、数量庞大、流通区域广泛的处于动态变化中的数据及时进行专业化处理和监测分析的技术要求。

最后，它实现了充分的资源整合。一是有效地整合了供应链金融管理的各个环节，把原来单点、单主体、单过程的控制，扩展成了多点、多主体、全过程的控制；二是平台跨界整合了多种技术，涵盖物流、金融、供应链管理、物联网、北斗导航、征信评级、云计算七个领域；三是把无数零散的、碎片化的信息整合到统一平台上，实施科学管理及标准化流程操作，形成了可应用于互联网金融及信用管理的大数据体系。

二、中国物流金融服务平台的模式创新

中国物流金融服务平台通过六大功能系统（存货担保登记系统、智能仓储管理系统、仓单流转管理系统、在线融资服务系统、质物资产处置系统、数据增值服务系统）来实现涵盖物流金融业务事前、事中、事后的全过程管理，它的模式创新具体体现在以下四个方面。

一是运营模式的创新。中国物流金融服务平台在公司股权结构上，首创了三大行业协会参股、企业运营的模式，既体现了协会背景的公信力和公正地位，又采用了灵活高效的企业体制。

二是商业模式的创新。中国物流金融服务平台在商业伙伴结构上，采用了产品和资源的双重整合，即把市场上成熟的各个产品整合在一起，形成了完整的供应链服务，同时也把各个市场参与方背后的用户群体也整合在一起，创新地实现了产业链的多赢。

三是技术模式的创新。中国物流金融服务平台在系统技术结构上，涵盖了物流、金融、供应链管理、云计算、物联网、北斗导航、征信评级、大数据八个行业，并实现跨行业的有机整合，带动了相关八个行业的产业跨越发展。

四是融资模式的创新。中国物流金融服务平台在权属登记、征信评级的基础上，衍生出新的信用体系架构，由此带动各个金融机构设计出创新的金融产品，有效解决了中小企业作为融资主体的信用问题和风控问题。

四大模式的创新，实现了多种资源的聚集，同时让这些资源获得的再生价值，不断产生新的创新点。

三、中国物流金融服务平台发展前景广阔

中国物流金融服务平台是由中国银行业协会、中国物流与采购联合会联合支持推出的平台。从国际经验来看，由行业协会主导的公共服务平台，可以有效地形成公平、公正、公信力的市场化运作。比如对于金融机构来说，监管带来的信任风险，通过对监管企业和监管员建立“失信人”名单来解决；价格波动带来的大宗存货市场风险，通过提供实时市场动态信息来预警；物流与金融对接流程不规范而引发的操作风险，通过建立流程标准来化解；重复质押带来的法律风险，通过有公信力的平台登记和公示来进行管理。

中国物流金融服务平台符合《物流业发展中长期规划（2014—2020年）》的要求，是商务部、国家标准委联合制定的《商贸物流标准化专项行动计划》的第一批重点推进企业和平台名单。目前，中国物流金融服务平台已经在全国多个地方积极建立运营平台，与物流园区、交易市场、供应链服务商等行业巨头强强联手，致力于打造全国较具影响力与知名度的全过程物流金融服务网络。所以，从我国物流业发展的市场需求看，随着“互联网+”战略的推进，中国物流金融服务平台有着广阔的发展前景。

（邝冬蓓　中物动产信息服务股份有限公司副总经理）

荣庆物流：做最好的冷链物流服务商

荣庆物流供应链有限公司（以下简称“荣庆物流”）2008 年通过 ISO 9001：国际质量管理体系认证，具有道路运输经营许可证、食品流通许可证和第二类、第三类、第四类、第五类、第六类、第八类、第九类危险品运输资质，是一家集冷链、普货、化工为业务核心的国家“AAAAA 级综合物流企业”。

荣庆物流专注于拓展高附加值物流服务，不仅能为客户提供普通、冷藏、化工产品的运输、仓储、配送及个性化物流解决方案和供应链服务，还可为客户提供货物分拣、包装、流通加工、信息处理等增值服务。

荣庆物流是交通部甩挂运输试点企业、中国食品冷链物流、中国药品冷链物流国家标准试点企业。荣庆物流先后被相关机构和行业组织授予“中国物流百强企业”“中国冷链物流百强企业第一名”“中国冷链十佳综合物流服务商”等荣誉称号。

荣庆物流的冷链物流业务是其三大核心业务之一。荣庆物流的冷链物流业务始于 2000 年，最初是投资保温车辆试水冷链物流。2004 年，荣庆物流正式进军冷链物流领域。自 2004 年起，荣庆物流持续投入 1.5 亿元用于冷库、冷藏车等固定资产购置和基础设施建设，包括开发信息系统、购买信息装备，建设 GPS 车辆管控系统，其中包括 WMS、TMS、GPS、回单投诉管理系统等，开始向高端冷链物流发展。经过多年的发展，荣庆物流已成为我国拥有较强冷链物流设施和装备的龙头企业之一，业务范围辐射全国一线城市和部分二、三线城市，涉及食品、商超、餐饮、医院、电子等低温物流服务需求行业。荣庆物流凭借先进的制冷设施和专业的冷链管理能力，为多家国际知名企业提供冷链物流仓储服务。

1. 先进的制冷设施

荣庆物流目前拥有自建冷库 8 万余平方米，温控仓储特效范围在 -20℃ ~20℃。由于仓库设计采用国际先进的设计方案，能够达到最佳的保温、控温效果。其中温控采用 RFID 技术实现全程实时温控，通过传感器的 RFID 标签，把实时温度数据存储于 RFID 芯片中，通过手持读写器批量读取货物温度信息，可降低成本和人工出错率。荣庆物流的冷链运输车队是全国规模最大的，车辆车型齐全，冷机设备均为国际知名品牌，且有超过 20 家外包供应商。荣庆物流的冷柜采用高效压缩、双排冷凝、压花铝板内胆、双绿无氟、合金锁芯、自动控温等先进技术，能达到最佳控温效果。荣庆物流的温控设备完善，有专业的数据采集器、传感器、触摸屏、现场人机界面和不间断电源等设备。

2. 专业的冷链管理能力

荣庆物流的冷链物流业务有冷链信息化系统、冷链全程监控管理系统和冷链配送及采购系统作支撑。这三个系统使荣庆物流实现了“冷链”“不断链”。“冷链”“不断链”就是指从仓储、运输到配送的每一个环节都有冷链保障、全程温控。

3. 荣庆物流与M公司的合作案例

M公司是全球最大的食品生产商之一，素有“食品行业里的宝洁”之称，旗下拥有众多世界知名的品牌，是市场的领先者。M公司是荣庆重要的合约物流伙伴之一，双方已建立起多年的业务与合作关系。荣庆物流与M公司的巧克力物流合作案例，只是众多成功案例的一个代表。

巧克力是一种娇贵的食品，因其对运输、储存的要求特别苛刻，所以物流操作流程很复杂。巧克力的运输、储藏适宜温度为15℃～18℃，适宜湿度为50%～60%。如果物流作业方式不得法、不恰当，甚至操作失误，都会在一定程度上减损巧克力的口味，严重的会造成巧克力食品的损坏、变质。

荣庆物流与M公司签署了巧克力冷链物流合作协议后，立即根据M公司的要求，第一时间组织项目研讨，制定出适合M公司巧克力食品的物流运作方案，经M公司的修改、完善后，确定了最终的运行方案。方案大致分以下两个步骤。

第一步：客户下订单后，客服接收订单信息，下预订单并确认；监理接受任务分配、分单中心分单到派车机构；调度中心派车；监理检查装备并找到提货车辆，在得到调度发车确认后，随车前往客户处提货。

第二步：到达客户处，监理跟客户发货人实施对接沟通，并指导客户填写工作单；监理检查货物及外包装并清点核实货物；双方签字确认工作单，监理把发货人联交予客户；监理录入基本工作单信息、制作标签并粘贴标签；装车回公司。

在冷链物流作业中荣庆物流注重两个环节的监控。

一是仓储环节。巧克力从接货到仓储、从运输到终端客户各个环节，始终使其处于M公司要求的特定温度环境中，即整个运作采用低温链条不断链、无缝隙的运作方式。

在接收验收节点。在库区设立独立“对接月台”，温度始终保持为15℃～18℃。需进出货时，启动相应设备，将圈胎环境始终保持在货物要求的温度、湿度环境中。这样建立了库房与运输车之间的保障通道，保证了巧克力仓储环节的无缝对接。

在库藏节点。对影响巧克力储藏的潜在危险进行全面排查与管控，包括温度与湿度在线监控、制冷设备故障在线监控、出入库在线监控、现场电力在线监控等，保障巧克力储藏的正常进行。

在发货节点。对发货单、配货任务单等各种单据实施数字化管理，同时采用条码管理技术核查发货过程中M公司信息及巧克力数量的准确性。如发现数据不符，运输车监管系统会自动发出提示警报。

二是运输配送环节。

货物在途。全程温控，如箱内高温敏感点、低温敏感点和最不均匀度敏感点等；GPS系统监控车辆运行轨迹，实施全程在线管控，实时了解配送情况，以便出现故障及时采取应急措施，及时处理。

货物配送。针对多站点配送情况，对每辆运输车辆实施全程实时监控，如货物情况，多配送站点的配送时间、卸货操作时间，以保证卸货的准确性。如出现误差，则及时出现警报以提示核查。

客户签收。运输车辆配备实时打印设备，客户可以对运输途中的在途温度实时打印，目的在于监控车辆运输温度，确保货物运输质量，更好地服务客户。

荣庆物流严格按照方案进行物流运作，出色地完成了M公司的巧克力物流储运作业。荣庆物流贴心的服务意识、精准的服务定位、优异的运营规划和方案设计、高效的执行能力等，赢得了M公司的高度赞誉，多次被M公司授予最佳承运商殊荣。

（姜正东　荣庆物流供应链有限公司企业管理部总监）

打造盖世“升级版”应对物流“新常态”

——山东盖世集团转型升级发展的成功经验

一、盖世集团总体情况

山东盖世国际物流集团有限公司（以下简称“盖世集团”）是山东省和济南市重点规划建设的物流企业，地处济南市“北大门”黄河沿岸济青高速公路零点立交桥西邻。盖世集团自1998年开始运营，伴随着我国现代物流产业的起步、发展和进步，现已发展成为集物流、商贸、房地产开发于一体的全国规模最大的综合性物流企业之一。截至2015年8月，盖世集团资产总额已达100亿元，占地面积7000亩，拥有济南总部园区、盖世冠威园区（德州齐河）、盖世济北园区（济南济阳）三个大型物流基地：济南总部园区具有公路运输优势，盖世济北园区靠近机场对接航空运输，盖世冠威园区借助山东省公铁路枢纽建设对接铁路运输，三大物流基地形成“三区联动、中心提升、线上线下、突出主业、融合发展”的良好局面，共同构筑了一个综合性公共物流服务平台，成为山东省乃至全国重要的区域性物流枢纽和现代物流示范基地。

二、盖世集团交通区位优势

（一）济南总部园区

济南市作为山东省省会，北接京津冀，南接长三角，是国家首批45个运输主枢纽城市，被确定为“国家电子商务与现代物流示范工程”试点城市，《全国物流园区发展规划》也将济南列为一级物流园区布局城市，该市区位优势非常突出。

盖世集团位于济南北大门，紧临济青高速公路零点收费站，八条高速、四条国道在此交汇，同时拥有六条济南市区主要交通动脉，具备发展物流业得天独厚的交通优势。

（二）盖世冠威园区

山东盖世冠威（国际物流）园区位于德州市齐河县境内，紧邻308国道，定位于打造现代化、生态化、信息化的综合性国际物流中心。近年来，随着济南市城市格局的调整以及北跨战略的推进，齐河县优越的地理位置进一步显现。

（三）盖世济北园区

山东盖世济北国际物流园区位于济阳县崔

寨镇，主要定位于建设与济南东部和黄河北制造产业集群相配套的大型综合性物流枢纽。目前已建成仓储设施12万平方米，配送中心5万平方米，已有创维、旺旺等大型知名企业入驻园区。

三、盖世集团经营管理情况

（一）服务功能

盖世集团有效整合与物流相关的仓储、运输、配货、信息化等诸多环节，率先探索并完善了以仓储、运输、配送、包装、加工、分拣、信息处理等多种服务功能于一体的园区综合服务功能，打造了拥有仓储中心、配送中心、货运市场、冷藏中心、农产品物流中心等专业功能分区，形成了以家电、日化、医药、五金机电、农产品等货品为核心的大型商贸物流集聚区，引领了物流产业集聚发展，实现了内陆物流企业集聚效应的最大化。

在此基础上，为了给客户提供更优越的服务，盖世集团还在园区配套建设了宾馆、写字楼、信息中心、加油站、超市、汽修厂、消防站等服务设施，引进公安、消防、交通、工商等政府职能部门驻站办公。一体化综合配套、便利化政务平台、专业化物业管理，使园区具备了完善的服务功能。

（二）创新模式

集团依托现有资源，积极发展冷链物流产业。规划建设的20万吨冷库，定位于打造全国规模最大、设施最好、服务最优的现代冷链物流平台，2009年在中国仓储协会举办的全国规模以上仓储企业排名中名列全国低温仓储行业首位；同年，被中国食品工业协会食品物流专业委员会认定为全国食品冷链物流定点联系企业。并打造了以精准控制电子商务采购、仓储、发货、送达等环节为企业提供专业电子商务第三方精细化仓配一体化服务的电子商务供应链管理系统“网仓平台”。“冷链仓配一体化”“网仓平台”等基于物流园区的新型业务模式，为传统物流园区转型升级积累了丰富经验。

（三）管理水平

科学技术的迅猛发展带动了物流行业应用现代物流技术的水平不断提升，推动了全行业管理水平的提高。盖世集团自创立伊始，便拥有一支高素质管理队伍，积极探索建立起与大型综合性物流平台相适应的管理体系，致力于为客户提供标准化、个性化服务。集团先后通过国际ISO 9001管理体系认证、国家5A级物流企业评审、国家“五星级”仓库审核及国家仓储服务质量达标验收。

作为山东省公共物流信息平台试点示范园区，盖世集团2010年启动了数字化物流园区项目，2012年项目核心内容之一物流信息服务平台上线运行，大大提升了园区信息化水平。盖世集团因此获评为山东省物流信息化示范单位。

（四）运营效率

近年来，盖世集团探索并形成了物流与市场优势互补，“商贸与物流”叠加开发，一站式运作和一体化发展的独特运营模式。集团充分利用自身优势，并依托入驻企业形成了全国的运输网络与区域配送网络，入驻了海尔、中远、德邦、京东商城、联邦快递等2000余家企业，为济南及周边地区提供了一个物流综合服务平台，带动了济南及周边地区产业集群的发展。

四、社会贡献

盖世集团的快速发展，不仅成功打造了一个服务大中型城市公共物流服务平台，创造了大量就业机会，培育和孵化了一大批优秀物流企业，而且其物流园区完善的功能、完备的设施，以及企业雄厚的平品牌实力，产生了良好的经济效益和社会效益。据统计，园区及周边地区从业人员创业、就业总人数超过 1.6 万人，形成税收 3.3 亿元，为济南市乃至山东省经济发展做出了突出贡献。盖世集团自成立至今共捐助救灾款项 79 万元，认捐慈善基金 3000 余万元。各类公益活动的参与为盖世集团树立了良好的企业形象和社会美誉度，盖世集团已连续多年被授予“济南市最具爱心企业”和“认捐基金爱心单位”。

盖世集团先后获评中国 5A 级物流企业、中国物流示范基地、中国物流百强企业、中国物流学会产学研基地，被山东省政府命名为省级重点服务业园区，荣获山东省消费者满意单位、山东省服务名牌、中国驰名商标等诸多荣誉。盖世集团现为中国物流采购联合会副会长单位。

五、发展特色及成功经验

(一) 物流与市场“一站式运作”“一体化发展”

盖世集团探索并形成了物流与市场“一站式运作”“一体化发展”的独特运营模式，“商贸与物流”叠加开发为我国物流园区建设提供了重要的实践经验，园区通过物流、商贸平台的开发，整合分散的物流量与市场资源，以信息技术为手段，形成商贸与物流良性互动，促进整个物流平台优势互补、和谐发展，形成了综合性竞争实力。

(二) 积极探索和开发基于物流园区的新型业务模式

一是以“仓配一体化”为出发点，借助现有20万吨冷库资源，积极拓展冷链物流配送项目，2015 年年底将完成山东省内布线，并逐步拓展全国性冷链物流运输网络。

二是与“电子商务”接轨，借助入驻园区的京东商城、韩都衣舍等电商企业形成的综合性电商物流平台，启动盖世网仓项目建设，形成物流业与电子商务协同发展的新优势。

三是以为物流企业解决融资难为目的，发起成立鲁商小额贷款公司并成功运营，积极开发和拓展物流金融业务。

(三) 成功实施“模式复制”和“多园协同”战略

盖世集团抓住机遇，适时推进园区建设“模式复制”和“多园协同”，高起点规划建设了山东盖世冠威物流园区、山东盖世济北物流园区。新、老园区克服交通、地域限制，在信息共享、管理一体化等“软”层面上，形成“多园协同”和“规模效益递增”的良好局面。

六、未来发展设想

展望未来，“云物流互联网平台体系”是物流园区可持续发展的发动机和主力引擎，将统领物流园区整体格局。在“十三五”规划中，盖世集团计划投资近 60 亿元，对现有园区进行全面转型升级，打造基于“大数据、大金融、大物流”的国际化物流总部基地。

一是投资建设盖世物流大厦，提升改造济南中心园区，引进物流企业总部、金融保险机构、物流科技企业、商务服务机构，打造现代物流总部基地，物流企业创客中心、孵化基地和科技创新基地。

二是投资建设开放式仓储项目，构建仓储式卖场、体验式展示交易中心、物流主题公园等功能分区，提升仓储系统的增值服务功能。

三是开发建设盖世云物流服务平台，推进实施“电子商务 + 仓储”以及“互联网 + 物流园区”的发展思路，将园区变成网上云超市，打造综合性信息平台和电商平台。

四是利用集团现有庞大的农产品物流资源，与省内多家连锁餐饮企业联合，规划建设中央大厨房基地，打造主题鲜明的中央厨房产业园项目。

五是通过“复制模式”和“管理输出”，实现园区轻资产网络布局和联盟扩张，构建全国性盖世物流网络，把盖家沟物流园区建成全国重要的区域性物流枢纽和现代物流产业示范基地。

盖世集团诚挚欢迎社会各界、广大同人与我们携手同行，共谋合作发展，共享合作双赢，共铸辉煌“中国梦”，为新常态下中国现代物流事业的发展作出更大贡献。

（盖忠琳　山东盖世国际物流集团党委书记、总经理）

服务八方　物流天下

——盖氏邦晔物流园区发展案例

在中国经济转为中速增长的新常态下，发挥创新驱动，促进经济结构优化升级是各行业面临的首要问题。随着《物流业中长期规划》的发布、“一带一路”建设和“互联网+”行动计划的出台，为物流业发展指明了前进方向，提供了更加广阔的发展空间。在新常态下，物流园区要在全国物流园区洗牌的大潮中屹立不倒，科学健康发展，就要结合地域特点，充分整合资源，加快转型升级，形成独特的核心竞争力。山东盖氏邦晔物流园区（以下简称盖氏邦晔物流园区）历经五年多的快速发展，在建设运营中不断探索服务创新、挖掘资源和转型升级，着力推行物流园区和物流配送的一站式服务与一体化发展，一个大型综合性物流园区已经初具规模。

一、发展现状

盖氏邦晔物流园区由山东盖氏邦晔物流有限公司（以下简称“公司”）投资建设，位于山东省聊城经济技术开发区，总规划占地1200亩，建筑面积80万平方米，总投资15亿元，定位于打造集运输、仓储、加工、配送、信息处理等功能于一体的现代化、生态化、信息化的大型综合性物流平台。

近年来，在各级政府和社会各界的关怀帮助下，盖氏邦晔物流园区发展迅速，累计完成建筑面积65万平方米，建成仓储中心、货物周转中心、冷链物流中心、五金建材物流中心、综合服务中心等大型专业物流设施。截至2014年年底，盖氏邦晔物流园区成功引进各类商家800余家，全面承接聊城各大型企业的物流业务，和格力电器、昆仑电子、海尔电器、百大三联、美的电器、德邦物流、龙大肉食、雨润食品、凤祥食品、鲁阳型材、正大钢材、海螺型材、豪门铝材、友谊不锈钢等知名客户建立了战略合作伙伴关系。据不完全统计，2014年盖氏邦晔物流园区货物吞吐量达600万吨，交易额突破150亿元，带动就业5000余人，发挥出良好的经济效益和社会效益。盖氏邦晔物流园区被列为山东省重点建设项目，山东省服务业重点建设项目，聊城市、区级重点项目。公司已成为聊城乃至山东省物流行业领军企业。

二、发展机遇

山东聊城位于中国东部、地处冀鲁豫三省交界，是中原经济区的重要组成部分、山东省会城市经济圈核心成员、西部隆起带的先头兵。不仅是辐射和带动中原经济区发展的战略重地，而且也是中国重要的交通枢纽和内陆口岸，自古以来就有“黄金大十字”的美称。邯济铁路、京九铁路在此交汇，与京广京沪铁路相连，济青、青银、京福、京珠高速相连，多种交通运输形式纵横交错、密布成网。优势的交通区位为聊城市现代物流产业的腾飞奠定了基石。

近期国家发布的《推动共建丝绸之路经济带和21世纪海上丝绸之路的愿景与行动》中提出，要加强环渤海地区的天津、青岛等沿海城市港口建设。从聊城出发3小时可达天津港，4小时可达青岛港。大力发展聊城的现代物流业，必须主动对接京津冀协同发展和山东半岛蓝色经济区，将园区纳入该地区整体物流服务体系，借助国家“一带一路”谋求发展新的机遇。

我国未来的商业趋势是结合互联网变革传统商业发生的裂变，在2015年的政府报告中提出的“互联网+”行动计划正是要打造互联网与传统行业融合发展的新形态。物流业本就是与互联网技术高度结合的产业，相信在“互联网+”行动计划的推动下，改变原始的物流运作模式，全面推行信息化，实现智慧物流的速度将进一步加快，物流企业将迎来一个新的快速发展期。

面对新常态下的物流业发展形势，借助得天独厚的交通区位优势，公司接下来的发展必须做到与时俱进，紧跟发展趋势，积极探索物流服务的创新驱动，大力挖掘资源，不断进行物流资源要素的整合和优化配置，以更具效率的方式提供服务和创造价值，迎接挑战、把握机遇。

三、发展特色

一是开展综合服务中心业务。公司定位于打造综合性物流园区，经营业态涵盖仓储、运输、冷链、加工、配送、信息交易、商贸物流等，并配套建设了商务宾馆、大型智能停车场、五金建材商贸城等设施。在服务创新方面，公司成立有综合服务中心，采用大厅窗口式运作，可为园区客户提供物业服务、证件办理、车辆综合服务、物流金融、物流信息、物流咨询等综合性服务。起到上下协调、部门沟通、客户服务的纽带作用。通过专业团队，对外联系协调工商税务、交通交警、安全质检、金融保险、检测检疫等部门机构，为客户提供一站式综合服务，帮助客户业务拓展，与客户共同成长。

二是发展城市配送业务。为向广大客户提供更完善的物流增值服务，解决物流配送的“最后一公里”问题，公司打造的城市配送业务“盖氏货的”于2015年正式运营。以“做透聊城、面向山东、走向全国”为发展目标，经过科学规划配送线路和资源整合，目前公司承接了60余家商超的配送业务和万吨冷库的冷链配送业务，配送范围覆盖聊城八县市区全部126个乡镇。做到物流园区和物流配送的一站式服务与一体化发展。

三是推行物流管理服务信息化。盖氏邦晔物流园区已建成了公司企业级计算机网络系统、物流信息处理中心、电子监控系统、服务器机房集群等设施。在物流管理服务信息化方面，陆续上线了办公信息管理系统、电子订单管理平台、第三方仓储作业平台、客户货物跟踪查询平台。并自主研发了数字化园区管理系统，该系统充分配合园区现状及发展需求，借助内控模块和外延模块的系统应用，利用计算机、网络、通信、人工智能等技术，对园区内各类信息进行量化，进而量化园区的运营过程、管理过程和服务过程，以提高企业管理水平，实现园区的服务最优化，为客户提供更便捷、贴心的物流服务。

四是拓展大学生创业电商城项目。公司和中国天骄（香港）大学生自主创业有限公司强强合作、联手筹建“盖氏·天骄”大学生创业电商城项目。项目从大学生毕业后最迫切的就业问题出发，致力于解决大学生就业和创业问题。项目符合我国“新常态”下的经济发展趋势，是“互联网+”行动计划的具体实践，可以将互联网的创新成果与现代物流行业电子商务进行深度融合。大学生创业电商城可以为大学生创业者和创业项目匹配资源和渠道，引进国家重点扶持的电子商务、软件、创意、动漫、数字娱乐、装潢设计、新能源等项目，提供一站式就业培训、创业指导、项目包装、项目推广、项目运营等一系列服务。公司致力于降低大学生的创业成本，提高大学生创业的成功率，培养具有现代化企业管理理念和经验的创业人才，成为推动万众创新、大众创业的强大引擎。

四、发展愿景

公司现为中国物流与采购联合会常务理事单位、中物联物流园区专委会副主任单位、中物联应急物流专委会常务理事单位，盖氏邦晔物流园区于2013年通过ISO 9001质量管理体系认证，被评为“中国五星级仓库”“中国仓储服务金牌企业”“仓储业转型升级示范企业”和山东省最高级别的“Ⅲ级物流园区”；2014年被评为“中国5A级物流企业”“中国优秀物流园区”和“中国物流产学研基地”；2015年被评为“山东省十佳物流园区”。

公司以发展地方经济、造福一方百姓为己任，致力于积极引领物流管理服务理念的转变，促进地方物流业和其他产业的协同发展，为山东省乃至全国物流行业的崛起做出更大贡献，力争早日实现“服务八方、物流天下”的宏伟蓝图。

（桑昌营　盖氏邦晔物流园区总经理）

第九部分

物流综合

2014年中国物流行业十件大事

1. 国务院发布《物流业发展中长期规划（2014—2020）》，明确物流业为基础性、战略性产业。

2. “一带一路”（“丝绸之路经济带”和“21世纪海上丝绸之路”）、长江经济带、京津冀协同发展上升为国家战略，区域物流互联互通成为突破口。

3. 商务部印发《关于促进商贸物流发展的实施意见》等系列文件，城市物流配送试点进一步扩围。

4. 京津冀、长江经济带、广东地区三大区域通关一体化改革全面实施，通关模式创新助推贸易便利化。

5. 铁路货运改革深入推进，零散货物班列、电商班列、高铁行包等新兴业务推向市场。

6. 电商物流持续快速增长，物流网络全面向农村延伸，跨境电商加紧海外物流布局。

7. 广东、天津、福建特定区域再设三个自由贸易园区，推动更高水平对外开放。

8. “中国物流金融服务平台”上线运行，金融物流风险管控引起广泛关注。

9. 阿里巴巴和京东相继上市，兼并重组案例频频出现，货运平台等新模式受到资本市场追捧。

10. 货运App集中上线，传统产业O2O借助物流渠道，物流业互联网化加速推进。

（中国物流与采购联合会）

2014 年度中国物流企业 50 强排名

根据国家发展和改革委员会、中国物流与采购联合会《社会物流统计报表制度》的要求，中国物流与采购联合会组织实施了重点物流企业统计调查，并依据调查结果，提出了 2014 年度中国物流企业 50 强排名（见下表）。

从 2014 年度中国物流 50 强排名可以看出，50 强企业实力较上年有所提升，并呈现以下特点。

一是收入规模增加。2014 年度中国物流 50 强的企业物流业务收入共达 8233 亿元，按可比口径比上年增长 5.5%。

二是入围门槛提高。在 2014 年度中国物流 50 强企业中，排名第一位的是中国远洋运输（集团）总公司，其物流业务收入为 1441.5 亿元；排名第 50 位的是新时代国际运输服务有限公司，其物流业务收入为 22.4 亿元，入围门槛比上年提高 2.1 亿元。

三是分布多元化。分类型看，运输型物流企业占 22%，同比下降 2%；仓储型物流企业占 4%，同比上升 2%；综合型物流企业占 74%，同比持平。

分区域看，东部地区占 80%，同比上升 2%；中部地区占 14%，同比持平；西部地区占 6%，同比下降 2%。

分登记注册类型看，国有企业占 34%，同比下降 2%；民营企业占 6%，同比上升 2%；有限责任公司、股份有限公司、股份合作企业分别占 28%，14% 和 2%，港澳台商投资企业、外商投资企业分别占 10% 和 6%，占比与上年同期持平。

四是与民生相关的物流企业排名上升较快。如顺丰速运（集团）有限公司、德邦物流股份有限公司排名均有所提高。湖南全洲医药消费品供应链有限公司、中国储备棉管理总公司成为新上榜企业。

按照物流企业物流业务收入统计调查数据排名，是一项公益性的活动。我们希望通过中国物流企业 50 强排名，客观反映物流企业发展成果，发挥行业引领作用，推动我国物流企业做大做强，提高我国物流业竞争力。

2014 年度中国物流企业 50 强排名

排　名	企业名称	物流业务收入（万元）
1	中国远洋运输（集团）总公司	14414820
2	中铁物资集团有限公司	7632421
3	中国海运（集团）总公司	6764517
4	中国外运长航集团有限公司	5828320
5	河北省物流产业集团有限公司	5818003
6	开滦集团国际物流有限责任公司	4423713
7	厦门象屿股份有限公司	3537580
8	中国石油天然气运输公司	3040718
9	中国物资储运总公司	3000880
10	顺丰速运（集团）有限公司	2570000
11	河南能源化工集团国龙物流有限公司	2170563
12	福建省交通运输集团有限责任公司	1767495
13	安吉汽车物流有限公司	1476000
14	朔黄铁路发展有限责任公司	1430905
15	高港港口综合物流园区	1112000
16	嘉里物流（中国）投资有限公司	982218
17	北京康捷空国际货运代理有限公司	959718
18	重庆港务物流集团有限公司	932931
19	中石油北京天然气管道有限公司	926038
20	德邦物流股份有限公司	863333
21	中铁集装箱运输有限责任公司	806659
22	国电物资集团有限公司	781930
23	浙江物产物流投资有限公司	779805
24	中国国际货运航空有限公司	775599
25	中国石油化工股份有限公司管道储运分公司	673795
26	一汽物流有限公司	615565
27	五矿物流集团有限公司	523681

续 表

排 名	企业名称	物流业务收入（万元）
28	武汉商贸国有控股集团有限公司	506250
29	中铁现代物流科技股份有限公司	494502
30	重庆长安民生物流股份有限公司	464966
31	中铁快运股份有限公司	441855
32	中外运敦豪国际航空快件有限公司	417295
33	江苏徐州港务集团有限公司	364651
34	中铁特货运输有限责任公司	357913
35	联邦快递（中国）有限公司	356838
36	湖南星沙物流投资有限公司	356764
37	郑州铁路经济开发集团有限公司	352000
38	山西太铁联合物流有限公司	334894
39	广东省航运集团有限公司	334864
40	青岛福兴祥物流股份有限公司	300651
41	中信信通国际物流有限公司	299079
42	中国储备棉管理总公司	296446
43	上海现代物流投资发展有限公司	283987
44	国药控股江苏有限公司	280000
45	北京长久物流股份有限公司	263546
46	天地国际运输代理（中国）有限公司	262885
47	南京空港油料有限公司	260866
48	湖南全洲医药消费品供应链有限公司	244765
49	浙江省八达物流有限公司	225129
50	新时代国际运输服务有限公司	224247

（中国物流与采购联合会　中国物流信息中心）

物流企业综合评估全国第十七批、第十八批 A 级物流企业名单

第十七批 A 级物流企业（共 261 家）

5A 级物流企业（8 家）

上海铁路局

国药控股股份有限公司

大连北方国际粮食物流股份有限公司

辽宁省大连海洋渔业集团公司

建华物流有限公司

张家港港务集团有限公司（4A 升 5A）

东莞市南城南方物流有限公司

中铁物资集团兰州有限公司

4A 级物流企业（82 家）

天津京铁实业发展中心

上海虹迪物流科技有限公司

上海立伟物流有限公司

上海志甄物流有限公司

上海康驰物流有限公司（3A 升 4A）

上海熙可送物流有限公司（3A 升 4A）

上海茂金物流有限公司（3A 升 4A）

重庆中集汽车物流有限责任公司

重庆川维物流有限公司

河北之江物流有限公司

河北尚锋物流有限公司（3A 升 4A）

承德天运物流有限公司

安平县聚成国际物流有限公司（3A 升 4A）

山西大唐盛世物流有限公司

大连福佳·大化石油化工码头有限公司

大连宝信国际物流有限公司

营口港铁（国际）运输有限公司

营口港务股份有限公司粮食分公司

营口港务股份有限公司集装箱码头分公司

营口新世纪集装箱码头有限公司

中储粮营口储运有限责任公司

吉林国储物流股份有限公司

太仓阳鸿石化有限公司（3A 升 4A）

江苏大地物流有限责任公司（3A 升 4A）

昆山综合保税区物流中心有限公司（3A 升 4A）

张家港华达码头有限公司（3A 升 4A）

江苏铭源物流有限公司

扬州三笑物流有限公司（3A 升 4A）

淮安市吉韩物流有限公司

淮安市三江运输有限公司

淮安金网物流有限公司

温州顺衡速运有限公司（3A 升 4A）

浙江义联物流股份有限公司

宁波港集装箱运输有限公司

浙江省邮政速递物流有限公司宁波市分公司（3A 升 4A）

安徽省益民工贸集团有限公司

安徽长城物流有限责任公司

安徽省徽商物流有限公司（3A 升 4A）

安徽省顺兴物流有限公司

丰羽（厦门）集团有限公司

江西国中安智物流有限公司

高安市豪顺物流有限公司

江西省高安汽运集团翔运汽运有限公司

江西保捷实业集团有限公司

山东金孚隆物流有限公司

荣成市鑫汇水产有限公司

山东浩宇物流有限公司

青岛春明物流有限公司（3A 升 4A）

青岛成龙国际仓储物流有限公司

河南腾达物流有限公司

许昌众荣冷链物流有限公司

湖北襄阳安达运输有限责任公司

襄阳市渤洋化工有限责任公司

襄阳市明顺达物流有限公司

江陵县飞达现代物流有限公司

湖北达江物流有限公司

当阳市长坂坡物流有限公司（3A 升 4A）

宜昌物资集团有限公司

湖南省宏发物流有限公司

湖南龙骧神驰运输集团有限责任公司（3A 升 4A）

湖南华菱岳阳港务有限公司（3A 升 4A）

三旺实业有限公司

浩通国际货运代理有限公司

广东国通物流城有限公司

佛山顺丰速运有限公司（3A 升 4A）

深圳市赤湾东方物流有限公司

深圳神彩物流有限公司

广州市博涛物流有限公司

广州天图物流有限公司

广州市洋航物流有限公司

广州大驿站物流有限公司

广东鑫昌物流有限公司（3A 升 4A）

海航货运有限公司

中铁物资集团海南有限公司

海南海旗航运有限公司

四川华峰物流有限公司（3A 升 4A）

四川远成物流发展有限公司

招商局物流集团成都物流有限公司

云南建工物流有限公司

甘肃省物产集团有限责任公司

宁夏港通国际物流有限公司（3A 升 4A）

新疆维吾尔自治区棉麻公司

3A 级物流企业（125 家）

北京东方安通物流有限公司

上海安宜达物流有限公司（2A 升 3A）

重庆嘉峰实业（集团）有限公司

重庆西南铝运输公司

石家庄盛福源商贸有限公司

廊坊市东方华星化工有限公司

河北省邮政速递物流有限公司廊坊市分公司

山西现代物流有限公司

内蒙古九州通医药有限公司（2A 升 3A）

大连集发环渤海集装箱运输有限公司

大连京大国际货运代理有限公司

大连长兴岛港口有限公司

大连捷通物流有限公司

沈阳一运实业有限责任公司

辽宁安吉联合汽车物流有限公司

营口经济技术开发区金懋物流有限公司
营口兴港实业有限公司
辽宁港丰物流有限公司
营口新港集铁物流有限公司
辽宁富琳实业集团有限公司
吉林省吉尊物流有限公司
吉林省芭迪雅物流有限责任公司
齐齐哈尔光明运输代理服务有限公司
嘉里物流（昆山）有限公司
苏州门对门购物配送有限公司
昆山飞力宇宏航空货运有限公司（2A 升 3A）
江苏省邮政速递物流有限公司昆山市分公司
江苏德邦物流有限公司
张家港保税区沿江仓储有限公司
南通天顺运输有限公司
南通宸宇物流有限公司
诚源港务集团有限公司
常熟德邦物流有限公司
南通龙越物流有限公司
宝应县圆通物流有限公司
淮安市华强运输有限公司
湖州华安物流发展有限公司（2A 升 3A）
湖州富博航运有限公司（2A 升 3A）
浙江百诚物流有限公司
嘉兴川山甲物资供应链有限公司
新昌县甬港联运装卸服务有限公司
浙江玖联物流有限公司
温岭市康洋物流中心
义乌市万通速递有限公司
义乌市德翔国际货运代理有限公司
义乌市华晔国际货运代理有限公司
浙江德源国际货运代理有限公司
宁波新益物流有限公司
浙江金辉江海物流有限公司
余姚市粮油运输有限公司
宁波市文浩物流有限公司
余姚市申通快递有限公司
浙江中冠农资有限公司
浙江省邮政速递物流有限公司慈溪市分公司
宁波卓承石化物流有限公司（2A 升 3A）
宁波广博赛灵国际物流有限公司
望江澳宝江花工贸有限公司
黄山市来明物流有限公司
安徽中财物流有限公司
福州胜狮货柜有限公司
福建万达物流有限公司
宁德市申通快递有限公司
福建万鼎物流有限公司
福建永杰物流有限公司（2A 升 3A）
福建省莆田市双赢物流有限公司
石狮市贤达物流有限公司
晋江市凤池汽车运输有限公司
福建围头物流有限公司
楚记物流（福建）有限公司
南安市英豪物流有限责任公司
泉州市天盛集装箱运输有限公司
泉州万弘物流有限公司
凯鹏（福建）物流有限公司
石狮市阜康集装箱储运有限公司
漳州市盛辉物流有限公司
漳州杏春堂医药连锁有限公司
漳州大正冷冻食品有限公司
永安市源通物流有限公司
福建省建瓯市德峰汽车物流有限公司
厦门国贸泰达保税物流有限公司
厦门汉连物流有限公司
福建万翔现代物流有限公司

江西省赣银物流发展有限公司
南康畅通物流有限公司
南康市荣宝正泰物流有限公司
山东蚧口渔业集团有限公司
山东蔚阳栾家口港务股份有限公司
烟台开发区诚信通和物流有限公司
河南大禹物流有限公司（2A 升 3A）
河南睿祥仓储物流有限公司
漯河广通运输有限公司
漯河金道物流有限公司
襄阳部营粮食储备库
湖北欣荣泰物流有限公司
五峰国通物流有限公司（2A 升 3A）
巴东县兴达物流有限责任公司
巴东县金字山运输有限公司
来凤县金龙物流有限公司
武汉愚公货运有限公司
武汉鄂南永兴货运托运部
武汉京昌物流有限公司
武汉建投铁路运输有限公司
岳阳城陵矶新港有限公司
岳阳花果畈物流园有限公司
湖南洞庭物流有限公司
湖南临港物流有限公司（2A 升 3A）
韶山新真喜食品有限公司
湖南顺祥物流有限公司
长沙县天顺物流有限公司
湖南红鹏快运物流有限公司
湖南安快顺物流有限公司
广州市中恒运输有限公司
汕头市鑫洋国际货运代理有限公司
深圳市快运通物流有限公司
深圳市鸿益达物流有限公司
广州和力物流有限公司
广东意点通物流有限公司
西昌市鑫叶物流有限公司
成都创源国际货运代理有限公司
云南曲靖交通集团物流有限公司
西安市鑫盛能源物资有限公司
陕西红太阳仓储有限公司（2A 升 3A）
宁夏中邮物流有限责任公司
新疆轻工国际投资有限公司
阿拉山口地平线石油天然气股份有限公司

2A 级物流企业（41 家）

北京二商集团有限责任公司西郊食品冷冻厂
重庆圣都物流有限公司
营口口岸物流有限公司
营口经济技术开发区华宁储运有限公司
营口金舵手船务有限公司
营口经济技术开发区四海物流有限公司
南通市通州区兴仁运输有限公司
杭州长运三运运输有限公司
浙江湖州港务有限公司
上虞市振能运输有限公司
嵊州市货车运输公司
浙江华药物流有限公司
温州宏泰物流有限公司
浙江合运物流有限公司
宁波英特物流有限公司
浙江百富国际物流有限公司
宁波甬隆物流有限公司
宁波爱达物流有限公司
宁波今日物流有限公司
宁波涌金物流有限公司
宁波高新区东欣物流有限公司
宁波市富裕物流有限公司
宁波上壹物流有限公司
宁波新思路物流有限公司
宁波市鄞州金顺船舶食品有限公司

龙岩鸿雁运输有限公司
福建龙岩天和盛物流有限公司
南康宝供物流有限公司
日照德信物流有限公司
青岛中储物流有限公司
烟台翔川货运有限公司
武汉爱民物流有限公司
深圳市凯安储运有限公司
深圳市乾泰恒物流有限公司
安岳川渝物流有限公司
绵阳天泰实业集团有限公司
泸县顺发汽车运输有限公司
甘肃鑫港物流有限公司
新疆维吾尔自治区通信产业服务有限公司综合物流分公司
新疆中亚食品研发中心（有限公司）
新疆富锦肥业有限公司

1A 级物流企业（5 家）

辽宁大仓储运有限公司
营口海旗物流有限公司
新昌县广通物流有限公司
岳池宏宇汽车运业有限公司
陕西正源物流发展有限责任公司

2013 年下半年通过复核的 A 级物流企业名单（共 146 家）

4A 级物流企业（4 家）

利丰供应链管理（中国）有限公司
南京远方物流集团有限公司
德州资通国际物流集团有限公司
广东远翔物流实业有限公司

3A 级物流企业（107 家）

北京京城工业物流有限公司
天津市益民实业集团有限公司
天津中远国际航空货运代理有限公司
天津博达集团有限公司
上海联达物流有限公司
上海中远物流重大件运输有限公司
阿尔卑斯物流（上海）有限公司
重庆瑞驰物流有限公司
河北润丰物流有限公司
保定保运物流有限公司
河北大华国际物流集团有限公司
开鲁县慧通物流有限责任公司
开鲁县有银食品贸易有限责任公司
扎鲁特旗正达粮油贸易有限公司
吉林省金河物流运输有限公司
哈尔滨电机物流有限责任公司
大庆市神舟物流集团有限公司
昆山华东国际物流服务有限公司
苏州工业园区伟创国际物流有限公司
常熟金狮物流有限公司
常熟市科宏储运有限公司
常熟华坤仓储有限公司
大正信（张家港）物流有限公司
浙江浙金物流有限公司
浙江英特物流有限公司
长兴县小浦竹山潭建材中转站
浙江诚毅国际物流有限公司
中国舟山外轮代理有限公司
浙江嘉鸿国际货运代理有限公司
杭州永良物流有限公司
平湖市亚太物流有限公司
绍兴市集亚物流基地有限公司
浙江百灵国际货运代理有限公司
浙江海西供应链有限公司
浙江航空开发总公司
浙江统冠物流发展有限公司
浙江中坤东方物流有限公司

宁波长胜货柜有限公司
宁波市阿六食品有限公司
浙江雨中雨水产有限公司
余姚市东方国际物流有限公司
宁波外代新华国际货运有限公司
宁波外代新扬船务有限公司
宁波黄金物流有限公司
安徽蓝宇物流有限公司
黄山斯普蓝帝物流有限公司
福建省四通物流集团
福建中闽物流有限公司
鸿昌（福建）物流有限公司
厦门火炬集团物流有限公司
厦门锦集物流有限公司
厦门陆港物流有限公司
叶水福物流（厦门）有限公司
山东载信物流有限公司
中盐青岛盐业有限公司
青岛师帅国际物流有限公司
青岛长运集团有限公司
山东永盛国际货运有限公司
青岛中远国际航空货运代理有限公司
烟台福昊物流有限公司
烟台德华物流有限公司
烟台瑞通物流有限公司
烟台齐畅工贸有限公司
河南省裕华惠宝商贸有限公司
湖北泓通达物流发展有限公司
湖北鑫园商贸有限公司
襄阳市中合物流有限责任公司
枝江市安宁汽车运输有限责任公司
枝江市兴港装卸运输有限责任公司
武汉市副食品商业储备有限公司
武汉恒钢物流发展有限公司
武汉山绿冷链物流有限公司
武汉四方交通物流有限责任公司
长沙市大唐物流有限公司
湖南嘉业物流有限公司
湘乡万里行物流有限公司
湖南湘潭汽车运输总公司
湖南铁顺物资有限公司
长沙恒广物流有限公司
长沙市科联物流有限公司
长沙好运来运输服务有限公司
湖南龙骧洪鑫物流有限责任公司
广州市黄埔区通达储运有限公司
广州市广石物流有限公司
广州市新易泰物流有限公司
广州长运全程物流有限公司
广州中远国际航空货运代理有限公司
广东申通物流有限公司
广州市凯宇物流服务有限公司
广州广汽木村进和仓储有限公司
广西翁氏八达物流有限责任公司
中国第二重型机械集团德阳万路运业有限公司
德阳华荣大件运输有限公司
泸州市东南德物流有限责任公司
泸州迎瑞物流有限公司
泸州市叁陆运业有限公司
四川农资集团蜀龙物流有限公司
毕节地区黔金叶货物运输有限责任公司
云南快达航空物流有限公司
云南省外贸万达运输公司
陕西东运物流有限公司
招商局物流集团西安有限公司
陕西康龙快运有限责任公司
甘肃省木材总公司（西北物资市场）
甘肃天马物流股份有限公司
青海省邮政速递物流有限公司

宁夏伊品生物科技股份有限公司

2A 级物流企业（34 家）

北京大荣物流有限公司

上海锦路物流有限公司

上海汇尔华实业有限公司

沧州稳达供物流有限公司

大庆福瑞邦医药有限公司

大庆市铁邦物流有限公司

昆山安凯物流有限公司

连云港丰苑物流有限公司

浙江省中集物流有限公司

浙江德瑞物流有限公司

浙江陆港物流发展有限公司

宁波天翔货柜有限公司

宁波保税区港龙仓储有限公司

宁波保税区华东进口商品市场开发有限公司

宁波太平国际贸易联运有限公司

宁波中亚国际集装箱储运有限公司

宁波中陆联合物流有限公司

安徽省水利物资股份有限公司

安徽辉隆集团新安农资有限公司

湖北商友商贸有限公司

武汉市富大物流有限公司

武汉万顺公路货运服务有限公司

湘潭金启航物流有限公司

湖南金海农产品有限公司

湖南金顺物流仓储有限公司

合江县速腾物流运输有限公司

眉山同盛物流有限责任公司

自贡三辰实业有限公司

云南达广商贸有限责任公司

云南陆航物流服务有限公司

甘肃省化轻材料有限责任公司

酒泉市酒嘉国际物流有限公司

乌鲁木齐世纪华程物流有限公司

新兴铸管（新疆）物流有限公司

1A 级物流企业（1 家）

宁波长运集装箱储运有限公司

第十八批 A 级物流企业（共 356 家）

5A 级物流企业（18 家）

中国物流有限公司（4A 升 5A）

北京京铁实业开发总公司（4A 升 5A）

北京福田智科物流有限公司（4A 升 5A）

东方海外物流（中国）有限公司

内蒙古久通物流有限公司

江苏顺丰速运有限公司

金南物流科技股份有限公司（4A 升 5A）

中国供销集团南通供销产业发展有限公司（4A 升 5A）

江苏亚邦医药物流中心有限公司（4A 升 5A）

淄博金泰铁路储运有限公司（4A 升 5A）

山东新星集团有限公司（4A 升 5A）

山东晟绮疏港国际物流有限公司（4A 升 5A）

临沂天源国际物流有限公司（4A 升 5A）

聊城盖氏邦晔物流有限公司

湖北银丰棉花股份有限公司

襄阳东风合运物流股份有限公司（4A 升 5A）

广州风神物流有限公司（4A 升 5A）

陕西省商业储运总公司（4A 升 5A）

4A 级物流企业（129 家）

北京科捷物流有限公司

捷达国际运输有限公司（3A 升 4A）

北京弘帆物流有限责任公司

万达杰诚国际物流（北京）有限公司（3A 升 4A）

天津国际物流中心（2A 升 4A）

上海贝业新兄弟物流有限公司（3A 升 4A）

上海德邦物流有限公司（3A 升 4A）

上海东泽国际物流有限公司

上海则一货运有限公司

上海春风物流有限公司

上海顺意丰速运有限公司

上海顺衡物流有限公司

中国外运重庆有限公司

邯郸市明道物流股份有限公司

河北中恒泰达粮油贸易有限公司（3A 升 4A）

山西天和旺物流有限公司

内蒙古华远焦化运营有限公司

中央储备粮通辽甘旗卡直属库

大连集发环渤海集装箱运输有限公司（3A 升 4A）

大连因泰集团有限公司

大连瑞桥金德物流集团有限公司

锦州盛通物流有限公司

锦州宏基物流有限责任公司

舟山沪航船务有限公司

营口港务股份有限公司第一分公司

营口港务集团有限公司第五分公司

长春一汽四环大众物流有限公司

吉林省新御投资股份有限公司

丹阳飓风物流股份有限公司（3A 升 4A）

江苏新合作常客隆连锁超市有限公司

江苏德邦物流有限公司（3A 升 4A）

海安燕信化学品物流有限公司（3A 升 4A）

海安腾龙物流有限公司（3A 升 4A）

南通顺丰速递有限公司

南通威隆国际商贸有限公司（3A 升 4A）

江苏天赋力现代物流有限公司

南通远航运输有限公司（3A 升 4A）

海安华安运输有限公司

南通盟发实业有限公司

海安正元物流有限公司（3A 升 4A）

南通联荣集团有限公司

海安农副产品批发市场有限责任公司

南通金海岸国际商业城有限公司

江苏超达物流有限公司

浙江新颜物流有限公司（3A 升 4A）

绍兴顺丰速运有限公司（3A 升 4A）

泰利物流集团有限公司（3A 升 4A）

金华市顺丰速运有限公司（3A 升 4A）

浙江永达国际货运代理有限公司（3A 升 4A）

宁波顺丰速运有限公司（3A 升 4A）

宁波外运国际集装箱货运有限公司

安徽益民物流有限公司

安徽九州通医药有限公司

安徽顺安物流有限公司（3A 升 4A）

安徽远航港口发展有限公司

福建高速物流有限公司

福建德志物流有限公司（3A 升 4A）

厦门市海骏达物流有限公司（3A 升 4A）

厦门港务运输有限公司（3A 升 4A）

厦门金龙汽车物流有限公司（3A 升 4A）

集韵物流集团有限公司

江西新华物流有限公司（3A 升 4A）

南昌中运物流发展有限公司

南昌盛达物流有限公司

江西省高安汽运集团途顺物流有限公司

江西省高安汽运集团高鹏汽运有限公司

江西省鸿吉实业有限公司

江西省高安汽运集团鸿盛汽运有限公司

吉安万吉物流运输有限公司

济南新华顺运输有限责任公司
山东广野物流有限公司
山东润邦国际物流有限公司
济南维尔康食品有限公司
潍坊顺丰速运有限公司
山东泰华食品股份有限公司（3A 升 4A）
青州中储物流有限公司
山东港天物流有限公司（2A 升 4A）
安丘市再生资源开发有限公司
泰安速恒物流有限公司
临沂中瑞医药有限公司
国药控股鲁南有限公司
国投山东临沂路桥发展有限责任公司（3A 升 4A）
山东临沂中再生联合发展有限公司
青岛华骏仓储有限公司（3A 升 4A）
青岛陆海国际物流有限公司（3A 升 4A）
龙口港集团有限公司
龙口滨港液体化工码头有限公司
河南万庄化肥交易市场有限公司
郑州市新兴物流有限公司（3A 升 4A）
河南省安阳安运交通运输有限公司
洛阳交通运输集团有限公司
湖北银丰仓储物流有限责任公司（3A 升 4A）
襄阳市纬杰利汽车部件有限公司
襄阳市凯鹏物流有限公司（3A 升 4A）
襄阳本昌物流有限公司
十堰市新合作超市有限公司
湖北大有投资有限公司
沙洋凯达实业有限公司
湖北东方物流服务有限公司
湖南江南棉花交易市场有限公司
湖南宏岳科技股份有限公司
岳阳城陵矶港务有限责任公司
邵东星沙物流股份有限公司（2A 升 4A）
长沙长远物流有限责任公司（2A 升 4A）
湖南恒邦物流有限公司（3A 升 4A）
郴州市泓广物流有限责任公司
湖南兴义物流有限公司
汕头市盛辉物流有限公司
广东何氏水产有限公司（3A 升 4A）
深圳市飞力士物流有限公司
深圳市凯通物流有限公司
广东原尚物流股份有限公司（3A 升 4A）
广州白云国际物流有限公司
广州广汽商贸物流有限公司
广州志鸿物流有限公司
广州日昱物流有限公司
广州南华物流有限公司
广东高捷航运物流有限公司
广西新闽航海运有限责任公司
中海（海南）海盛船务股份有限公司
海口港集装箱码头有限公司
四川航天天盛物流有限责任公司（3A 升 4A）
四川顺丰速运有限公司
贵州商储胜记仓物流有限公司
盘江运通物流股份有限公司
云南浩宏物流有限公司
宣威市大力商贸有限公司（2A 升 4A）
西部机场集团航空地勤（西安）有限公司（3A 升 4A）
陕西通汇汽车物流有限公司（3A 升 4A）

3A 级物流企业（160 家）

北京阜康迅驰国际物流有限公司
北京二商健力食品科技有限公司
上海沧运物流有限公司
上海钢联物流有限公司
上海蒙盛物流有限公司

上海宝通运输实业有限公司
上海同程物流发展有限公司
重庆安吉红岩物流有限公司
石家庄安捷联运有限公司
河北润成仓储有限公司
山西顺丰速运有限公司
通辽市同鑫物流有限公司
瓦房店轴承运输有限责任公司
大连交通运输集团有限公司
大连康宁物流有限公司
舟山市定海增展船务有限公司
锦州隆承泰物流有限公司
锦州中裕物流有限公司
锦州盈港物流有限公司
锦州百邦物流有限公司
中国营口外轮代理公司
沈阳铁道通化铁鹰实业集团有限公司靖宇铁元物流分公司
无锡市亚太运输有限公司（2A 升 3A）
无锡德邦物流有限公司
物联致和供应链管理无锡有限公司
江苏中融国际物流有限公司
苏州隆力奇东源物流有限公司
昆山凯达物流有限公司
昆山新大陆运输有限公司（2A 升 3A）
江苏众捷物流股份有限公司
如皋建华物流有限公司
海安亚太亿发物流有限公司
南通盈佳模具有限公司
江苏银树食品有限公司
南通大地物流有限公司如东分公司
江苏鸿燊物流有限公司
南通市中南运输有限公司
鑫鼎鑫物流如皋有限公司
南通市飞天置业有限公司
海安县正达运输有限公司
海安县安达石油化工运输有限公司
扬州邗江陆海运输有限公司
扬州市邗江第六运输公司
淮安建华物流有限公司
常州德邦货运代理有限公司
江苏海企化工仓储股份有限公司
浙江顶顺物流有限公司
杭州和达物流有限公司
浙江华能物流有限公司（2A 升 3A）
浙江湖州鹿富物流有限公司
长兴宝丰货物配载部
浙江越顺物流有限公司
浙江凯鸿物流有限公司（2A 升 3A）
浙江茂阳农产品配送有限公司
绍兴港现代物流有限公司
浙江省邮政速递物流有限公司绍兴市分公司
台州天达物流有限公司
台州市新开源海运有限公司
温州航空货站有限公司
浙江创运物流有限公司
浙江中道物流有限公司（2A 升 3A）
浙江福瑞鑫国际货运代理有限公司
义乌市百纳国际货运代理有限公司
浙江鸿洋国际货运代理有限公司
浙江鼎盛国际货运代理有限公司
宁波市万达金诚物流有限公司
宁波永正海运有限公司
宁波银星海运有限公司
宁波市天晴运输有限公司（2A 升 3A）
宁波中基国际物流有限公司
芜湖九州通医药销售有限公司
马鞍山市腾通汽车运输有限责任公司
安徽省亳州市芍花堂药业有限公司

福建星泰安物流有限公司
福建盛昌物流有限公司
莆田市亚运交通有限公司
东南医药物流有限公司
吉顺（福建）物流有限公司
福建龙达运输有限公司
南安市成发汽车运输有限公司
泉州市闽运兴物流有限责任公司
福建省维山物流运输有限公司
石狮市澳隆物流快运有限公司
石狮市宏伟物流有限责任公司
漳州烟草物流有限公司（2A升3A）
龙岩鸿雁运输有限公司（2A升3A）
福建海华医药连锁有限公司
龙岩市龙洲物流配送有限公司（2A升3A）
福建闽元物流有限公司
福建联冠物流有限公司
厦门市杏林永顺运输有限公司
厦门九州通医药有限公司（2A升3A）
潍坊龙威物流有限公司
青岛启德物流有限公司
烟台顺丰速运有限公司
烟台通昌物流有限公司
烟台益商物流有限公司
龙口外代国际货运有限公司
龙口港外轮代理有限公司
河南泰浦物流有限公司
平顶山市大路物流有限责任公司
漯河市四方物流有限责任公司
漯河市凯达物流有限公司
襄阳汇友通物流有限公司
襄阳三珍食品有限公司
湖北富祥棉业有限公司
湖北安捷物流有限公司
宜都市顺捷物流有限公司
宜昌市超凡物流有限公司
恩施自治州好又多华硒物流有限责任公司
十堰群利物流工业园有限公司
十堰市万安达物流信息有限公司
十堰市利通物流有限公司
湖北九州舜天国际物流有限公司
武汉市玲莉仓储服务有限公司
武汉金通捷物流有限公司
武汉市创捷平安达物流有限公司（2A升3A）
湖南星都物流有限责任公司
湘潭百嘉香食品贸易有限公司（2A升3A）
湖南中庆物流有限公司（2A升3A）
郴州市宏顺物流有限公司（2A升3A）
郴州市义捷现代物流有限公司（2A升3A）
资兴市达达农产品冷链物流有限公司
郴州市辉达物流仓储有限公司
湛江市海宏物流有限公司
深圳市中海通运输有限公司
深圳市宇达物流有限公司
深圳市泛亚物流有限公司
深圳市盐港明珠货运实业有限公司
深圳市新杰飞豹货运服务有限公司
佛山市鼎昊物流有限公司（2A升3A）
佛山市骏兴物流有限公司
柳州市瑞中运钢材储运有限公司
海口高新区盛达货运有限公司
资阳瑞宇物流有限公司
攀枝花市海淇物流有限公司
攀枝花市攀青物流有限公司
攀枝花汉都物流有限公司
南充市宏捷物流有限公司
阆中市汇聚物流服务有限公司
四川日月明物流有限公司
泸州市跃达物流有限公司

泸州诚通物流有限公司
四川沿森投资管理有限公司
四川晶南物流有限责任公司
四川东皓物流有限公司
贵州七冶物流有限责任公司（2A 升 3A）
贵州诚智物流有限责任公司
贵州大龙宝鼎物流市场有限公司
贵州铜仁黔东物流股份有限公司
云南省通信产业服务有限公司物流分公司（2A 升 3A）
云南丰驰物流运输有限公司
云南大理中运汽车贸易有限公司
曲靖福牌实业有限公司
西藏南亚国际实业有限公司
甘肃省物产集团兰州物流配送有限公司（2A 升 3A）
兰州顺丰速运有限公司
宁夏富海物流有限公司（2A 升 3A）
中卫市江龙运输有限公司
中卫市元泰物流有限公司

2A 级物流企业（43 家）

重庆海珑运输有限公司
重庆祥茂物流有限公司
秦皇岛首钢渤通物流有限责任公司
内蒙古浩通能源股份有限公司
乌拉特中旗毅腾矿业有限责任公司
二连浩特浩通能源有限公司
营口越达通国际物流有限公司
营口益嘉营港物流有限公司
顺丰集团衢州运输有限公司
丽水市顺丰速运有限公司
浙江天方物流有限公司
安吉陆顺物流有限公司
安吉鑫盛物流有限公司（1A 升 2A）
浙江嘉信元达物流有限公司
绍兴海盛航运有限公司
浙江路路发物流有限公司
浙江嘉宝物流有限公司
宁波维博物流有限公司
宁波远通物流有限公司
宁波中永物流有限公司
浙江立展物流有限公司
宁波国杰物流有限公司
宁波华贝供应链管理有限公司
前程物流有限公司
宁波久顺国际物流有限公司
黄山市徽州区祥驰物流有限公司
福鼎市盛达物流有限公司
龙岩市港通汽车运输有限公司
福建兴业能源有限公司
漳平市闽富物流有限公司
福建省三明市烟草物流有限责任公司
山东钢联物流有限公司
河南德众保税物流中心有限公司
河南德众物流配送有限公司
十堰黄海宏志工贸有限公司
荆门东生晨光电力物资有限公司
湖北军安达物流有限公司
深圳市安联宏运国际物流有限公司
成都雅士物流有限公司
成都道臣物流集团有限公司
景东盛达物流有限公司
保山三祥货运有限公司
曲靖金富运输有限公司

1A 级物流企业（6 家）

衢州市广富物流有限公司
宁波亿丰食品有限公司
宁海跃龙街道小指勾货物托运站
宁波保税区永裕贸易有限公司
广安锦诚物流有限责任公司

澄城县宏力汽车运输有限公司

2014年上半年通过复核的A级物流企业名单（共368家）

5A级物流企业（20家）

中铁物资集团有限公司
上海佳吉快运有限公司
安吉汽车物流有限公司
全球国际货运代理（中国）有限公司
德邦物流股份有限公司
重庆港务物流集团有限公司
内蒙古呼铁伊东储运股份有限公司
内蒙古安快物流发展有限责任公司
吉化集团公司物流中心
传化公路港物流有限公司浙江分公司
华瑞物流股份有限公司
盛辉物流集团有限公司
济南铁路经营集团有限公司
中国外运山东有限公司
河南能源化工集团国龙物流有限公司
郑州交通运输集团有限责任公司
武汉捷利物流有限公司
湖南湘通物流有限公司
顺丰速运有限公司
广东南方物流集团有限公司

4A级物流企业（98家）

北京辛峰共赢物流有限责任公司
上海市浦东汽车运输有限公司
上海北芳储运集团有限公司
上海海通国际汽车物流有限公司
上海金山石化物流有限公司
上海新金桥国际物流有限公司
上海畅联国际物流股份有限公司
上海安吉通汇汽车物流有限公司
上海青旅国际货运有限公司
顺丰速运集团（上海）速运有限公司
上海宝钢物流有限公司
沧州运输集团股份公司
河北熙平物流股份有限公司
唐山北方物流有限公司
秦皇岛动力设备物流有限责任公司
河北快运集团有限公司
秦皇岛中运物流有限公司
内蒙古华信商贸有限责任公司
长春联运集团有限责任公司
吉林省隆源农业生产资料集团有限公司
吉林市东北亚物流有限公司
吉林市内陆港货运有限公司
沈阳铁道通化铁鹰实业集团有限公司
沈阳铁道长春春铁集团有限公司
哈尔滨动力设备物流有限责任公司
江苏中博通信有限公司
亚欧大陆桥国际商运股份有限公司
江苏江阴港港口集团股份有限公司
江苏徐州港务（集团）有限公司
张家港保税区金港物流中心有限公司
张家港震宇物流仓储有限公司
江苏正大富通股份有限公司
张家港众益物流有限公司
昆山吴淞江物流基地有限公司
吴江市邦达物流有限公司
苏州盛丰物流有限公司
张家港市新百信超市连锁经营有限公司
杭州一运集团有限公司
浙江巨化物流有限公司
杭州市货运管理服务中心
振石集团浙江宇石国际物流有限公司
浙江中捷环洲供应链集团股份有限公司
温州市东风运输有限公司

慈溪市交通物流发展有限公司
马鞍山长运控股集团有限公司
安徽江汽物流有限公司
快捷物流有限公司
马鞍山港口（集团）有限责任公司
合肥市康健物流有限公司
福建鸿达运输有限公司
福建兴泰物流有限公司
厦门市嘉晟对外贸易有限公司
江西九州通药业有限公司
上饶市大顺实业有限公司
山东和济集团有限公司
临沂亿金物资有限责任公司
山东凯达物流有限公司
山东力诺物流有限公司
青岛思锐国际物流有限公司
交运集团公司
青岛物流分拨交易中心有限公司
山东怡航集装箱物流有限公司
青岛金世纪实业有限公司
万里运业股份有限公司
武汉振宏物流集团有限公司
湖北省邮政速递物流有限公司
武汉中原发展汽车物流有限公司
湖北汽车运输有限公司
黄冈市黄商贸易股份有限公司
达基物流（中国）有限公司
武汉世通物流股份有限公司
湖南湘钢洪盛物流有限公司
湖南电力物流服务有限责任公司
湖南龙畅物流有限公司
华润湖南医药有限公司
湖南达嘉维康医药有限公司
深圳新合程供应链股份有限公司
佛山市佛航物流集团有限公司
广东东立商贸物流有限公司
深圳市华鹏飞现代物流股份有限公司
深圳市天地达物流有限公司
华通行物流有限公司
深圳市凯通物流有限公司广州分公司
广州城市之星运输有限公司
广州市宏峰物流有限公司
广州中博实业物流有限公司
广东怀远物流实业有限公司
广州中信信通物流有限公司
广州顺丰速运有限公司
广东华正道物流集团有限公司
广东心怡科技物流有限公司
柳州桂中海迅物流股份有限公司
四川安吉物流集团有限公司
四川东方物流有限公司
四川长虹民生物流有限责任公司
云南鑫盛物流有限公司
青海省通达物流有限责任公司
中冶美利物流有限公司

3A 级物流企业（190 家）

北京和众奥顺达物流有限公司
北京百利威仓储物流有限公司
北京西南物流中心有限公司
北京德邦货运代理有限公司
北京京津港国际物流有限公司
天津华鹏飞雅豪物流有限公司
上海成协物流配送有限公司
上海晶通化轻发展有限公司
上海金陵国际物流有限公司
德迅（中国）货运代理有限公司
上海双得力国际物流有限公司
上海港口化工物流有限公司
上海弘和物流有限公司
上海南北公铁物流有限公司

上海福仑德大件储运有限公司
上海菱华仓储服务有限公司
重庆保时达保税物流有限公司
重庆大江工业集团燕兴物流有限责任公司
冀运集团股份有限公司
呼和浩特铁通物流有限公司
沈阳中深科技实业有限公司
长春昌大物流有限公司
舒兰市大鹏物流有限责任公司
吉林省顺丰速递有限公司
长春市商业储运有限公司
江苏捷成物流有限公司
江苏省沿江物流有限公司
江苏宏泰物流有限公司
昆山市佳佳荣泰危险品储运有限公司
昆山开发区危险货物运输有限公司
昆山大唐危险品储运有限公司
昆山市万里运输有限公司
江苏中大物流有限公司
昆山市港航物流有限公司
江苏台达物流有限公司
昆山市晨曦汽车运输有限公司
杭州华商物流有限公司
金华市中宇物流有限公司
温州浙闽物流中心开发有限公司
浙江长兴捷通物流有限公司
温州市交通运输集团有限公司
浙江尖峰国际贸易有限公司
杭州富日物流有限公司
义乌商翔贸易有限公司
义乌太平洋国际货运有限公司
浙江老孙物流有限公司
浙江远东物流有限公司
浙江台州湾港务有限公司
杭州宁围物流有限公司
杭州宇欣物流有限公司
义乌市新华国际货运代理有限公司
浙江和亨进出口有限公司
浙江省台州市农资有限公司
浙江八达仓前物流有限公司
浙江华迅国际货运代理有限公司
浙江天跃物流有限公司
温州市瓯海物流信息中心
浙江宏旭国际货运代理有限公司
浙江金剑国际货运有限公司
浙江华佳业物流有限公司
嘉兴市第二运输装卸有限责任公司
平湖市安达汽车运输有限公司
浙江嘉兴嘉化物流有限公司
浙江省台州市海门港埠总公司
杭州口岸国际物流有限公司
浙江路航物流有限公司
浙江广杭物流有限公司
杭州东驰物流有限公司
湖州一通物流有限公司
乐清市四通物流有限公司
上虞市舜江船务有限公司
桐庐大运物流有限公司
桐庐盛飞物流有限公司
温州港口服务有限公司
义乌市凤翔国际货运代理有限公司
义乌市天天快快递有限公司
义乌市中迪国际货运代理有限公司
浙江省绿通物流有限公司
浙江泰邦物流有限公司
慈溪市公铁联运有限公司
慈溪市杭州湾物流中心
浙江恒顺物流有限公司
宁波璐璐国际物流有限公司
宁波市波达仓储物流有限公司

中创物流（宁波）有限公司
宁波市正源医药药材有限公司
余姚市文辉工贸有限公司
宁波国柜物流有限公司
宁波神鱼海运有限公司
宁波金海岸集装箱运输有限公司
宁波金海岸物流有限公司
慈溪市万胜物流有限公司
合肥明天物流有限公司
铜陵港务有限责任公司
福建省中通通信物流有限公司
漳州新立基沥青有限公司
福建建宁铙山和兴物流有限公司
泉州市英豪物流有限责任公司
南平烟草物流有限公司
福州外代储运有限公司
福建鑫展旺物流有限公司
福建信运冷藏物流有限公司
晋江市安迅物流有限公司
全球物流（厦门）有限公司
厦门海投物流有限公司
厦门汉航物流有限公司
厦门市中鹭达进出口有限公司
环球汇通物流（厦门）有限公司
厦门创誉物流有限公司
厦门金贸物流有限公司
厦门珉挚集装箱服务有限公司
厦门旺墩冷冻仓储有限公司
元翔空运货站（厦门）有限公司
鹰潭市龙虎山东方物流有限公司
潍柴动力（潍坊）集约配送有限公司
潍坊联运有限责任公司
山东道恩物流有限公司
烟台洲达国际货运代理有限公司
莱阳市交通物流有限公司

招远市鸿发物流服务有限公司
信阳市运输集团有限责任公司
河南省商业储运有限公司
安钢集团汽车运输有限责任公司
洛阳石化通达运输工程有限责任公司
河南大通物流有限公司
湖北楚元石化物流有限公司
武汉市华春物流有限公司
兴山县峡口港有限责任公司
宜昌富程祥云物流有限公司
宜昌金太阳运输有限公司
宜昌市宏泰运输有限公司
武汉立洲物流有限公司
当阳市万里运输有限责任公司
湖北储备物资管理局七三六处
黄石天海物流有限公司
黄冈市卫尔康医药有限公司
武汉市西南物流有限公司
武汉益嘉物流有限公司
武汉蓝焰物流基地股份有限公司
武汉市中运通物流有限责任公司
武汉新世纪商汇金属材料市场股份有限公司
武汉商汇钢贸城有限公司
怀化电化有限责任公司
岳阳市安迅货运有限公司
怀化市华商钢材物流有限公司
长沙林鸿物流有限公司
湖南德鑫物流投资有限公司
株洲金马运输有限责任公司
长沙海驿物流有限公司
长沙巴运物流有限公司
湖南九鼎物流有限公司
湖南国联捷物流有限公司
株洲千金物流有限公司

长沙市大宇货运服务有限公司
惠州市锦通物流有限公司
国药控股广东物流有限公司
江门市万里达物流有限公司
汕头中远物流有限公司
拓领环球物流（中国）有限公司
深圳综合信兴物流有限公司
广州大顺发物流有限公司
招商局物流集团广州物流有限公司
广州市黄埔致发运输工贸发展有限公司
广州益嘉物流有限公司
广州天智市场经营管理有限公司
柳州五菱物流有限公司
攀枝花宏德现代物流有限责任公司
东方电气集团大件物流有限公司
绵阳华驰物流有限公司
绵阳安运物流有限公司
攀钢集团西昌新钢业物流有限公司
绵阳富鸿物流有限公司
攀枝花恒力（集团）投资有限公司
攀枝花鑫铁物流有限公司
成都蚂蚁物流有限公司
贵州国程物流有限公司
贵州铭宇物流有限责任公司
贵州鑫镪物流有限公司
贵州省物资储运总公司
贵州恒申物流有限公司
云南电力物资公司
云南德胜物流有限公司
陕西东岭现代物流有限公司
甘肃省供销合作储运总公司
青海世豪物流有限公司
宁夏天鹰电力物资有限公司
宁夏领鲜物流有限公司
中卫市中杰物流有限公司
新疆中远国际货运有限公司
新疆天域安驰物流有限公司

2A 级物流企业（58 家）

北京嘉里物流有限公司
北京市东方友谊食品配送公司
重庆市铁建物流有限公司
黄骅市运输总公司
运城市金叶汽车服务有限公司
南京顺业船务有限公司
昆山市城际货运出租有限公司
昆山市环球货运发展有限公司
昆山宏宇货运有限公司
昆山鲁南迅达运输有限公司
昆山市源通危险货物运输有限公司
昆山富士达物流有限公司
昆山团结货运有限公司
杭州龙润物流有限公司
杭州中能物流有限公司
安吉川达物流有限公司
长兴华顺物流有限公司
湖州久运物流有限公司
嘉兴市大安汽车运输有限责任公司
绍兴市盛达物流有限公司
绍兴益盛航运有限公司
浙江美都物流有限公司
宁波兰羚钢铁实业有限公司
宁波青峙化工码头有限公司
福建吉源物流有限公司
福州开发区路港沥青有限公司
厦门嘉功物流有限公司
厦门市烟草物流有限公司
河南裕丰物流有限公司
东风捷富凯武汉物流有限公司
宜昌三峡运输集团有限责任公司
秭归县长江物流有限责任公司

武汉邦尼国际货运代理有限公司
武汉大康物流有限责任公司
武汉市民生物流有限公司
长沙市荣通运输有限公司
常德市龙腾汽车运输有限公司
湖南虹光通达物流有限公司
岳阳运兴物流物贸有限公司
广州市垦通物资运输服务有限公司
泸州利普物流有限公司
德昌县千里马运输有限公司
德昌县鑫达货运有限责任公司
会理县宏大运输有限责任公司
凉山州昌龙新运运业有限责任公司
凉山州鑫吉物流有限责任公司
泸州永昌港埠物流有限责任公司
绵阳市高水农副产品批发有限公司
四川省心连心运输有限公司
西昌市华忠实业运输有限公司
西昌市礼州恒通联运有限公司
西昌市鑫源通实业有限公司
西昌一帆商贸有限责任公司
西昌市亨源实业有限公司
云南华天物流有限公司
陕西天盛祥物流有限责任公司
宁夏四季青冷链物流有限公司
宁夏西部吉运国际物流有限公司

1A 级物流企业（2 家）

宁波亿百华国际物流有限公司
宁波神化特种化学品集成有限公司

（中物联评估办）

物流企业信用评价 A 级信用企业（第十三批、第十四批）名单

第十三批（排名不分先后，共 47 家）

AAA 级信用企业 31 家

大冶有色物流有限公司
中铁物资集团有限公司
四川东方物流有限公司
岳阳科德商贸有限公司
葛洲坝集团物流有限公司
沈阳铁道通化铁鹰实业集团有限公司靖宇铁元物流分公司
吉化集团公司物流中心
沈阳铁道通化铁鹰实业集团有限公司
湖北宏凯工贸发展有限公司
襄阳风神物流有限公司
唐山海港远大物流有限公司
河北新武安钢铁集团物流有限公司
冀中能源国际物流集团有限公司
平顶山市大路物流有限责任公司
漯河市凯达物流有限公司
上海顶通物流有限公司
上海宝钢物流有限公司
中物华商国际物流股份有限公司
衡阳市雁城物流园有限公司
青海省通达物流有限责任公司
宁波富邦物流有限公司
河北保定交通运输集团有限公司
佛山市佛航物流集团有限公司
河北冀铁集团公司
河北快运集团有限公司
长春市凯旋物流有限责任公司
林森物流集团有限公司
宁波外运国际集装箱货运有限公司
临沂天源国际物流有限公司
青岛日日顺物流有限公司
丹阳飓风物流股份有限公司

AA 级信用企业 12 家

浙江康宏物流有限公司
张家口通泰物流中心有限公司
淮南舜龙煤炭联运有限责任公司
秀山华渝物流投资有限公司
重庆辉岳贸易有限公司
秀山福广建材市场有限公司
北京金泰港物流有限公司
南京华能南方实业开发股份有限公司

秀山宏驰物流有限公司

重庆市农产品集团秀山农产品市场有限公司

荆门市通旺达物流有限公司

宁波市环集国际物流有限公司

A 级信用企业为 4 家

秀山丰绿农产品批发物流市场有限公司

重庆博顺物流有限公司

秀山博运物流有限公司

秀山容讯商贸有限公司

第十四批（排名不分先后，共 21 家）

AAA 级信用企业 16 家

河南万庄化肥交易市场有限公司

兰州金轮实业有限责任公司

甘肃西部物流有限责任公司

上海申丝企业发展有限公司

广州广日物流有限公司

唐山天明物流有限公司

中创物流股份有限公司

吉林省长久物流有限公司

漯河市龙和汽车运输有限公司

新疆九洲恒昌供应链管理股份有限公司

山西太铁联合物流有限公司

广州益嘉物流有限公司

中国物流有限公司

山东高速物流集团有限公司

吉林省金正物流有限公司

新疆蓝天石油化学物流有限责任公司

AA 级信用企业 5 家

十堰黄海宏志工贸有限公司

苏州万隆华宇物流有限公司

冀运集团物流股份有限公司

上虞市远程物流有限公司

浙江物产仓储有限公司

（中国物流与采购联合会行业部）

2014年度“中国物流示范基地”“中国物流实验基地”名单

中国物流示范基地6家

秀山（武陵）现代物流园区

临沂天源国际物流有限公司

泉州晋江国际陆地港

河南万庄化肥交易市场有限公司

冀中能源国际物流集团有限公司

鑫辰综合物流园区

中国物流实验基地5家

新疆蓝天石油化学物流有限责任公司

新疆九洲恒昌供应链管理股份有限公司

沈阳铁道通化铁鹰实业集团有限公司靖宇铁元物流分公司

云南泛亚物流集团有限公司

冀中能源国际物流集团新铁物流园

（中国物流与采购联合会行业部）

2014年度中国物流与采购联合会科技进步奖获奖项目主要完成单位及完成人名单

奖项等级	项目中文名称	主要完成单位	主要完成人
一等奖	长体物料装卸搬运多向叉车系列及关键技术	总装备部军械技术研究所	杜峰坡、穆希辉、罗磊、冯振礼、牛正一、廖琎、高飞、张根社、徐东、黄礼富、王勇
一等奖	库架一体式全自动智能立体冷藏库	北京市京科伦冷冻设备有限公司	杨建国、张继龙、马越峰、毛同芹、李天社、康建慧、赵辉、郝立煊
一等奖	大型枢纽机场行李处理系统成套装备研制开发	昆明船舶设备集团有限公司、昆明昆船逻根机场物流系统有限公司	周雁兵、罗俊斌、赵玲、张炜、蒋正林、王艺博、廖亚奇、李佳鸿、陈传伟、罗建明、曾学
一等奖	橡胶短纤维增强复合材料用于轮胎翻新的技术及成套装备的研发	青岛科技大学、青岛裕盛源橡胶有限公司、庆云华泰橡胶制品有限公司、中国轮胎翻修与循环利用协会	汪传生、李利、边慧光、张德伟、朱军、郑祖祥、郭磊、范忠泉、付平、沈波、李绍明
一等奖	快递物流行业运营支撑系统及终端	顺丰速运有限公司	老世荣、白鹏、雷禹、覃建军、陈嘉思、谢年兵、唐勇、建晓辉、李聪、李文智

续 表

奖项等级	项目中文名称	主要完成单位	主要完成人
一等奖	铁路危险化学品运输安全监控物联网系统	天津光电高斯通信工程技术股份有限公司、天津商业大学	韩建枫、俞大海、张勇、申芳、单玉堂、李震、梁海英、李杰、孙芳、杨少鹏、陈堃
一等奖	铁路物流中心选址决策分析与功能设计关键技术	北京交通大学、中国铁路总公司运输局	郭玉华、程先东、张晓东、韩伯领、李军、谭立刚、秦四平 、洪雁、刘建堂、郎茂祥、何杰
一等奖	中国石化化工销售有限公司换货业务管理平台	中国石化化工销售有限公司	李成峰、张国明、李富芳、许高阳、李熙、黄德春、李锁山、陈永凯、叶明、周华翀、陆伟荣
一等奖	十种常用珍贵树种及硬阔叶材实用干燥技术研究与示范	木材节约发展中心	刘能文、喻迺秋、吕泽群、曹长坤、李斌、姚玉萍、唐镇忠、党文杰
一等奖	面向物联网的移动互联网多终端融合服务平台	西安交通大学	曲桦、赵季红、周建明、黄宇红、董晓鲁、张虁、唐睿、田丽华、李晨、马文涛、郭磊
一等奖	跨行政区划与多法人主体的大区物流集中运营体系研究与实践	中国移动通信集团公司、中国移动通信集团江苏有限公司、中国移动通信集团广东有限公司、中国移动通信集团天津有限公司、中国移动通信集团重庆有限公司、中国移动通信集团陕西有限公司、上海博科资讯股份有限公司	李慧镝、薄今纲、杨林、朱国弟、伍贱夫、金伟、花俊仁、殷立明、张可云、段立权、穆国兴
一等奖	生鲜农产品冷链物流品质控制技术装备研发与应用	国家农产品现代物流工程技术研究中心（山东商业职业技术学院）、山东省农产品贮运保鲜技术重点实验室、山东国家农产品现代物流工程技术研究中心、山东鲁商物流科技有限公司	马广水、张长峰、王国利、张玉华、陈恩修、聂小宝、侯成杰、于怀智、韩道财、黄宝生、郭风军

续 表

奖项等级	项目中文名称	主要完成单位	主要完成人
一等奖	西本新干线大宗商品综合服务云平台	西本新干线股份有限公司、西本网络科技有限公司、简乐科技、微软（中国）有限公司、迅傲科技	虞钢、陆村、唐延军、丁佳晶、曹雪萍、李军、覃帅、余华、姚云峰、孙焰
一等奖	国家电网电能表智能仓储物流系统	国网河北省电力公司电力科学研究院、普天物流技术有限公司	董增波、单朝兰、王永辉、申健初、吴宏波、胡涵清、毛佑军、宋小勇、李永春、汪启伟、叶铭
一等奖	车联网在农机调度中的研究与应用	上海农业信息有限公司	王海山、朱轶峰、王健、金阳、庄洁、王旭、顾永泉、黄钊贞、冯连芳、丰东升、张向飞
一等奖	卡行天下直通车智能管理平台	上海卡行天下供应链管理有限公司	刘恒佳、翟羽佳、陈罡、章蓉、陈伟、吴中奇、陶晨亮
一等奖	基于集中采购的供应商绩效考评体系的创建与应用	中国移动通信集团广东有限公司	禄杰、陈怀达、程静雄、章建赛、胡晓、陈昌波、杜娟
一等奖	郑明现代物流冷库温度智能控制系统	上海郑明现代物流有限公司	储雪俭、凌国平、王佩顶、徐璐佳、宁钟、刘伟、凌定成、孙浩、曲立东、王佳芬、杨斌
一等奖	政府采购品目分类体系构建与关键问题研究	中国标准化研究院	尹彦、张晓瑞、冯永琴、宋黎、钱玉民、曾凌云、刘红喜、丁于思
一等奖	基于竞争与耦合视角的物流企业创新发展的机理与优化研究	临沂大学	卢中华、孙洪春、潘桂荣、周厚春、刁玉柱、王蕾、王玲
一等奖	基于 RFID 技术的汽车流通及合格证远程监管系统	深圳市华士精成科技有限公司	刁尚华、高军、王琛、康征、李猛、李荣海、任路扬、罗家丽、陈祥

续 表

奖项等级	项目中文名称	主要完成单位	主要完成人
一等奖	垂直运输与平面运输无缝对接在大型多层冷库的应用研究	成都银犁冷藏物流股份有限公司、西南交通大学交通运输学院	谢彬、郑天清、曹强、牟能冶
一等奖	石油管道企业备品备件储备定额制定与信息系统开发	长江大学、中国石油天然气股份有限公司西部管道分公司物资处	解小鹏、李成标、孟魁、储冬红、张致录、李凡、李洪文、刘风明、陈镜宇、张磊、岳春玲
一等奖	电信集约化物流体系建设及应用	中国电信股份有限公司广东分公司采购部、广东广信通信服务有限公司	陈赛伦、游彦雯、黄广超、辜玉、肖群力、魏鑫军、周素华、陈晖、黄佼琳
一等奖	高柔性组合式自动化立体仓储系统	云南腾俊国际物流有限公司、云南财经大学	冉文学、姚日新、宋志兰、温国泉、张继华、徐国彪、于皎、石志春、陈俊玥、周星宇、袁绍
一等奖	物联网物流信息应用交易平台	四川东亨信息科技股份有限公司	乐嘉陵、张永富、涂正富、李翔、唐强、贺大贝
一等奖	智能紧致化仓储系统的优化设计	中国科学技术大学、安徽城市管理职业学院、合肥中外运物流发展有限责任公司	余玉刚、梁樑、汪欣、郭晓龙、王锐、周保昌、郝晶晶、史烨、吴问全
一等奖	自动化生产柔性物流系统	北京达特集成技术有限责任公司、红云红河烟草（集团）有限责任公司、昆明船舶设备集团有限公司	徐跃明、凌卫民、唐立生、周云湘、尉培旭、葛文、关宏、陈晓伟、张永刚、王磊、杨光锐
二等奖	微型保鲜冷库	天津科技大学、天津商业大学、中国科学院理化技术研究所、天津盛天利材料科技有限公司、天津绿新低温科技有限公司	李喜宏、刘霞、田长青、申江、高凯、邵双全、刘斌、姜云斌、杨维巧

续　表

奖项等级	项目中文名称	主要完成单位	主要完成人
二等奖	基于储分一体的高性能穿梭车系统技术及应用	上海英锋工业设备有限公司、云南财经大学	赵平、吴伟刚、金桂根、冉文学、李严锋、杨培胜、邹纪田、张运刚、金国权
二等奖	基于云计算的智慧物流分拣出库扫描复检系统	河南省海田自动化系统有限公司、中国烟草总公司职工进修学院、河南中烟有限责任公司、郑州轻工业学院、西门子自动化公司	王德吉、刘家宏、李秀芳、孟瑾、黄光富、陈智勇、张旭、张建勋、朱智志
二等奖	密集式储分一体系统	山东兰剑物流科技股份有限公司	吴耀华、张小艺、蒋霞、张贻弓、沈长鹏、刘鹏
二等奖	智能仓储与柔性输送技术在超大规模电能表检定中的应用	江苏省电力公司电力科学研究院、中国科学院自动化研究所、南京航空航天大学、江苏方天电力技术有限公司、南京电力自动化设备三厂有限公司	蔡奇新、谭杰、刘建、邵雪松、金萍、李纬、冯泽龙、季欣荣、周玉
二等奖	时间窗优化模型在入厂物流车辆装卸平准化中的应用	武汉东本储运有限公司、华中科技大学、武汉昱谷信息技术有限公司	蒋晖、王琳、徐贤浩、巴清、刘玲、张喆、蒋小伟
二等奖	基于海量数据分析与处理的货运车辆定位与监控云计算平台	北京中交兴路车联网科技有限公司	马琪、帅亚俊、刘庭海、杨伟光、杨晓明、刘志伟、刘波、韦娜、曾志琴
二等奖	诚信标普在物流行业中的应用	广东林安物流发展有限公司	李金平、刘淑媚、王晓蓉、黄海柱、黄永铨、余栋梁、冉泽松、冯定、崔东亮
二等奖	信手书系统产品开发项目	北京数字认证股份有限公司	马臣云、蔡京露、李焕才、李元、冯博、邵淼、范骁、马建军、刘佳

续 表

奖项等级	项目中文名称	主要完成单位	主要完成人
二等奖	基于云服务的城市共配终端商业模式试点与云镖局智能公共快递柜的规模布放	南京三宝物流科技有限公司	辛柯俊、封伟、张超、王永来、房栋、邵玉明、王帆、印朝鹏
二等奖	玉帛智能图形化物流管理软件	上海玉帛软件有限公司	王玉学、乔金生、陈艳兵、刘海、田飞
二等奖	电子商务模式下全程物流关键技术研究与应用示范	北京物资学院、国富通信息技术发展有限公司、余姚中国塑料城物流有限公司	翁心刚、丁强、黄全明、安久意、刘丙午、高爽、李俊韬、易宇荦、鲁君
二等奖	环保保温材料——采用二氧化碳（CO_2）组合发泡剂生产XPS挤塑板的研发	南京法宁格节能科技有限公司	郭鑫齐、杜小刚
二等奖	北京市物流业产业关联统计研究	北京物资学院	吴海建、罗新东、韩嵩、王可山、周丽、郭茜、徐敏、王守新
二等奖	基于物联网技术的花卉产业园区数字一体化精准管控系统	云南锦苑花卉产业股份有限公司、云南财经大学	冉文学、曹荣根、宋志兰、倪功、舒洋、杨佩云、刘森、刘丽、赵迟明
二等奖	物流自动化输送分拣系统综合解决方案	浙江德马科技股份有限公司	马贤祥、李英德、王健、赵兰、白振成、王同旭、龙门、张锋
二等奖	电力物资智能化仓储关键技术研究及设备研制	江苏省电力公司南京供电公司、江苏省电力公司电力经济技术研究院、南京远能电力工程有限公司、南京和瑞供应链管理有限公司	吴峻、高昇宇、周旸、高正平、王金虎、赵志宇、杨晓梅、梁峻、周岳
二等奖	神华集团巴彦淖尔气膜储煤棚	深圳市博德维环境技术有限公司	肖龙、王秦、杨峰

续 表

奖项等级	项目中文名称	主要完成单位	主要完成人
二等奖	公路货运代理及无车承运人管理制度研究	交通运输部规划研究院	姚晓霞、李弢、魏永存、秦建国、余兴源、谭小平、王婧、徐园、韩东方
二等奖	国家标准《道路运输易腐食品与生物制品 冷藏车安全要求及试验方法》	中集车辆（山东）有限公司	李道彭、高峰、梁仲文、周国防、李红兵、苏念
二等奖	高端轻型物流卡车系列产品开发	安徽江淮汽车股份有限公司	魏中良、苏荣、吴江、余纪邦、王香廷、方亮、陈玉鸿、俞燕、蔺春明
二等奖	中国联通物流行业应用系统系列规范等3项企业标准	中国联通集客部、联通研究院	田文科、李广聚、成洁、张云勇、王炯、房秉毅、王智明、徐雷、毋涛
二等奖	低温等离子废气处理装置	上海中石化工物流股份有限公司、复旦-派力迪污染控制工程研究中心	桂雁滨、潘永兴、张峰、刘建英
二等奖	自感应式分拣辅助系统	北京京东尚科信息技术有限公司	李大学、葛春先、肖军、张春鹏、汤敬仁、易旭、王赞元、程学晶、胡金星
二等奖	智慧物流危险化学品运输监管与预警平台项目	宁波智慧物流科技有限公司	秦磊、耿琪枫、曹超锋、严银霞、周双健
二等奖	空港物流产业园区规划与设计	华北水利水电大学、同济大学、河南工业大学	葛轩辕、刘延琪、陈高雅
二等奖	河南省突发事件应急联动体系构建研究——河南省物流业突发事件应急管理研究	河南省863软件孵化器有限公司、郑州轻工业学院、中国烟草总公司职工进修学院	潘马琳、胡红春、潘皓、张彤、张利军、于春峰、梁浩国、任伍杰、杨晓静

续 表

奖项等级	项目中文名称	主要完成单位	主要完成人
二等奖	危化品运输车辆物联网智能控制系统研发与应用	山东京博物流股份有限公司	高英江、韩春生、马雪英、贾振、张丙建、付艳青、毛爱勇
二等奖	现代物流管理信息技术在物流企业供应链管理中的应用研究	云南泛亚物流集团有限公司	胡侠、熊柱平、王礼全、刘胜春、杨再锋、王勇富、舒斌、张涛、惠春梅
二等奖	红外线控制轮胎轮辋锥度点	重庆长安民生物流股份有限公司	黄斌、张忠银、张劬、程静、刘念鑫、李想
二等奖	现代农村物流金融研究	湘南学院、湖南省科学发展战略研究会	胡愈、许红莲、谢慧娟、柳思维、汤晓丹、王佐纲
二等奖	悬挂式双轨旋转台过轨仓储系统	科尼起重机设备（上海）有限公司	张勇
二等奖	带自检功能的电子皮带秤	云南昆船电子设备有限公司	李亚林、徐信荣、孔昭龙、罗清敏、张浩、王帆、白炜、张廷翔、胡刚
二等奖	高性能大型卷烟配送中心自动化物流系统研发	昆明昆船物流信息产业有限公司	丁兴、崔维、唐晋、李永衡、周炳兰、岳华、张宇、张剑、朱中华
二等奖	基于制造外包的供应商协同理论研究与实证分析（专著）	上海第二工业大学	郝皓、邬星根、林慧丹
二等奖	《中国物流科技发展报告（2012—2013）》	上海海事大学	陈伟炯、张运鸿、李军华、张善杰、吕长红、陆亦恺、石亮、陈祥燕、李宝奕
二等奖	基于物联网的乳制品供应链追溯平台研究	北京物资学院	刘同娟、朱杰、刘军
二等奖	道路运输车辆卫星定位系统车联网系统集成解决方案	上海航盛实业有限公司	尹占威、郭正光、万家驹、辛志晓

续 表

奖项等级	项目中文名称	主要完成单位	主要完成人
二等奖	易通电商仓配一体化运营平台	黑龙江邮政易通信息网络有限责任公司	何成伟、刘宇亮、张璐璐、刘洪波、周志锐、吴华峰、陈艳艳
二等奖	面向多个物流园区的协同运营管理服务平台	浙江通创智慧服务有限公司、杭州师范大学钱江学院	周波、娄钰华、钱言、沈玉燕、胡建廷
二等奖	大型国际邮轮靠离泊关键技术及应用	上海港引航站、上海海事大学、杨浦海事局、黄浦海事局、东海海巡执法总队	薛一东、钱洪华、顾维国、周懿宗、毕涛、白响恩、郑纪有、周伟、陈渊
二等奖	循环物流容器共用服务项目	广州大库工业设备有限公司、广东省数字广东研究院	胡晓华、周卓林、姚文辉、蔡秀贤、郭德松、李春荣
二等奖	中冶长天国际工程物流管理系统	中冶长天国际工程有限责任公司	孙昌庆、廖瑞华、叶恒棣、田卫红
二等奖	交通运输物流公共信息共享平台试点工程工程可行性研究	交通运输部规划研究院、交通运输部公路科学研究院	韩悦、杨建国、顾明臣、蹇峰、李琳琳、徐志远、张硕、韩彬、顾敬岩
二等奖	环保新型 IBC（中型散装容器）罐箱在油漆储存运输中的研发与应用	大连中集物流装备有限公司	倪建生、王忠连、李永哲、金锋、回凤娜、于美娜、刘阚元、李波、丛晓明
二等奖	节能环保型废橡胶串联冷却动态脱硫新技术	江苏强维橡塑科技有限公司、淮南市石油化工机械设备有限公司、北京化工大学、中国轮胎资源循环利用研究中心	王士军、王长斌、张立群、朱军、徐旭、王忠、王伟、刘萍、张民
二等奖	大宗商品跨境交易电子商务服务平台技术与应用	徐州工程学院	张中强、陈嘉莉、张晶、孙宇博、肖味味、李军、范以定、胡晶

续 表

奖项等级	项目中文名称	主要完成单位	主要完成人
二等奖	云南物流产业集团综合物流信息管理平台	云南物流产业集团有限公司、云南东盟公共物流信息有限公司、云南新储物流有限公司	曾陵云、吴继军、李明珊、张贵杨、李彬、毕建国、徐茂贤
二等奖	江淮6×2系列中长途物流运输车开发	安徽江淮汽车股份有限公司	项兴初、周福庚、何山、高畅、张辉、刘鸿志、邵刚、高艳军、江元
二等奖	船用气调保鲜系统	天津森罗科技股份有限公司	郭晓光、周华华、晋朝、刘智君、李佼、黄鑫、程步军
三等奖	江苏辉源供应链管理有限公司供应链平台开发项目	江苏辉源供应链管理有限公司	白元龙、韩涛、李亨、陈林、茆祥辉
三等奖	江淮星锐系列厢式物流车产品开发	安徽江淮汽车股份有限公司	姚学森、梁依山、余仕侠、刘守银、张超、汪振兴、迟玉华
三等奖	社会化医疗用品应急物流管理系统研制与示范应用	北京九州通医药有限公司、北京市药品监督管理局东城分局、解放军第309医院	高智勇、王厚廷、冯典、傅朝霞、曲鹏程、赵冠人、程晓斌
三等奖	物流执行系统	广州广日物流有限公司	张世良、成铨、梁明荣、涂海峰、张凌、魏嘉良、郑道腾
三等奖	基于物流企业多业务平台关键数据的网络备份技术应用	安徽省徽商集团有限公司、合肥工业大学	吴红星、巢良存、王浩、许家贵、刘光景、张皓、余保山
三等奖	大型国有企业加快建设国际一流技术创新体系研究	国网能源研究院	石书德、李云峰、张勇、鲁刚、钱婷、赵简、陈武
三等奖	郑明现代物流整车公路运输看板管理系统	上海郑明现代物流有限公司	杨新林、徐璐佳、储雪俭、凌国平、杨斌峰、宁钟、刘伟
三等奖	手持终端在物流快递行业的创新与应用	上海指端信息科技有限公司	盛勤、李门徒、张秀生、杨君、殷文燕

续 表

奖项等级	项目中文名称	主要完成单位	主要完成人
三等奖	基于仿真技术的仓储效率研究	重庆长安民生物流股份有限公司	黄斌、刘天竹、陈利、位小欢、戚荣刚、周晖林
三等奖	遥控穿梭车	上海英锋工业设备有限公司、云南财经大学	赵平、吴伟刚、金桂根、冉文学、李严锋、张运刚、金国权
三等奖	海泥箱系列产品的研发及其在石油平台上的应用	大连中集物流装备有限公司	倪建生、庞连军、高扬、杜晓芳、丛秀凤、孙明君、黄磊
三等奖	现代医药物流信息系统项目（HDLS）	北京英克科技有限公司	程玉伟、赵从亮、王怀玉、潘伟康
三等奖	汽车单件复杂产品制造企业工具仓储管理系统	湖北汽车工业学院	胡明茂、殷旅江、阮景奎、杨立君、熊晶、洪宪培、魏仁干
三等奖	废橡胶资源化、无害化、智能化螺杆挤出再生新技术	台州中宏废橡胶综合利用有限公司	黄祥洪、苏振峰、林森华、高文松
三等奖	融合物联网技术的湖南省物流公共信息平台的研制与应用	湖南省物流公共信息平台有限公司、湖南现代物流职业技术学院	文振华、肖智清、黄友森、邓子云、蓢象慧、刘宁、杨晓峰
三等奖	山汉物流运输管理系统	上海山汉国际物流有限公司	李岷、吕永松、梅灯银、袁思容、张靖翰
三等奖	环保工质制冷系统研究与工程应用	山东商业职业技术学院、山东神舟制冷设备有限公司、国家农产品现代物流工程技术研究中心	邵长波、周艳蕊、宋明刚、徐勤华、晁风芹、王琪、张德生
三等奖	虚实融合的“车小微”价值交互平台	青岛日日顺物流有限公司	王正刚、冯贞远

续 表

奖项等级	项目中文名称	主要完成单位	主要完成人
三等奖	易通特许管理与防伪追溯系统（eLMS）	黑龙江邮政易通信息网络有限责任公司	李传波、李哲峰、陈宇、刘宇亮、祁振兴、张馨、郭晓明
三等奖	FB19 型滤棒纸盒卸盘缓存发射自动化物流系统	昆明欧迈科技有限公司	朱秀瓴、陈志新、刘江、张敏、范海燕
三等奖	城市垃圾运输智能化监控平台系统开发与应用研究	徐州工程学院、徐州天大信息科技发展有限公司、徐州天久重工有限公司	陈丰照、陈建明、张中强、蒋秀莲、杨皓、范以定、肖味味
三等奖	上海浦东国际机场 DHL 航空货运枢纽工程	中国中元国际工程有限公司	寇怡军、徐波、施春燕、熊珊、肖敏、李颖、高树城
三等奖	郑明现代汽车物流智能调度、过程监控与决策支持系统	上海郑明现代物流有限公司	张翔、杨斌峰、储雪俭、凌国平、徐璐佳、宁钟、刘伟
三等奖	华派克塑料供应链管理一体化平台	山东华派克物流有限公司	张浩彬、亓学凤
三等奖	异型卷烟分拣系统项目	云南昆船设计研究院	丁兴、张剑、张宇、张志英、孙新军、徐超、徐亮
三等奖	物流实验实践教学系列丛书	北京物资学院	王成林、张旭凤、付青叶、韩云霞、蔡宇祥、王小亮、张茜
三等奖	港口物流系统的设计与应用	鞍钢股份有限公司物流管理中心、鞍钢集团信息产业公司	王义栋、王延明、胡守良、侯海云、张丽莉、李燕江、董军
三等奖	高品质的仓储物流地坪解决方案	深圳市固尔地坪科技开发有限公司、珠海耐特力建筑地坪科技有限公司、广州市金丽地地坪材料有限公司	李建平、阮东方、曾健

续 表

奖项等级	项目中文名称	主要完成单位	主要完成人
三等奖	WG 系列数控钢筋弯箍机	建科机械（天津）股份有限公司	陈振东、张新、范瑞雪、宋爱丽、张红兵、丁磊、李丕栋
三等奖	NH_3/CO_2 螺杆复叠制冷系统关键技术研究与系统开发应用	烟台冰轮股份有限公司	于志强、刘昌丰、王超、韩献军、葛长伟、徐树伍、张泽华
三等奖	递四方电子商务供应链信息化系统解决方案	深圳市递四方速递有限公司、深圳市递四方信息科技有限公司	李跃、刘向东、陈国军、李衍生、王先标、魏泳涛、詹献波
三等奖	移动在线物流搜索平台	深圳市禾嘉科技有限公司	姜庆、卞海涛、都思、吴迪、颜友宁
三等奖	特高压工程建设重大施工装备关键技术研究及工程应用	中国电力科学研究院、国家电网公司基建部、北京送变电公司	丁广鑫、胡毅、缪谦、蔡敬东、孙竹森、张强、陈海波
三等奖	地奥司明的新型生产技术及产品应用	陕西惠丰制药有限公司	李玉山、王经安
三等奖	AGV 技术在汽车零部件厂内配送物流上的应用研究	广州风神物流有限公司	吴永强、吴本坚、章信开、罗春龙、程鹏、王宏伟、李植平
三等奖	《酒类流通管理办法》立法后评估及其应用	北京物资学院	尚珂、王惠玲、阎章荣、刘茵、尚琤、弓秀云、梁土坤
三等奖	网仓 2 号在电商供应链中的应用	浙江网仓科技有限公司	钟硕、罗贵、张喜明、革红元、孙巧玲、贾宇樗、王森
三等奖	数字精益物流	中国烟草总公司职工进修学院、河南中烟有限责任公司、郑州轻工业学院	王德吉、黄光富、甄焕菊、张旭、张建勋、刁智华、孟瑾
三等奖	《物流管理概论（第3版）》（教材）	上海海事大学	刘伟、李文顺、赵刚

续 表

奖项等级	项目中文名称	主要完成单位	主要完成人
三等奖	汽车运动姿态传感器	苏州路车智能电子有限公司	路军、周德、张磊、殷建国、姚士引、刘金才
三等奖	一种物流发货系统	中联网仓科技有限公司	于明坤、丁洪飞、张励骧
三等奖	化肥“散改集”工艺和技术在港口生产中的应用	烟台港集团有限公司	吴宇震、盛肇华、刘志杰、曲忠义、陈维如、刘新亭
三等奖	诺瓦全中文电子拣货标签系统	上海诺瓦物流技术有限公司	陆巍、康梁、金翊、吴健民、顾峰
三等奖	基于产业布局的湖南省现代物流发展战略研究	中南林业科技大学	王忠伟、庞燕、王晓晚、汪洪波、黄向宇、屈俊林、刘建银
三等奖	基于大数据的物流园区信息交易平台——发啦·利中店	北京明伦高科科技发展有限公司	黄惠良、纪红任、史建丰、黄睿
三等奖	挖掘机专用镍矿铲斗	天津港第五港埠有限公司	皮云生、陈玉宝、邵士清、安志家、何鑫
三等奖	基于物联网技术的农产品电子商务冷链物流平台	上海菜管家电子商务有限公司	宋轶勤、杨张兵、俞柏林、杨清、叶青、孙磊玲、潘顺昌
三等奖	基于新一代信息技术的高效物流供应链管理服务平台	上海天哪物流有限公司	赵艳丽
三等奖	基于 DHS－DCS 技术的多通道协同运动控制系统	深圳市凯卓立液压设备有限公司	梁上愚、于隽、何晓军、熊华运
三等奖	新形势下主销区粮食安全问题与供应链整合研究	南京财经大学、南京林业大学、南京审计学院	吴志华、胡非凡、胡学君

续 表

奖项等级	项目中文名称	主要完成单位	主要完成人
三等奖	罐式车辆危险化学品物流服务标准	山东依厂物流有限公司	徐依厂、邹广峰、孙能全、徐云岗、徐依鹏、王燕
三等奖	昆明鑫源堂现代医药物流中心的规划与建设解析	上海通量信息科技有限公司	张凌辉、周琰
三等奖	基于通信运营商的车载前装系统研究与实现	中国移动通信集团辽宁有限公司、中国移动通信集团公司	刘洋、张亚超、李辉
三等奖	《物流企业会计与财务管理》教材	上海海事大学	张川、肖康元、金丽玉
三等奖	农产品冷链物流可视化管理系统研发与产业化示范	荣庆物流供应链有限公司	郑全军、刘永生、宋金秋、胡丹、王伟、刘海付、崔占友
三等奖	翔鸽快运信息网络建设项目	山西汽运集团迎泽物流有限公司	赵泽华、李秀、赵凌波、刘晓娟、聂海军、李寅隆、智国
三等奖	《物流价值管理研究》专著	北京物资学院	陈炜煜
三等奖	改进拉格朗日松弛算法在混合流水车间调度中的应用研究	郑州大学	李静、商坤、胡乾坤、刘政辰、康琰、介翔、轩华
三等奖	国际邮件批译系统	中邮科技有限责任公司	刘芳、龚永恒、周滢、刘卫兵、董红梅、张百龙、侯纪周
三等奖	多温层城市共同配送中心	厦门正旸物流有限公司	宋可琪、陈辉熊、冯媛媛、彭丽雅、林露燕
三等奖	我国工业物流发展模式研究	青岛现代物流供应链管理研究发展中心、山东物流与交通运输协会、山东科技大学	段沛佑、刘虹、左正华、马晓宁、李美燕、于凌云、周昕

续 表

奖项等级	项目中文名称	主要完成单位	主要完成人
三等奖	供应链知识流管理	昆明理工大学	张悟移、华连连
三等奖	大赢家国际物流信息平台	宁波大赢家物流技术有限公司	贺舟舰、张鼎荣、陈继川、吕政
三等奖	米其林 295/80R22.5 X Coach 逸其行全轮位无内胎省油轮胎	米其林亚洲研发中心、米其林沈阳工厂、米其林（中国）投资有限公司	克里斯·马登（Chris Maden）、迈克尔·伯勒（Michael Burrough）、戴华（Dai Hua）
三等奖	山西省物流信息化标准规范体系的研究	山西商品电子交易中心股份有限公司	温全贵、岳云康
三等奖	城市共同配送系统及容器应用研究	苏州工业园区安华物流系统有限公司、苏州科技学院	孙延安、邵举平、邓光利、吕国铮、徐建华、樊星
三等奖	基于移动互联网的物流配送应用 GPS 管理系统研究	黑龙江财经学院（原哈尔滨德强商务学院）	唐友、张靓、伞颖、张爱军、舒杰、陈井霞、宋元甫
三等奖	《国际船舶代理实务》教材	天津海运职业学院、天津电子信息职业技术学院	陈静、张明齐、张敏、闫高杰、王晶、关剑、郭海涛
三等奖	洗化行业仓储管理系统	山东乐速信息技术有限公司	杨海鹏、李继奎、高越、张存、华德水、闫善昭
三等奖	基于多元化信息数据交换技术的敏捷供应链协同解决方案	锐特信息技术有限公司	陈丽园、伍惠忠、谢江泳、朱剑川、许志涛、曾玉亮、徐林达

（中物联科技奖励办公室）

2014 中国物流十大年度人物

（以姓氏笔画为序）

朱明辉　重庆长安民生物流股份有限公司董事长
刘少波　黑龙江龙运集团总裁
刘秋红　华通行物流有限公司总裁
孙　倩　山东佳怡物流有限公司董事长
李延春　吉林省长久实业集团有限公司党委书记、副总裁
李建忠　冀中能源国际物流集团有限公司董事长、党委书记、总经理
肖楚雄　上海无忧物流配送有限公司董事长兼总裁
赵沪湘　中国外运长航集团有限公司董事长、党委书记
高　波　河南公路港务局集团有限公司董事长、党委书记
蔡　昱　上海茂金物流有限公司总经理

（中国物流与采购杂志社）

2014年度“宝供物流奖”及“宝供物流奖奖学金”获奖名单

“宝供物流奖”获奖名单

奖　项	获奖项目	获奖者	工作单位
一等奖	柔性配送中心构建模式研究与应用	王成林	北京物资学院现代物流产业研究院
	跨境电子商务综合服务平台	陈洪涛、方志鹏、戴明坚、靳勇平、孙韬	中国邮政速递物流股份有限公司
	应急物流战略决策系列研究	王宗喜、徐东、黄定政	后勤学院军事物流工程实验与研究中心
二等奖	超高单层低温冷藏库及其节能技术研究	王丰兴	蓬莱京鲁渔业有限公司
	一种箱体类货物倒装运输的支架	胡懿	湘电集团湖南物流有限公司
	港口装备制造业虚拟库存管理及协同物流配送技术研究	黄有方	上海海事大学
	基于物联网的乳制品供应链追溯平台研究	刘同娟	北京物资学院信息学院
	安全物流公共服务平台项目	曹晖	江苏买卖网电子商务有限公司
	物流优化技术与方法	王晶	北京工商大学

续 表

奖 项	获奖项目	获奖者	工作单位
三等奖	申通智能移动终端应用平台	邱成	申通快递有限公司
	基于物联网技术的应用，实现第三方物流“高质、高效、低成本”的物流管理	郑际任	威海国际物流园发展有限公司
	高端航运服务业发展瓶颈问题研究		上海海事大学、上海国际航运研究中心
	基于制造业与物流业联动发展的大物流服务运作模式研究	吴群	江西财经大学
	分区自动拣选系统拣选策略制约性分析及优化研究	吴颖颖	山东大学控制科学与工程学院
	工程物流集成化供应链管理——以青岛地铁项目部为例	踪敬民	中铁物资集团华北有限公司
	电商精细化管理系统在电商仓储中的应用	罗贵	浙江网仓科技有限公司
	服装业纸箱全封闭塑封包装机开发及应用	虞凯浩	慈溪太平鸟物流有限公司
	ZD5100 数据采集器助力义达物流实现信息化管理（专著）	盛勤	上海指端信息科技有限公司
	中国石化煤炭物流管理信息系统		北京弘帆资讯有限公司
	中石化化工销售有限公司公路运输回程车应用项目	许高阳	中石化化工销售有限公司
	基于进出口贸易的新型供应链融资物流服务	廖鑫凯	厦门中远物流有限公司福州分公司

"宝供物流奖奖学金"获奖名单

序　号	院校名称	获奖人
1	北京交通大学	林永昊　伏晓露
2	中山大学	梁聲凝　骆蕾嘉
3	浙江工商大学	章灵玲　杨坚杰
4	华中科技大学	高晓敏（硕士研究生）陈云
5	南京财经大学	单沈　尚晨晨（硕士研究生）
6	东南大学	拜小霞　张鹏（博士研究生）
7	北京邮电大学	马文旭（硕士研究生）周晓萌
8	解放军后勤指挥学院	李春雷（硕士研究生）刘艳侠（博士）
9	华东交通大学	张腾飞　刘振梅（硕士研究生）
10	武汉理工大学	张斯阳（硕士研究生）　邹晟（硕士研究生）
11	长安大学	喻冬冬（硕士研究生）李玉
12	北京物资学院	孙群（硕士研究生）　刘继昌（硕士研究生）
13	西南财经大学	赵梦晗　曲虹谕
14	大连海事大学	闫丽雅 丛双
15	天津大学	刘洋　韩红帅（硕士研究生）
16	浙江大学	李韧　张嘉怡
17	山东交通学院	许东东　王栋
18	北京工商大学	贾衍慧（硕士研究生）　邱斌
19	上海海事大学	郑际任（硕士研究生）　彭杨
20	兰州交通大学	王晓珍　游孝岭
21	中南财经政法大学	刘旺旺　杨婷婷（硕士研究生）
22	广东财经大学	黄曼丹　黄振波（硕士研究生）
23	山东大学	殷成成　牟善栋（硕士研究生）
24	华南理工大学	刘睿　胡清浩（硕士研究生）
25	中南林业科技大学	夏扬坤（硕士研究生）　罗杏玲（硕士研究生）
26	江西财经大学	王琦　陈雨欣
27	吉林大学	王鑫　唐杰坤（硕士研究生）

续　表

序　号	院校名称	获奖人
28	同济大学	陈昱伶　傅琼超（硕士研究生）
29	湖南商学院	张海玉　杨蕾
30	武汉大学	柯书敏（硕士研究生）　吕永攀（硕士研究生）

（中国物流发展专项基金宝供物流奖办公室）

2014年全国仓储企业100强排名

中国仓储协会根据企业自愿申报和调查掌握的行业数据，以2014年年底企业自有和租用仓库设施的总规模为依据，排出仓储企业100强，其中包括“通用仓储企业50强”“冷藏仓储企业30强”“危险品仓储企业10强”和“危险品储罐企业10强”。现将排名结果给予公布。

2014年全国通用仓储企业50强

名次	企业名称	仓库面积（万平方米）
1	普洛斯投资管理（中国）有限公司	1066
2	芜湖安得物流股份有限公司	481
3	中国外运长航集团有限公司	451
4	上海宇培（集团）有限公司	220
5	招商局物流集团有限公司	151
6	山东盖世国际物流集团有限公司	150
7	宝湾物流控股有限公司	126
8	九州通医药集团	120
9	嘉里大通物流有限公司	118
10	厦门象屿物流集团有限责任公司	113
11	新地物流发展有限公司	80
12	安博中国房地产咨询有限公司	70

续 表

名 次	企业名称	仓库面积（万平方米）
13	深圳国际控股有限公司	67
14	广州市商业储运公司	53
15	陕西商业储运公司	47
16	民生物流有限公司	46
17	北京西南物流中心	45
18	广东海元物流有限公司	40
19	深圳市富泰通国际物流有限公司	39
20	北京祥龙物流有限公司	38
21	广州富力国际空港综合物流园有限公司	37
22	上海商业储运有限公司	35
23	淄博报税物流有限公司	35
24	北京百利威仓储物流有限公司	33
25	上海惠尔物流有限公司	32
26	上海顶通物流有限公司	30
27	山东立晨物流股份有限公司	30
28	深圳市兆航物流有限公司	30
29	安徽徽运物流有限公司	29
30	江苏飞力达国际物流股份有限公司	27
31	济南零点物流港有限公司	25
32	中铁物流集团有限公司	25
33	上海维龙企业管理咨询有限公司	25
34	四川省宏图物流股份有限公司	23
35	武汉捷利物流有限公司	23
36	陕西红太阳仓储有限公司	23
37	北京东方信捷物流有限责任公司	20
38	佛山顺德国通物流城有限公司	20
39	天津全程物流配送有限公司	20

续 表

名　次	企业名称	仓库面积（万平方米）
40	固安幸福基业仓储服务有限公司	18
41	威海国际物流园发展有限公司	15
42	河北中储物流中心	15
43	上海外高桥物流中心有限公司	14
44	慈溪太平鸟物流有限公司	13
45	北京和众奥顺达物流有限公司	13
46	山东华派克物流有限公司	12
47	沈阳储运集团有限公司	12
48	上海国储物流股份有限公司	12
49	安徽省徽商物流有限公司	12
50	齐齐哈尔商业储运公司	11

注：仓库面积包括自有仓库和租用仓库。

2014 年全国冷藏仓储企业 30 强

名　次	企业名称	冷库面积（万立方米）
1	河南鲜易供应链股份有限公司	177
2	上海郑明现代物流有限公司	150
3	普菲斯亿达冷冻仓储（上海）有限公司	95
4	重庆名品福物流有限公司	58
5	上海锦江国际低温物流发展有限公司	53
6	青岛鲁海丰商品集团	50
7	山东济南维尔康食品有限公司	43
8	山东杨春集团公司	38
9	成都银犁冷藏物流股份有限公司	38
10	河南万邦国际农产品物流城	37
11	德州飞马肉联集团有限公司	36
12	新疆拓普农业股份有限公司	34

续 表

名 次	企业名称	冷库面积（万立方米）
13	重庆凯尔国际冷链物流发展有限公司	33
14	辽宁省大连海洋渔业集团公司（辽渔集团）	33
15	北京新发地农产品批发市场	33
16	聊城东旺冷冻仓储有限公司	32
17	杭州五丰联合肉类有限公司	30
18	武汉山绿冷链物流有限公司	29
19	哈尔滨润恒物流发展有限公司	29
20	山东东方海洋科技股份有限公司	28
21	河南双汇集团	28
22	安徽和合冷链食品有限责任公司	27
23	山东鑫发渔业集团有限公司	27
24	石家庄双鸽食品有限责任公司	27
25	武汉白沙洲冷链食品市场	26
26	南京天环谷昌仓储物流商贸广场	26
27	河南中原四季水产物流港股份有限公司	25
28	宁夏恒源同达冷链物流有限公司	23
29	广西南宁国际综合物流园有限公司	22
30	无锡天鹏菜篮子工程有限公司	21

注：仓库容积包括自有仓库和租用仓库。

2014 年全国危险品仓储企业 10 强

名 次	企业名称	仓库面积（万平方米）
1	上海北芳储运集团有限公司	14
2	上海外高桥物流中心有限公司	8.1
3	上海鼎铭集装箱储运公司	7.7
4	上海晶通化轻发展有限公司	7.1
5	天津全程物流配送有限公司	7.0

续 表

名　次	企业名称	仓库面积（万平方米）
6	天津裕华经济贸易总公司	3.5
7	中外运化工国际物流有限公司	3.4
8	湖南长沙化工原料总公司	2.9
9	南京联合全程物流有限公司	2.6
10	上海山汉国际物流有限公司	2.5

2014 年全国危险品储罐企业 10 强

名　次	企业名称	储罐容积（万立方米）
1	中化实业有限公司	512
2	正本物流有限公司	100
3	舟山世纪太平洋化工有限公司	80
4	莱州东方石油化工港储有限公司	58
5	珠海恒基达鑫国际化工仓储股份有限公司	45
6	上海孚宝港务有限公司	36
7	太仓阳鸿石化有限公司	34
8	江阴华西化工码头有限公司	31
9	东莞三江口港储罐有限公司	26
10	厦门博坦仓储有限公司	21

（中国仓储协会）

2014 年度货代物流百强

名 次	企业名称	总营业额（万元）
1	中国外运长航集团有限公司	9145576.3
2	中远国际货运有限公司	4751140
3	中国物资储运总公司	2359950
4	敦豪全球货运（中国）有限公司	1358967
5	厦门速传物流发展股份有限公司	1120370
6	锦程国际物流集团股份有限公司	903259
7	上港集团物流有限公司	849143.44
8	建发物流集团有限公司	781851
9	嘉里大通物流有限公司	603450.63
10	振华物流集团有限公司	592075
11	宁波雅戈尔国际贸易运输有限公司	549318
12	深圳市华运国际物流有限公司	481139
13	天津天保国际物流集团有限公司	432125.55
14	中通远洋物流集团有限公司	430596
15	海程邦达国际物流有限公司	380390
16	中创物流股份有限公司	360000
17	中成国际运输有限公司	344872
18	中铁联合物流股份有限公司	341777

续　表

名　次	企业名称	总营业额（万元）
19	青岛全球捷运物流有限公司	332288.34
20	天津克运集运集团有限公司	323819
21	江苏众诚国际物流有限公司	321682.69
22	上海亚东国际货运有限公司	318491.35
23	东方国际物流（集团）有限公司	300643
24	江苏飞力达国际物流股份有限公司	274166.48
25	上海环世物流（集团）有限公司	268929
26	近铁国际物流（中国）有限公司	268429
27	民生国际货物运输代理有限公司	257621
28	嘉宏国际运输代理有限公司	245554
29	大连中铁外服国际货运代理有限公司	222980
30	深圳市递四方速递有限公司	221361
31	连云港东大国际货运有限公司	218648
32	中铁国际多式联运有限公司	216357
33	江苏凯通国际物流有限公司	203111
34	硕达（上海）国际货运有限公司	197081
35	新疆天业（集团）有限公司	196710.4
36	锦海捷亚国际货运有限公司	188107.8
37	广西运德汽车运输集团有限公司	185476
38	日通国际物流（中国）有限公司	181939
39	新时代国际运输服务有限公司	174679
40	宁波港东南物流集团有限公司	170398.71
41	北京环宇天马国际货运代理有限公司	168290
42	青岛远洋大亚物流有限公司	165117
43	利通物流有限公司	143546.3
44	北京泽坤国际货运代理有限公司	122975.34
45	大连忠进国际货运有限公司	118487

续 表

名 次	企业名称	总营业额（万元）
46	江苏恒隆物流有限公司	115063
47	宁波泛洋国际货运代理有限公司	113745
48	天津京铁鑫诚国际货运代理有限公司	112468.44
49	宁波简达国际货运代理有限公司	112309
50	民航快递有限责任公司	112237
51	广西超大运输集团有限责任公司	97415
52	深圳市亚洲德科供应链有限公司	95716
53	深圳市海光国际物流有限公司	91190.08
54	北京百福东方国际物流有限责任公司	87670
55	天津丰田物流有限公司	87213.66
56	广州欧华国际货运代理有限公司	83632
57	日立物流（中国）有限公司	83619
58	中设国际商务运输代理有限责任公司	81979
59	中经得美国际快运代理有限公司	80180
60	深圳市柏威国际货运代理有限公司	77453.1
61	嘉友国际物流（北京）有限公司	75980
62	环发讯通（天津）国际货运代理有限公司	75762
63	深圳市长帆国际物流有限公司	75000
64	深圳市海格物流股份有限公司	73316
65	上海美设国际货运有限公司	71846.34
66	上海东浩外服国际物流有限公司	67385
67	辽宁港捷国际物流有限公司	65479
68	江苏远洋新世纪货运代理有限公司	63850
69	通用技术集团国际物流有限公司	63842
70	深圳市鸿安货运代理有限公司	63795.83
71	重庆太平洋国际货物运输代理有限公司	62193
72	重庆美联国际仓储运输（集团）有限公司	60754
73	辽宁富德国际货运有限公司	60270

续 表

名 次	企业名称	总营业额（万元）
74	青岛思锐国际物流有限公司	60267
75	中菲行国际货运代理（上海）有限公司	56801
76	深圳市安达顺国际物流有限公司	53423
77	杭州泛远国际物流有限公司	53220.87
78	中油（天津）物流有限公司	53119
79	山东朗越国际运输服务有限公司	52811
80	东方中天（河南）航空服务有限公司	52507
81	深圳市华展国际物流有限公司	52341.71
82	上海密尔克卫国际化工物流有限公司	52138.29
83	航都（厦门）国际货运代理有限公司	50329
84	上海通运国际物流有限公司	48475
85	大连德力国际运输有限公司	44000
86	浙江海洲国际货运代理有限公司	42151.44
87	上海高信国际物流有限公司	41156
88	广西瑞通运输集团有限公司	39917
89	青岛启德物流有限公司	39827
90	上海畅顺达国际物流有限公司	39783.46
91	北京腾昌国际物流有限公司	39230
92	宁波海田国际货运有限公司	36350
93	中外运-日新国际货运有限公司	35819
94	深圳市景华峰国际货运代理有限公司	34929.27
95	北方万邦物流有限公司	34917
96	山东泛亚国际货运有限公司	34081.4
97	江苏海航国际物流有限公司	33969
98	新景程国际物流有限公司	31396
99	中海环球货运有限公司	30089.86
100	重庆长江轮船公司	27054

（中国国际货运代理协会）

2014 年全球物流发展动态

一、2014 年全球物流业回顾

随着物流与电子商务、大数据、互联网、物联网等技术手段的融合发展，科技创新、管理创新和商业模式创新使物流产业越来越具有活力，在国际商业社会中发挥的作用日益重要。在经历了 20 世纪 80 年代以来的高速增长之后，到 2020 年，全球物流服务市场仍有望以每年 3% 的速度持续增长，将超过同期全球各国国内生产总值（GDP）的平均增长速度。

（一）全球链接度

全球链接度（DHL Global Connectedness Index，DHL GCI）是由全球知名第三方物流企业 DHL 每两年发布一次，旨在对全球各国与其他国家的连通性进行详尽分析，发掘全球经济增长的潜力。该指数通过各国经济与全球经济接轨的深度与广度两个维度进行测算，每个维度中又具体包含了贸易流、资本流、信息流和人流四个组成部分。

宏观背景层面，全球化进程已经受到了越来越大的压力。研究表明，在许多国家，政府和公众对于促进全球互联互通的支持态度正在减弱。比如，巴厘的贸易便利化协议或将保持高度不确定性，以及跨大西洋贸易与投资伙伴关系协议（TTIP）谈判陷入胶着等，也为进一步促进贸易自由带来了一定阻力。

微观数据层面，2014 年全球链接度是基于 2013 年度采集的数据的。其中，荷兰蝉联了第一名的位置，中国排在第 84 位，较两年前下跌 6 位。全球链接度排名前十位的国家中，有 9 名来自于欧盟地区（详见表 1）。亚洲地区的新加坡、中国香港、中国台湾以及日本都具有较高的全球链接度。从整体上来看，相比两年前，以欧盟为代表的经济发达地区的全球链接度仍然保持着领先水平。

表 1　2014 年部分国家和地区的 DHL-GCI 排名

国家、地区名称	排　名
荷　兰	1

续 表

国家、地区名称	排　名
新加坡	2
卢森堡	3
爱尔兰	4
瑞　士	5
英　国	6
比利时	7
瑞　典	8
丹　麦	9
德　国	10
中国香港	12
中国台湾	21
日　本	42
中　国	84

资料来源：全球链接度 2014（*DHL GLOBAL CONNECTEDNESS INDEX* 2014），DHL，2014 年。

（二）物流业竞争力

由世界银行每两年发布的物流绩效指数（Logistics Performance Index，LPI），是基于对全球货运代理商及快递公司在内的物流运营商的调查，对全球 155 个国家与地区的物流能力进行数值评分得出的。

LPI 包括国际物流绩效指数和国内物流绩效指数两个方面。国际物流绩效指数的调查对象为跨国货运公司，主要从海关、基础设施、国际运输、物流能力、货运追踪和及时性六个方面综合评价各国的物流绩效表现。国内物流绩效指数的调查对象为各国当地货运公司（仅在国内设点运营的货运公司）及跨国货运公司，包含物流服务收费水平、基础设施品质、物流能力及服务品质、流程效率、重大延误缘由，以及自 2007 年来物流行业环境变化等六个方面（评分采用 5 分制）。

2014 年全球物流绩效指数表明，全球化的物流服务水平提升趋于平缓并存在缓慢的趋同现象，即物流绩效较低的国家提高其总体 LPI 得分的幅度要高于高物流绩效的国家（高物流绩效的国家甚至出现了得分下降的情况）。2007 年以来，低收入、中等收入国家物流绩效的优化提升通常来自于基础设施和贸易边境管理的改善，以及更加完善的物流服务。这也表明发展中国家正在缩小与高收入国家在交通运输基础设施方面的差距。研究还表明，绩效排名较高的国家都建立并保持着公共与私营部门的合作伙伴关系与对话，在政策制定者、从业人员、行政管理人员和学术界之间开展良好的合作，在发展交通运输服务、基础设施和高效率物流方面采取综合性方式。

根据2014年世界银行发布的LPI显示，德国在166个经济体物流绩效排名中名列榜首，同时德国也是自2007年以来的最优物流绩效国家。荷兰列第二，比利时、英国、新加坡、瑞典、挪威、卢森堡、美国、日本进入前10名（见表2）。

表2　　2014年度部分国家和地区LPI指数排名情况

国家及地区	LPI排名	LPI指数	海　关	基础设施	国际运输	物流能力	货物追踪	及时性
德　国	1	4.12	2	1	4	3	1	4
荷　兰	2	4.05	4	3	11	2	6	6
比利时	3	4.04	11	8	2	4	4	2
英　国	4	4.01	5	6	12	5	5	7
新加坡	5	4.00	3	2	6	8	9	11
瑞　典	6	3.96	15	9	3	6	7	8
挪　威	7	3.96	1	4	30	1	31	5
卢森堡	8	3.95	10	15	1	14	22	1
美　国	9	3.92	16	5	26	7	2	14
日　本	10	3.91	14	7	19	11	9	10
中国香港	15	3.83	17	14	14	13	13	18
中国台湾	19	3.72	21	24	5	25	17	25
中　国	28	3.53	38	23	22	35	29	36

资料来源：*The Logistics Performance Index and Its Indicators*，世界银行，2014年。

（三）物流总成本

物流总成本是反映物流产业发展情况、规模扩张、实体经济支撑情况的核心因素。自2008年金融危机后，美国物流业总成本随经济的稳步复苏同步增长，2014年美国商业物流系统成本增长了3.1%。商业物流成本增长到1.45亿美元，同时物流总成本占GDP的比重下降至8.3%，反映了美国的物流与供应链运行效率的进一步提高。

其他发达经济体方面，以日本为例，根据国际货币基金组织研究统计，2014年日本物流成本占GDP的比重为8.4%，同比下降0.1%。目前，库存成本取代了运输成本成为日本物流成本管理重要的环节。因此，仓储成本的降低是导致日本物流总成本占GDP比例下降的最主要原因。

发展中国家地区方面，以当前国际商贸物流发展迅猛的东南亚地区为例，由于该地区物流基础设施欠缺、河流水道网复杂、物流效率偏低，导致物流成本普遍较高。2014年，越南的物流成本约占 GDP 的 25%（为东南亚地区的平均水平），远高于发达国家物流成本约占 GDP 的 8% ~11% 的水平。降低物流成本是提高东南亚地区商品国际竞争力的重要因素，但目前来看越南物流企业与进出口企业、制造业企业等供应链协同伙伴之间仍缺乏有效的合作。

（四）公路货运业

高速公路是近代发达国家交通运输发展的重要特征，公路物流是各国物流产业的主要部分之一。几年来，公路交通运输作为新型城镇化、城市群发展的重要基础，通过公路交通网络引领区域经济发展已经成为多方尤其是全球众多新兴经济体的共识。

美国是世界上拥有高速公路最多的国家。美国拥有发达的公路交通系统网络，公路运输是美国运输体系中所占比例最大部分。2014 年，美国公路货运业成本比上年增加了 3%。其中，城际公路货运成本和本地公路货运成本增长了 2.7% 和 3.7%，分别为 4860 亿美元和 2160 亿美元。近年来，由于成本问题美国小型公路货运公司被逐步挤出市场。2014 年第一季度，全美有 390 家公路货运公司破产，这些货运公司的平均拥有车辆数为 27 辆。然而同时，随着美国经济的好转，货运量的增加，承运人信心也正在增长。2014 年美国重卡注册数量同比增加了 3.8%，创历史新高。2014 年共有 226228 台重卡注册，截至 2014 年年底全行业累计共有 378 万台重卡。

再以俄罗斯为例，2014 年俄罗斯公路货物运输量约占全国总货运量的 70%。公路运输具有如此高的比重完全决定于俄罗斯自身的区位交通特点。在俄罗斯公路运输较海运、河运和铁路等其他运输方式具有更大的机动性，具有货物送达速度更快、能够运输各种各样的货物等优势。根据俄罗斯联邦国家统计局的数据，2014 年 1—6 月，俄罗斯公路货运周转量同比下降 0.1%，为 1144 亿吨公里。预计在未来几年其工业生产增速将会放缓、出口量将会减少，这将对货物运输量产生负面影响。与此同时，俄罗斯货物运输市场上的主要拉动力，与以往一样仍将是建筑业。

（五）铁路货运业

在经济全球化、区域一体化的发展趋势下，铁路运输的安全、舒适、节能、环保等服务特点具有比较优势。近年来，在铁路运输企业发展过程中，世界上许多国家都围绕放松政府管制，优化内部产权关系，调整铁路运输企业内部结构，实施企业重组等方面进行铁路运输企业的改革。概括起来全球铁路运输企业的改革模式主要有以下几种：一是以美国、加拿大为代表的北美模式，即组建货网一体的区域性铁路货运公司，成立全国统一的客运经营公司；二是欧洲的分离模式，即将铁路客货运营与基础线路设施相分离；三是俄罗斯和印度模式，即建立全国路网和客货运营一体化，统一管理运输生产服务；四是日本模式，即以区域性运输为主，组建全国性的货运公司。

作为世界国土面积最大的国家，俄罗斯有着全球最长、最密集的铁路、公路与地铁网络。2014 年 1—6 月，俄罗斯铁路货运周转量同比增长了 5.6%，为 1.13 万亿吨公里。俄罗斯铁路以平均每年 7.9% 的增幅运营货物，早在 2011 年俄罗斯铁路局就计划投入 18700 万卢布用于建设 84 个技术标准项目。加之俄罗斯将举办 2018 年世界杯等国际体育盛事，将吸引众多旅客前来参观旅游，因此加大投入建设运输设施与运输安全，早已被俄罗斯政府列为国家建设规划的重中之重。

德国方面，德国联邦统计局公布的数据显

示，受罢工影响，2014 年德国铁路货物运输量为 3.65 亿吨，比上年下降 2.3%。2014 年德国铁路和轻轨共运输乘客超过 26 亿人次，同比增长 2.1%。其中，短途客运量 25 亿人次，长途客运量 1.29 亿人次，同比下降 1.8%。

中国经济的稳步增长，铁路用占世界 7% ~9% 的营业里程完成了占世界 26% ~30% 的换算周转量，换算密度超过世界平均水平的 4 倍，成为世界上最繁忙的铁路之一。中国高铁作为中国高速铁路的引导者，依托“一带一路”战略，2014 年也在积极实施“走出去”战略。2014 年 1 月，由中国铁建总承包的土耳其安卡拉至伊斯坦布尔高铁二期主体工程完工，这是中国企业在海外承建的第一条高速铁路；5 月，中尼双方签署了沿海铁路项目的框架合同；6 月，中国原北车集团大连机车车辆有限公司成功签约菲律宾马尼拉城轨项目；7 月，由中国企业参与建设的安伊高铁（安卡拉—伊斯坦布尔）二期工程顺利通车。

（六）集装箱海运业

2014 年，国际集装箱运输集团的合作推动了海运物流一体化的建设。中海集运与法国达飞海运和阿拉伯联合航运签署合作协议，三家集装箱班轮运营商在亚欧航线、泛太平洋航线和亚洲—地中海航线三条东西向的主干线上展开共同投船、舱位互换和舱位买卖等形式的合作，使三家国际集装箱集团优势互补、风险分担、避免同质化的恶性竞争。据全球关键信息和分析提供商下设研究机构（IHS Fairplay Sea-web）统计，截至 2014 年 12 月 28 日，2014 年世界集装箱船交付量为 202 艘、1721.2 万载重吨，同比增长 5.3%。截至 2014 年 7 月，全球集装箱船保有量为 5071 艘、22152.4 万载重吨。Alphaliner（法国航运咨询网站）发布的 2014 年全球前 20 大集装箱班轮公司运力排名情况如表 3 所示。

表 3　2014 年全球前 20 大集装箱班轮公司运力排名

排　名	船公司	运力（标准箱）	份额（%）
1	马士基集团	2961030	15.50
2	地中海航运	2547913	13.40
3	法国达飞	1691707	8.90
4	赫伯罗特	965063	5.10
5	长荣	951777	5.00
6	中远集运	813312	4.30
7	中海集运	702977	3.70
8	韩进海运	620199	3.30
9	商船三井	593618	3.10
10	美国总统轮船	545270	2.90
11	汉堡南美	540923	2.80

续 表

排 名	船公司	运力（标准箱）	份额（%）
12	东方海外	529817	2.80
13	日本邮船	483743	2.50
14	阳明海运	443616	2.30
15	阿拉伯联合国家轮船（UASC）	414975	2.20
16	川崎汽船	390612	2.00
17	现代商船	382812	2.00
18	太平船务	361739	1.90
19	以星综合航运	326004	1.70
20	万海航运	203521	1.10
20 个集装箱班轮公司运力合计 1647 万标准箱，份额合计 86.5%。			

注：运力统计包括自有运力和租入运力。

资料来源：中港网（http：//www.chineseport.cn/）。

2014 年，全球 10 大集装箱港“俱乐部”入门门槛已从上年的 1300 万标准箱提高到 1400 万标准箱，目前，全球 1500 万标准箱以上港口共 9 个，比上年多出一个。2014 年，全球 2000 万标准箱以上港口共 4 个，3000 万标准箱以上港口为 2 个。2014 年全球 10 大集装箱港排行榜中，包括香港港在内的中国港口共包揽七席，余下的第二、第六、第九名分别为新加坡港、韩国釜山港、阿联酋迪拜港。在前十大港口中，中国港口完成的集装箱吞吐量所占比重为 68.6%，与上年 68.7% 的水平基本持平。

据中港网测算，2014 年全球前 10 大集装箱港共完成箱量 21590.5 万标准箱，较 2013 年的 20427.6 万标准箱增长 5.7%，此增幅均高于 2013 年的 3.1% 和 2012 年的 3.4%。2014 年全球前 10 大港口集装箱吞吐量排名如表 4 所示。

表 4　　2014 年全球前 10 大港口集装箱吞吐量

名 次	港口名称	2014 年（万标准箱）	2013 年（万标准箱）	同比增长（%）
1	上海港	3528.5	3361.70	3.34
2	新加坡港	3386.9	3260.00	2.90
3	深圳港	2403.7	2327.80	1.46

续 表

名 次	港口名称	2014 年（万标准箱）	2013 年（万标准箱）	同比增长（%）
4	香港港	2228.7	2228.80	-3.6
5	宁波－舟山港	1945.0	1765.00	12.00
6	釜山港	1868.0	1732.68	7.12
7	青岛港	1662.0	1552.00	7.00
8	广州港	1616.0	1530.92	3.83
9	迪拜港	1525.0	1363.00	2.71
10	天津港	1405.0	1300.00	5.69

资料来源：中港网（http：//www.chineseport.cn/）。

2014 年，受益于全球经济复苏，欧洲集装箱进出口整体上呈现出增长趋势，克服了希腊债务危机、市场紧缩等不利因素影响。据集装箱贸易统计每周报告显示，2015 年 2 月进出欧洲的 20 英尺标准箱达 46.9 万标准箱，同比增长 5.4%，其中包括了地中海沿岸所有国家和欧洲国家之间的集装箱。2014 年，欧洲地区进口增长率高于出口率（分别为 5.7% 和 4.5%），区域贸易增长了 7.3%，其中不包括分线箱。除拉丁美洲，从欧洲出口的都有所增长，而到北美的贸易由于从美元兑欧元贬值中获益，其增长率高达 9.6%。欧盟地区具有代表性的港口包括鹿特丹港、汉堡港等。

鹿特丹港。2014 年，鹿特丹港吞吐量上升到 4.45 亿吨，比上年增长了一个百分点。在连续两年的负增长后，欧洲最大的集装箱港口回到了正增长的轨道。鹿特丹港称，2014 年该港集装箱吞吐量为 12.3 万标准箱，同比增长 5.8%；港口吞吐量为 1.276 亿吨，同比增长 5.2%。

汉堡港。2014 年，汉堡港总吞吐量达到 14570 万吨，较上年增长 4.8%，实现了汉堡港有史以来的最好成绩。集装箱吞吐量同比增长 5.1%，刷新了 970 万标准箱的新纪录，直逼 1000 万标准箱大关。现在，1000 万标准箱成为了 2015 年的目标。

2014 年美国主要港口集装箱绩效水平详见表 5。

表 5　2014 年美国主要港口集装箱绩效水平统计

港口名称	2014 年（标准箱）	2013 年（标准箱）	同比增长（%）
洛杉矶港	8340065	7868582	6.00
长滩港	6820806	6730573	1.30
纽约港	5772303	5467347	5.60

续 表

港口名称	2014 年（标准箱）	2013 年（标准箱）	同比增长（%）
萨凡纳港	3346024	3034014	10.30
奥克兰港	2394069	2346528	2.00
诺福克港	2393038	2223532	7.60
休斯顿港	1958251	1952122	0.30
查尔斯顿港	1791987	1601367	11.90

资料来源：*CSCMP's Annual State of Logistics Report*。

俄罗斯方面，根据俄罗斯海洋贸易港口协会的数据，2014 年 1—9 月，俄罗斯海港货物吞吐量达 4.655 亿吨，与上年同期相比增长 6.2%。海港出口货物吞吐量为 3.7 亿吨，较上年同期增长 7.9%；进口货物吞吐量为 3280 万吨，同比下降 5.1%；过境运输货物吞吐量 3650 万吨，同比增长 5.3%；沿海运输货物吞吐量 2620 万吨，同比下降 0.1%。其中，集装箱货物吞吐量为 3510 万标准箱，同比增长 6.3%；矿石转运量 460 万吨，同比减少 17.6%；有色金属吞吐量 240 万吨，同比下降 17.7%。

（七）航空货运业

全球航空运输业前景正在改善。随着燃油价格的下滑，包括旅行者和托运人在内的所有消费者都将享受到更低的成本。2014 年，全球客运量有望增长 7% 至 35 亿人次，远高于过去 20 年 5.5% 的增速；运力增长预计将达到 7.3%，从而推动载客率攀升至 79.6%（略低于 2014 年 79.9% 的预期水平），客运收益也将飙升至 6230 亿美元。燃油价格的下滑有望拉低机票价格，经过通胀调整后，平均往返机票价格（不包括税费和附加费）有望在 2015 年下降 5.1%，至 458 美元。

根据国际机场协会（ACI）公布的 2014 年全球机场货运量最新排名来看（如表 6 所示），中国香港的香港国际机场连续五年（2010—2014 年）蝉联全球机场货运量第一，全年同比增长 5.9%；美国孟菲斯机场紧随其后排名第二；上海浦东机场排名全球第三，全球前三甲与上年排名保持一致；在全球前 10 大机场货运量排名中，亚洲机场占据半壁江山，美国机场占据三席，仍保持航空货运强国地位；德国法兰克福机场下滑一个名次位列第九；法国巴黎戴高乐机场表现欠佳，滑出前十之外；中国台湾桃园机场从原本的第 15 名一口气跃居第 10 名，首度挤进前 10 名。

表 6　　2014 年全球前 10 大机场货运量

机场名（国家）	2014 年排名	2013 年运输总量（万吨）
香港国际机场（中国）	1	415.61

续 表

机场名（国家）	2014 年排名	2013 年运输总量（万吨）
孟菲斯机场（美国）	2	413.79
上海浦东机场（中国）	3	292.85
仁川机场（韩国）	4	246.44
泰德·史蒂文斯安克雷奇机场（美国）	5（+1）	243.56
迪拜机场（阿联酋）	6（-1）	242.11
刘易斯维尔机场（美国）	7	221.61
成田机场（日本）	8（+2）	209.45
法兰克福机场（德国）	9（-1）	206.92
桃园机场（中国）	10（+5）	201.98

资料来源：国际机场协会（http://www.aci-asiapac.aero/）。

二、全球物流与供应链发展的新趋势

（一）新兴经济体亟待构建现代物流体系

全球经济整体发展势头较为良好，美国、日本经济继续步入回升通道，而欧元区经济出现明显改善。在发达国家强劲需求的推动下，全球经济短期企稳回暖迹象明显，这些因素均推动了亚洲多个新兴经济体的制造业活动普遍回暖，但是物流与供应链管理体系建设滞后于地区经济发展，成为影响新兴经济体进一步发展的负面因素。以东南亚地区为例，因其物流基础设施欠缺、河流水道网复杂、物流效率偏低导致物流成本普遍较高。2014 年，越南的物流成本约占 GDP 的 25%，远高于发达国家物流成本，物流成本高昂成为制约其商贸制造业转型升级的一大掣肘。

以非洲地区为例，由于有着丰富的劳动力基础，非洲大陆成为跨国公司的首选。2013 年，在非洲注册的跨国公司同比增长了 6%，首次超越了亚洲。预计未来几十年，其增长速度仍然会与亚洲竞争，超越拉丁美洲、中东和西欧地区。并且，非洲经济在未来有望与曾经的发达国家一样，成倍增长。但在供应链方面，非洲也有其独特的、多样的、不断发展的挑战。非洲地区大部分地区基础设施落后，物流成本高昂，吨公里的成本比西欧至少多 20%，并且由于途径不同，有时更高达 120%。即使是长期在本地运营的物流公司都被迫寻找、创造新的方式来保持增长，扩展其业务范围到新的国家和市场。在其他新兴地区汲取的教训也同样适用于非洲，这些经验教训很可能将成为解决方案的一部分。其余部分是针对特定国家、市场和消费群体的特有方法。

新兴经济体物流与供应链网络体系的迅速搭建，需要通过与跨国物流与供应链、制造业企业展开积极战略合作。成功的跨国物流企业的关键策略是寻找协同和合作机会，使得非竞争性组织之间共同承担成本，共享特定供应链渠道的利益。例如，南非的一家服装零售商，他们加入了州控权的铁路运营商，开发出了依托铁路的运输渠道，联通他们的配送中心与相距400~1000公里（250~650英里）的三个港口。这种联通使得从欧洲和亚洲进口的产品运输更快、更可靠，并且预检安排和专门的经纪代理伙伴能帮助加快通关，在此之前这些都要花费一周或更长时间。

（二）科技与商业模式创新加速传统物流业转型升级

如今，颠覆性的科技与商业模式创新正在改变着人类社会，也正在作用于物流与供应链领域。以仓储为例，作为最传统并且是支柱性作用的物流功能，大数据、物联网、流通网、科技通时代、高级机器人、无人驾驶叉车以及替代能源都将对其产生深远的变革与影响，并将同样改变全球运输、流通配送等其他物流领域。

大数据。全球仓储业发展滞后于整体经济发展的原因之一，是各区域的物流主体担心从不同来源收集和分析数据过于复杂。现有的业务系统中，数据安全性、保密性、完整性和集成度是仓储和配送的大数据分析中，阻碍其发展快速的主要障碍。另一个问题是，数据只有融入日常管理流程才是有用的。这就需要经过特别培训，确保员工最大限度地利用数据驱动的决策机会。比如仓库叉车车队管理软件的运用，在装卸车队，这款软件被越来越多地用于追踪车辆，影响运营效率和设备利用率。而在发展中国家与地区，甚少仓储经理能够通过追踪运营者或车辆位置来追踪相关影响事件。

物联网。它会把所有不同的系统和设备，比如输送机、机器人、自动存储和检索系统、自动导引车（AGV）、叉车、蓄电池充电站、码头设备、选车、语音拣选系统，以及照明、加热、通风、空调中控系统（HVAC）等，紧紧耦合到仓库控制、劳动力、运输、订单和客户管理系统中。这种连接的仓库将使供应链和仓库管理达到优化流程、新的水平、高效运营和可预见性，同时提供实时的可视操作和预测分析。目前，以美国为代表的发达国家，许多现代化仓库的叉车就已经做了很多的数据搜集。德国的叉车基本都配备了无线连接、数据存储和传感器，让它们能从内部系统，以及从它们的环境中搜集信息，然后发送这个数据至管理系统。

移动技术。随着数据分析和自动化在物料搬运中的不断应用，移动技术将作为数据显示的主要平台。过程与工作流管理系统开发商已经采取了“移动第一”的方法来开发应用程序。有了移动技术，无论仓库管理人员在哪里，他们都能获得丰富的数据，包括设备的状态和性能报告。随着越来越多的全球性的仓库24小时全天候运营，使得跨国管理者能实时跟踪性能并解决问题。

三、全球物流业的未来展望

在全球经济增长温和且不均衡的环境下，无论是发达经济体，还是新兴市场和发展中经济体，均需要采取果断政策，加快结构调整，提高实际和潜在产出；加快物流与供应链体系建设将成为各经济体自身发展与产业转型升级的支撑性、战略性举措。全球物流业增长稳定，全球物流市场的中心正在逐渐由美洲和欧洲向中国、印度等亚洲国家转移。其中，“亚太物流一体化”将积极推进亚太自贸区建设，支持多边贸易体制，促进全球供应链的合作。在此背景下，包括东南亚、乃至非洲等发展中、落后国家地区必须进一步加强自身基础设施建设，进一步促进科技与商业模式创新，增强区域流通能力，降低物流与供应链运营成本，以承接日益增长的物流与供应链需求规模。

（王文博　杨思曈　曹璐）

2014 年美国物流发展动态

一、总体经济形势

受益于居民消费和就业率的稳步提升，美国经济在 2014 年的总体表现可谓先抑后扬，总体增长势头仍然强劲，领先于欧元区和日本等其他发达地区经济体。同时，美元升值、西部港口的劳工问题、世界油价的暴跌与剧烈波动等负面因素也对美国本土经济复苏带来了一定的阻力。2014 年第一季度，受罕见暴风雪天气影响，美国经济一度呈现负增长的发展态势；但在后三个季度，GDP 增速分别达到 4.6%、5% 和 2.2%，实现了突破性发展，而上一次美国 GDP 保持连续增长且增速超过 3 个百分点还须追溯到 2003—2005 年。

据美国商务部统计，2014 年全年，美国货物进出口额为 39686.3 亿美元，比上年增长 3.1%。其中：出口 16234.4 亿美元，增长 2.8%；进口 23451.9 亿美元，增长 3.4%。贸易逆差 7217.4 亿美元，比上年增长 4.8%。美国的前四大贸易逆差来源地依次是中国、德国、日本和墨西哥，2014 年逆差额分别为 3426.3 亿美元、737.4 亿美元、669.8 亿美元和 538.3 亿美元。机电产品、运输设备、矿产品和化工产品是美国的主要出口商品，2014 年出口额分别为 3915.3 亿美元、2680.7 亿美元、1684.1 亿美元和 1644.3 亿美元，占美国出口总额的 24.1%、16.5%、10.4% 和 10.1%，同比增长分别为 3.2%、4.9%、6.0% 和 0.5%。机电产品、矿产品和运输设备是美国的前三大类进口商品，2014 年进口额分别为 6389.6 亿美元、3526.5 亿美元和 2989.7 亿美元，占美国进口总额的 27.3%、15.0% 和 12.8%。

（一）居民消费能力提升与就业率稳步提升

居民消费水平是美国金融危机后拉动经济过程中较为薄弱的一个环节，就业情况、家庭收入与家庭资产负债情况是影响居民消费能力与意愿的最主要因素。2014 年，美国民众个人存款增加，债务略微减少，表明美国民众在经济不景气的这几年中适应性地实现了节约开支与增加储蓄。同时，资本市场整体走势良好，促使部分家庭的收入实现了较快的增长。高等收入家庭财富值保持增势，这也带动了更多的消费，并带来了更多的就业岗位需求，为低收入家庭创造了可持续的收入来源。

在就业率方面，2014 年美国失业率保持近

4 年来的下降趋势，就业率的上升为经济的复苏提供更坚固的基础。美国非农就业人数在年内获得了每月 20 万人以上的平均增速，失业率在 2014 年内降到了 6% 以下的“充分就业”区间，达到这一目标的时间点比此前美联储所预计的 2015 年年底要早了一年多。

（二）美元升值成为美国经济复苏一大障碍

一方面，从 2013 年起，各界对于美国退出量化宽松的争议与预测就已开始，而在 2014 年中，美国将要退出量化宽松的形势已经越来越明朗化。另一方面，美联储考虑加息等收紧流动性的举措使美元指数不断走高。在美元升值的压力下，美国的出口备受打击。以美元标价的商品因为美元上涨正在逐渐丧失竞争力。美元汇率的走高也拖累了美国产品在国际市场上的销售，2015 年美国第一季度 GDP 增长预测从 1.2% 下调到 0.7% 。此次下调的主要原因就是因为汇率问题导致美国出口下降了 7.2% 。

二、物流业发展基本情况

（一）物流业总成本

自 2008 年金融危机后，美国物流业总成本随本土经济的稳步复苏同步增长，反映了美国实体经济的良好发展态势与规模扩张情况。2014 年美国商业物流系统成本增长了 3.1% ，商业物流成本增长到 1.45 亿美元，比上年增加了 434 亿美元。物流成本占 GDP 的比重为 8.3% 。2005—2014 年美国物流成本走势如图 1 所示。①

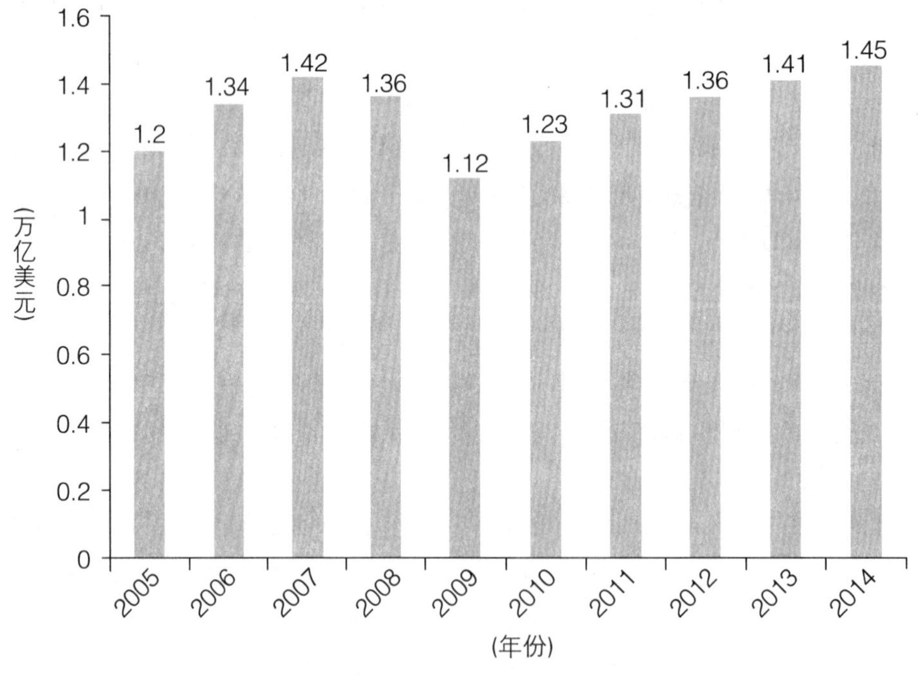

图 1 2005—2014 年美国物流成本走势

① 本文图表资料均来自美国供应链管理专业协会（CSCMP）2015 年编制的第 26 次《美国物流年报》。

得益于美国物流行业中信息技术、管理手段、商业模式的不断创新与应用，物流单位运量的成本持续下降，美国物流成本占 GDP 的比重持续降低，从 2013 年的 8.4% 下降到 2014 年的 8.3%，这反映了美国的物流与供应链运行效率的进一步提高。2005—2014 年美国物流成本占 GDP 的比重如图 2 所示。

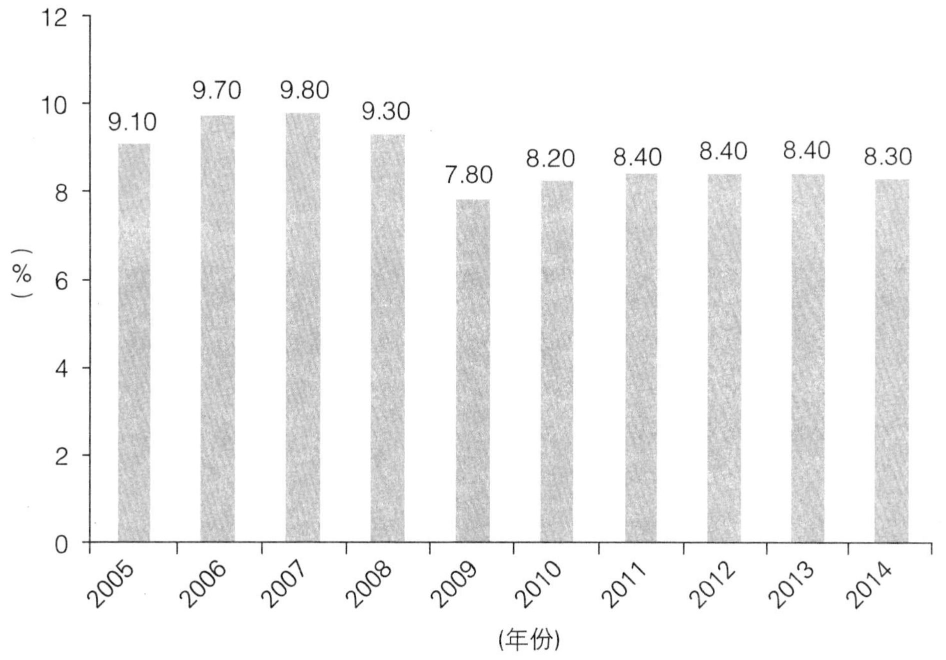

图 2　2005—2014 年美国物流成本占 GDP 的比重

美国库存持有成本和运输成本在 2014 年均有增长，库存持有成本比上年提高了 2.1%。商业库存总量再次攀升，造成相关成本（如税收、产品贬值、产品废旧、保险等）的增加。

库存持有成本由库存投资资金成本、库存服务成本、仓储空间成本和库存风险成本构成，其中，库存投资资金成本占库存持有成本的大部分。2014 年，美国商业利率又有小幅下调，利息相关成本降低了 4.8%。对于企业而言，库存形式的资产因为其极低的流动性无法像现金等流动性高的资产一样去投资获取时间价值，因而丧失了其他投资的机会，应以使用资金的机会成本来计算库存持有成本中的资金成本。而资金成本与市场利率紧密联系，所以在商业利率减少的情况下，资金成本减低能使库存持有成本中的库存投资资金成本降低。

2014 年，美国零售业库存和批发业库存均有增长，但是制造业库存有小幅的下降。批发业库存年增长率为 3.9%，而零售业库存仅增加了 2.3%。虽然 2014 年工业生产一直保持强劲趋势，但是制造业库存继续缩水下滑。随着库存的增加，2014 年库存持有成本有一定程度的增长。尽管利率还是大大低于衰退前的水平。

得益于货运量的增加，2014 年美国运输成本增长了 3.6%。

（二）公路运输业

依托美国发达的公路交通系统网络，公路运输在美国运输成本中占最大部分。2014 年，美国公路货运业成本增加了 3%，其中城际公路货运成本和本地公路货运成本分别增长了 2.7% 和 3.7%，分别达 4860 亿美元和 2160 亿美元。2014 年，美国公路货运次数有所减少，公路运输里程增加了 3.5%。这表明公路货运车辆的单次载货量更大，满载率增加。然而，公路货运收入的增长比货运次数的增长更为缓慢，这表明公路运价保持稳定，市场竞争激烈。

公路货运司机周转率是衡量市场上货车司机是否短缺的一个重要指标，反映了市场的供需平衡情况。2014 年第四季度，美国大型货运车队和小型货运车队的司机周转率分别为 96% 和 95%。对于大型货运车队而言，这一指标同比下降了 1%，而小型货运公司的司机周转率则从 2013 年的 90% 增长到 2014 年的 95%。小型货运车队司机周转率的增长是因为大型货运车队以高薪和更好的福利待遇吸引了相关货运人力资源。零担卡车司机比较稳定，年周转率只有 11%。美国运输协会预计，美国卡车司机短缺数量为 35000 ~ 40000 人。卡车司机岗位招聘人数正在增长，但是增长的数量远不及退休人数。

由于成本问题，小型公路货运公司仍旧被挤出市场。2014 年第一季度，美国有 390 家公路货运公司破产，这些货运公司的平均拥有车辆数为 27 辆。新的联邦公路货运安全规范与小型公路货运企业的接连破产有着直接的联系。许多被迫退出市场的公路货运公司都曾被联邦政府要求安装电子计时仪，以确保司机驾驶时间符合对服务时长的规定。驾驶距离短的司机因为工资收入减少而选择退出，这导致这些公路货运公司的卡车利用率下降，这些货运公司不得不以高薪重新招聘和培训新司机。

2014 年，随着美国经济的好转和货运量的增加，承运人信心也正在增长，美国重卡注册数量同比增加 3.8%，创历史新高。2014 年共有 226228 台重卡注册，到 2014 年年底全行业已注册重卡累计达 378 万台。第三季度和第四季度将近有 6 万台新重卡注册。大型货运公司是重卡购买的主力军，约占新重卡注册量的 48%。拥有超过 500 台车辆的货运公司 2014 年注册重卡数量增加了 23%。

（三）铁路运输业

2014 年，美国铁路运输成本增加了 6.5%。一级铁路吨英里货运收入从 3.961 美分增加到 4.054 美分，增幅为 0.1%。铁路货运吨英里收入增长到 1.85 万亿美元。

总体而言，2014 年全美铁路货运总周转量完成了 28673776 吨，比上年增长了 4.5%，创历史新高；铁路货运总发货量达到自 2006 年以来的最高值——增速为 3.9%；多式联运比上年增长了 5.2%，超过了 2013 年的水平。美国铁路协会的报告显示，一方面，2014 年美国各种货物的铁路运输需求大幅增加，特别是多式联运需求猛增。谷物大丰收增加了将近 12.9 万车皮的铁路货运，而电力需求的增长使煤炭运输增加了 5.5 万车皮。铁路货运业的货运量已经基本接近金融危机前的水平。另一方面，运输产品的种类多样化和运量不断增长也给美国铁路运输业带来了新的挑战。比如，美国西海岸多式联运需求的爆炸式增长，导致相关区域对铁路基础设施和设备的投资建设需求的增加，以满足目前美国不断增长的市场需求。

（四）海洋运输业

2014 年，美国水路货运业成本比上年增加 8.9%，是增速排名第二的运输模式。尽管存在西海岸的劳工问题和巨型集装箱船的停靠与装卸问题，但是随着全球与本土贸易的波动式发展，美国水运业各模块均有所增长，海洋运输业呈现恢复性增长的态势。

西海岸罢工事件造成了约15万标准箱的货运损失。工会和港口运营者起初共同合作，防止码头作业迟缓或出现滞延，但是随着时间的推移，洛杉矶港和长滩港在及时起货交货方面挑战重重。对于美国西方的农户来说，从上一年的12月一直持续到来年的2月，是一个重要的销售旺季。在这一时期，因为中国春节的需求刺激，华盛顿苹果的需求达到顶峰，因为又红又甜的苹果对于中国人来说是吉祥的好兆头。由于港口问题，农户们无法按时将他们的产品送至中国，而2014年又是苹果大丰收，卖不出去的苹果就只能扔掉腐烂。土豆种植商也面临同样的问题，随着中国春节的到来，薯条销量的增加，相应的土豆需求也会增长。但华盛顿和爱达荷州的土豆都在仓库里，无法进行运输。两类农户都表示出担忧，运输出现的问题导致他们可能会永远失去中国市场，因为客户可能会选择其他国家或地区的供应商。但是如果他们把产品转运到其他港口进行运输，这会降低产品价格和交付时间上的竞争力。

2014年，西海岸的集装箱运输量还受其他一些因素的影响。从中国进口的产品一般占将近50%的美国集装箱进口。集装箱进口量在9月有25.7%的激增。这一激增的原因是，有700多万台的苹果手机6s（iPhone 6s）从中国郑州的工厂运至美国。

中国是美国除北美自由贸易区外的最大贸易合作伙伴，中国经济的放缓也直接反映到美国的出口指标的变化上。中国的经济增速放缓是美国集装箱货运量一直在下降的重要原因。同时美国以外的全球产品需求疲软，出口订单的减少迫使中国关闭工厂、进行裁员。美国集装箱货运情况不容乐观。2014年美国主要港口的绩效水平见下表。

2014年美国主要港口的绩效水平统计

港口名称	2014年（标准集装箱）	2013年（标准集装箱）	百分比变化（%）
洛杉矶港	8340065	7868582	6.00
长滩港	6820806	6730573	1.30
纽约港	5772303	5467347	5.60
萨凡纳港	3346024	3034014	10.30
奥克兰港	2394069	2346528	2.00
诺福克港	2393038	2223532	7.60
休斯顿港	1958251	1952122	0.30
查尔斯顿港	1791987	1601367	11.90

（五）内河航运业

2014年，由于农业大丰收、煤炭和其他非金属矿产需求增加，以及驳船石油运输的扩张，美国内河运输货运量反弹，内河水路运输量大幅增长。通过深水港口进出口货物的国内成本（不包括海洋运输成本）大约为310亿美元，而内河运输占余下的 90 亿美元。

受寒冬天气的影响，煤炭和焦煤运输量在第一季度后两个月有所增长，但是这之后运量下降至一定水平后保持稳定。2014 年，美国的石油运输量大幅增长，而且一直保持在前几年的水平之上；食品和农产品运输量与前三年的趋势保持一致，全年均保持在较高的水平。随着全球油价大跌，2014 年美国国内石油运输量减少，石油运输量在 11 月达到顶峰后，开始急剧地下降。

（六）管道运输业

2014 年，美国石油管道运输成本比上年增加了 9.7%。整个行业仍受管控，运价是由联邦能源管理局（Federal Energy Regulatory Commission）发布的石油管理指数所决定的。2014 年该指数相比 2013 年下降 0.7%，但是吨英里运输量增加了 5.6%。

（七）航空货运业

2014 年，美国航空货运业收入比上年减少了 1.2%，其中国内航空货运收入比上年增长了 0.4%，国际航空货运收入比上年下降了 3.6%。总体而言，美国国内航空货运量增加了 3.4%，国际航空货运量增加了 6%；由于客机座客率下降，美国客机载货量再一次下降。2014 年，美国高价值产品的航空货运量达到 9680 亿美元，创历史新高，其中出口 4438 亿美元、进口 5433 亿美元。

（八）第三方物流行业

2014 年，美国货运代理收入比上年增加了 5.4%，第三方物流行业收入比上年增长了 7.4%。美国第三方物流供应商一直在积极应对供应链和配送策略的变化，比如全渠道零售，以扩大市场业务范围。先进的技术（比如可视性、订单管理、运输和仓储管理）一直处于第三方物流服务的第一类，但是诸如市场风险管理、劳动力资源配置（特别是卡车司机和仓库员工）以及供应链灵活性和敏捷性提升方案等新服务也越来越普遍，以适应增长和不断改变的消费群体。2005—2014 年美国第三方物流市场规模变化情况如图 3 所示。

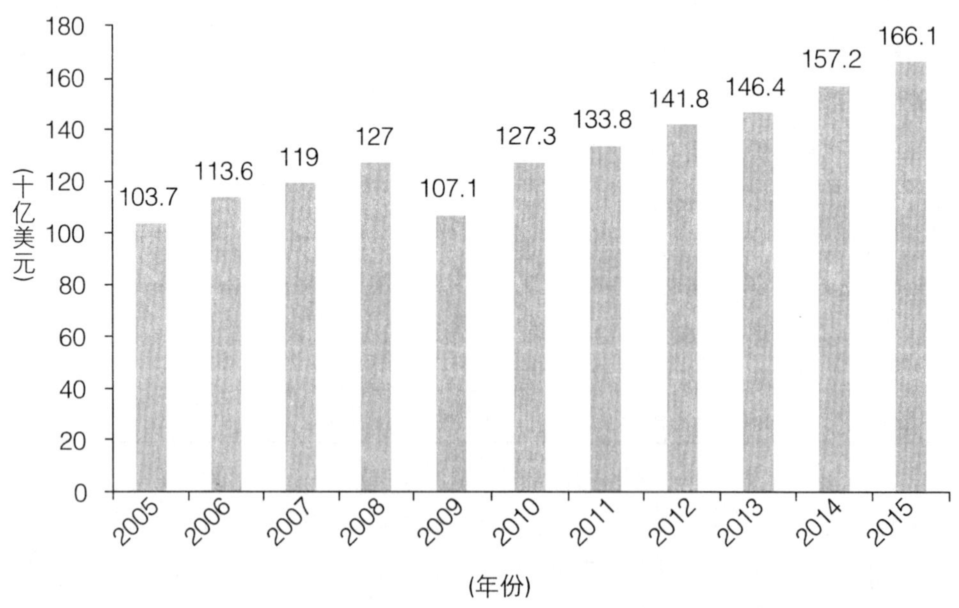

图 3　2005—2014 年美国第三方物流市场规模走势

美国第三方物流市场可以细分为四个部分，即国内运输管理、国际运输管理、固定合同运输和增值仓储与分拨。其中近几年增长最快的部分是国内运输，2014 年美国国内运输同比增幅达到 20.5% 。美国国内运输增长的原因是越来越多的客户选择第三方物流服务，同时第三方物流服务的种类和服务水平也有提高。由于发货人/第三方物流服务商合作水平越来越高、业绩显著，使得使用第三方物流的发货人平均物流成本减少了 9% 、库存成本下降了 5% 、固定物流成本减少了 15% ，同时，订单送达率从 60% 增加到 66% 、订单准确率则从 61% 增加到 66% 。当然美国的供应链还存在一些不确定因素，但是第三方物流供应商可以很好地引领客户处理这些不确定因素。这些不确定因素包括运力、经济形势的变动、发展中国家的成本结构、供应链和运输的中断等。

增速第二快的部分是固定合同运输，同比增幅为 10.4% 。由于公路和铁路货运的运力趋紧，固定合同货运量能保证有足够的运力进行运输。

三、总结与展望

2014 年是 2008 年金融危机以来美国经济运行情况最好的一年。作为美国经济复苏的晴雨表，美国消费者信心指数在 2014 年年底达到 2007 年以来最高点，其背后是美国失业率的下降和资本市场上的增长。经济方面，美联储退出量化宽松、提高利息，制造业得到复苏也为美国经济的增长补充强劲动力。然而，世界上其他经济体复苏形势并不明朗，这和美元升值带来贸易逆差的扩大都成为美国经济复苏的阻碍。

物流方面，公路、铁路、海洋和内河航运业都有不同程度的增长，尤其是第三方物流的增长使物流体系向更专业、更科学、更高效的方向发展。2013 年和 2014 年美国物流成本的增速慢于 GDP 的增速就是个非常好的信号，这说明美国物流业在货运量增加的情况下提高了运输效率，降低了物流成本。

2014 年，美国物流运力存在的缺口和物流运输行业的劳动力短缺问题已经引起了各方关注。一方面，在美国金融危机后的复苏过程中，经济增长促进的货运量慢慢逼近运力的瓶颈，运输成本有所上升；另一方面，劳工纠纷事件也从一个侧面反映出美国物流行业劳动力供求上存在的问题。2014 年历时长达 9 个月的劳工纠纷，导致港口停摆、货物滞延，直到近期才达成协议。清理积压货物大约花费了 5 个月的时间，预估这次货物滞留造成零售商的经济损失高达 70 亿美元。很多延期未送达的商品因为错过了本应该销售的季节，不得不进行降价处理。

展望 2015 年，美国以及全球经济增速以继续保持 2014 年增速或以更高的速度发展的可能性不大，这将有助于缓解货运量与运力不足之间的矛盾。但市场的供求还是会给运价带来上涨压力，至少短期内运价不会大幅下跌。同时，随着拥堵区域的改善，新轨道投资应该初见成效，美国物流业的发展前景仍将保持相对乐观的态势。

（王文博　杨思曈　曹璐）

日本冷链物流发展[①]

一、日本冷链物流发展

（一）日本冷链物流概述

在日本，冷链物流被称为“低温物流”。日本冷链物流是为了保证生鲜食品的鲜度，保持食品冷冻、冷藏、低温的状态，把生鲜食品从产地、食品制造加工企业、冷链物流中心送到消费地的物流系统。通过冷链物流系统，食品的鲜度品质、卫生管理、温度管理得以保证，可以调节食品的市场需求，降低冷链物流的成本，为日本消费者提供安全、安心的食品。日本冷链的作用如图 1 所示。

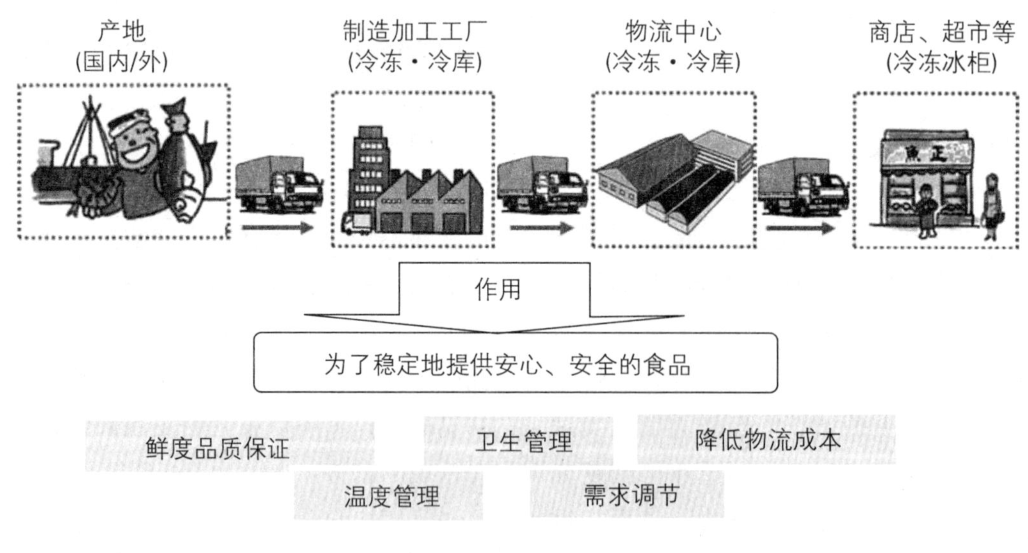

图 1　日本冷链的作用

① 本文系北京物资学院日本物流研究中心阶段性研究成果之一。

（二）日本冷链物流温度带的分类

日本冷库是对肉类、水产品、冷冻食品等食品在+10℃以下进行仓储保管，并具有冷却设备而且可以隔热的仓库建筑（如图2所示）。冷库温度带有不同分类方法，按照《日本冷库法》规定，按照冷库温度的不同，日本把冷库分为C3级、C2级、C1级、F1级、F2级、F3级、F4级7个等级。目前，日本冷库85%以上为F级冷库，并且以F1级冷库最多，而C级冷库中又以C3级冷库居多。

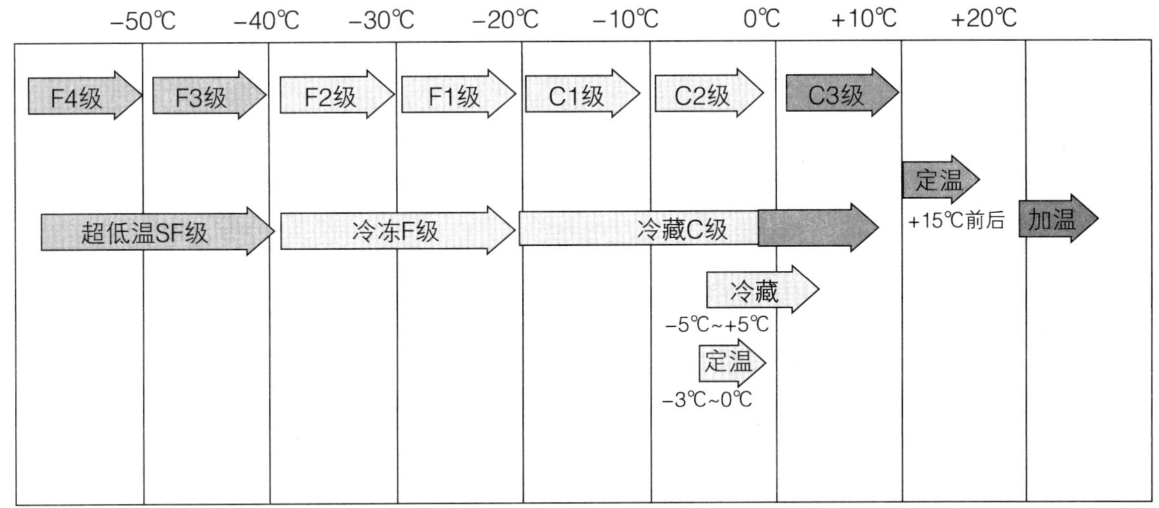

图2　日本冷链物流中心温度带的划分

（三）日本冷库单位的换算

在日本，冷库的计量单位吨与立方米的换算是通过以下方法进行的。

1. 冷库的设备能力（统称：吨）

能力（规模）：1立方米=0.4吨（1吨=2.5立方米）

2. 冷库的有效容积

有效面积=面积×有效高度×90%

也就是说，一个面积为1000平方米、梁下有效高度为5米的冷库设备能力为1800吨（1000平方米×5米×90%/2.5立方米）。

3. 冷库的保管效率标准

日本的各类冷库保管效率有所不同，具体如表1所示。

表1　日本各类冷库保管效率的比较

冷库类型	保管效率（保管重量/吨×100%）
平置	40%~50%
移动货架	30%~40%
自动立体仓库	15%~20%

（四）日本冷链物流的发展

日本冷链物流产业的高速发展期在 20 世纪 80 年代，当时由于日本经济高速增长以及民众生活习惯的改变，冷链市场的需求日益旺盛，冷链物流因而快速发展。经过 30 多年的发展，日本已经构建起了完备的从产地到终端消费地的冷链物流系统。从衡量冷链物流产业发展的几个关键指标如冷库库容、入库量、存储量、营业用冷库量和自营型冷库量的比率等数据可以看出，近年都保持在较为平稳的水平，这说明日本的冷链物流产业已经进入了平稳发展期。

日本冷链物流在技术、设备系统、运营管理、市场成熟度等都处于世界领先水平。近年来，日本政府大力推进冷链物流聚集地的各种基础设施建设，在大中城市、港口城市对冷链物流设施进行了合理规划。另外，日本的食品配送中心大都建有低温和常温仓库，能够进行食品流通加工、小包装分解、电子商务配送、订单式食品配送等冷链物流相关业务。此外，由于日本人多地少、自然资源稀缺，很难实现农产品冷链物流的组织化、集约化和规模化。为了解决分散的农产品结构，降低农户单独进入市场的交易成本，日本的农业协作组织（简称“农协”）为日本农产品冷链物流提供了合作平台。日本农业合作组织通过建立以中心批发市场为核心的农产品冷链物流体系，保障了城市生鲜农产品的供应和流通。

1. 日本农产品流通渠道

在日本农产品的流通渠道中，大部分农产品由农业协作组织（或联合托运人组织），经过中央批发市场流通，剩余部分由农业协作组织的经济事业部或全国果蔬中心负责，完成生产者与农业协作组织、大型零售店的对接（如图 3 所示）。

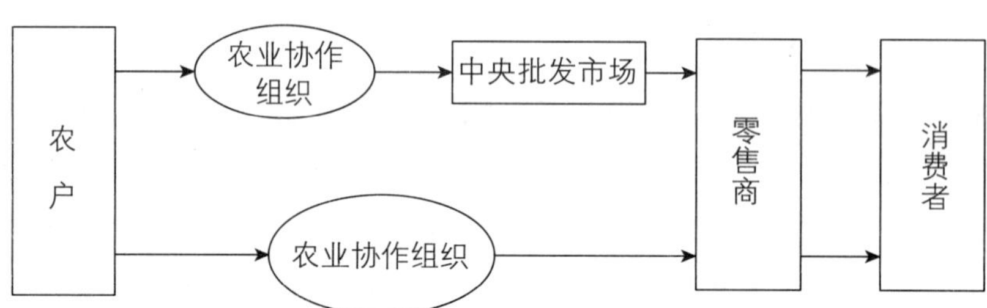

图 3 日本农产品流通渠道

2. 日本的中央批发市场

日本的中央批发市场是由地方公共团体在得到农林水产大臣许可后，在指定的区域或人口较为密集的城市内开设的鲜活农产品的批发市场。中央批发市场由批发业者、中间批发业者、参加交易者、小型批发业者、安全监测者、关联事业者六类成员构成。

如东京中央批发市场内的农产品流通过程包括，有资格认证的批发业者以拍卖、当天出售的原则，将农协委托的产品卖给获资格认证的中间批发业者和参加交易者，并从东京都那里获得与交易量成比例的佣金；未获得资格认证的参加交易者只能从中间批发业者手中购买；关联事业者为交易人员提供配送、仓储、冷藏、加工和饮食、住宿等服务；安全检测者在交易的各环节、对各店铺进行产品质量检测；此外，批发市场的开设者对各种产品的交易量、价格等信息进行每天、周、月、年的统计。

由于东京中央批发市场的不同成员承担不同的职能，且交易遵循一定的原则和规定，使得东京中央批发市场在鲜活农产品流通中较好地发挥了价格形成、产品集散、信息传递、安全检测的功能。

3. 日本农业协同组织

日本农业协同组织（以下简称“JA组织”），是日本为促进和保护农民生产、生活而成立的组织。JA组织为农、林、渔业从事者，提供研发、采购、生产、流通加工和销售各环节的咨询和服务。农、林、渔业从事者是组织的正组合成员（核心成员），拥有管理权，即股东投票权；此外，工人、消费者和中小企业运营商也可以成为准组合成员（非核心成员），并不享有股东投票权。

从纵向来看，JA组织根据日本的行政级别分为3个层次，从横向来看，JA组织分工明确，农业生产、物流、销售以及金融等不同业务，由不同的部门负责（如图4所示）。

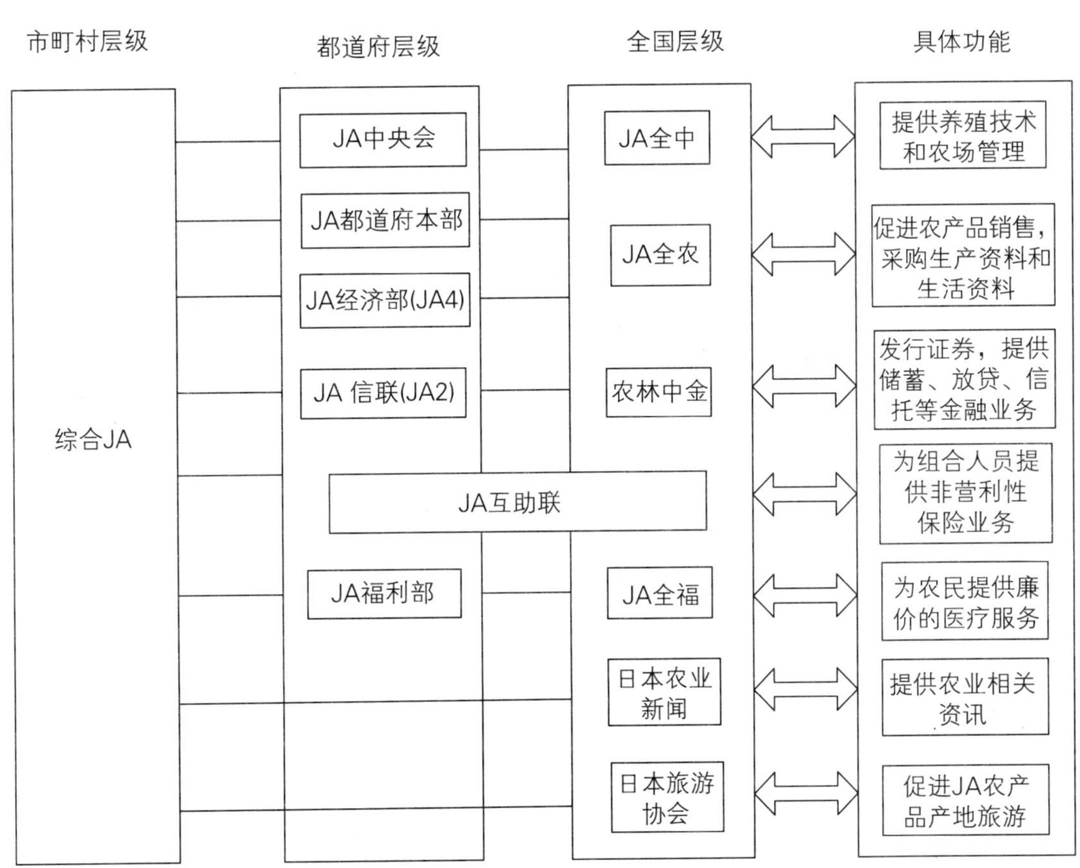

图4 JA组织的层级与功能

JA全农对农产品研发、材料采购、加工及流通和销售全程给与技术支撑。JA全农将农产品分为果蔬、肉类、鸡蛋、粮食等几大类进行具体管理。其中，JA组织中果蔬流通的突出特点是采用不经过批发市场的直销模式，并提供高质量、专业化物流服务。另外，JA 全农果蔬中心、JA 全农直销官网、JA 全农直属商店是果蔬直销的三个主要力量，JA 全农果蔬中心、全农物流有限公司为物流服务提供方。

JA 组织金融系统的资金流向包括，JA 正组合成员存入的储蓄作为原始资金（X_1），市町村层级组织可利用原始资金为正式成员提供信贷服务、发行证券，余下的资金则作为都道府层级组织的初始资金（X_2）。同样，都道府层级组织可利用此部分初始资金发行证券、提供贷款；此时，余下的资金则作为农林中金的初始资金（X_5）。通过此种方式，闲散资金得到多次运用，组织资金运作效率得到提高（如图 5 所示）。

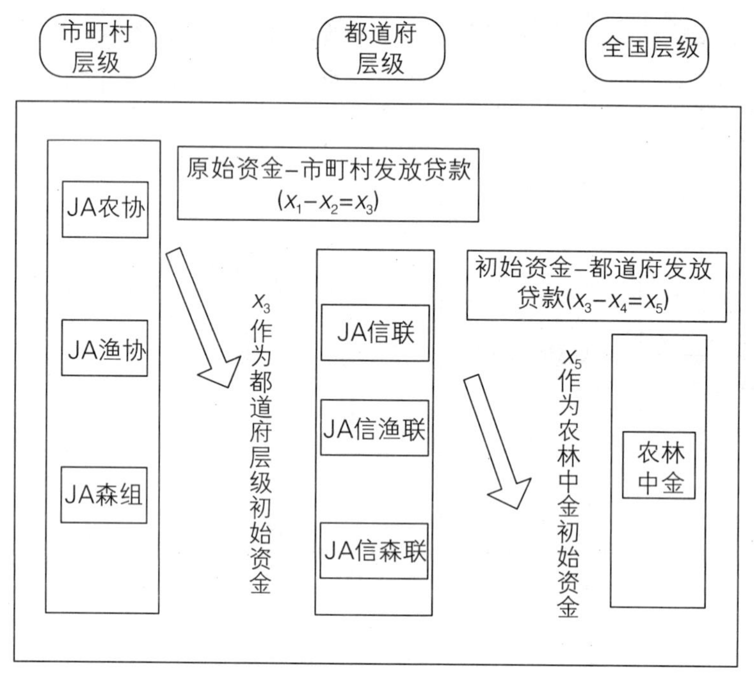

图 5　JA 组织金融系统的资金运作流程

此外，市町村层级的金融组织主要是为 JA 的基层成员提供储蓄、贷款、结算等基础性金融服务；都道府和全国层级的金融机构，除提供基础性服务外，还充分利用剩余资金，稳健地开展投资业务，提高组织的收益。贷款业务包括商业贷款、农业经营改善资金和灾难应急资金，JA 组织内部的销售、物流型企业运作状况不佳或资金短缺时，商业贷款可为其提供必要的资金保障。

二、日本冷库行业的发展

（一）日本冷链物流概述

2012 年，日本食品综合自给率只有 40% 。其中，蔬菜、水产、肉类自给率较高，分别为 84% 、62% 、58% ；而谷物类、水果自给率较低，分别只有 30% 、41% 。随着日本生活水平的提高及饮食习惯的改变，水产品、肉食、面食、水果的消费量逐渐增加。但是日本的这些食品自给率较低，大部分都依赖于进口。由于生鲜食品、冷藏冷冻食品业需求的增加，促进了日本冷链物流管理和技术的创新，同时也推动了日本冷库行业的快速发展。

（二）日本冷库行业的发展

日本冷库按使用性质划分可分为营业冷库和自营冷库，冷链物流企业自营仓库占有的比例较小，大部分为营业用的公共仓库。

20 世纪 60 年代以来，随着日本经济的发展和冷冻食品消费的增加，日本冷库建设速度不断提升。1950 年日本冷库能力只有 59 万吨，1960 年增长为 147 万吨，1970 年增长为 340 万吨，在这 20 年里冷库能力平均每年增长 14 万吨。到 1980 年，日本的冷库能力发展为 754 万吨。在 1970 年至 1980 年的 10 年中，日本的冷库能力平均每年增长 41 万吨，年增长率为 7% 。2013 年，日本全国共有冷库数量为 3046 座、冷库容积 3063 万立方米（1225 万吨）。其中，自营冷库 1489 座（年增长率为 49% ）、冷库容积 500 万立方米（200 万吨、年增长率为 16% ）；营业冷库 1557 座（年增长率为 51% ）、冷库容积 2563 万立方米（1025 万吨、年增长率为 84% ）。2013 年与 1985 年相比，营业用冷库容积增加了 1083 万立方米（433 万吨），冷库数量却减少了 530 座。由于日本冷库的规模化与社会化程度很高，近 30 年冷库企业减少了 24% ，但冷库容积却增加了 35% （如图 6、图 7 所示）。

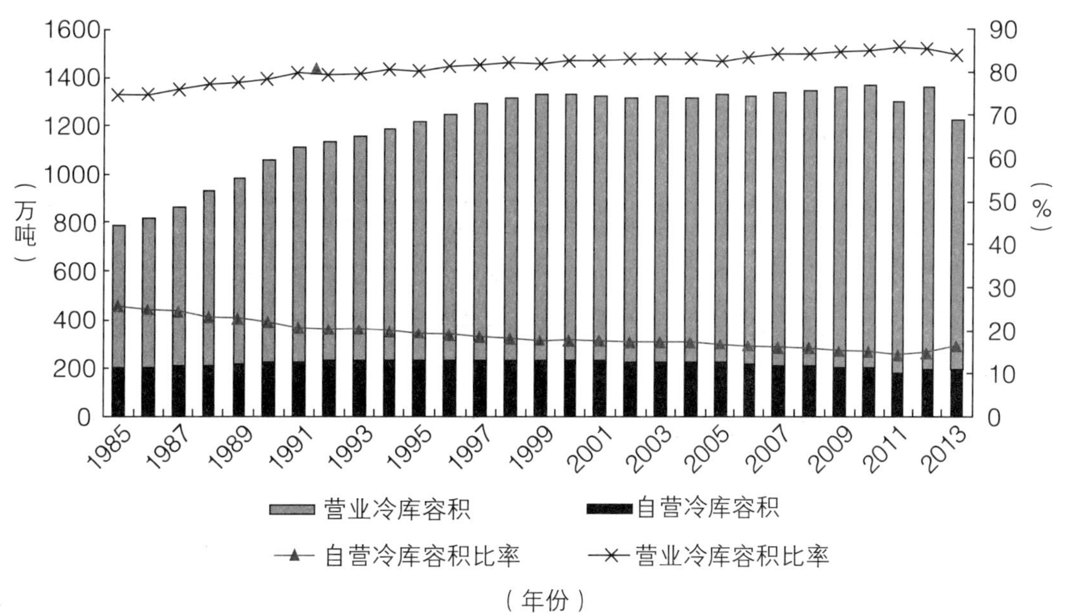

图 6　日本冷库数量的变化

数据来源：日本国土交通省《仓库统计年报》。

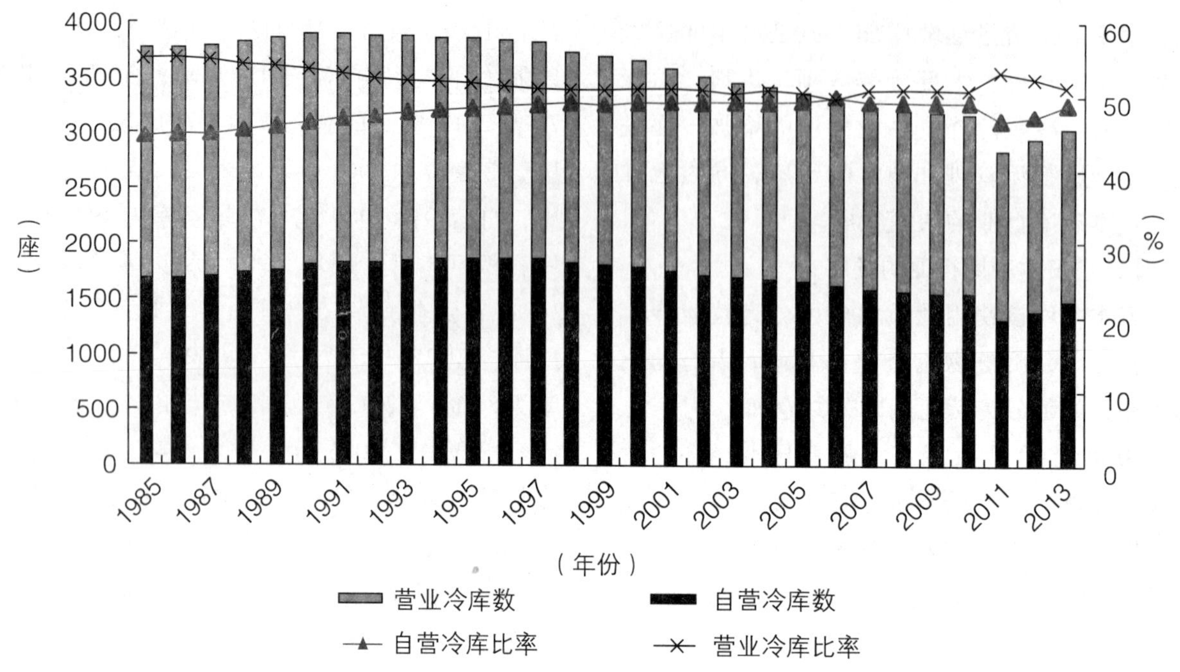

图7 日本冷库容积的变化

数据来源：日本国土交通省《仓库统计年报》。

三、日本的冷链物流技术

日本的冷链物流以冷冻工艺学为基础，以人工制冷技术为手段，以生产流通为衔接，以达到保持食品质量完好与安全的一个系统工程。

（一）日本蓄冷式运输技术

蓄冷式运输起源于发达国家，起初是为了解决连锁专卖店、超市等的货物配送问题。这种运输模式的核心内容是，运用冷链保温箱技术，将冷冻货物和冷藏货物分别装于使用不同蓄冷剂来保持不同低温的冷链保温箱中，之后与普通货物混装，通过使用优质的隔热材料以及不同温度蓄冷板，就可以实现使用一般货车混合运输不同温度带的货物。

20世纪80年代初期蓄冷式运输技术在日本逐渐发展完善，并由日本的宅急便和日通货运两家公司最早投入实际应用。现在这一冷链保温箱技术已经日臻完善并广泛应用于日本的冷链物流领域。冷链保温箱技术不仅能充分保证冷冻冷藏货物的配送质量，而且有效利用了普通货车的配送能力，同时还大大减少了冷藏车的购进量，充分降低了配送成本。与传统冷藏车运输模式相比，蓄冷箱在灵活性、环保性、经济性、安全性和可控性方面都具有突出的优势（如表2所示）。

表2　冷藏车与蓄冷箱性能比较

	蓄冷箱	冷藏车
灵活性	1. 可以在室内操作，甚至可以在生产线下直接完成包装、装箱工作； 2. 货品运达后可直接拆箱上架； 3. 可以实现一车配送多个点	1. 需要在冷藏室提货，装卸环节温度断链； 2. 货品运到后需要二次倒板，期间温度很难恒定； 3. 配送多点反复开门，温度难以保证
环保性	无源蓄冷方式，一次蓄冷可以保证温度长达72小时以上	有源蓄冷方式，耗费大量燃油
经济性	可以使用普通车辆多温度带运作，运作成本低	车厢内很难实现多温度带运作，需要包车运作，成本高
安全性	可以确保物品品质，安全系数高，防盗窃	多种物品混装、易串味，影响品质，安全性差
可控性	每件产品都可以实现温度与位置的跟踪服务	智能监控车辆及车内温度，对单一产品无法实现跟踪

（二）日本的冰温技术

冰温温度带指的是零度到生物体冻结点之间的温度区间。在此温度区间贮藏、后熟、干燥和流通的食品被称为冰温食品，它在保持食品鲜度和风味等方面具有独特优势。冰温贮藏是继冷藏、冻结后的一种新兴的贮藏方法，得到了越来越广泛的重视。传统的冷藏技术冻结贮藏时间虽长，但贮藏期短，食品品质下降较为严重。为了寻找更好的贮藏方法，日本首先提出了“冰温”的概念，并在冰温技术的发展事业上做出了巨大的贡献。

1973年，日本《朝日新闻》第一次提出了冰温贮藏的机理，标志着冰温技术的诞生。冰温冷藏机理主要包含以下内容：一是将食品的温度控制在冰温带内可以维持其细胞的活体状态；二是当食品的冰点较高时，可以人为加入一些有机或无机物质，使其冰点降低，扩大其冰温带。

目前，日本冰温技术已广泛应用在食品冷链物流的各个环节，并已经形成了冰温贮藏、冰温后熟与冰温发酵、冰温干燥、冰温浓缩、冰温流通等专项细分技术。在日本冰温库、冰温集装箱、冰温运输车、冰温陈列柜、冰温冰箱和采购食品时的冰温菜篮等设备，已经形成了一条完整的冰温冷藏链，让食品从产地至消费者家庭的流通过程，各流通环节都保持冰温温度，确保把新鲜美味的食品安全送到人们的餐桌上。

四、日本冷链物流与食品安全管理

作为食品进口大国，日本一直重视食品安全监管法律制度建设。2003年日本再次对食品安全管理体制进行改革时，大幅度修改《食品卫生法》，并于2003年7月1日起施行了《食品安全基本法》（2003年第48号法律）。根据该法规定，同年7月日本内阁府设立食品安全委员会，行使有效的食品安全检测制度。从而结束了日本厚生劳动省和农林水产省在食品安全管理上各自为政的局面，实现了食品安全一元化领导的体制。2011年3月11日，日本大地震导致福岛核电站发生泄漏事故后，日本食品安全委员会迅速做出反应，针对福岛及周边地区的蔬菜、鲜奶、鱼贝类等展开健康影响评估。日本的食品安全法律体系分为3个层次（如图8所示）。

第一层次，《食品卫生法》《日本农林物资规格化和质量表示标准法规》（JAS法）、《农药取缔法》等一系列针对食品链各环节的法律，法律效力最高。

第二层次，《食品安全委员会令》《JAS法实施令》《食品安全基本法》等政令，是根据法律制定并由内阁批准通过。

第三层次，《食品卫生法实施规则》《关于乳和乳制品的成分标准省令》等省令，是根据法律和政令，由日本各省制定的法律性文件。

目前，日本已经形成了高效、科学、灵活的食品安全监督管理体系。主要包括ISO 22000食品安全管理体系、HACCP（危害分析和关键控制点）食品安全管理方法、优良农产品认证制度、食品标签管理等。

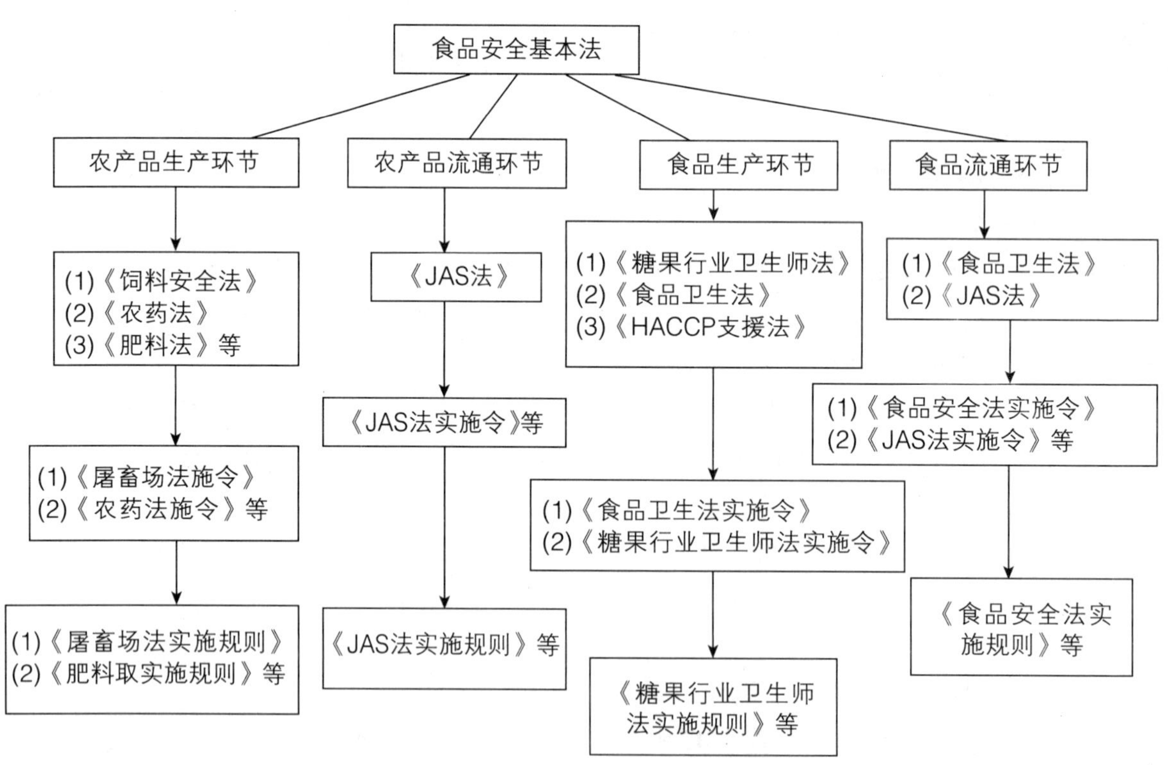

图8　日本食品安全法律体系框架

（一）ISO 22000 食品安全管理体系

构筑 ISO 22000 食品安全管理体系，推行 HACCP 管理，已经成为日本食品行业企业的管理取向。因为日本是一个市场成熟度较高的国家，质量管理的意识和管理能力较强，企业对质量及食品安全管理的自觉性较强。企业如果放松了质量管理、食品安全管理而导致出现食品安全事故，企业信誉将会受到严重影响并将遭遇市场的淘汰。而构筑 ISO 22000 食品安全管理体系并取得认证，推行 HACCP 管理，一方面，可以提高企业食品安全管理的可靠性；另一方面，可以强化风险管理和日本全社会对相关法律法规的遵守。

ISO 22000 适合于所有食品加工企业，它是通过对食品链中任何组织在生产（经营）过程中可能出现的危害（指产品）进行分析，确定关键控制点将危害降低到消费者可以接受的水平。ISO 22000 采用了 ISO 9000 标准体系结构，在食品危害风险识别、确认，以及系统管理方面，参照了食品法典委员会颁布的《食品卫生通则》中有关 HACCP 体系和应用指南部分。ISO 22000 的使用范围覆盖了食品链全过程，即种植、养殖、初级加工、生产制造、分销，一直到消费者使用，其中也包括餐饮行业。另外，与食品生产密切相关的行业也可以采用这个标准建立食品安全管理体系，如杀虫剂、兽药、食品添加剂、储运、食品设备、食品清洁服务、食品包装材料等。

日本企业严格实施 ISO 22000 食品安全管理，从原材料控制开始到生产过程，一直到上柜后的消费期限，均在规范有效的控制之内，即生产领域、流通领域的控制均严格遵守《食品卫生法》，建立食物中毒的预防体制，确保了食品安全。

（二）HACCP 食品安全管理方法

HACCP 是目前世界上应用最广泛的解决食品安全问题的管理体系。HACCP（Hazard Analysis Critical Control Point）即危害分析和关键控制点，由食品危害分析（Hazard Analysis）和关键控制点（Critical Control Point）两部分组成。对原料、生产工序和影响产品安全的人为因素进行分析，确定加工过程中的关键环节，建立、完善监控程序和监控标准，采取规范的纠正措施，目的是将可能发生的食品安全的危害消除在生产过程中，而不是像以往那样靠事后检验来保证食品的安全。日本 HACCP 食品质量管理，主要包括以下内容（如图 9 所示）。

第一，进行危害分析（HA）。明确预防措施鉴别有害物质或引起产品腐败的致病菌，掌握产生危害的机理，根据危害特征将食品分类，确定风险程度，制订出减少食品在生产和批发过程引起危险的相关措施。危害是相对的，对不同消费群体、不同企业来说，危害标准不同。在 HACCP 控制体系中必须对危害有明确统一的认识和规定，才能有效识别和鉴定危害的来源，否则无法取得一致的危害分析结果。

第二，确定关键控制点（CCP）。根据所控制危害的风险与严重性，分析影响食品质量的关键因素，从而确定质量控制的关键点。

第三，制订每个关键控制点的临界指标。确定了关键控制点后，从被加工产品的内在因素和外部加工工序两方面，制订某生产工序上的一个或多个化学、物理或生物属性的安全限定指标。关键点的控制在于确定安全与不安全产品的界限，只要所有的关键控制点控制在各自的临界范围，产品将是安全的。

第四，建立每个关键控制点的监测措施和纠偏措施，建立档案并进行审核。

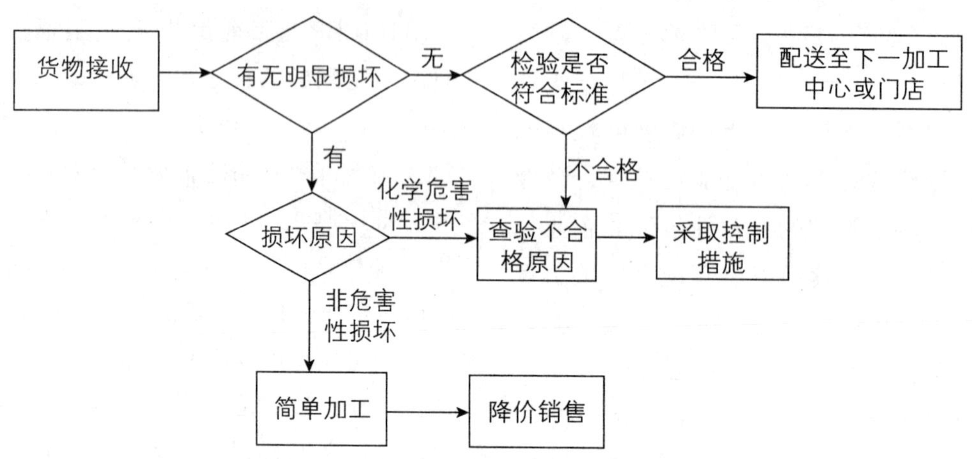

图 9 日本 HACCP 的冷链食品安全管理框架

（三）优良农产品认证制度

日本对大米和牛肉实行身份证制度，农林水产省从 2003 年起在日本全国推行大米身份证制度：大米生产者要在米袋的条码上标明生产者姓名、栽培经过、米的种类、认证号码和产地等；加工者要标明是否是精米、加工批量及号码；销售者要在商店提供产地信息备查号码。之后，日本政府在检讨应对疯牛病问题失误中，吸取教训，实行牛肉身份证制度，对牛肉的生产和流通的全过程进行监督。

继大米和牛肉之后，日本农林水产省决定将身份证制度原则上推广到所有农产品。申请“身份”认证的农产品，必须正确地表明该产品的生产者、产地、收获和上市日期，以及使用农药和化肥的名称、数量和日期等。计划由民间设立专门从事农产品“身份”认证的机构，负责接受农产品生产者和流通企业的认证申请，授予认证标志。

（四）食品标签管理

日本的食品标签内容越来越详细，要求越来越严格。根据日本《食品卫生法》《日本农林物资规格化和质量表示标准法规》等有关法律法规的规定，在日本市场上销售的各类蔬菜、水果、肉类和水产品等食品都必须加贴标签，对产品的名称、原材料、生产日期、食用期限、保管方法、原产地等内容进行明确的标识。同时，对进口食品也同样必须按日本的要求加贴标签。

（姜旭　北京物资学院）